財政爆発

アベノミクスバブルの破局

明石順平

角川新書

はじめに

安倍晋三《あべしんぞう》元総理は、就任以来、経済政策「アベノミクス」を実行してきました。そして、菅義偉《すがよしひで》総理もそのアベノミクスを継承することを宣言しています。しかし、この「アベノミクス」なるものについて、ほとんどの国民は理解していないのではないでしょうか。安倍元総理ですら、途中からほとんど口にすることが無くなりましたので、もはや過去のものとして忘れられているような気がします。

「アベノミクス」は、まだ継続しています。この経済政策は、「3本の矢」からなると説明されますが、実質的には1本目の矢である「異次元の金融緩和」しかしていません。そして、この「異次元の金融緩和」は、今も継続しています。そう遠くない未来、恐ろしい副作用が爆発し、日本をどん底に叩《たた》き落とすでしょう。その時、この経済政策を推進・擁護してきた人達は、詭弁《きべん》を弄《ろう》して責任逃れをするでしょう。今は世界的にコロナウイルスが蔓延《まんえん》していますから、「全部コロナのせい」にして逃げようとするかもしれません。「異次元の金融緩和」が何なのかを理解していなければ、そういった責任逃れをさせてしまうことにつながります。

私は、2016年の初め頃、野党議員が「実質賃金が下がっている」と指摘しているのを聞いて、「本当にそうなのか」と自分でデータをダウンロードして調べてみました。これは私の本業である弁護士業とは全く関係がなく、ただ純粋な興味から取った行動でした。調べてみると、本当に「暴落」と言って良いような落ち方をしていました。しかし、「なぜこれほど落ちたのか」「落ちた結果どうなったのか」について、誰も言及していないことに気が付きました。そこで、政府が公開しているデータをどんどん自分で調べていくうちに、アベノミクスがとんでもない大失敗に終わっていることに気付いたのです。そこで自分のブログに調べたことをまとめた記事をいくつか書いたところ、合計で優に20万アクセスを超えるほどよく読まれました。ただ、それでも全然世の中に影響が無かったので、ブログだけでは限界があると思い、ブログ記事を元に企画書を書いて集英社インターナショナルに送ったところ、「アベノミクスによろしく」という書籍を出すことになりました。そこから、「データが語る日本財政の未来」「国家の統計破壊」「ツーカとゼーキン」(いずれも集英社インターナショナル)、「人間使い捨て国家」(角川新書)、「キリギリスの年金」(朝日新聞出版)と、次々と本を出していくことになりました。いずれの本も、アベノミクスについて触れています。今回出版するこの本は、これまで出してきた本から、アベノミクスに関連する部分を抜粋し、改めて振り返りをした上で、新型コロナウイルス感染症の影響に関する考察を加えた、集大成のような本です。これを読めば、アベノミクスとは何なのか、コロナがアベノミクスにどう影響するのか、そしてアベノミクスが今後どうなるのかを理解できるでしょう。

私の本を読んだことのある方なら見たことのある内容でしょうが、よりコンパクトにまとめました。いつもどおり、全く容赦の無い現実を書いています。

またこんな悲惨な現実を明らかにする本を書いたら、私に対するバッシングは強まるでしょう。しかしかまいません。たとえ日本人全員に嫌われても冷静に現実を書く。それが私の役割であり、未来の日本に対する私なりの責任の果たし方です。

私は、現実から逃げ続けてこの国を破滅に導いた愚かな先人達の過ちを繰り返したくはありません。

目次

第五章 アベノミクスの副作用 167

第六章　新たな楽観論・MMT　237

第七章　日本は何から逃げてきたのか　275

※引用箇所内の強調（太字）は著者による

図版作成　フロマージュ　／　ＤＴＰ　オノ・エーワン

第一章　アベノミクスとは何か

3本の矢

アベノミクスというのは、下記の「3本の矢」を柱とする政策です。

1. 大胆な金融政策
2. 機動的な財政政策
3. 民間投資を喚起する成長戦略

「第1の矢」大胆な金融政策というのは、日本銀行（日銀）が民間銀行にたくさんお金を供給してデフレを脱却するというものです。日銀は通貨を発行する機関で、その主な役割の1つが、世の中に行き渡るお金の量を調節することです。

デフレとは「デフレーション（収縮）」の略であり、物の値段がどんどん下がっていく現象を意味しています。デフレになると、物の値段が下がる⇓企業の利益が下がる⇓労働者の賃金が下がる⇓下がった賃金に合わせないと物が売れないので物の値段がさらに下がる⇓企業の利益が下がる⇓さらに労働者の賃金が下がる……という悪循環（デフレ・スパイラル）が起きて、経済が悪くなると言われています。

デフレの逆は「インフレーション（拡張）」、略してインフレといい、物の値段が上がっていく現象を指します。デフレ・スパイラルとは逆の現象が起きると言われています。つまり、物の値段が上がる⇓企業の利益が上がる⇓労働者の賃金が上がる⇓上がった賃金に合わせて物の値段も上がる⇓さらに企業の利益が上がる⇓さらに労働者の賃金が上がる……という好循環が起きると言われているのです。

ただ、インフレもあまり急激なものになると悪影響があります。極端な例でいうと、物価が一気に100倍になれば、賃金が追い付きませんし、貯めた預金の価値も100分の1になってしまいます。通貨を発行し過ぎるとこのような現象が起きますので、通貨発行機関である日銀が適切に通貨の供給量を調節する役割を果たしています。

アベノミクスは、当初は2年以内に前年比2%の「緩やかな」物価上昇を目指すことを目標にしていました。重要なのは、「前年比」2%という点であり、アベノミクス開始から2%ではありません。しかも、その2%には増税の影響を含みません。多くの人がこの点を勘違いしているため、「日本の物価は上昇していない」と思い込んでいるように見えます。これは後で詳しく説明します。

さて、第1の矢で緩やかなインフレを達成すると共に、第2の矢である公共投資をして、政府が国民にお金を供給します。政府がお金を使うことを財政政策と言います。政府がお金の使い道を作るということです。政府が道路を造ったり橋を造ったりすれば、そのために支出した費用は、最終的には国民の懐に入ります。国民の懐に入ったそのお金が飲み食いとか旅行とか家電を買うとかいろいろ使われたら、世の中にお金が行き渡っていって景気が良くなる……こんな考え方のもとに財政政策は行われます。第1の矢である金融緩和も結局は世の中に流通するお金を増やすことになりますから、第1の矢、第2の矢共に「お金を増やす」結果になることは共通しています。

次に第3の矢です。これは法律の規制を緩めること等によって、もっと企業が儲《もう》かりやすい環境を作ることです。

事実上は1本目の矢だけ

第2の矢である財政支出については、確かに民主党時代よりは支出を増やしましたが、これまでを振り返ると、大した規模にはなっていません。第3の規制緩和については、労働基準法の改悪（高度プロフェッショナル制度の導入等）など、余計なことはしたものの、こちらも大したことはしていません。つまり、3本の矢と言いながら、事実上第1の矢に尽きるのがアベノミクスの実態です。したがって、この本では第1の矢の内容とその結果を中心に説明していきます。

第1の矢は「異次元の金融緩和」と呼ばれていますが、この「金融緩和」というのは、非常に簡単に言えば、日銀が民間銀行にたくさんお金を供給することです。これはお金を借りやすくする状況を作るためにやります。

例えばあなたが何か画期的な新製品を発明し、それをたくさん製造して売ろうとする場面を想像してみてください。原材料費、人件費、広告宣伝費、工場建設費、様々なお金が必要です。あなたがそれらの費用を賄うための自己資金を持っていなければ、誰かから借りるしかありません。そのような時にお金を貸してくれるのが銀行等の金融機関です。そして、銀行はお金を貸す際に利息を付けます。利息はお金のレンタル料と考えれば良いでしょう。利息は金利とも呼ばれます。例えば100万円を返済期限1年、金利10%で借りると、あなたは1年後に100万円と、利息10万円の合計110万円を返済する必要があります。

さて、ここで金利が1%になったとしましょう。そうすると、返済の時につける利息が1万円に減ります。あなたにとってはお金が返しやすくなりますから、その分、お金を借りやすくなると言えるでしょう。

このように、金利を下げれば下げるほど、お金が借りやすくなります。ここで、銀行等が貸し出しの際にどういうことをしているのか具体的に考えてみましょう。まず、銀行は貸出先に、自行の口座を作らせます。例えば、1000万円を貸す場合は、その口座に1000万円入れたという預金記録を作ります。つまり、お金を貸すというのは、預金記録を作るということであり、貸せば貸すほど預金が増えていきます。そして、この預金は振込決済等、通貨と同じ役割を果たすので、「預金通貨」などと呼ばれます。貸し出しによって預金通貨が増えていく現象を「信用創造」と言います。

個人や法人がもっている預金通貨と現金通貨（紙幣や硬貨）を全部合わせたものをマネーストックといいます。金利を下げて貸し出しが増えれば、預金通貨が増えるということですから、マネーストックが増えます。マネーストックが増えれば、経済が活性化すると考えられますから、不景気の際は、金利を下げてお金を借りやすくするのです。

しかし、銀行等は無制限にお金を貸し出せるわけではありません。預金が増えると、それを引き出す人や、他の銀行へ送金する人が増えるからです。そのような引き出しや、他行への送金に備える「元手」が必要になります。この「元手」に当たるのが、マネタリーベースです。「お金の素」と言ってもよいでしょう。これは日銀が直接供給するお金のことで、現金通貨（紙幣と硬貨）と日銀当座預金（民間銀行が日銀に預けているお金）を合わせたものです。現金通貨は預金の引き出しに応じるために必要になります。そして、日銀当座預金は他行への送金の際に必要になります。

銀行等はみな日銀に当座預金口座を持っています。ここで、例えばあなたが通販会社から10万円の商品を買い、その支払いとして、A銀行の自分の口座から、通販会社名義のB銀行

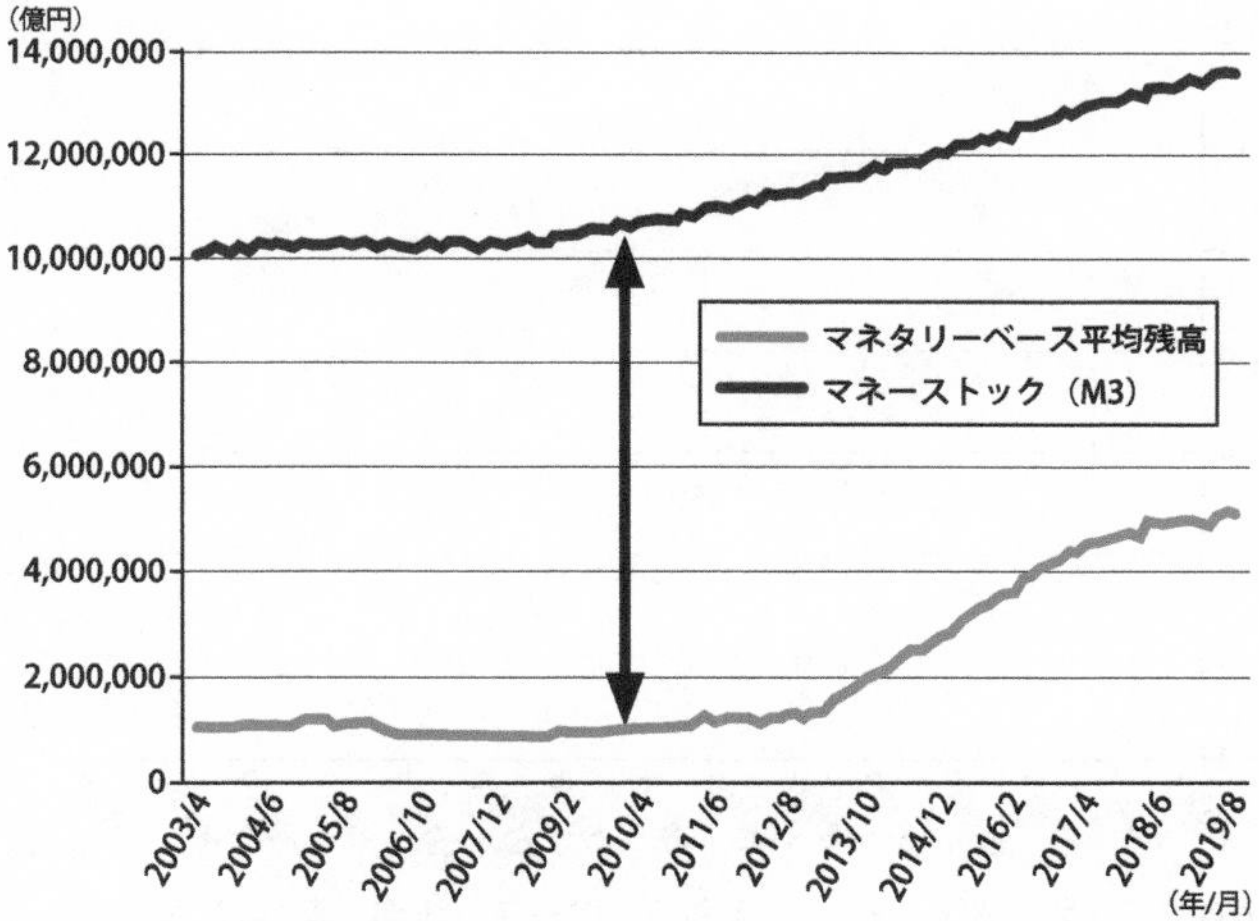

図1-1　マネタリーベースとマネーストック
（出典　日本銀行時系列データ検索サイト）

口座に振り込むとしましょう。この場合、非常に簡略化すると、A銀行の日銀当座預金で10万円減少し、B銀行の日銀当座預金が10万円増えることにより、送金が完了します。

このように、引き出しや送金に備えてマネタリーベースが必要になります。しかし、個人や会社が持っている預金のうち、引き出しや送金に使われるのはごく一部です。ほとんどの預金は「預けっぱなし」です。だから、銀行はマネタリーベースをはるかに上回るお金を貸し出すことが可能になります。

具体的にマネタリーベースとマネーストックの関係をグラフで確認しましょう（図１‐１）。矢印で示した部分

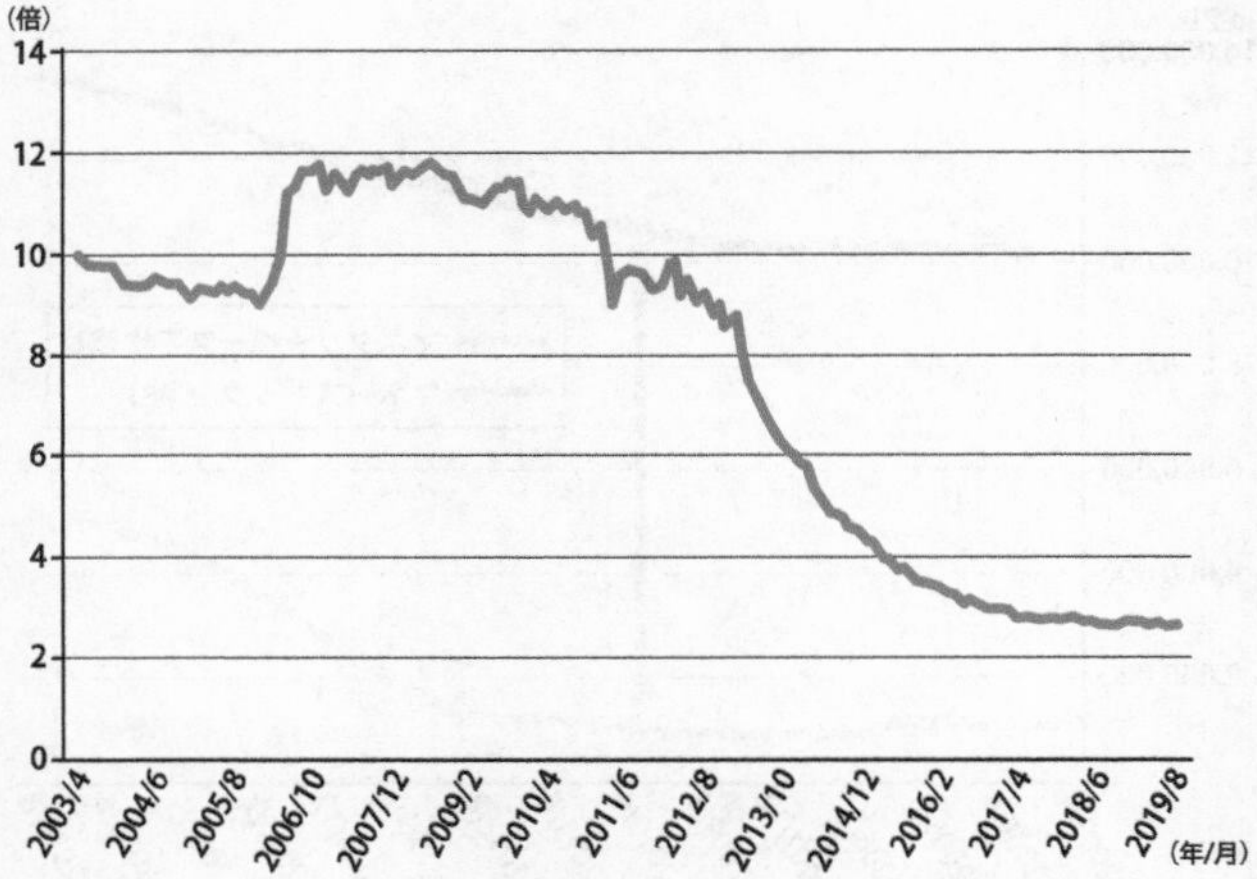

図1-2　マネーストック／マネタリーベース（出典　図1-1と同）

が信用創造で増えた部分です。

より分かりやすいように、マネーストックをマネタリーベースで割ったグラフも見てみましょう（図1‐2）。

一番多い時で、マネーストックはマネタリーベースの約12倍になっています。近年になって大きく下がっていますが、それは後述する日銀の買いオペによるものです。

あまりに貸し出し過ぎると、それだけ引き出しや送金需要も増えますので、マネタリーベースが足りなくなります。また、「あの銀行が危ない」と思われて一気に預金が引き出されるような事態になると、やはりマネタリーベースが不足し、引き出しや送金需要に応じられなくなり、銀行等は破《は》綻《たん》します。したがって、マネタリーベースとマネーストックは無関係ではありません。銀行等は、引き出しや送金需要に応じられるだけのマネタリーベースを常に確保しておく必要があります。

なお、預金者からの引き出しに備えるため、準備預金制度というものがあり、現在は、現金の種類と保有している預金の規模ごとに、0・05〜1・3％の準備預金率が定められています。また、バーゼル規制というものがあり、貸付金や債券等に対する自己資本の割合が、国際的に活動する銀行では8％、と定められています。自己資本というのは要するに返済義務のない自分のお金のことです。こういう規制があるので、野放図に貸し出しを増やすことはできないようになっています。これは後で説明しますが、「貸し過ぎ」によるバブル発生を防ぐためとも言えます。

銀行等が、自分の持っているマネタリーベースが不足した場合にどういう対応をするのかというと、他の銀行等から借りるのが通常です。銀行等はお互いにマネタリーベースの貸し借りをしているのです。そして、全体のマネタリーベースが少ない場合、それだけお金の希少性が増すので、金利は上がります。逆に、全体のマネタリーベースが多い場合、希少性が減りますので、金利は下がります。要するに、マネタリーベースが減れば金利が上がり、増えれば金利が下がります。

そして日銀はこのマネタリーベースの量の増減を通じて金利を調節しています。具体的にはマネタリーベースを増やしたい時には、銀行等が大量に持っている日本国債を買い入れてその売却代金を日銀当座預金に入れます。逆にマネタリーベースの量を減らしたい時は、銀行等に日本国債を売り、その売却代金分を日銀当座預金から減らします。日銀が銀行等から国債を買い、マネタリーベースを増やすことを買いオペ、逆に売ってマネタリーベースを減らすことを売りオペといいます。かつては、日銀が銀行等に金を貸し出す際の金利である公定歩合の上下を通じて金利を調整していましたが、今は買いオペ、売りオペで調整しています。

しかし、金利を下げるとは言っても、マイナスにはできません。アベノミクス開始の前の時点で、既に日本の金利はほとんどゼロになっていました。ところが、「予想物価上昇率を上げれば、実質金利はマイナスにできる」と言い出す人達がいました。実質金利とは、物価変動を考慮した金利のことです。これに対し、物価変動を考慮しない、見たままの金利を名目金利といいます。実質金利の計算式は、次のとおりです。

実質金利＝名目金利−予想物価上昇率

例えば、名目金利が0だとしても、予想物価上昇率が10％だとしましょう。この場合、実質金利はマイナス10%になります。つまり、返済するときのお金が実質的にみると10%減っているということです。返すお金が減るのだから、借りる方からすれば大変お得ですね。

実質金利をマイナスにするためには、予想物価上昇率を上げる必要があります。ここで、お金は増えれば増えるほど価値が下がり、その反面、物価が上がります。極端な例で考えてみましょう。国民1人あたり1000万円配ったら、物価はそのままでしょうか。違いますね。みんなが持っているお金が一気に増えるわけですから、物価が上がってもモノを買ってもらえるでしょう。

そこで、日銀が大量に国債を買い入れる「買いオペ」を行えば、お金の素である「マネタリーベース」が増えますので、お金の価値が下がり、みんなが「物価が上がる」と予想する、と考えられたのです。そうやって予想物価上昇率が上がれば、名目金利がゼロでも、実質金利はマイナスになり、よりお金を借りやすい状況が生まれます。お金の借り入れが増えれば、預金通貨が増える、つまり、世の中に実際に出回っているお金である「マネーストック」が増えます。すなわち、個人や会社が持っているお金が増えますから、景気が良くなる、と考えられたのです。なお、このように、積極的な金融緩和をして物価を上げていけば景気が上がると提唱する人達は「リフレ派」と言われています。「リフレ」というのは「リフレーション（再膨張）」の略です。

さらに、「物価が上がる」とみんなが予想すると、「物価が上がる前にモノを買おう」と考えるので、消費も伸びる、と考えられました。

日銀が大規模な「買いオペ」を行うことによって起きると考えられる現象を2つにまとめると次のとおりです。

①実質金利が下がり、借り入れが増えるので、マネーストックが増え、景気が良くなる。

②物価が上がる前にみんなモノを買おうとするので、消費が伸びる。

2013年4月4日、日銀は、マネタリーベースを年間60兆～70兆円のペースで増加させることを決定しました。さらに、2014年10月31日、日銀は、この増加ペースを加速させ、年間80兆円のペースでマネタリーベースを増加させることを決定しました。この増加方法は、先ほど説明した「買いオペ」です。国債を買いまくってマネタリーベースを増やすのです。

それによって、「(増税の影響を除いて)前年比2%の物価上昇」を達成することを目指しました。これがどれくらい異常な規模なのか、米国のマネタリーベースと比べてみましょう。

ただし、米国と日本の経済規模は全然違うので、そのままマネタリーベースを比べるのは不

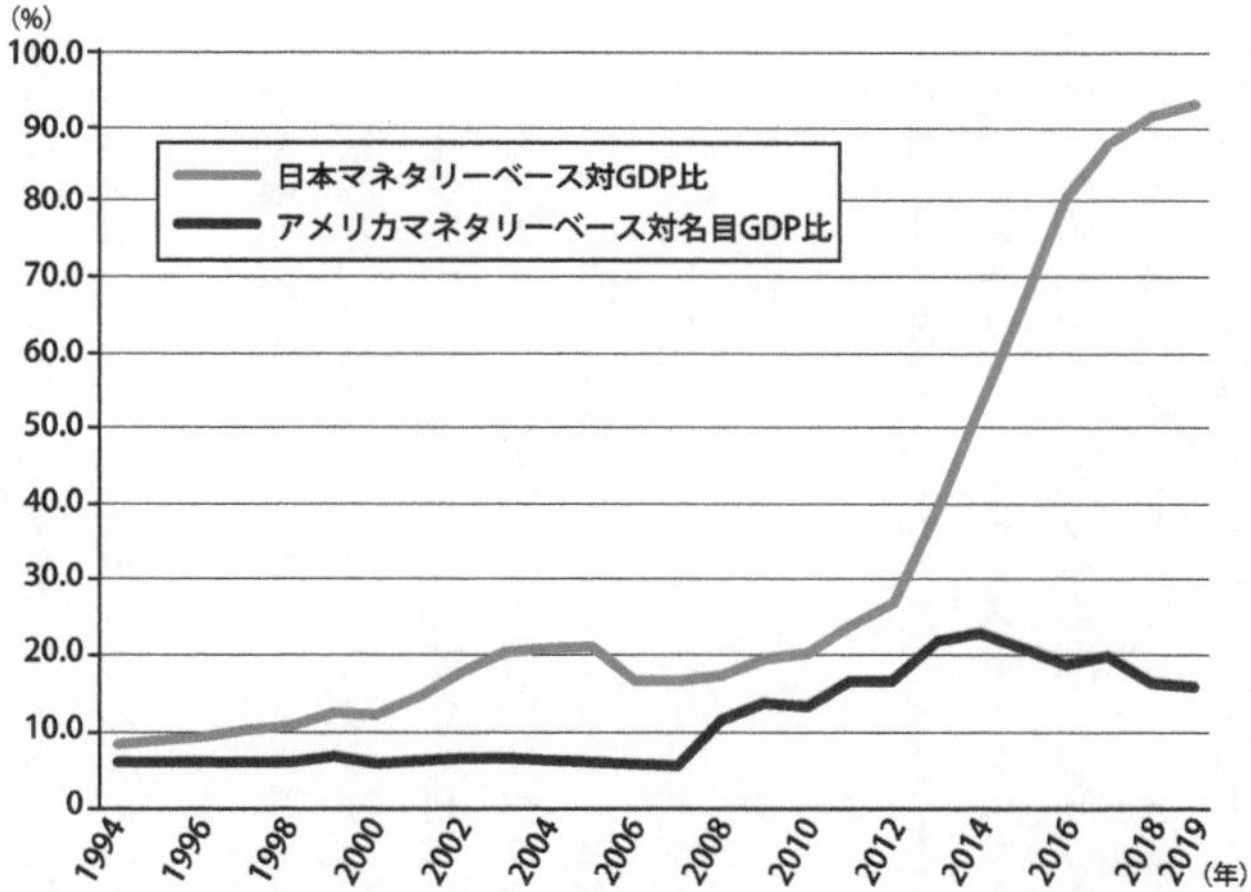

図1-3　日米マネタリーベース対GDP比（出典　図1-1と同、および Federal Reserve Bank of St. Louis「St. Louis Adjusted Monetary Base」、内閣府「国民経済計算」、IMF「World Economic Outlook Database」をもとに算出）

適切です。身長１８０センチの人と身長１５０センチの人について、身長を無視して体重だけを比べるようなものです。身長を考慮しなければ、太っているのか痩《や》せているのか分かりません。

このような場合、対ＧＤＰ比で比較するのが最も適切です。ＧＤＰ（Gross Domestic Product、国内総生産）とは、一定期間内（ここでは１年）に国内で生み出された付加価値の総額です。例えば１００円で原材料を仕入れてそれを１５０円で売ったとしましょう。差額の50円が付加価値です。それを全部合計したものがＧＤＰであり、その国の経済規模を表します。そして、マネタリーベース対GDP比は、その国の経済規模に対して、どれくらいのマネタリーベースがあるのかを示すものです。ではグラフを見てみましょう（図1-3）。

全く違うのが分かりますね。アメリカも凄《すさ》まじい規模の金融緩和をしましたが、対GDP比で見ると、日本は全く比較にならない超異次元の緩和をしたことが分かります。アメリカはピーク時でも約20%程度ですが、日本はもう100%に近いレベルになっています。間違いなく、人類史上最大規模の買いオペです。

さて、規模を確認できたところで、異次元の金融緩和によって起きると言われていた先ほどの2つの現象、つまり①マネーストックが増える②消費が伸びる、という現象が本当に起きたのか検証しましょう。

増加ペースが変わらなかったマネーストック

先ほど見た通り、マネーストックはマネタリーベースよりはるかに多い金額です。このように、数値が大きく違うもの同士の伸びを比較する場合、ある年を100として「指数化」することが適切です。そこで、アベノミクス開始前の2012年を100として双方を指数化したグラフを見てみましょう（図1-4）。

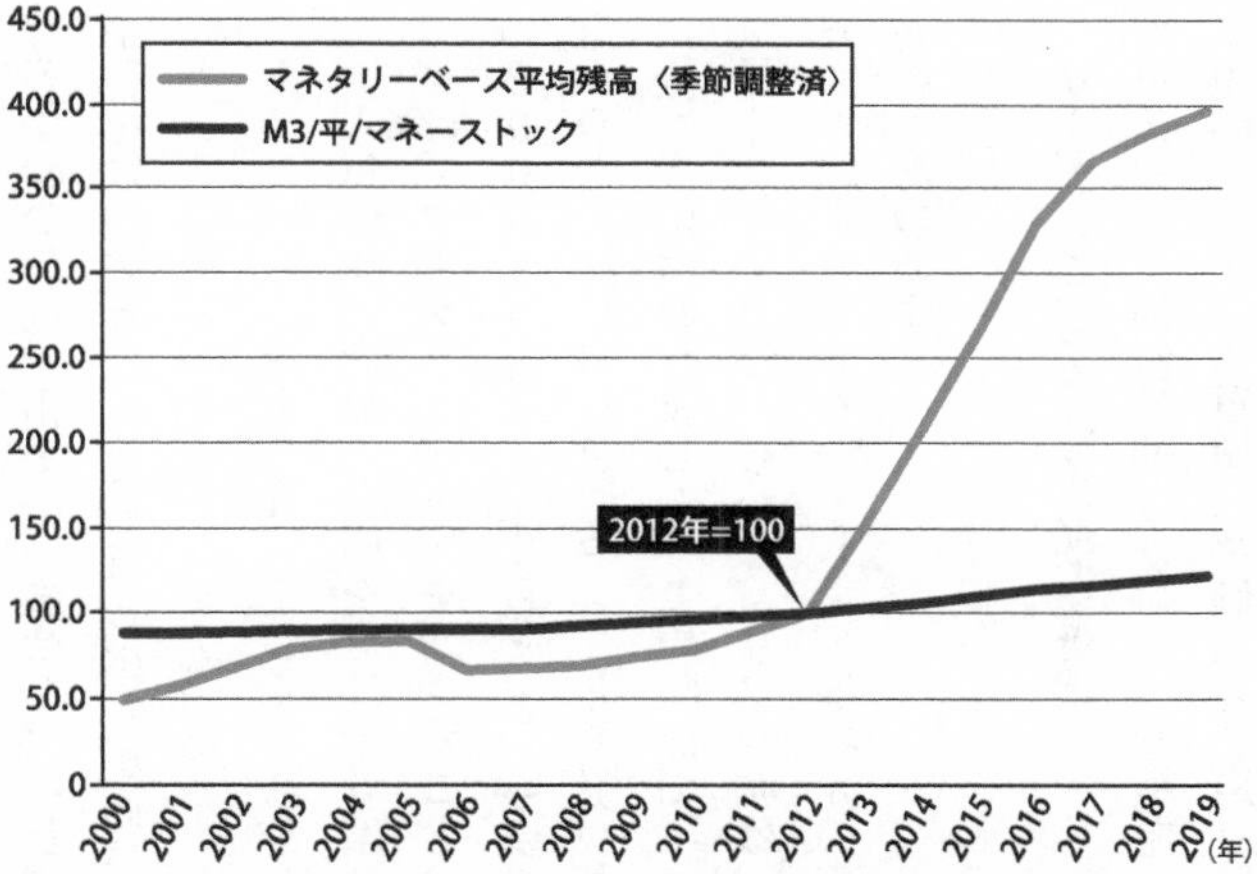

図1-4　マネタリーベースとマネーストック（出典　図1-1と同）

見てのとおり、マネタリーベースが異常に上昇し、２０１９年末の時点で約４００、つまりアベノミクス開始前の約４倍になっていることが分かります。ところが、マネーストックの方を見ると、開始前後で全く傾きが変わっていません。数値でいうと21・3ポイントしか増えていないのです。つまり、「お金の素」であるマネタリーベースを増やしても、肝心の貸し出しがたいして増えず、マネーストックの増加ペースが変わらなかった、ということです。壮大な空振りに終わりました。

既に説明したとおり、銀行等が貸せば貸すほどその分預金通貨が増えて、マネーストックが増大していきます。しかし、「お金を借りたい」という需要が無ければ、銀行等はお金を貸す相手がいません。そして、この異次元の金融緩和実行前の段階において、金利をほぼゼロにしても貸し出しが伸びていなかったということは、結局「お金を借りたい」という需要がそもそも無かったということなのです。需要の無いところへ、マネタリーベースという「お金の素」をいくら増やしたとしても、貸し出しが増えるわけではありません。人気の無い商品の在庫を無理やり増やしたようなものです。

実は、マネタリーベースを増やすことは以前にも行われたことがありました。前記グラフの2000〜2005年を見ると、マネタリーベースが増えていることが分かるでしょう。そうやって貸し出しを増やすことを狙ったのですが、見てのとおり、マネーストックの伸びに全く変化はありません。この時点で「マネタリーベースを増やしても無駄」ということに気付くべきでした。しかし、リフレ派は、この時の金融緩和について「量が足りなかったのだ」と総括しました。そして、異次元の規模で再度チャレンジした結果、やっぱり空振りに終わったのです。

リーマンショック越えの消費低迷

では次に、消費は伸びたのか、を検証してみましょう。その前に、実質値と名目値について説明します。実質値は物価上昇を取り除いた数字、名目値は物価上昇を取り除かないそのまんまの数字です。

例えばあなたが100円の品物を10個売ったとします。売り上げは1000円です。翌年、いきなり世の中の物価が10倍になったとしましょう。あなたは世の中の動きにあわせて品物の値段を10倍にして1000円にしました。しかし、その年は1個しか売れませんでした。売り上げは数字だけ見ると前年と同じ1000円になりますが、果たしてこれは「実質的に」同じと言えるでしょうか。同じではないですね。世の中の物価が10倍になれば原材料費も10倍になり、生活費も10倍になります。

そこで、物価変動の影響を取り除く影響が出てきます。この例の場合、物価変動の影響を取り除く、つまり、物価が10倍になったという点を取り除くと、実質的な売り上げは100円であり、前年の10分の1となります。このように、経済の実態を見るためには、物価変動の影響を除いた「実質値」の方が重要です。したがって、GDPも「実質GDP」が重要になります。

そして、その実質GDPの約6割を占めるのが、「民間最終消費支出」です。これは国内の民間消費を合計したものです。まずは、2015年度までのグラフを見てみましょう（図1－5）。なお、これは2016年12月に行われたGDP改定前の数字です。なぜ改定前の数字を見るべきなのかは後で説明します。

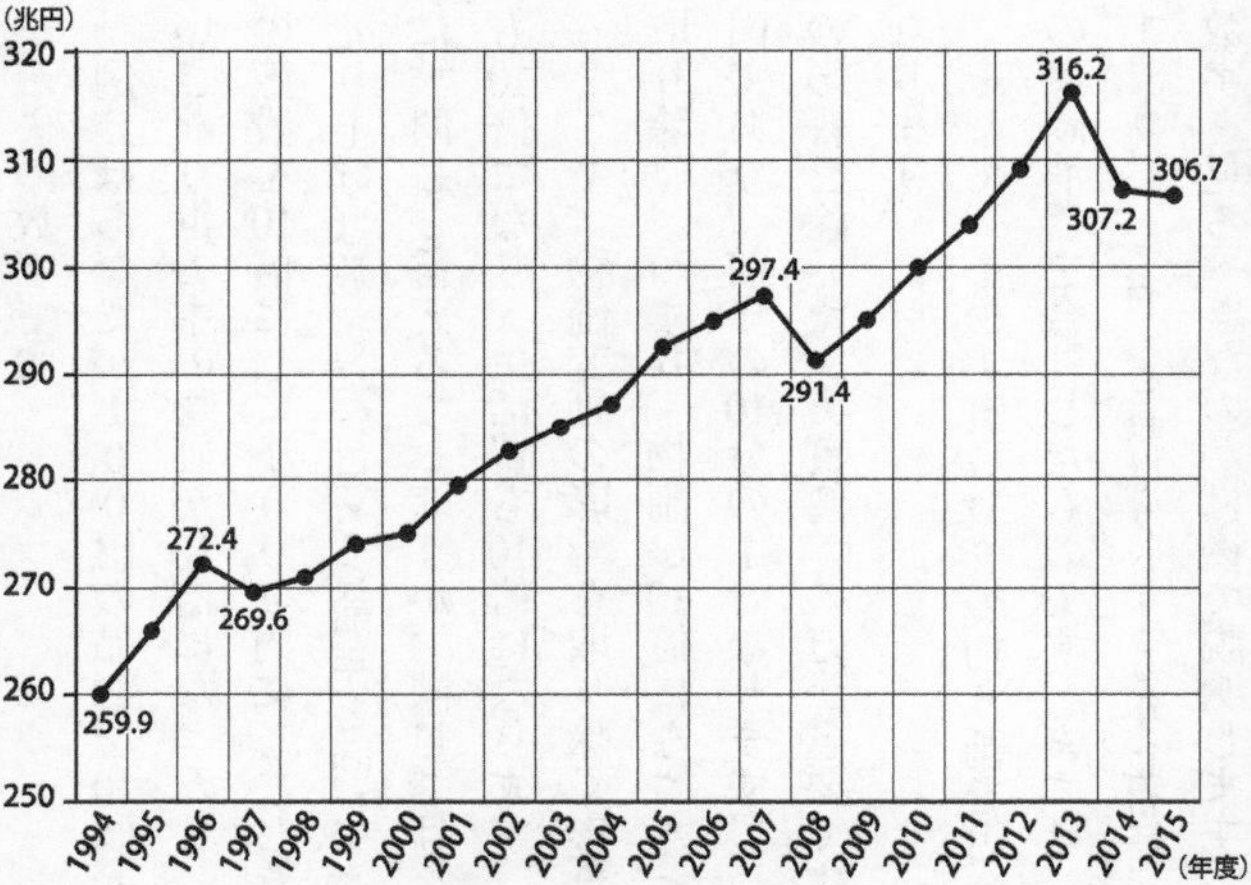

図1-5　実質民間最終消費支出（出典　内閣府「国民経済計算」）

２０１３年度までは基本的に右肩上がりで伸びていましたが、２０１４年度で急落し、さらに２０１５年度も連続して下がっています。このように、２年度連続で下がるのは戦後初の現象です。そもそも、前年度より落ちること自体、過去22年度で４回しかなく、そのうち２回をアベノミクス以後が占めていることになります。

さらに、落ちた４回の下落率と下落額の一覧表を見てみましょう（図１－６）。

１９９７年度は消費税の増税（３％⇒５％）があった年度で、２００８年度はリーマンショックがあった年度です。

２０１４年度の下落率と下落額はリーマンショック時を上回っています。そして、２０１５年度はその２０１４年度よりも更

年度	前年度からの下落額	前年度からの下落率
1997年度	2.8兆円	1.0%
2008年度	6.0兆円	2.0%
2014年度	9.0兆円	2.9%
2015年度	0.4兆円	0.1%

図1-6　下落率及び下落額一覧表（出典　図1-5と同）

に下がってしまったことになります。その上、2014年度も2015年度も、両方共にアベノミクス開始前の2012年度を下回っています。国内消費がアベノミクス前より下がってしまいました。

次に、実質GDPの推移を見てみましょう（図1-7）。

特徴的なのが、2015年度の実質GDPは、2013年度を下回ったということです。このように「2年度前を下回る」という現象は、過去22年度で5回しか起きていません。これは、3年分の伸びが1年分の伸びを下回ったことを意味します。また、2014年度は、実質で見るとこのようにマイナスですが、名目で見るとプラスになっています。このように「名目はプラス、実質はマイナス」になったのは、オイルショックに襲われた1974年度以来のことです。名目がプラスなのに実質がマイナスになったということは、要するに物価だけが上がってしまったということであり、国民の生活が苦しくなったことを意味します。

ところで、年度（4月～翌年3月）ではなく、暦年（1月～12

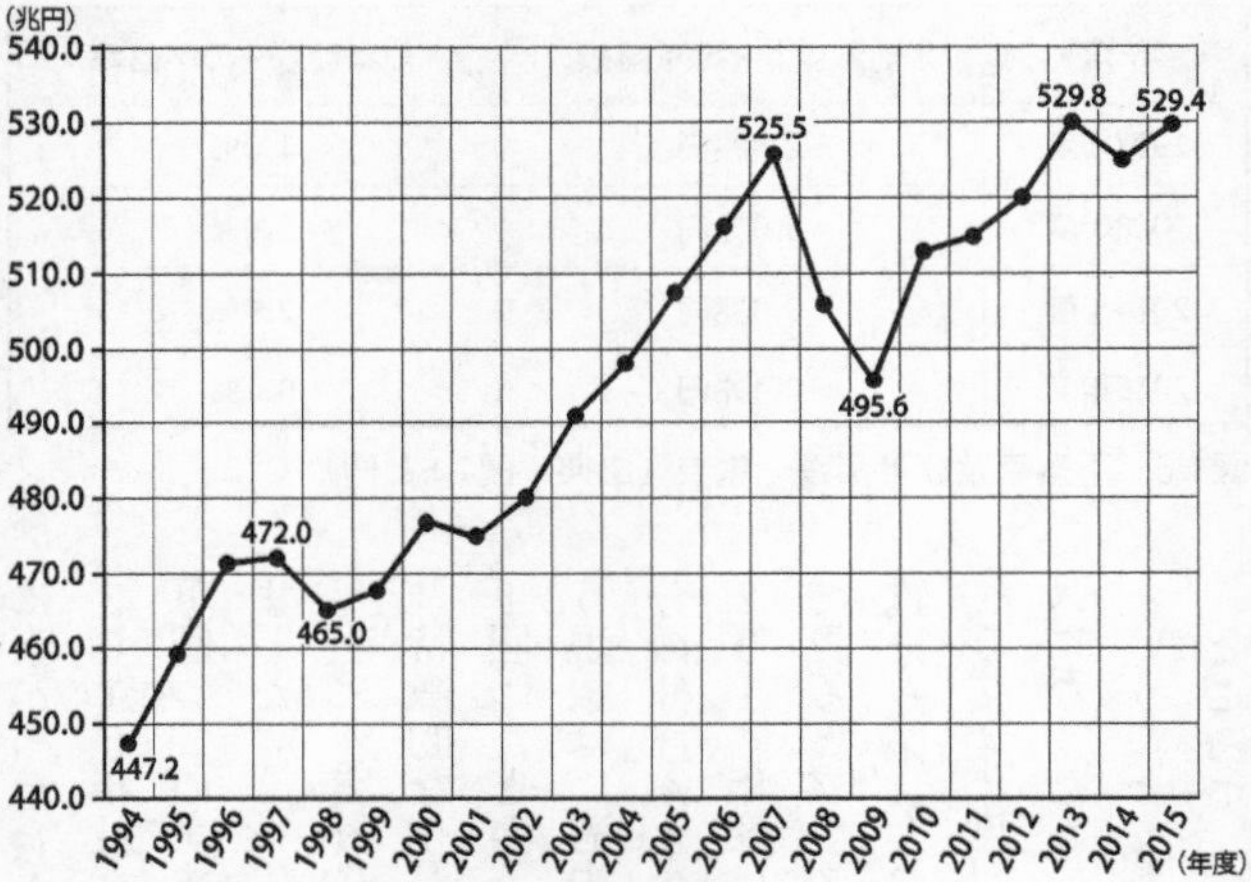

図1-7　年度実質GDP（出典　図1-5と同）

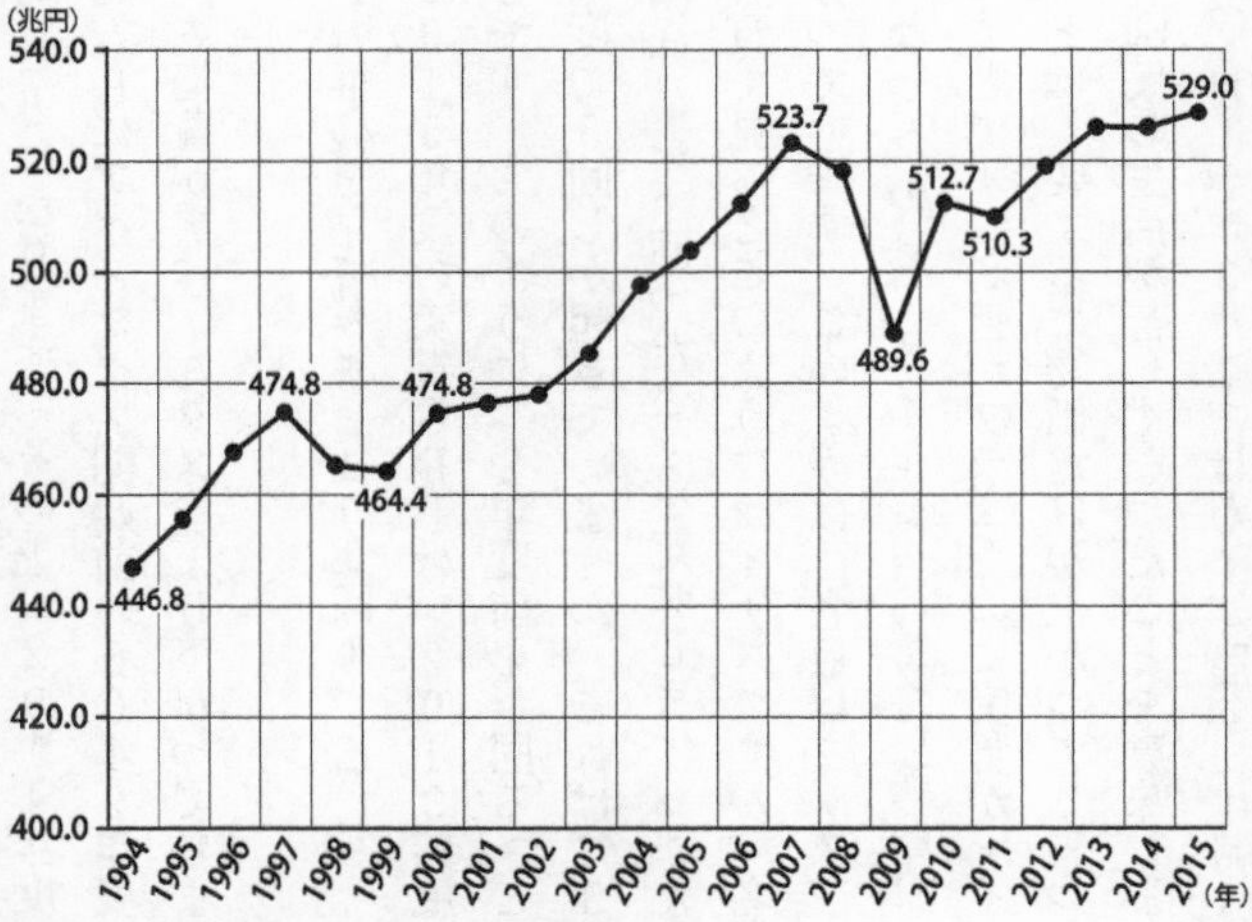

図1-8　暦年実質GDP（出典　図1-5と同）

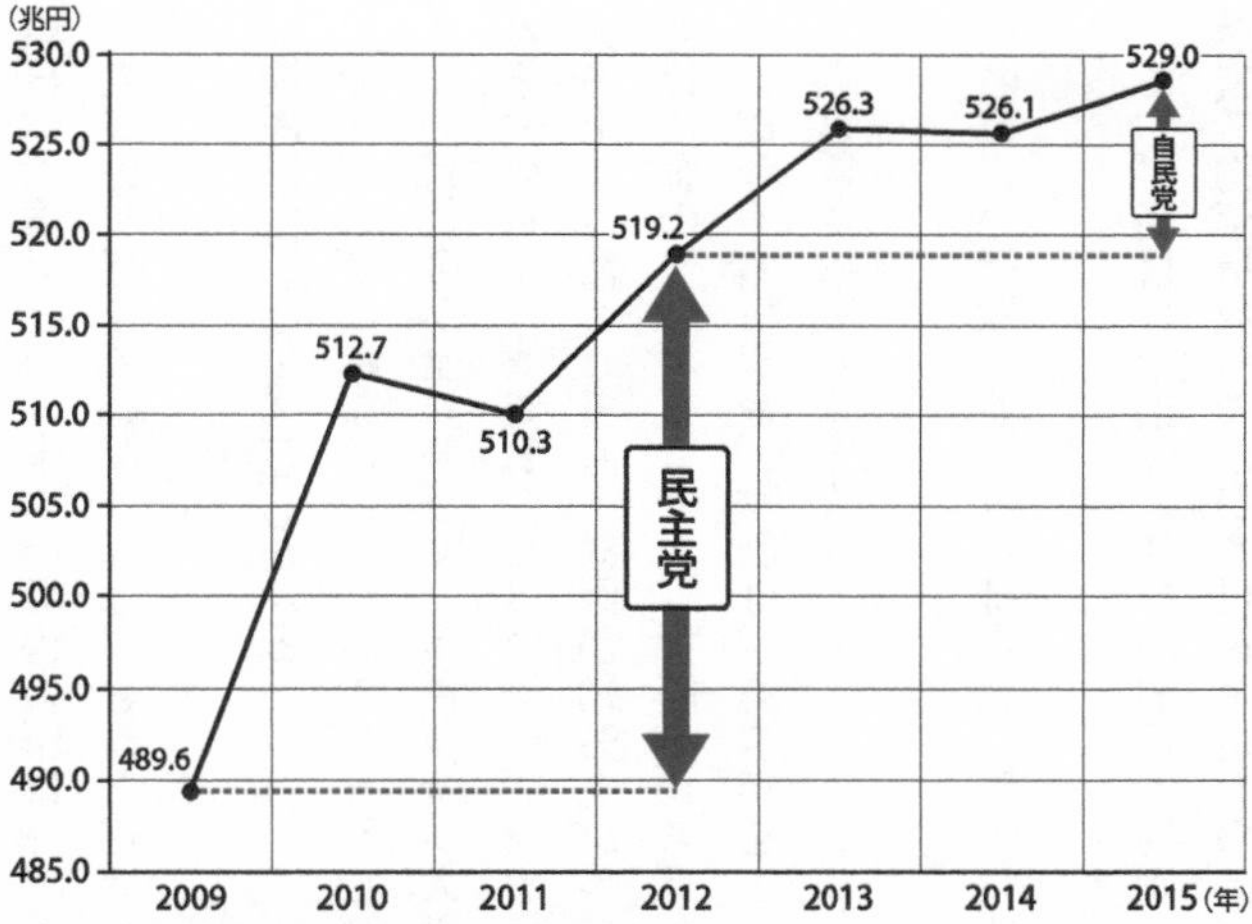

図1-9　暦年実質GDP（出典　図1-5と同）

月）だと、３年で区切って民主党時代との比較が綺麗《きれい》にできます（図１－８）。

よりわかりやすいように、２００９年以降を拡大してみましょう（図１－９）。

このように、アベノミクスは、３年間で比較すると、民主党時代の３分の１程度しか実質ＧＤＰを伸ばせませんでした。成長率で言うと、民主党時代の３年間は６・１％、他方、アベノミクス以降の３年間は１・９％です。これを指摘すると、「民主党時代はリーマンショックからの反発があっただけ」と必ず言う人がいます。それは確かにそうでしょう。しかし、２０１１年を見てください。前年より下がっています。これは、東日本大震災の影響です。リーマンショックからの反発はあったでしょうが、東日本大震災という大きな災害の影響で、その反発はかなり相殺されています。もしも東日本大震災が起きていなければ、もっと差は広がっていたでしょう。

原因は物価だけ急上昇したから

では、なぜこんなことになってしまったのでしょうか。それは、物価が大きく上がったのに、名目賃金が全然伸びず、実質賃金が大きく下がってしまったからです。名目賃金とは見たままの賃金、実質賃金とは物価の影響を取り除いた賃金のことです。例えば、名目賃金が10%上がったとしても、物価が10%上がってしまえば、実質賃金の伸び率はゼロです。逆に、名目賃金の伸びがゼロでも、物価が10%下がれば、実質賃金は10%上がったことになります。実質賃金や名目賃金、物価は、ある年を100とした「指数」で見るのが通常です。

実質賃金指数の算定式は、

・名目賃金指数÷消費者物価指数（持家の帰属家賃を除く総合）×100

です。名目賃金指数の伸びが消費者物価指数の伸びを上回れば実質賃金も伸びます。逆に、消費者物価指数の伸びが名目賃金指数の伸びを上回れば、実質賃金は下がります。

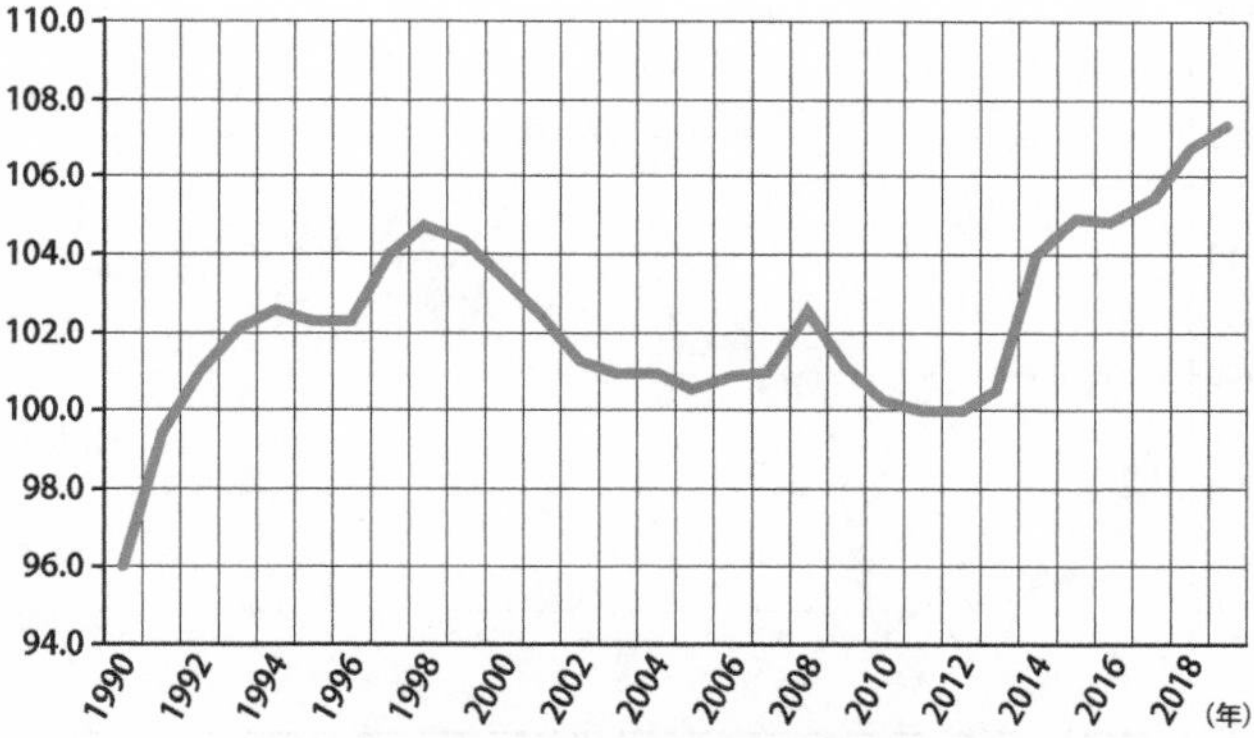

図1-10　暦年消費者物価指数（持家の帰属家賃を除く総合）2012年＝100（出典　総務省統計局「消費者物価指数」）

では、まず物価から見ていきましょう（図1-10）。これはアベノミクス開始前の2012年を100としたグラフです。

前述のとおり、マネーストックは増えなかったのですが、それで物価が上がらなかったかと言えば、そうではなく、急上昇しています。2019年と2012年を比較すると7・2ポイントも伸びています。特に2014年は壁のようになっています。なお、ここで見ている消費者物価指数は、「持家の帰属家賃」を除く消費者物価指数です。「持家の帰属家賃」というのは、自分が住んでいる自分の持家の家賃のことです。自分の持っている家に住んでいるなら家賃は発生しませんが、消費者物価指数を出す場合は家賃が発生するものとして計算しています。持家比率が異なる国同士の国際的な比較を

図1-11　東京市場　ドル・円　スポット　17時時点/月中平均
（出典　日本銀行時系列データ検索サイト）

可能にするため、そのような計算にしているのです。しかし、それは当然ながら実情を反映しません。そこで、その持家の帰属家賃を除いた指数が必要となります。この数値が私達の生活実感に最も近いものであることから、実質賃金算定の際にも使用されています。

物価が急上昇した原因は、消費税増税と円安です。ここで、ドル円相場の推移を見てみましょう（図１‐11）。

アベノミクス前は１ドル＝80円程度だったのが、２０１５年にはピーク時で１ドル＝１２０円を超えるところまで円安が進んでいます。これは円の価値が3分の2に落ちたのと同じです。２０１５年の物価が２０１２年に比べて約５％程度上がっているのはこれが大きな要因です。なお、日銀の試算によると、2014年の消費税3％増税による物価上昇効果は2％とのことです。これを前提にすると、2015年までの物価上昇約5％のうち、増税の影響を除く約3％程度が、円安による物価上昇と見ることができます。その後、2016年に円高になったため、物価が下がりました。2016年は、アベノミクス以降で唯一前年より物価が下がった年になっています。

そして、もう一つ重要なのが原油価格です。原油は輸送燃料として使用される他、様々な商品の原材料になります。したがって、原油価格が上がれば物価が上昇しますし、下がれば物価も下がります。推移を見てみましょう（図1－12）。

見てのとおり、2014年から2015年にかけて、原油価格が大きく落ちているのが分かります。一番低い時で、アベノミクス前の半分以下に落ちています。このように、原油の暴落があったおかげで、円安によるインフレが相当程度抑え込まれたのです。この偶然が無ければ、円安による物価上昇はもっと凄《すさ》まじいものになったでしょう。そして、2017年頃また上がり始め、同時に為替相場も円高から円安傾向に変化したため、また物価が上がり始めたのです。このように、アベノミクス以降の物価変動は、**消費税増税、為替相場、原油相場の3つが大きく影響しています。**

多くの人が「日銀が物価目標を達成できていない」ということをもって「物価は上がって

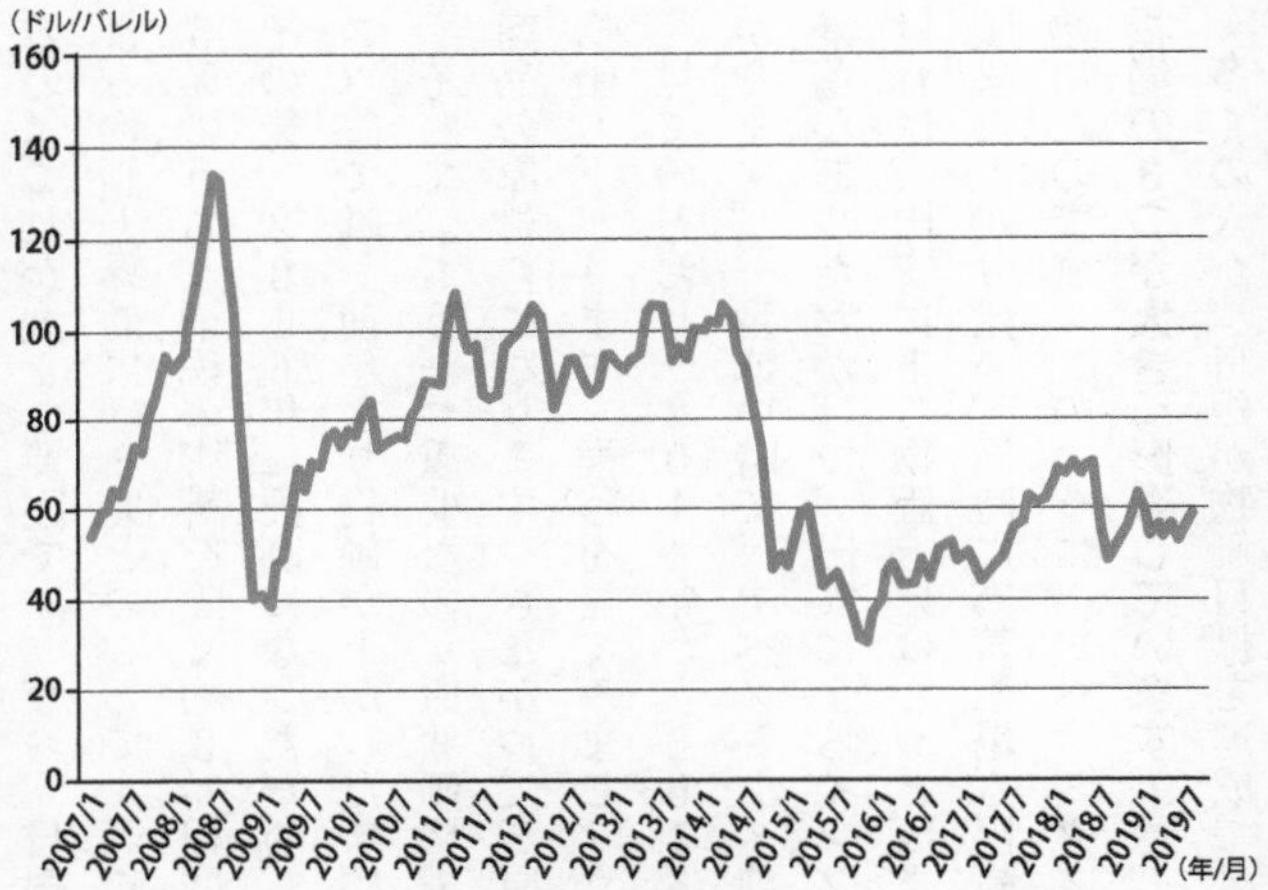

図1-12　原油価格推移（Cushing, OK WTI Spot Price FOB)
(出典　The U.S. Energy Information Administration (EIA))

いない」と勘違いしています。日銀の掲げる目標は「前年比2％」すなわち毎年2％ずつ物価を上昇させていくことであり、「アベノミクス開始から2％」ではありません。しかも、その物価上昇から消費税増税の影響は除かれています。消費税増税も含めると、2019年までの間に物価は7・2％も上昇しているのです。

円安になると、輸入する物の値段が上がります。例えば、1ドル＝100円の時に、1万ドルのものを輸入するとしましょう。この場合、100万円を1万ドルと交換して支払えば足ります。ところが、1ドル＝200円になると、倍の200万円を用意しなくてはなりません。

そして、その分は国内で販売する際の価格に転嫁する必要があります。だから、円安になると日本国内の物価が上がるのです。企業は値上げを避けるために、まずは内容量を少なくする等して対応しますが、それでもダメになると、値上げをします。キットカットの容量が少なくなったことが話題になりましたが、それは円安が大きく影響しているでしょう。

なんでこんなに円安になったかと言えば、異次元の金融緩和の影響です。投資家が、「異次元の金融緩和によって円が安くなる」と予想して円を売ったのです。日銀が異常にマネタリーベースを増やせば、少なくとも民間銀行の日銀当座預金には円があふれかえります。円がたくさんあるということは、それだけ円の価値が下がるとみんな予想したのでしょう。そして、安くなる通貨をずっと持っていても損するから、みんな円を売って、ドル等に変えたのです。なお、円安トレンドは安倍氏が総理に就任する前から始まっていますが、これは安倍氏が金融緩和することを宣言しており、同氏が２０１２年12月の総選挙を経て総理になることが確実とみられていたからでしょう。

次に、この消費者物価指数と、名目賃金指数、実質賃金指数を並べたグラフを見てみましょう（図１－13）。

7年間で名目賃金はわずか2・5％しか伸びていません（なお、この「伸び」も、後で説明するとおり、インチキをした結果です）。他方で物価は先ほど見た通り7・2％も上がってい

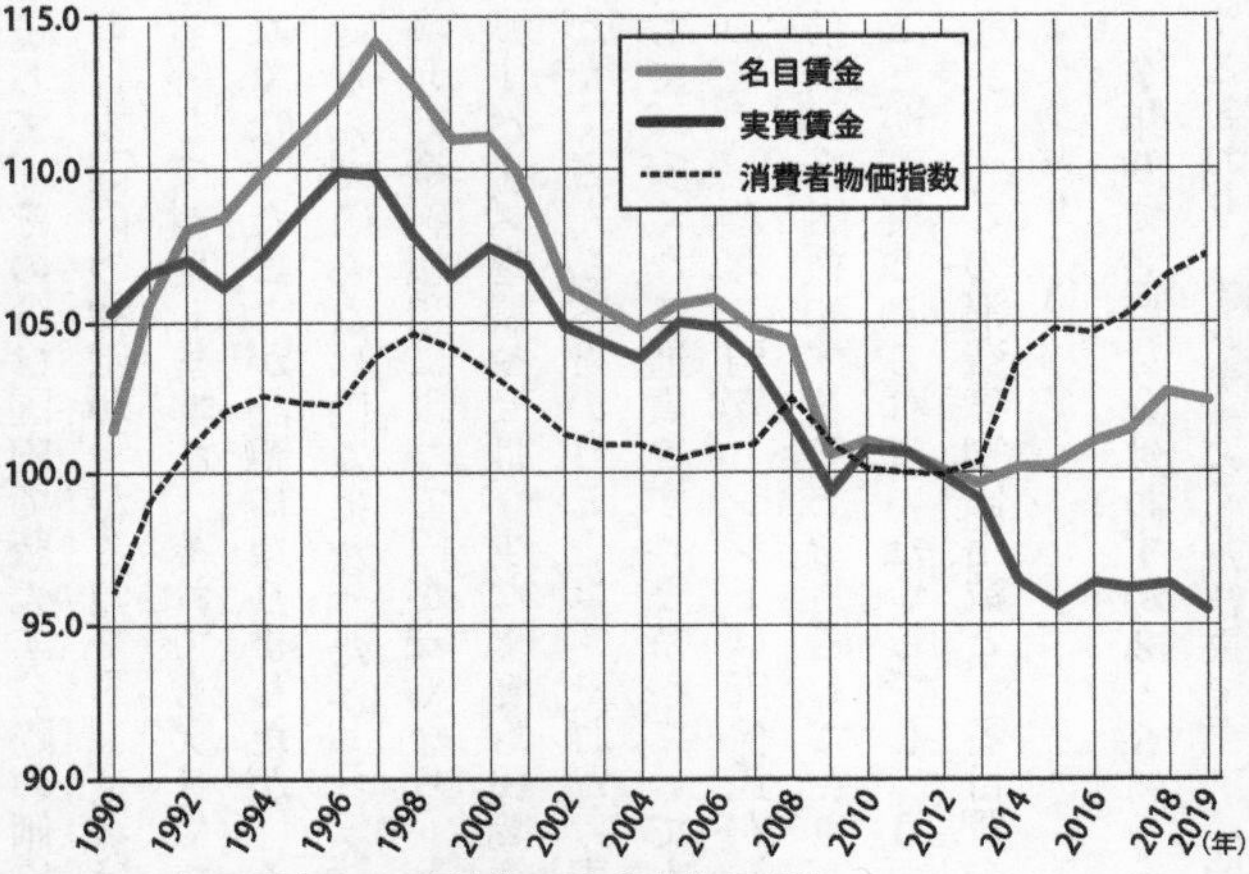

図1-13　名目賃金・実質賃金・消費者物価指数
（出典　賃金は厚生労働省「毎月勤労統計調査」、消費者物価指数は総務省統計局「消費者物価指数」）

ますから、**実質賃金はアベノミクス開始前と比較して4・4%も下がっています。**我々は貧乏にされただけでした。

アベノミクス前の時点に視点を移してみましょう。名目賃金は長期的に見て下落傾向にあり、アベノミクス前の2012年の時点で、ピーク時（1997年）から**約14ポイント**も落ちていました。消費者物価指数も賃金とおおむね同じように下落していきましたが、途中からは横ばいになり、ピーク時（1998年）から約5ポイント落ちていましたが、名目賃金の3分の1程度にとどまっています。そして実質賃金はピーク時（1996年）から10ポイント落ちていました。このように、物価の下落よりも、名目賃金と実質賃金の下落の方がはるかに深刻だったのです。そして、アベノミクス前の時点において物価が下落基調にあったのは、賃金が下がったからです。賃金が下がれば消費者の購買力が落ちますから、安い物しか売れません。また、「デフレ・スパイラル」という言葉を盛んに聞きますが、グラフを見ると、「スパイラル」というレベルで下がっているとは言えず、下がったあと横ばい、とみるのが正確です。

こうやってデータを分析すれば、「物価が下がったのは賃金が下がったからだ」ということには容易に気付くのですが、アベノミクスはこの現実を無視しました。「悪いのは物価の下落だ」と決めつけ、物価だけを上昇させてしまったのです。

ついでに、食料価格指数とエンゲル係数の推移を見てみましょう（図1－14）。食料価格指数とは消費者物価のうち食料に関するものを抜き出したものです。そして、エンゲル係数とは、支出に占める食費の割合を示します。エンゲル係数が高ければ高いほど、「食べていくのがやっと」の状態に近づきます。したがって、エンゲル係数が高い＝生活が苦しい、ということを意味します。

このように、食料価格指数（右軸）だけ抜き出すと、2019年までの間に、2012年と比較して11・4ポイントも上がっています。そして、それとほとんど同じように、エンゲル係数（左軸）も急上昇しています。なお、2017年以降は横ばいになっていますが、こ

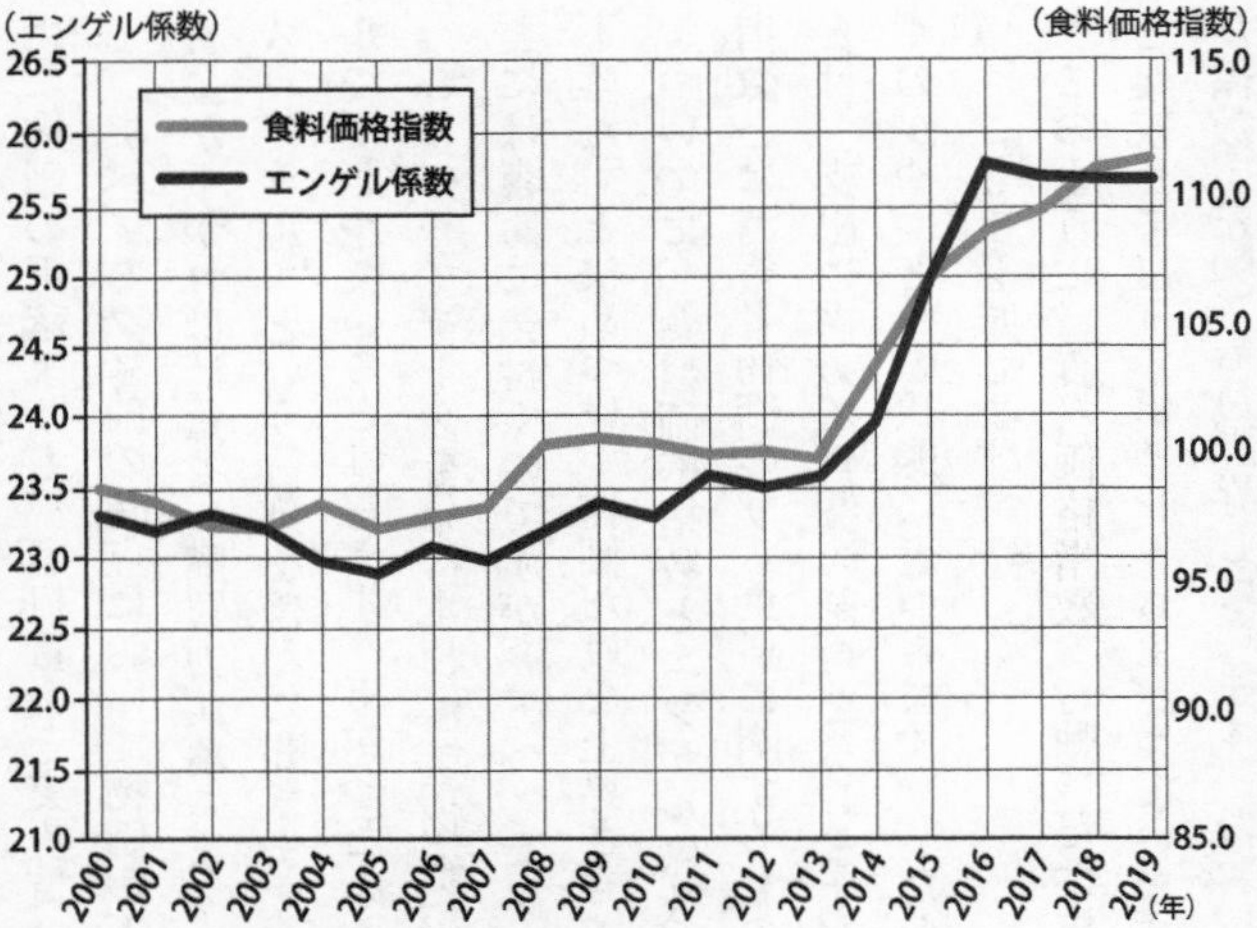

図1-14　食料価格指数とエンゲル係数
(出典　エンゲル係数は総務省統計局「家計調査」、食料価格指数は総務省統計局「消費者物価指数」)

れは調査方法を変えて数字をかさ上げするというインチキをしたことが影響しています。この点については後述します。

ところで、実質賃金下落について、「賃金の低い新しい雇用者が増えたから、平均値が下がったのが原因」ということを言う人が必ずいますが、間違いです（おそらくこれを最初に言いだしたのは常に安倍政権を擁護していた高橋洋一氏でしょう）。さっきも指摘したとおり、名目賃金は開始前より2・5ポイント上がっています。平均値の問題なら名目賃金も下がっていなければなりません。ただ

単に、名目賃金の上昇を物価上昇が

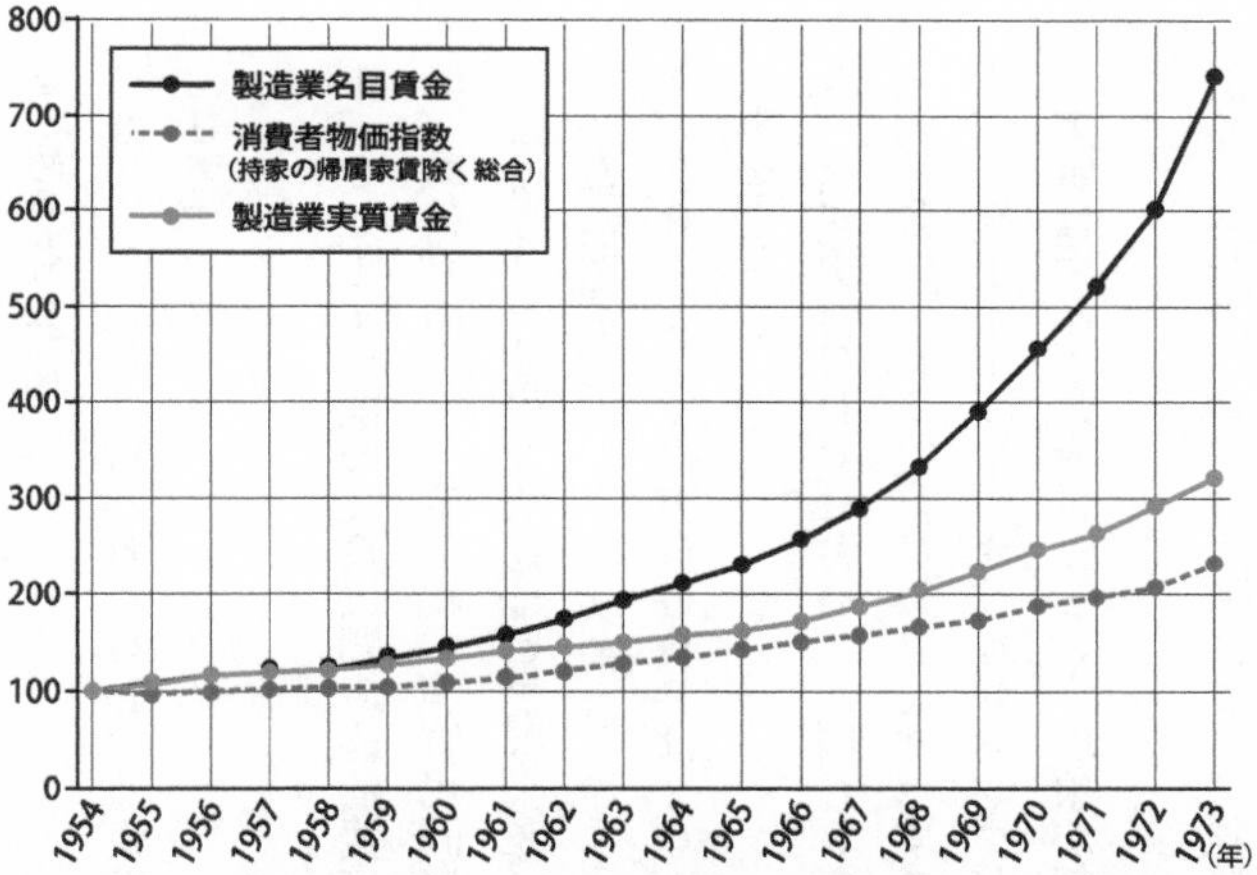

図1-15　高度経済成長期の名目・実質賃金指数及び消費者物価指数（出典　製造業名目賃金は新版日本長期統計総覧第4巻「19-48-a産業別名目賃金指数（現金給与総額）（事業所規模30人以上）（昭和27年～平成15年）」、消費者物価指数は総務省統計局「消費者物価指数」）

上回ったから、実質賃金が大きく落ちてしまったのです。こういう反論をする人は、そもそも実質賃金の計算式を知らないのでしょう。

ここで、高度経済成長期の賃金と物価の推移を見てみましょう（図1－15）。

物価は2倍以上になっていますが、名目賃金が7倍以上になっているため、実質賃金は3倍以上になっています。名目賃金が大きく伸び、それが物価を引っ張り上げるのです。これが本物の経済成長です。「賃金が先」なのです。

まとめると、悲惨

2016年12月に行われたGDP改定前までのアベノミクスの「成果」をまとめると次のとおりです。

1. 2014年度の実質民間最終消費支出はリーマンショックを超える下落率を記録した。
2. 戦後初の「2年度連続で実質民間最終消費支出が下がる」という現象が起きた。
3. 2015年度の実質民間最終消費支出は、アベノミクス開始前（2012年度）を下回った（消費がアベノミクス前より冷えた）。
4. 2015年度の実質GDPは2013年度を下回った（3年分の成長率が1年分の成長率を下回った）。
5. 暦年実質GDPにおいて、同じ3年間で比較した場合、アベノミクスは民主党時代の約3分の1しか実質GDPを伸ばすことができなかった。
6. 2014年度は、オイルショックがあった1974年度以来の「名目はプラス成長、実質はマイナス成長」という現象が起きた。

まさに「悲惨」の一言に尽きます。非常に短くまとめれば、

「物価だけ上がってしまったので消費が異常に冷えた」

ということです。たったの一行で説明できる極めて単純な失敗です。

しかし、ＧＤＰ改定により、この悲惨な数字はかなり修正されてしまいました。次章で詳しく説明します。

第二章　ソノタノミクス

改定のポイントは4つ

2016年12月にGDPが大きく改定されましたが、その要点をまとめると次の4つです。

1．実質GDPの基準年を平成17年から平成23年に変更
2．算出基準を1993SNAから2008SNAに変更
3．その他もろもろ変更
4．1994年まで遡《さかのぼ》って全部改定

1について、実質GDPとは、ある年の名目GDPを基準に、そこから物価変動の影響を取り除いた値です。したがって、特定の年を基準年として定める必要があります。今まではその基準年が平成17（2005）年でしたが、それが平成23（2011）年に変更されました。この点は特に問題ありません。

2について、「SNA」とは国際的なGDP算出基準のことです。いままでは1993SNAが使用されていましたが、今回の改定では2008SNAが使用されることになりました。これによって研究開発費等が上乗せされるので、名目GDPがおおよそ20兆円ほどかさ上げされます。表向きは、この点が最も強調されていました。

３について、これが最も重要です。２００８ＳＮＡと全然関係ない部分でその他もろもろ変更されているのです。内閣府はこの点について下記のように説明していました。

「各種の概念・定義の変更や推計手法の開発等も実施
・国際比較可能性を踏まえた経済活動別分類の変更（サービス業の詳細化等）
・供給・使用表（ＳＵＴ）の枠組みを活用した新たな推計手法
・建設部門の産出額の新たな推計手法　　等」

最後に「等」とついているのがポイントです。要するに「いろいろ入ってます」ということです。

４について。これも結構重要です。わざわざ22年も遡って改定したのです。なぜそんなことをしたのか、これは後で分かります。

歴史の改ざん

まず、改定前後を比べてみましょう（図２－１）。

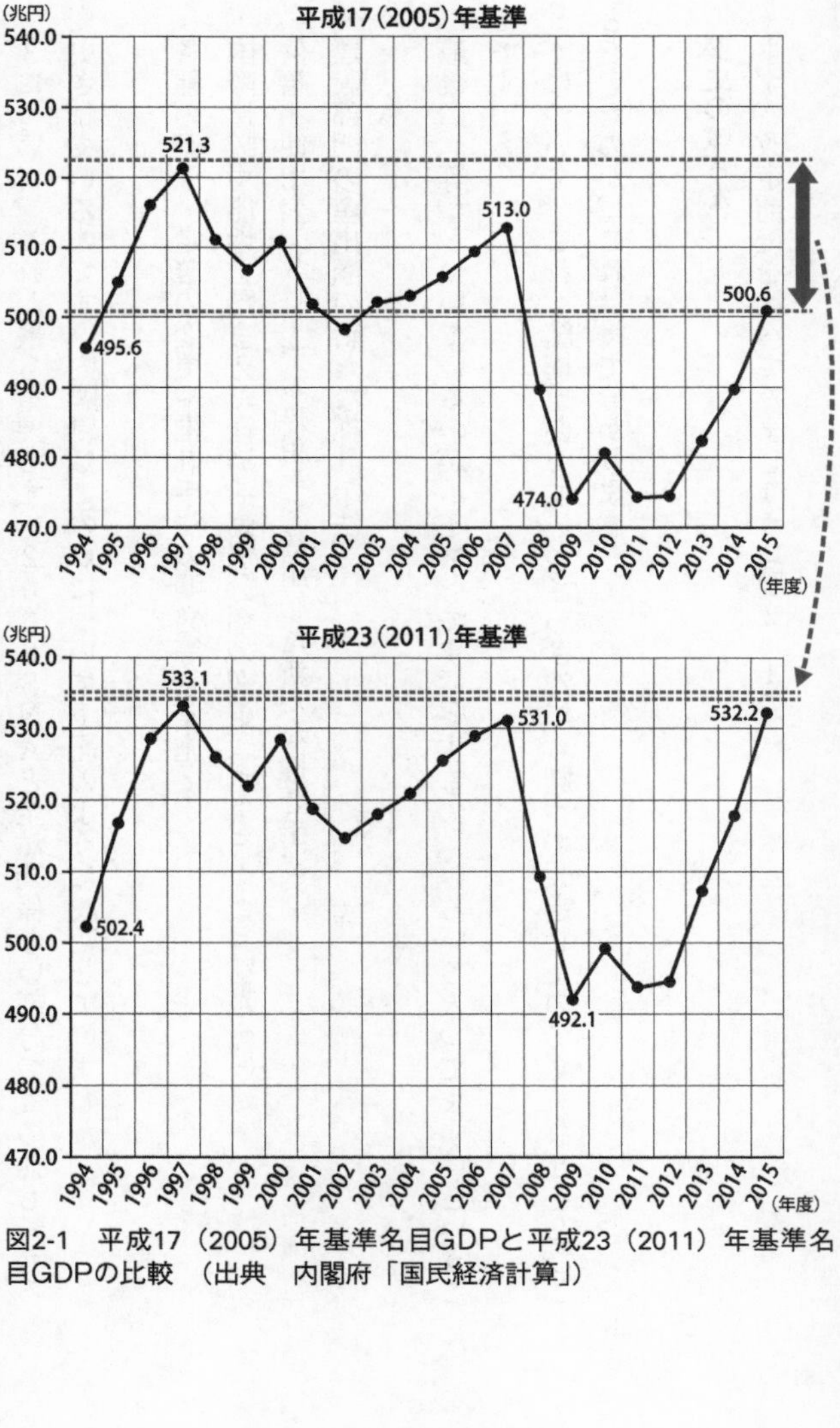

図2-1　平成17（2005）年基準名目GDPと平成23（2011）年基準名目GDPの比較　（出典　内閣府「国民経済計算」）

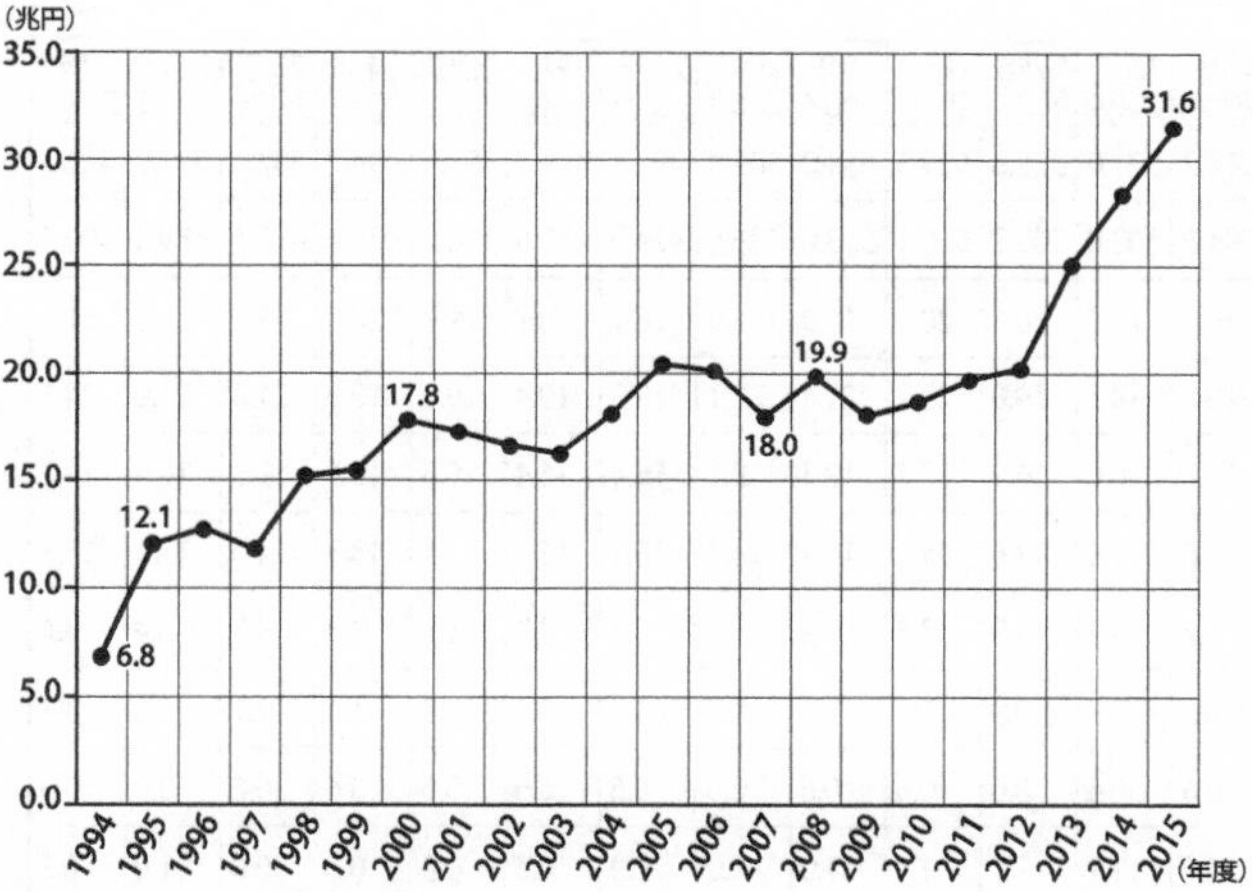

図2-2　名目かさ上げ幅
(出典　平成28年12月22日付内閣府作成資料「平成27年度国民経済計算年次推計(平成23年基準改定値)(フロー編)ポイント」)

改定前、2015年度の名目GDPは500・6兆円でした。しかし、改定後は532・2兆円です。31・6兆円もかさ上げされました。注目すべきはピーク時との比較です。改定前のピークは1997年度の521・3兆円であり、2015年とは20兆円以上の差がありました。ところが、改定後は、1997年の数値は533・1兆円であり、その差は一気に0・9兆円に縮まっています。

次に、改定前後のGDPの差額を抜き出したグラフを見てみましょう(図2-2)。

このように、アベノミクス以降(2013年度以降)から、急激にかさ

（兆円）

15年 2003	16年 2004	17年 2005	18年 2006	19年 2007	20年 2008	21年 2009	22年 2010	23年 2011	24年 2012	25年 2013	26年 2014	27年 2015
518.2	521.0	525.8	529.3	531.0	509.4	492.1	499.2	493.9	494.7	507.4	517.9	532.2
501.9	502.8	505.3	509.1	513.0	489.5	474.0	480.5	474.2	474.4	482.4	489.6	500.6
16.3	18.2	20.5	20.1	18.0	19.9	18.1	18.7	19.7	20.3	25.0	28.3	31.6
18.1	18.6	19.8	20.7	21.4	21.1	19.2	19.4	19.8	19.6	21.0	23.0	24.1
15.7	16.0	16.9	17.7	18.3	18.1	16.4	16.4	16.6	16.6	17.3	18.5	19.2
12.6	12.8	13.6	14.3	14.9	14.7	13.1	13.1	13.3	13.3	14.0	15.1	15.8
3.2	3.2	3.3	3.3	3.4	3.4	3.3	3.3	3.3	3.3	3.3	3.4	3.4
0.5	0.7	0.9	1.1	1.3	1.2	1.1	1.3	1.5	1.4	2.1	2.8	3.1
0.6	0.6	0.6	0.6	0.6	0.6	0.6	0.6	0.6	0.6	0.6	0.6	0.6
1.1	1.1	1.1	1.1	1.0	1.0	0.9	0.9	0.9	0.8	0.8	1.0	0.9
0.2	0.2	0.2	0.2	0.2	0.2	0.2	0.2	0.2	0.2	0.2	0.2	0.2
−1.8	−0.3	0.7	−0.6	−3.4	−1.2	−1.1	−0.8	−0.1	0.6	4.0	5.3	7.5

上げ額が伸びているのがよく分かると思います。特に１９９０年代との差が異常です。１９９４年度は６・８兆円しかかさ上げされていないのに、２０１５年度は31・６兆円もかさ上げされています。内閣府がこの差額の内訳を説明した次の表（図２－３）をよく見ると、この差額が大きく２つの部分に分けられることが分かります。それは①２００８ＳＮＡ対応部分②その他です。これはよく見ないと気づきません。私も「その他」という行を見て、視線を横にずらしていったら異常なことが起きていることにたまたま気づきました。

まず２００８ＳＮＡ対応部分から

年度（平成）	6年 1994	7年 1995	8年 1996	9年 1997	10年 1998	11年 1999	12年 2000	13年 2001	14年 2002
名目GDP（平成23年基準）	502.4	516.7	538.7	533.1	526.1	522.0	528.6	518.9	514.7
名目GDP（平成17年基準）	495.6	504.6	515.9	521.3	510.9	506.6	510.8	501.7	498.0
改定幅	6.8	12.1	12.7	11.9	15.2	15.4	17.8	17.2	16.7
2008SNA対応	14.6	15.1	16.0	16.9	17.1	17.0	17.3	17.4	17.9
研究・開発（R&D）の資本化	13.0	13.5	14.2	14.9	15.2	15.1	15.3	15.4	15.8
市場生産者分	10.7	11.1	11.7	12.3	12.5	12.2	12.3	12.4	12.5
非市場生産者分	2.3	2.4	2.5	2.6	2.8	2.8	2.9	3.0	3.1
特許等サービスの扱い変更	−0.3	−0.3	−0.1	0.1	0.0	0.1	0.2	0.2	0.4
防衛装備品の資本化	0.6	0.6	0.6	0.6	0.6	0.6	0.6	0.6	0.6
所有権移転費用の取扱精緻化	1.1	1.0	1.0	1.1	1.1	1.1	1.0	1.1	1.1
中央銀行の産出額の明確化	0.2	0.2	0.2	0.2	0.2	0.2	0.2	0.2	0.2
その他	−7.8	−3.0	−3.3	−5.0	−1.9	−1.6	0.5	−0.2	−1.2

図2-3　名目GDP（実額）の改定要因について（出典　図2-2と同）

見てみましょう（図２－４）。

　これもアベノミクス以降のかさ上げ額が大きく、不自然に感じます。しかし、「その他」はこの比ではありません（図２－５）。

　アベノミクス以降「だけ」急激にかさ上げされています。アベノミクス以降のかさ上げ平均値は５・６兆円です。他方、90年代は全部マイナスで、平均値を出すとマイナス３・８兆円です。つまり、この「その他」の部分で、90年代とアベノミクスに平均して約10兆円の差がついているということです。

　「その他」の影響がどれだけ大きいのかは、改定後の数値から「その

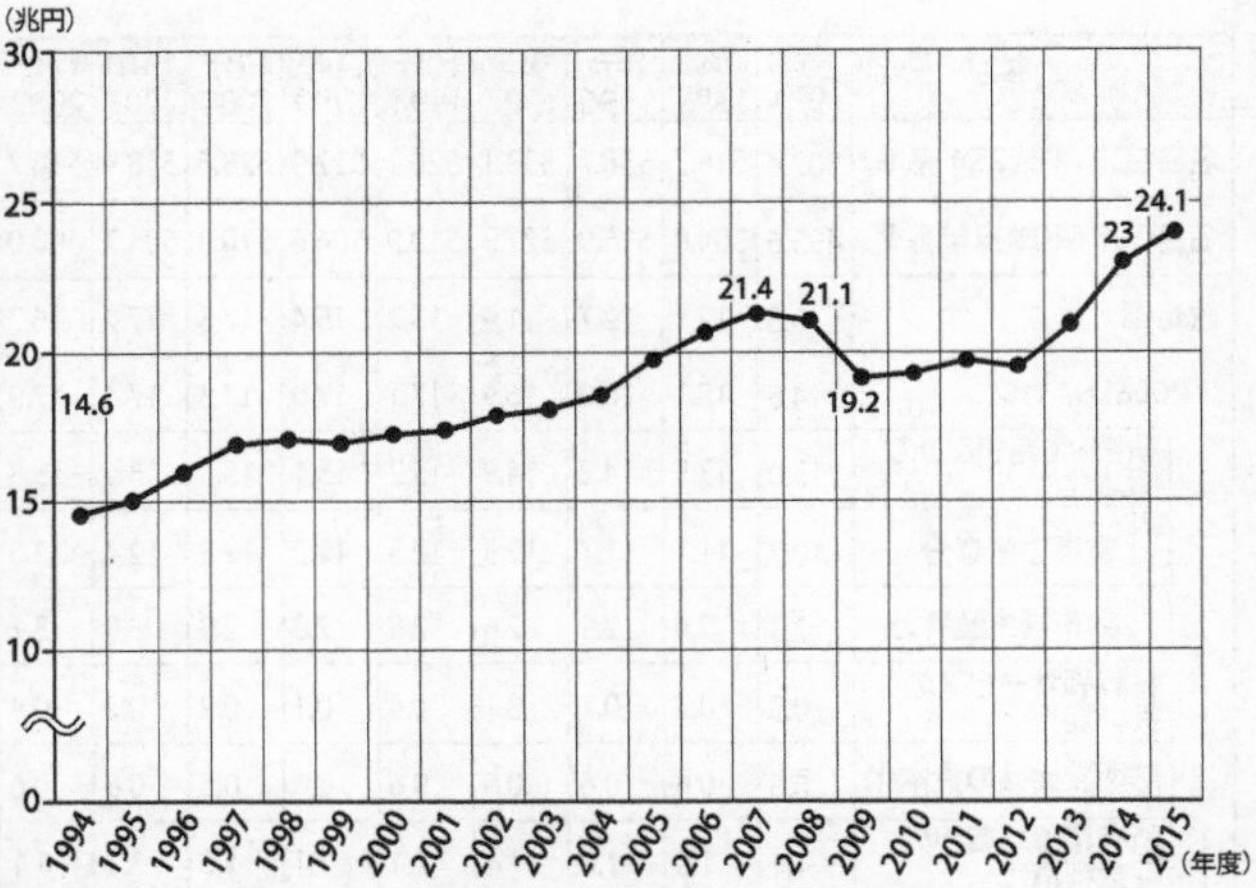

図2-4　2008SNAによるかさ上げ額（出典　図2-2と同）

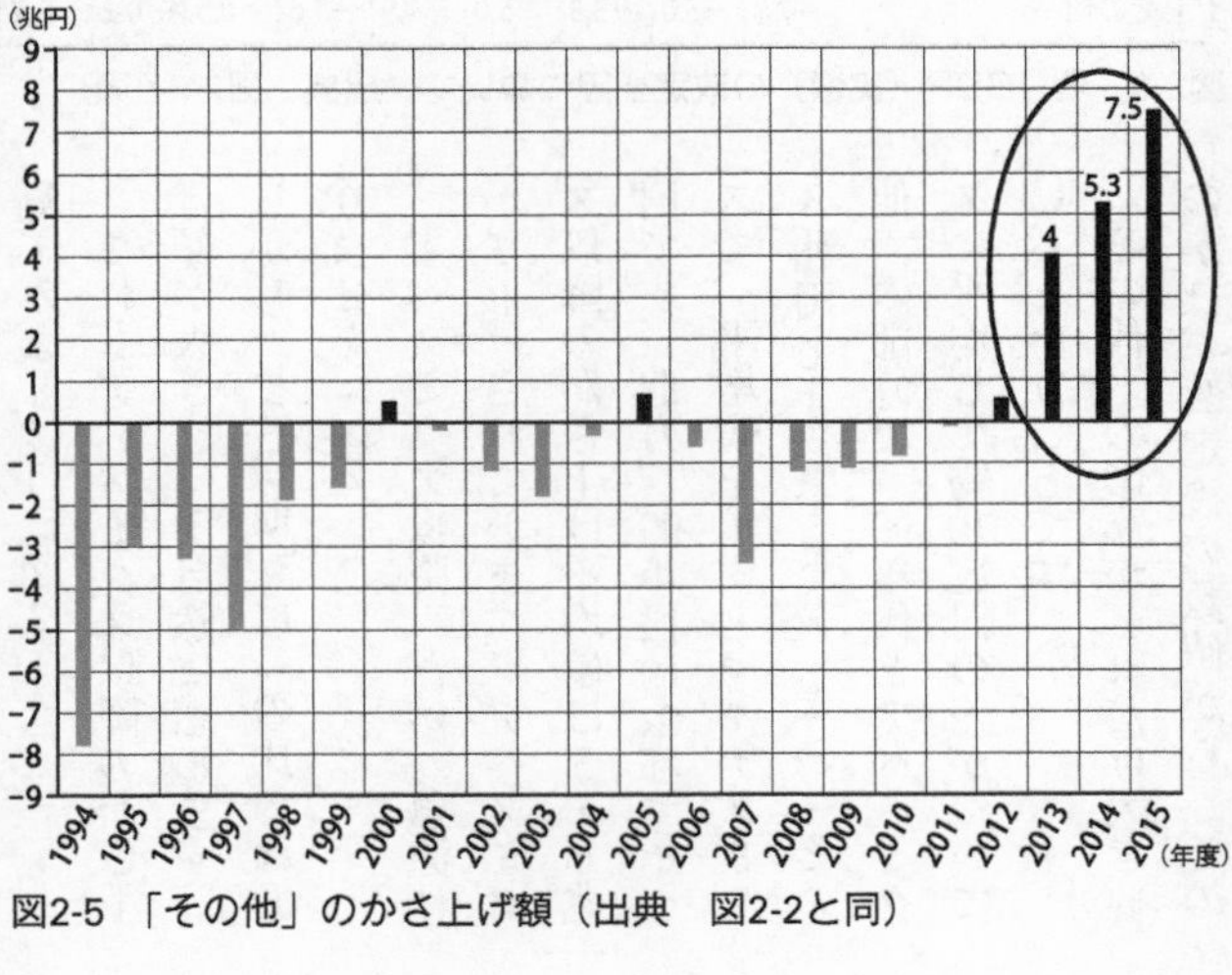

図2-5 「その他」のかさ上げ額（出典　図2-2と同）

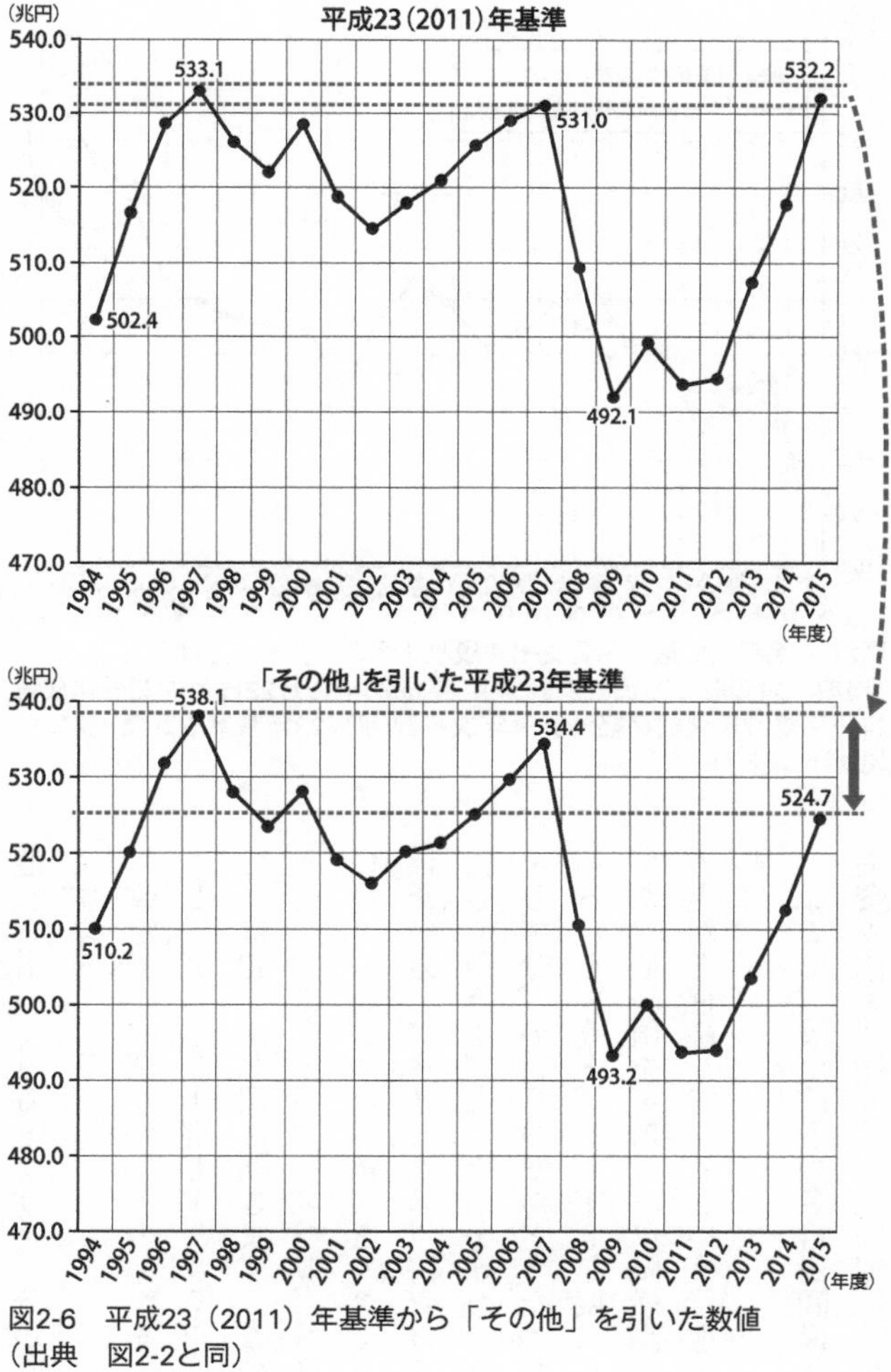

(兆円)
平成23(2011)年基準
540.0
530.0
520.0
510.0
500.0
490.0
480.0
470.0
533.1
532.2
531.0
502.4
492.1
1994 1995 1996 1997 1998 1999 2000 2001 2002 2003 2004 2005 2006 2007 2008 2009 2010 2011 2012 2013 2014 2015
(年度)
(兆円)
「その他」を引いた平成23年基準
540.0
530.0
520.0
510.0
500.0
490.0
480.0
470.0
538.1
534.4
524.7
510.2
493.2
1994 1995 1996 1997 1998 1999 2000 2001 2002 2003 2004 2005 2006 2007 2008 2009 2010 2011 2012 2013 2014 2015
(年度)

図2-6　平成23（2011）年基準から「その他」を引いた数値
（出典　図2-2と同）

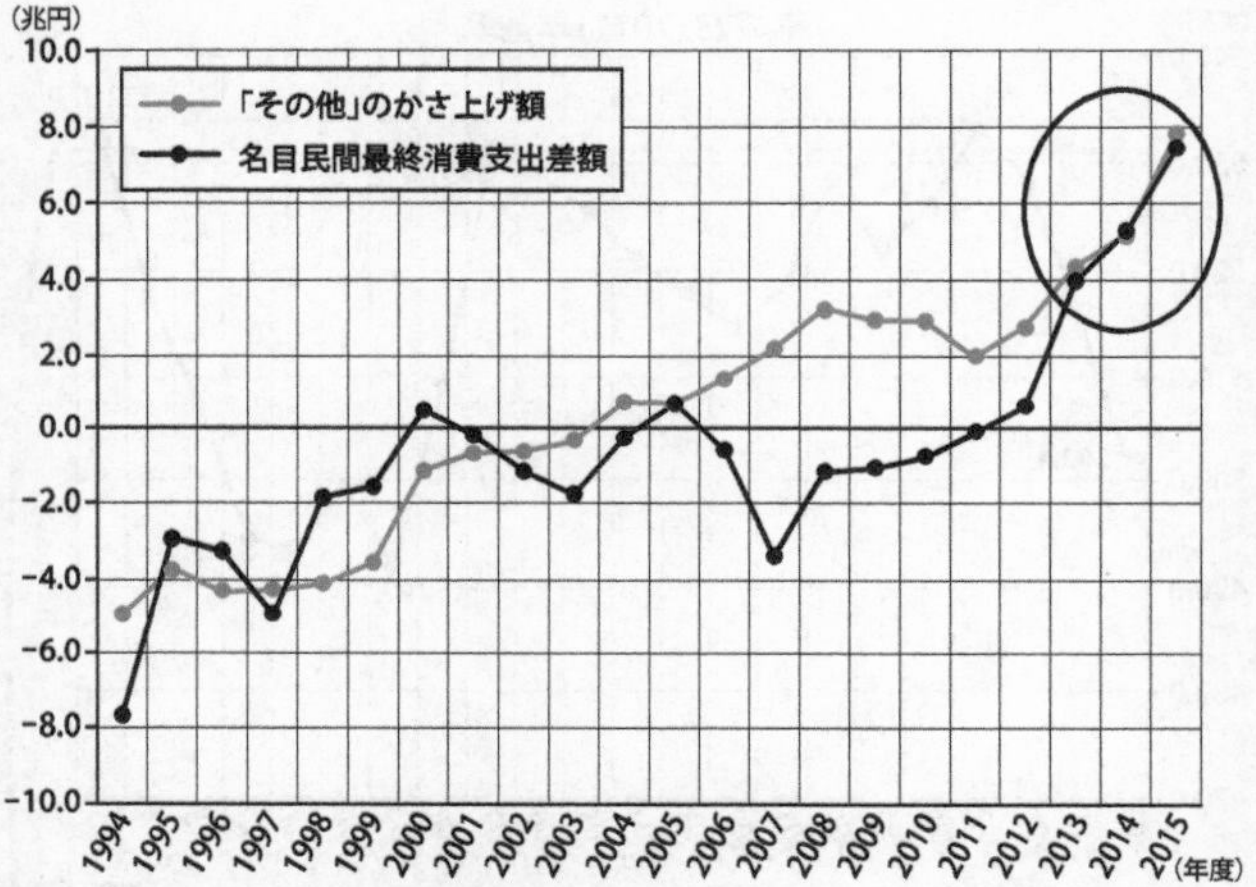

図2-7　名目民間最終消費支出差額と「その他」かさ上げ額
（出典　内閣府「国民経済計算」、平成28年12月22日付内閣府作成資料「平成27年度国民経済計算年次推計(平成23年基準改定値)(フロー編)ポイント」）

他」を引いてみるとよりよく分かります（図２－６）。

改定後の数値から「その他」を引くと、２０１５年度と１９９７年度の差は13・4兆円に開きます。このように、「その他」によって、名目GDPの高かった90年代を大きく下げた一方、アベノミクス以降だけを大きく引き上げたことが分かります。そして今、名目GDPがどうなっているかというと、２０１６年度にめでたく最高値を更新し、以降最高値の更新を継続しているという状態です。

ここで、改定前後の名目民間最終消費支出の差額と、「その他」を重

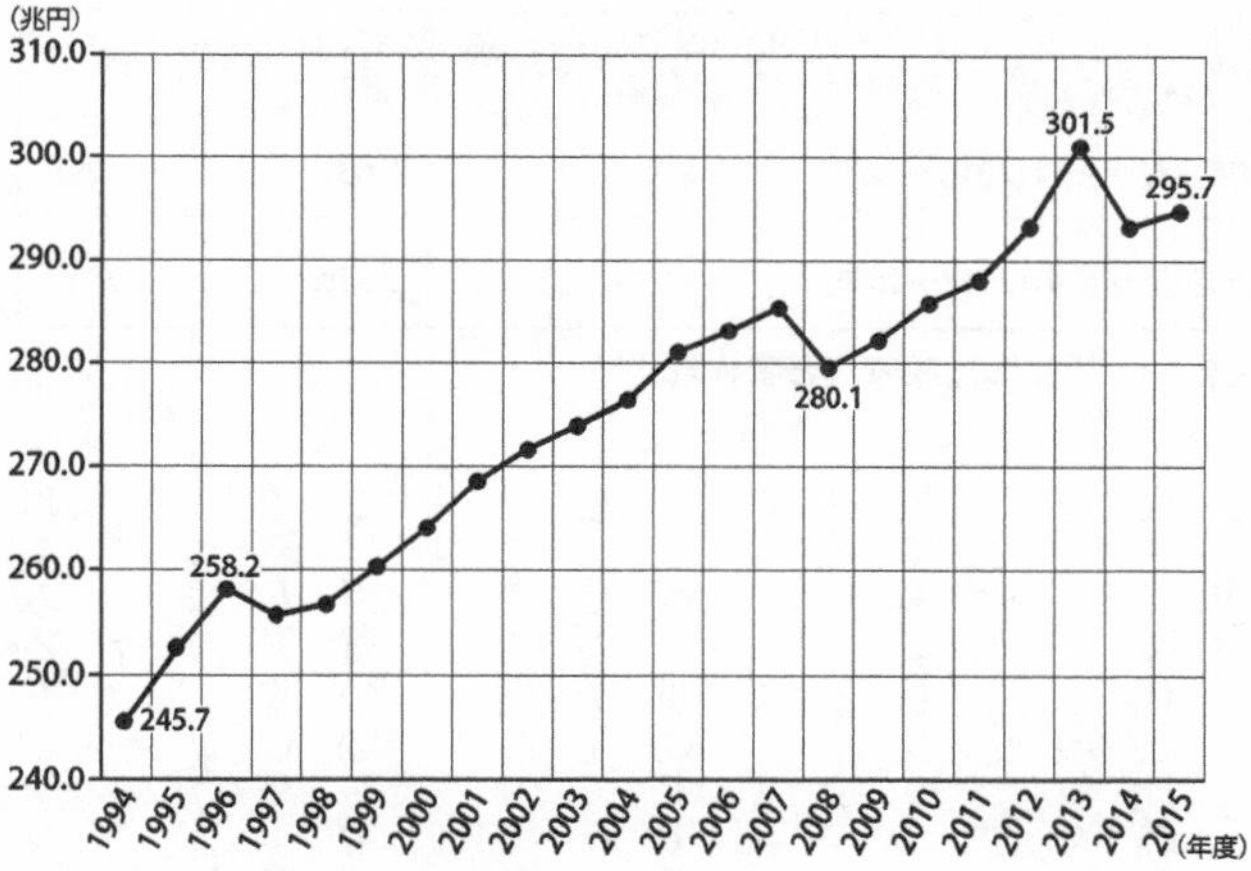

図2-8　平成23年基準実質民間最終消費支出
(出典　内閣府「国民経済計算」)

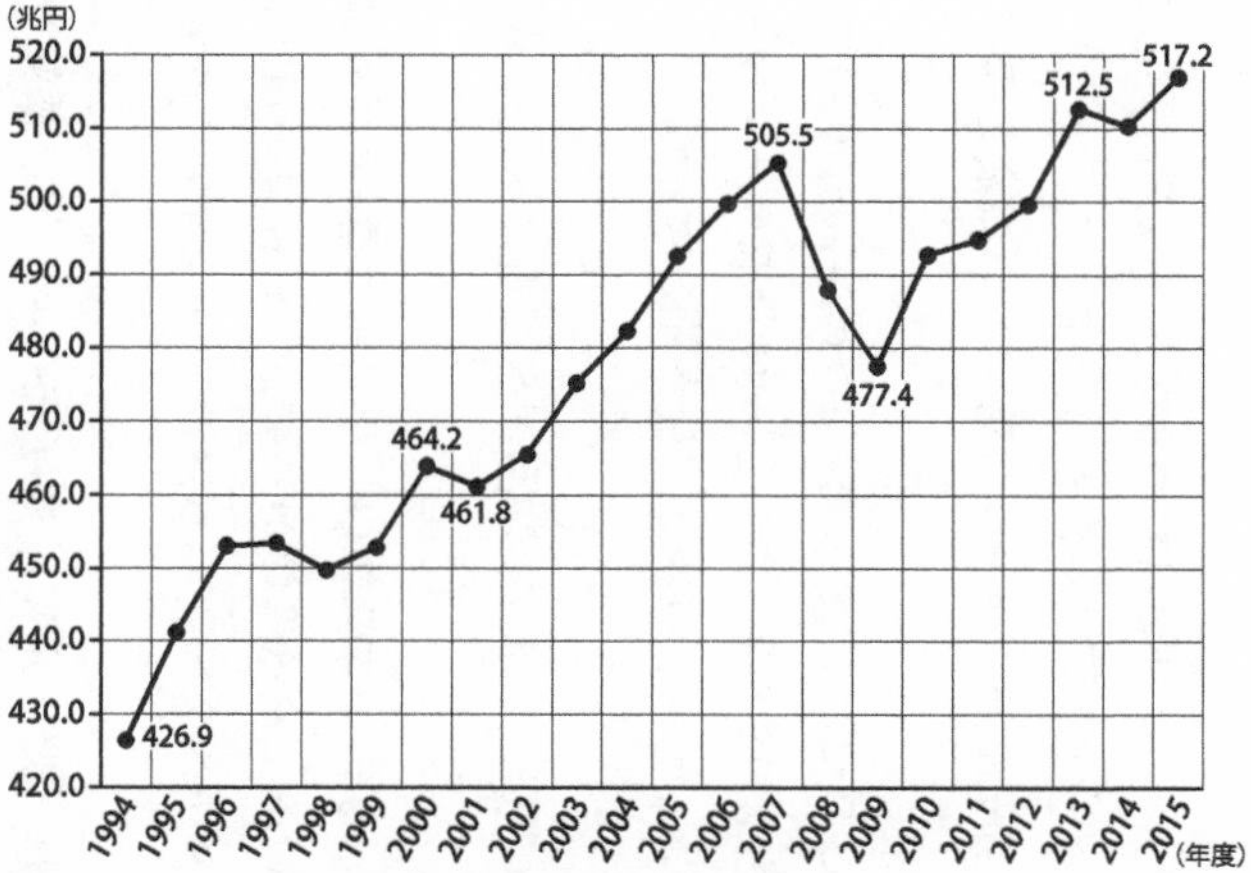

図2-9　平成23年基準実質GDP(出典　図2-8と同)

	平成17(2005)年基準	平成23(2011)年基準	差
民主党成長率(2010〜12年)	6.05%	5.63%	−0.42%
自民党成長率(2013〜15年)	1.89%	3.59%	1.70%

図2-10　成長率比較表（著者作成）

ねてみると、アベノミクス以降のみ、3年度連続でほぼ一致します(図2-7)。

つまり、「その他」で大きくかさ上げされた数値は、アベノミクスで最も失敗した「消費」に充てられたように見えるわけです。そして、この消費のかさ上げは、後で詳しく触れますが、これ以降も続いています。

ここで見たのは名目値ですが、では実質の民間最終消費支出がどうなったのか見てみましょう(図2-8)。

「2年度連続で下がる」という戦後初の現象が、消えています。さらに、「2015年度の数字が2012年度を下回った(消費がアベノミクス前より冷えた)」という現象も消えました。次は実質GDPの方を見てみましょう(図2-9)。

このように、「2015年度の実質GDPが2013年度を下回った」という現象も消えました。さらに、年度ではなく、暦年データで民主党時代と比較した場合の改定前後の成長率を見てみましょう(図2-10)。

	改訂前	改訂後
1	2014年度の実質民間最終消費支出はリーマンショックを超える下落率を記録した。	そのまま
2	戦後初の「2年度連続で実質民間最終消費支出が下がる」という現象が起きた。	消えた
3	2015年度の実質民間最終消費支出は、アベノミクス開始前（2012年度）を下回った（消費がアベノミクス前より冷えた）。	消えた
4	2015年度の実質GDPは2013年度を下回った（3年分の成長率が1年分の成長率を下回った）。	消えた
5	暦年実質GDPにおいて、同じ3年間で比較した場合、アベノミクスは民主党時代の約3分の1しか実質GDPを伸ばすことができなかった。	消えた
6	2014年度は、オイルショックがあった1974年度以来の「名目はプラス成長、実質はマイナス成長」という現象が起きた。	そのまま

図2-11　アベノミクス失敗を象徴する6大現象一覧（著者作成）

民主党時代は改定によって成長率がマイナス0・42％下がりましたが、逆にアベノミクス以降の成長率は1・70％伸び、従前と比較して倍近くになりました。ただ、それでも民主党時代の成長率に負けています。一生懸命かさ上げしたのに。

さて、46ページで紹介した「アベノミクス失敗を象徴する6大現象」がどうなったのかまとめてみましょう（図2－11）。

このように6大現象のうち、4つも消えてしまったのです。「歴史の改ざん」と言ってもおかしくありません。

改定によって目標達成可能に？

次に、改定前後の成長率を比較してみましょう（図2－12）。

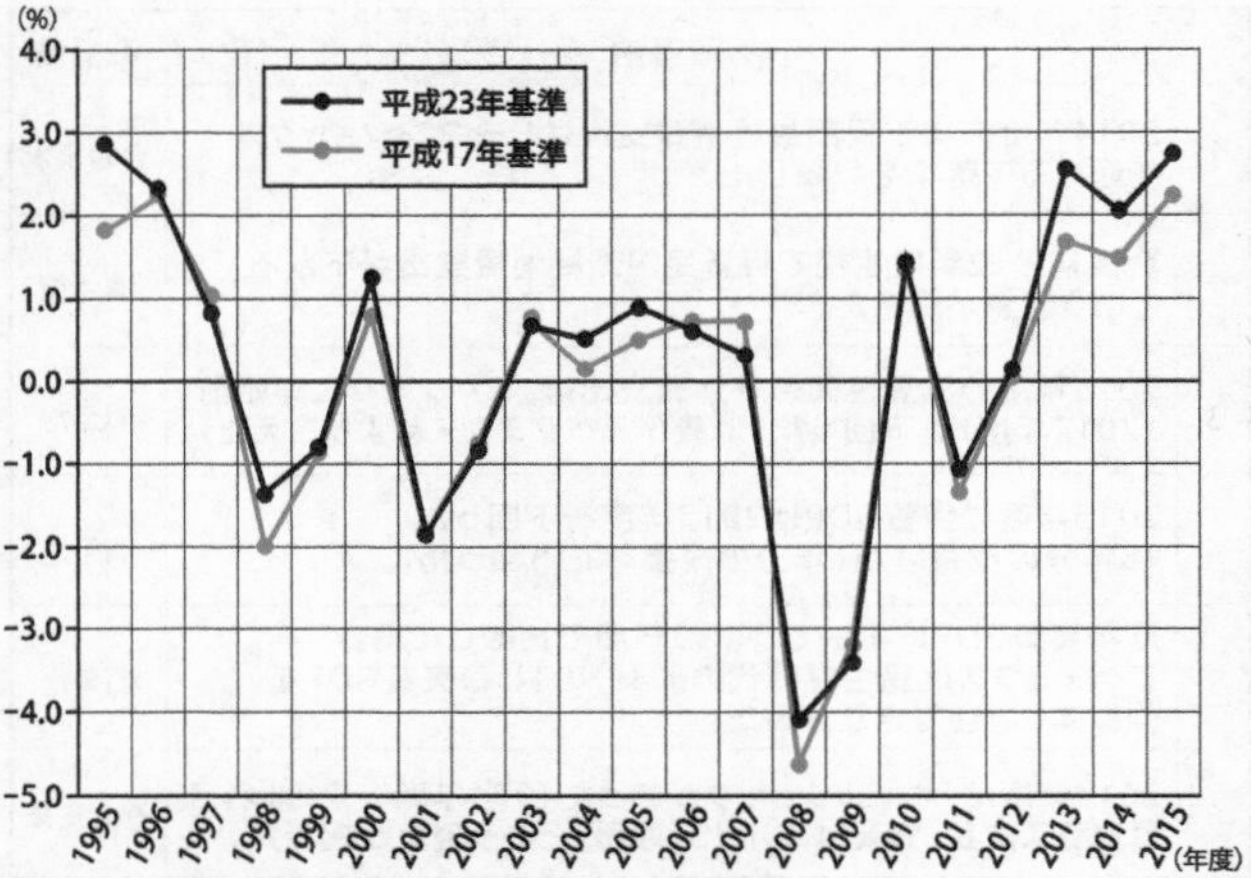

図2-12　改定前後成長率比較（出典　図2-2と同）

改定後の年平均成長率は約2・5％（改定前は約1・8％）、これが2020年度まで5年間継続した場合、2020年度の名目GDPは約602・2兆円となります。

つまり、「アベノミクス以降の名目成長率を維持できれば、2020年度に名目GDP600兆円を達成できる」というストーリーができ上がります。そして、安倍元総理は2020年を目途に名目GDP600兆円という目標を掲げていました。改定前は絶対に実現不可能だった数字が、改定後は十分に達成できそうな数字になってしまったのです。つじつまが合い過ぎていると感じるのは私だけでしょうか。

この「名目GDP600兆円」という目標は、改定前の算定基準を前提にした数字です。改定によって算定基準が変わり、大きく数字がかさ上げされるのは分かっていたのだから、改定に合わせて目標も上げるべきでしょう。しかし、目標はそのままにされました。

「その他」の内訳は？

では、気になる「その他」の詳細な内訳はあるのでしょうか。拙著「アベノミクスによろしく」の出版前（2017年10月6日発売）に、念のため私の編集担当本川浩史氏が内閣府に問い合わせたところ、こんなメールが返ってきました。

「集英社インターナショナル　本川様

平素より大変お世話になっております。

内閣府経済社会総合研究所のIと申します。

昨日お問い合わせのあった件について連絡が遅くなり、申し訳ありません。

当方で確認しましたところ、「その他」は平成23年基準改定のうち、「2008SNA対応」を除いた部分になりますが、産業連関表の取り込み、定義・概念・分類の変更、その他の推計方法の変更（建設コモ法の見直し）等々が含まれ、様々な要素があり、どの項目にどれほど影響しているか等の内訳はございません。
ですが、以下の資料でそれぞれ、２００８ＳＮＡ対応とそれ以外で詳しく解説がありますので、
ご参考までに送付させていただきます。

プレアナウンス
http://www.esri.cao.go.jp/jp/sna/seibi/2008SNA/pdf/20160915_2008SNA.pdf
←さらに詳しく
利用上の注意
http://www.esri.cao.go.jp/jp/sna/data/data_list/kakuhou/files/h27/sankou/pdf/tyui27.pdf
←さらに詳しく
季刊
http://www.esri.go.jp/jp/archive/snaq/snaq161/snaq161_c.pdf」

このように、「内訳はない」との回答が来たのです。

急造された「内訳に近い表」

2017年12月10日、BS－TBSの「週刊報道LIFE」において、私が指摘した「ソノタノミクス」問題が取り上げられる予定でした。が、放送は同月24日に延期されました。

しかし、延期後の放送日の2日前（同月22日）に内閣府から、「その他」の「内訳表に近いもの」が公表されました。当初の放送予定日の時点ではこの表はできておらず、急造したのは明らかです（図2－13）。

テレビで取り上げられるのに「「その他」の内訳はありません」と言ったら疑惑が大きく世間に広まってしまうでしょう。だから当初の放送予定日を延期してもらい、その間に急いで表を作ったのではないかと思います。

この表について、内閣府はこんな説明をしています。

「本資料で掲げた「1.」から「3.」のそれぞれの項目は相互に影響し合っており、また**ここに掲げた以外の推計方法変更や基礎統計の反映などの影響もあり**、これらの要因を厳

年度（暦年）	持ち家の帰属家賃	建設投資	自動車（総固定資本形成）	自動車（家計最終消費支出）	飲食サービス	商業マージン	左記項目の合計	「その他」要因	差（「その他」要因ー左記項目の合計）
1994	0.0	-0.7	-1.4	-1.6	1.0	-3.2	-6.0	-7.8	-1.8
1995	0.0	3.6	-2.0	-1.2	1.0	-3.8	-2.3	-3.0	-0.7
1996	0.0	3.0	-2.3	-1.9	0.6	-3.2	-3.8	-3.3	0.5
1997	0.0	0.2	-2.4	-2.0	0.3	-2.4	-6.3	-5.0	1.3
1998	0.0	2.8	-2.4	-1.9	-0.1	-1.6	-3.3	-1.9	1.4
1999	0.0	2.9	-2.4	-1.5	0.4	-2.0	-2.6	-1.6	1.0
2000	0.0	4.8	-2.4	-0.7	1.4	-0.6	2.4	0.5	-1.9
2001	0.0	3.0	-2.8	-1.0	1.9	-0.8	0.3	-0.2	-0.5
2002	0.0	1.6	-2.9	-1.1	2.2	-0.9	-1.1	-1.2	-0.1
2003	0.1	0.7	-3.0	-1.5	2.5	-1.1	-2.2	-1.8	0.4
2004	0.5	1.1	-2.7	-1.8	3.1	-1.2	-1.1	-0.3	0.8
2005	0.9	3.2	-2.9	-2.1	3.5	-1.7	1.0	0.7	-0.3
2006	1.3	0.8	-2.8	-2.1	3.6	-1.5	-0.7	-0.6	0.1
2007	1.8	-2.2	-2.7	-2.1	3.8	-1.3	-2.6	-3.4	-0.8
2008	2.3	-1.2	-2.7	-1.8	4.3	-1.3	-0.6	-1.2	-0.6
2009	2.5	-1.3	-3.1	-1.9	4.4	-1.0	-0.5	-1.1	-0.6
2010	2.6	-1.3	-2.8	-2.1	5.0	-0.9	0.4	-0.8	-1.2
2011	2.8	-1.4	-3.3	-2.6	5.6	-1.1	-0.1	-0.1	0.0
2012	2.9	-1.1	-3.1	-2.5	5.0	-1.1	0.1	0.6	0.5
2013	3.1	2.4	-3.5	-3.1	5.0	-0.9	3.0	4.0	1.0
2014	3.2	2.1	-2.8	-2.3	5.6	-0.8	5.0	5.3	0.3
2015	3.2	2.5	-2.7	-2.2	4.8	-0.9	4.8	7.5	2.7

図2-13　その他の内訳「に近い」表
（出典　内閣府「平成27年度国民経済計算年次推計（支出側系列等）（平成23年基準改定値）の参考資料の補足」）

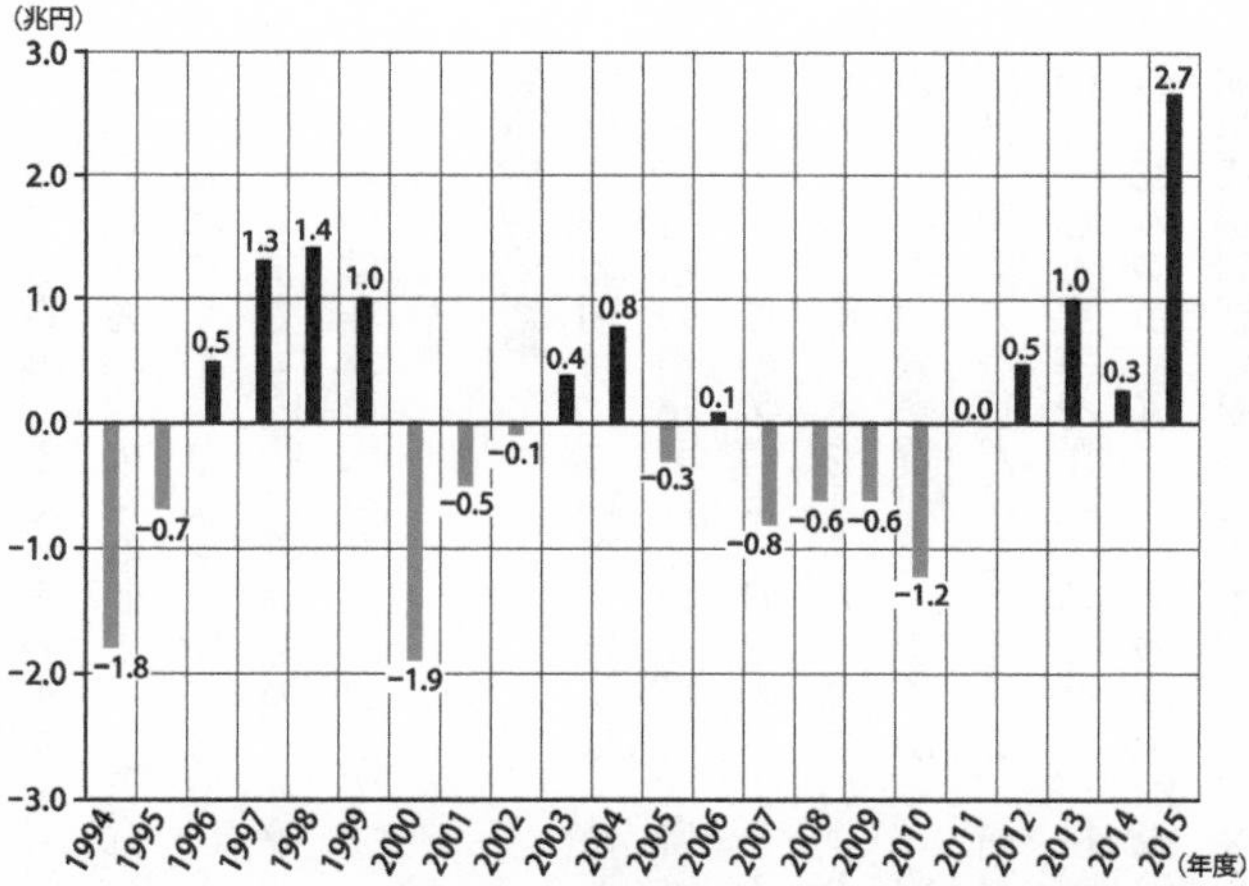

図2-14　差（「その他」要因―各項目の合計）（出典　図2-13と同）

密に分解できるわけではないこと、また、商業マージンの改定額については記録時点も異なっている（暦年値）ことや中間消費や最終需要といった配分先ごとの改定額を計算することが困難であるため、そのすべてが最終需要に配分されたとの仮定を置いた計算となっていることなどから、**本資料の結果については、幅をもって見る必要がある**」

重要なのは、**今回示されたもの以外にも影響している項目はあるということです。**「その他」の数字に近くなるように、都合のいい項目を切り出して調整したのでしょう。何しろ、**２０１６年12月の改定から１年以上も経過している**のですから、後付け

でいくらでも調整できてしまいます。ではその表を見てみましょう(1)。

この表にある項目の合計値と、「その他」の差額をグラフにすると図2－14のとおりです。こんなにズレがあります。特に2015年度の差は2・7兆円もあります。だから私はこの表をあくまで「内訳に近いもの」と呼んでいます。特に、2015年度のズレが大きくなっているのは非常に大事なポイントです。

持家の帰属家賃

では個別の項目について、まずは「持家の帰属家賃」から見てみましょう。改めて説明しますと、持家の帰属家賃というのは、自分の所有する家について、発生したことにする家賃のことです。この数値はGDPのおよそ1割を占めています。

GDPの国際比較をするためにこのような数字が必要になります。例えば、借家の比率が高い国は、その分家賃が発生するから、消費が多いことになります。他方、持家の比率が高い国は、現実の家賃だけを考えると、借家の比率が高い国に比べて、消費が少なくなります。このような不平等を是正するために、持家についても家賃が発生したことにしているのです。

この持家の帰属家賃についての改定前後の差額を示したのが次のグラフです（図2－15）。90年代が綺麗《きれい》にゼロになっており、2003年度から増加しています。内閣府によると、

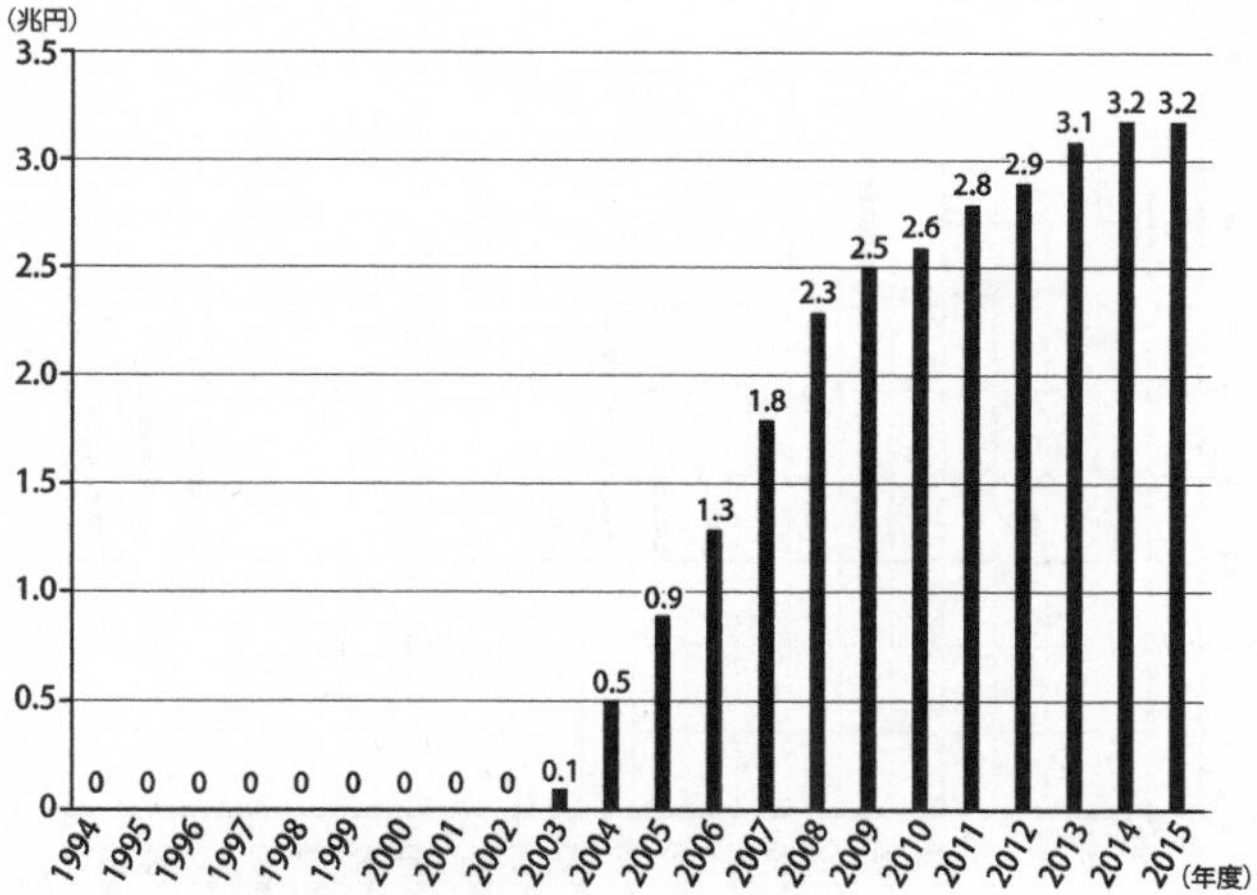

図2-15　持家の帰属家賃（出典　図2-13と同）

平成20（2008）年及び平成25（2013）年「住宅・土地統計」を反映した結果こうなったそうです。確かに、当該データを見てみると持家が増えているので、一応この点については説明がつきます。しかし、これはしょせん実際には発生していない家賃であることに注意が必要です。なお、以前はいったいどうやって推計していたのか疑問があります。

なぜかマイナスが6年度連続する建設投資

次は建設投資です。内閣府によると、建設部門の産出額の推計手法を、これまでのインプットベースによる推計手法から、「建設総合統計」等を用いた工事出来高ベースによる推計手法に変更したので、数値

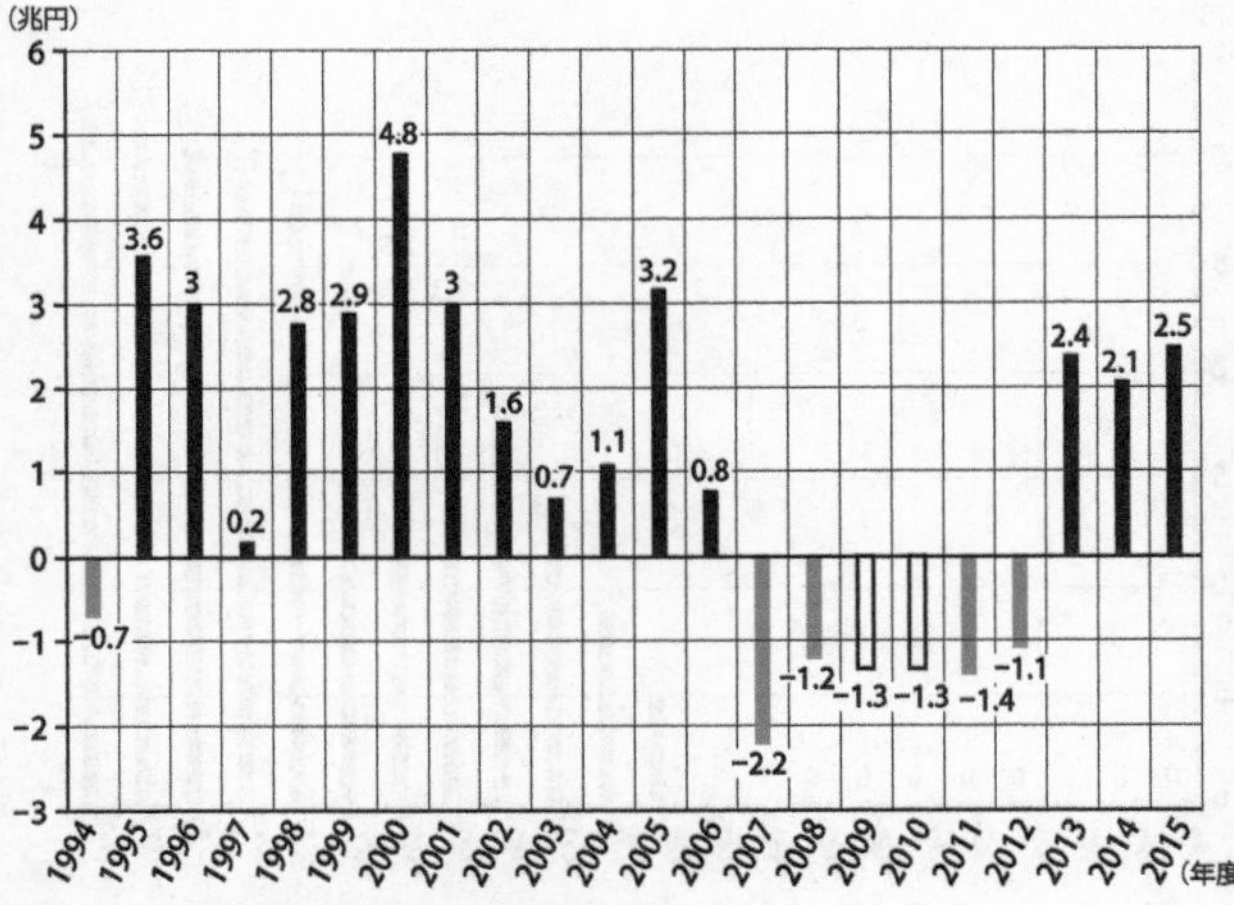

図2-16　建設投資（出典　図2-13と同）

が変わったそうです。端的に言うと、建設に関する支出を、入り口ではなく出口で捕捉するようにしたということでしょう。グラフを見てください（図2‐16）。

なぜか2007〜2012年度が6年連続でマイナスになっています。過去22年度でマイナスになっているのは7回しかありませんが、そのうち6回が連続しているのです。しかも、マイナスになっている期間は、民主党政権時代（2009年9月〜2012年12月）がすっぽり入ります。

さらに、マイナスになっている2007〜2012年度の平均値を出すとマイナス約1・4兆円。他方、アベノミクス以降の2013〜2015年度の平均値はプラス約2・3兆円です。つまり、2007〜

2012年度とアベノミクス以降では平均して約3・7兆円もの差がついています。
そして、改定前に過去最高だった1997年度は0・2兆円しかプラスになっていません。その前後は約3兆円プラスになっているのです。これは偶然なのでしょうか。

産業連関表の反映で商業マージンに大きな差

次は産業連関表の反映による影響を見てみましょう。産業連関表というのは、産業ごとの生産・販売等の取引額を表にしたものです。まずは自動車部門の改定から見てみましょう。内閣府によると、商業マージン（儲《もう》け）の自動車部門への配分を変更したことによって、「総固定資本形成」と「家計最終消費支出」がマイナス改定になったそうです。なお、総固定資本というのは、簡単に言えば、国・地方公共団体・会社・家計等が購入した資産（建物、機械、車等）のことです。総固定資本と家計消費支出に分けて見てみましょう（図2－17、2－18）。

この点については特に不自然な点はありません。むしろアベノミクス以降のマイナス幅が90年代に比べて大きいです。こういう項目も入れて「怪しくありません」とアピールしているように見えるのは私だけでしょうか。**アベノミクス以降の数字が90年代と比べてやや不利になっているのはこの項目のみです。**

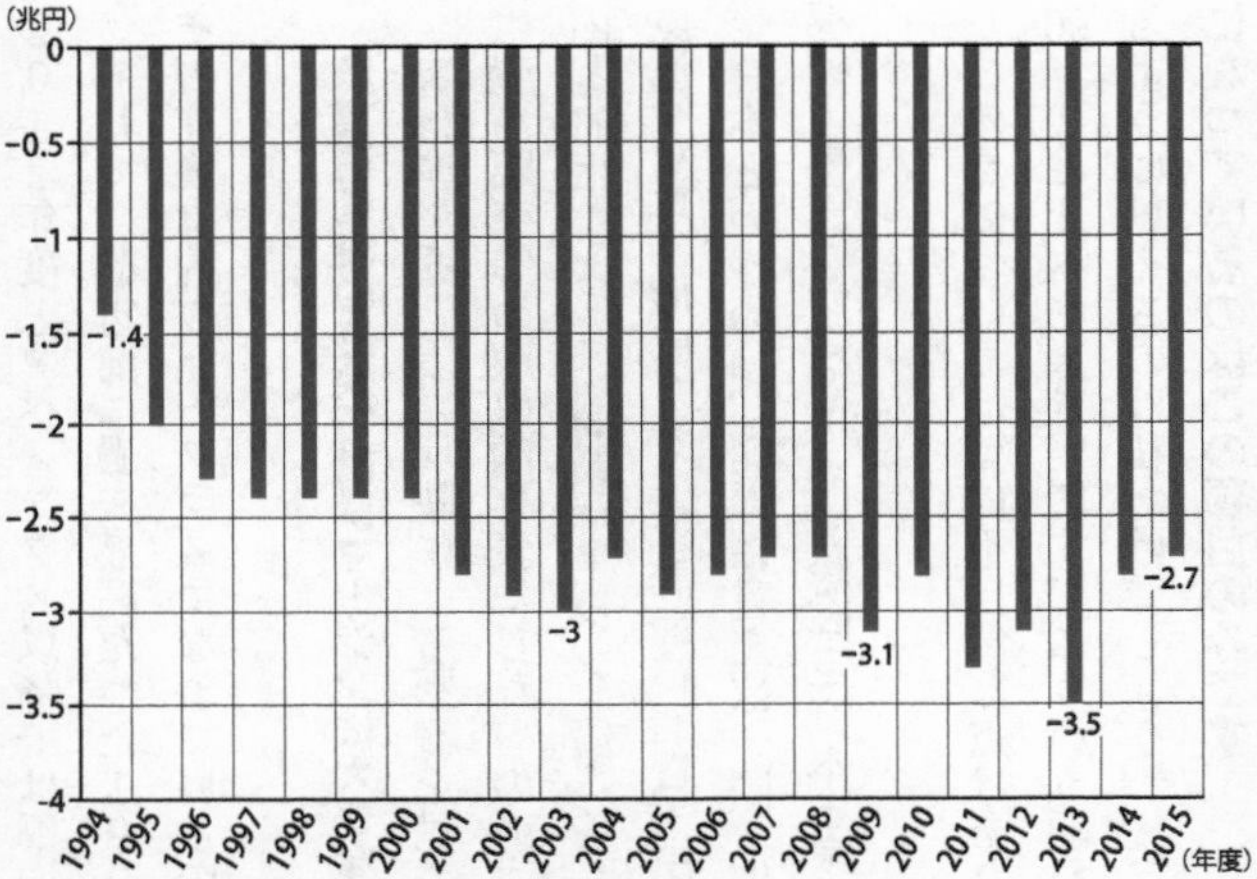

図2-17　自動車（総固定資本形成）（出典　図2-13と同）

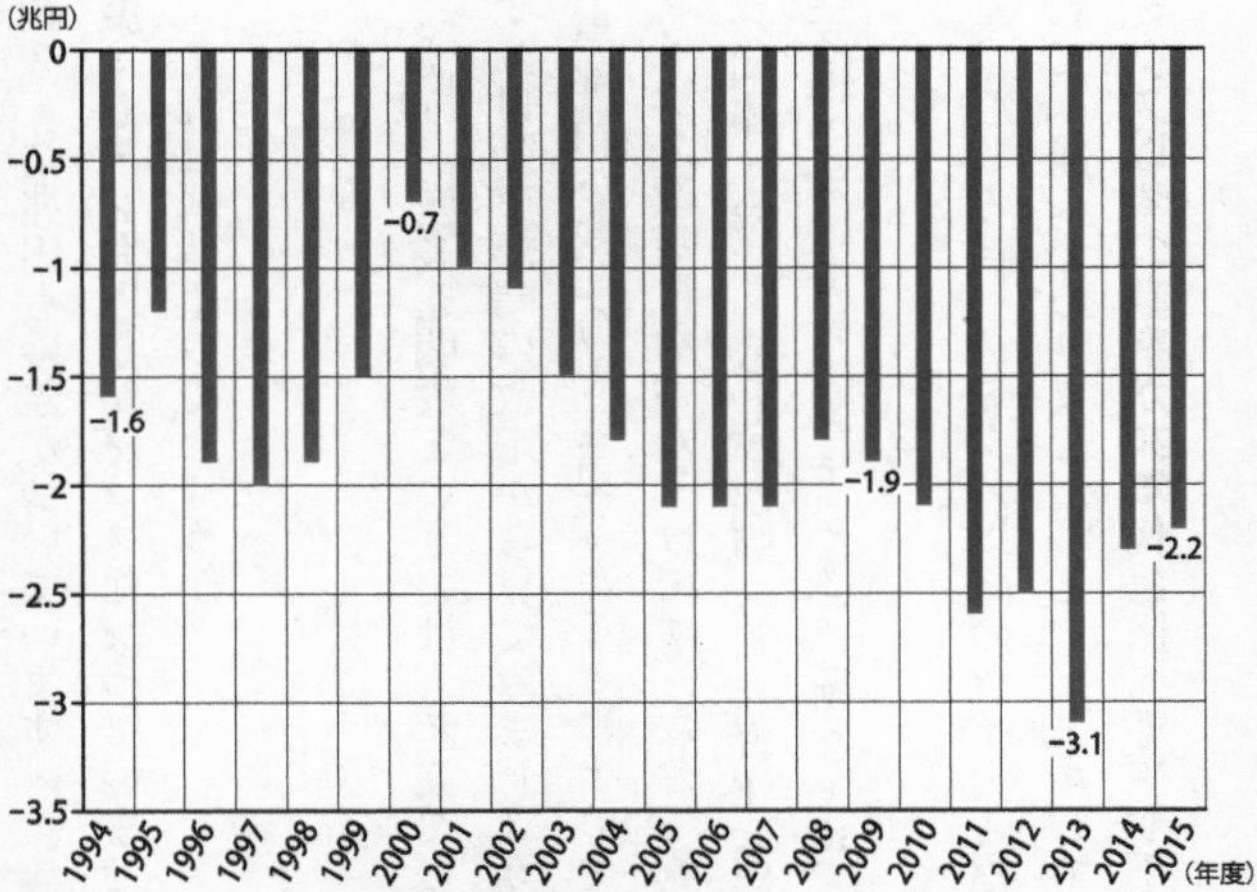

図2-18　自動車（家計最終消費支出）（出典　図2-13と同）

90年代が異常に低い「飲食サービス」

次は飲食サービスを見てみましょう。内閣府は次のように説明しています。

「平成23年産業連関表」では、従前の産業連関表では「飲食料品」など複数の部門に分かれて計上されていた持ち帰り・配達飲食を一括して記録する「飲食サービス」部門を新たに設定し、我が国で初めて実施された「平成24年経済センサス‐活動調査」等により当該部門の産出額を把握するとともに、「家計消費支出」と「家計外消費支出」の配分割合が変更された。また、当該変更を「平成12‐17‐23年接続産業連関表」においても反映し、過去に遡って推計した。あわせて「飲食料品」に配分される商業マージンとして記録されていた持ち帰り・配達飲食の手数料分（原材料以外の部分）について、「飲食サービス」の産出額として記録するよう変更した。

端的に言うと、持ち帰り飲食についてばらばらに記録されていたものを一つの項目にまとめた上で家計消費に対する配分を変え、さらに手数料も加えたということでしょう。グラフを見てみましょう（図2‐19）。

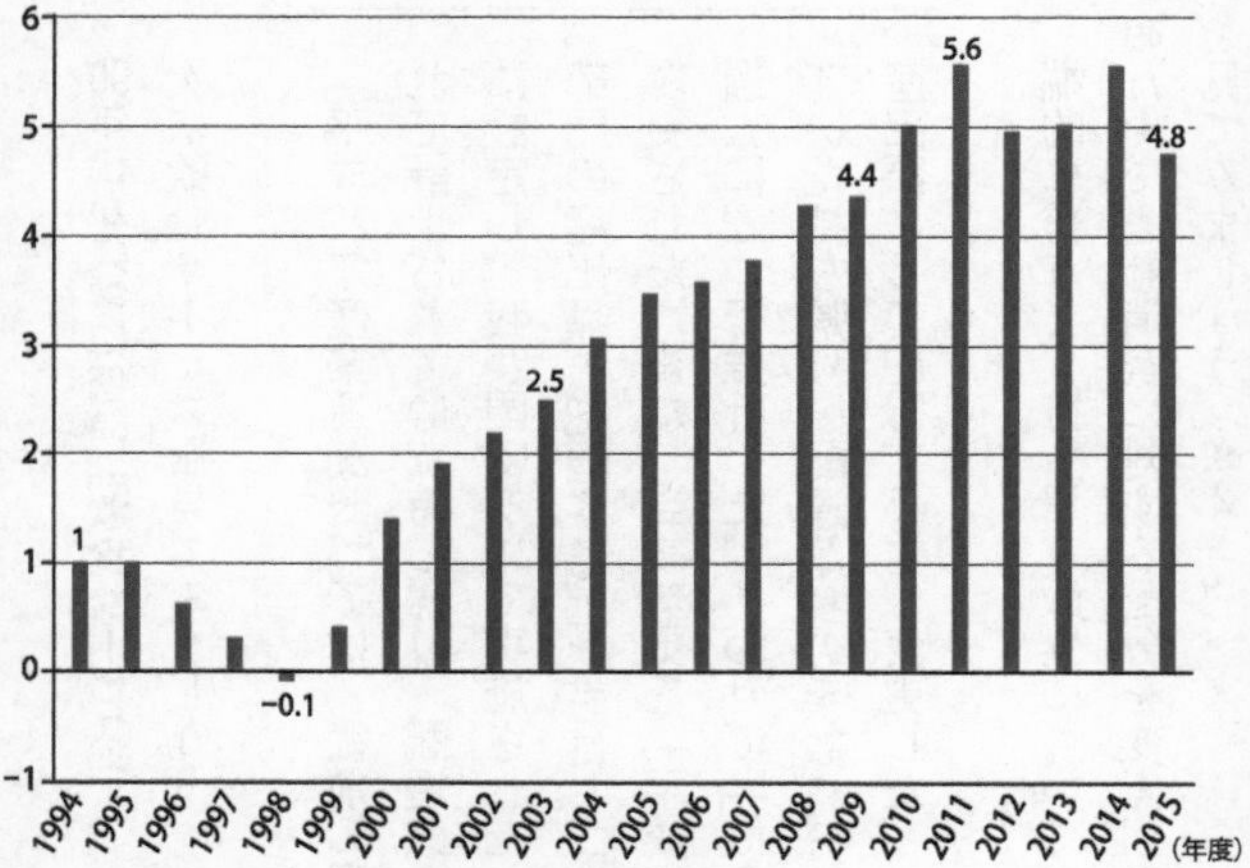

図2-19　飲食サービス（出典　図2-13と同）

90年代が異常に低く、特に1998年度は唯一マイナスになっています。これほど低くなる理由について、内閣府は特に説明していません。

90年代のマイナスが大きすぎる商業マージン

次は商業マージンです。マージンというのは「利益」とか「儲け」という意味です。販売店が物を売った時に得る儲けと理解しておけばよいでしょう。内閣府によれば、「「平成7－12－17年接続産業連関表」の情報を用いて運賃・商業マージンを再推計したことから、主に平成11年以前の運賃・商業マージンが下方改定となっている」とのことです（図2－20）。

90年代が下がりすぎており、他と比べる

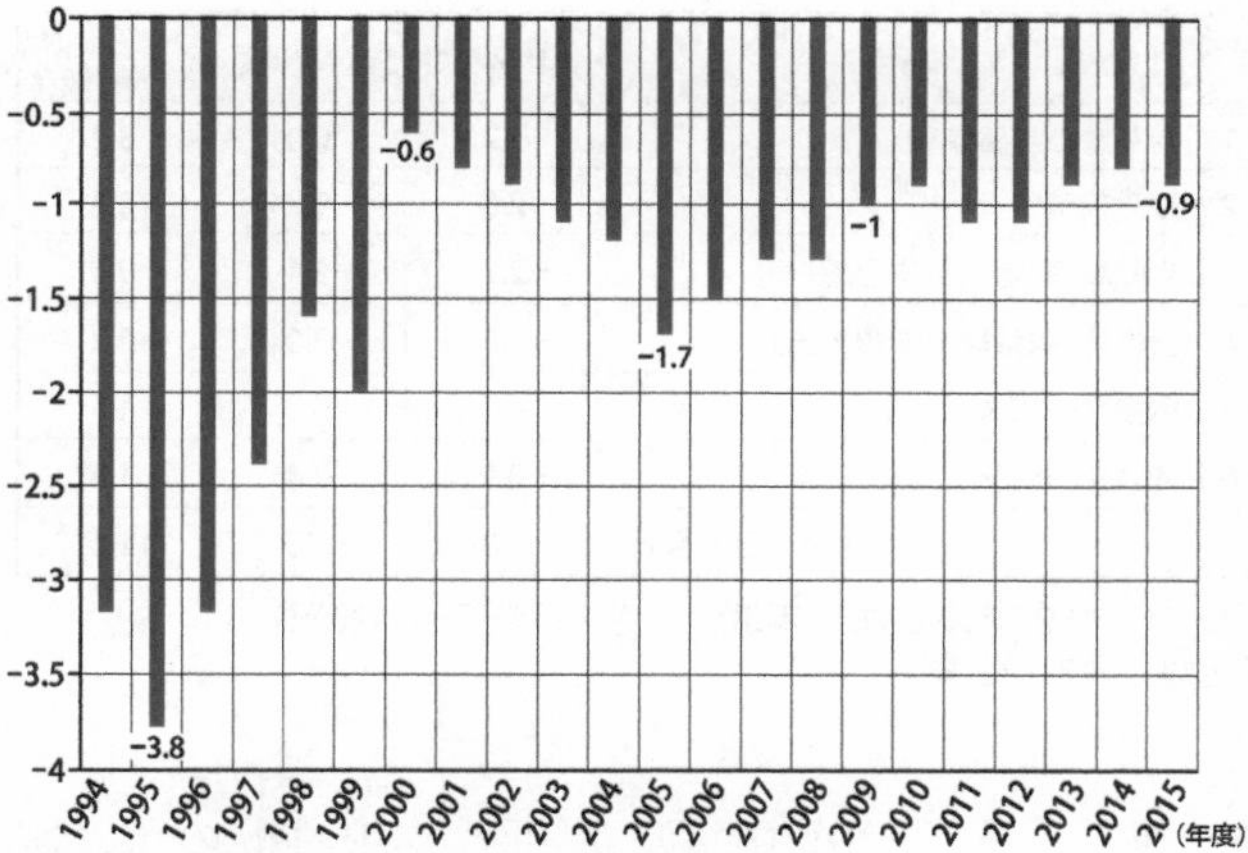

図2-20　商業マージン（出典　図2-13と同）

と明らかにマイナス幅が大きいです。こんなにマイナスが大きい理由について、内閣府は特に説明していません。

この結果は偶然なのか

ここで2015年度と、改定前の最高値を記録していた1997年度の改定による差額を比較した表を見てみましょう（図2-21）。

6つある項目のうち、4つで2015年度が上回っています。下回っている2つの項目についても、合わせて0・5兆円しか下回っていません。そして、**合計で11・1兆円も差が付きます**。これは果たして単なる偶然なのでしょうか。

	項目	2015年度	1997年度	差 (2015-1997)
1	持ち家の帰属家賃	3.2	0.0	3.2
2	建設投資	2.5	0.2	2.3
3	自動車（総固定資本形成）	−2.7	−2.4	−0.3
4	自動車（家系最終消費支出）	−2.2	−2.0	−0.2
5	飲食サービス	4.8	0.3	4.5
6	商業マージン	−0.9	−2.4	1.5
	左記項目の合計	4.8	−6.3	11.1

図2-21　1997年度と2015年度のかさ上げ額の差（兆円）
（出典　図2-13と同）

家計消費の衝撃的かさ上げ

ここで注意しなければいけないのは、２０１５年度は、この1～6以外にもかさ上げ要因があるということです。内閣府はこう言っています。なお「ＱＥ」というのはＧＤＰ速報値のことです。

平成27年度については、「その他」要因の方が約２・7兆円大きいが、これは、詳細な基礎統計を反映してＱＥを年次推計へと改定したことにより、家計消費を中心に名目ＧＤＰが約０・５％上方改定となったことが、「その他」要因に含まれており、「1.」から「3.」の項目の改定要因には含まれていないためである。

速報値を推計し直したら家計消費を中心に数字が大きく伸びたということです。２０１５年度だけ「内訳に近い表」の合計値と「その他」の差額が大きくなるというのはこれが原因です。そして、これが一番の問題点です。

家計の消費を図る指標としては、総務省が公表している「世帯消費動向指数」というものがあります。なお、以前は「家計消費」と呼ばれるデータが使われていました。この点に関する総務省の説明は次のとおりです。

消費動向指数は、家計調査の結果を補完し、消費全般の動向を捉《とら》える分析用のデータとして総務省統計局が開発中の参考指標です。家計消費指数を吸収するとともに、単身世帯を含む当月の世帯の平均的な消費、家計最終消費支出の総額の動向を推計しています。

(https://www.e-stat.go.jp/stat-search/files?page=1&toukei=00200567&tstat=000001112315)

「家計消費指数を吸収するとともに」とあるように、実際の数字を見てみると、世帯消費動向指数は、家計消費指数の２０１６年までの数字を単にそのまま流用しています。家計消費指数を引き継いだのが世帯消費動向指数ということです。

ではその世帯消費動向指数（名目値）の推移を見てみましょう。なお、後で説明しますが、２０１８年以降のデータはアンケート項目の変更等で数字がかさ上げされており、連続性が欠けているので、使用しません（図2‐22）。

アベノミクス以降の落ち方が凄《すさ》まじいですね。2013年は増税前の駆け込み需要で伸びていますが、それ以降は坂道を転げ落ちるように指数が落ちています。

ここで気をつけなければいけないのは、この下落傾向には、世帯数の増加も影響しているということです。単身世帯の増加の影響で、世帯数は増加傾向にあります。それで平均値が下がるので、それを考慮しなければなりません。厚生労働省が公表している世帯数の推移は次のとおりです（単位は千）（図2‐23）。

急減している年があるのは地震の影響です。2011年は福島、宮城、岩手、2012年は福島、2016年は熊本の世帯数が入っていません。そこで、2011年、2012年、2016年について、各県のホームページを見てみると、世帯数が載っています。これを加えて補正したのが次のグラフです（図2‐24）。

さて、この世帯数に、先ほど見た世帯消費動向指数をかければ、GDPの家計最終消費支出の推移に近いグラフになると私は考えました。家計最終消費支出は各世帯の消費の合計だからです。

そこで、この総世帯数×名目世帯消費動向指数と、改定後のGDPにおける家計最終消費支出を比較してみましょう。分かりやすいように、2002年を100とした指数にしてあ

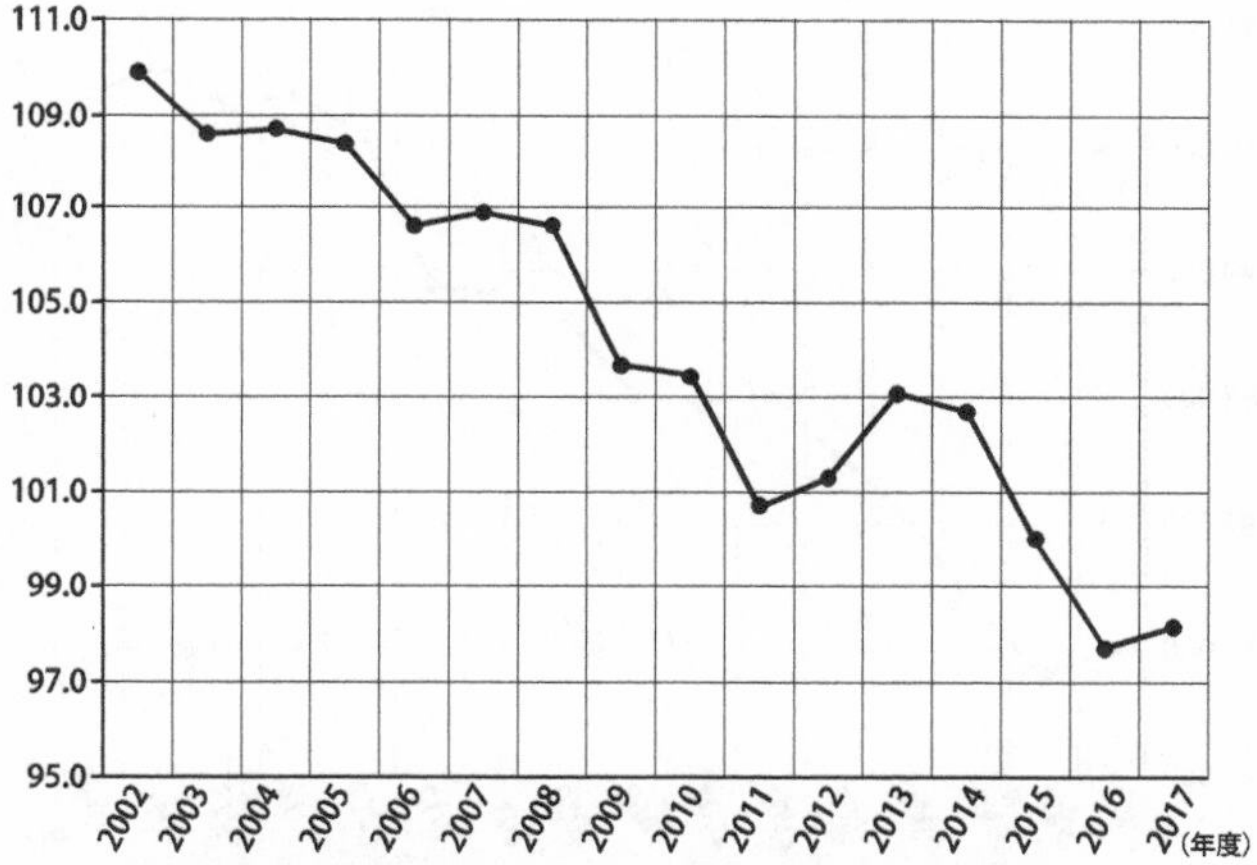

図2-22　世帯消費動向指数（出典　総務省「消費動向指数」）

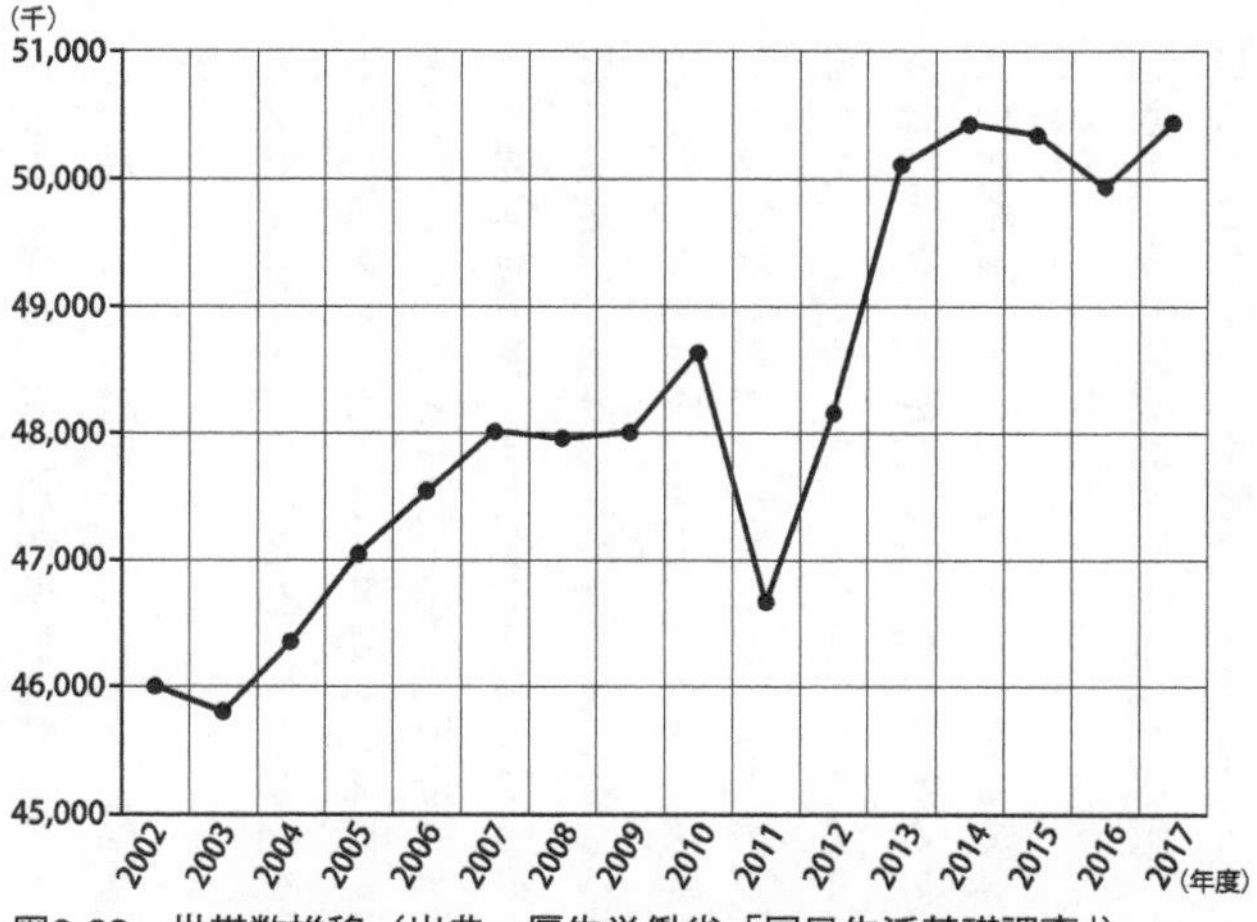

図2-23　世帯数推移（出典　厚生労働省「国民生活基礎調査」）

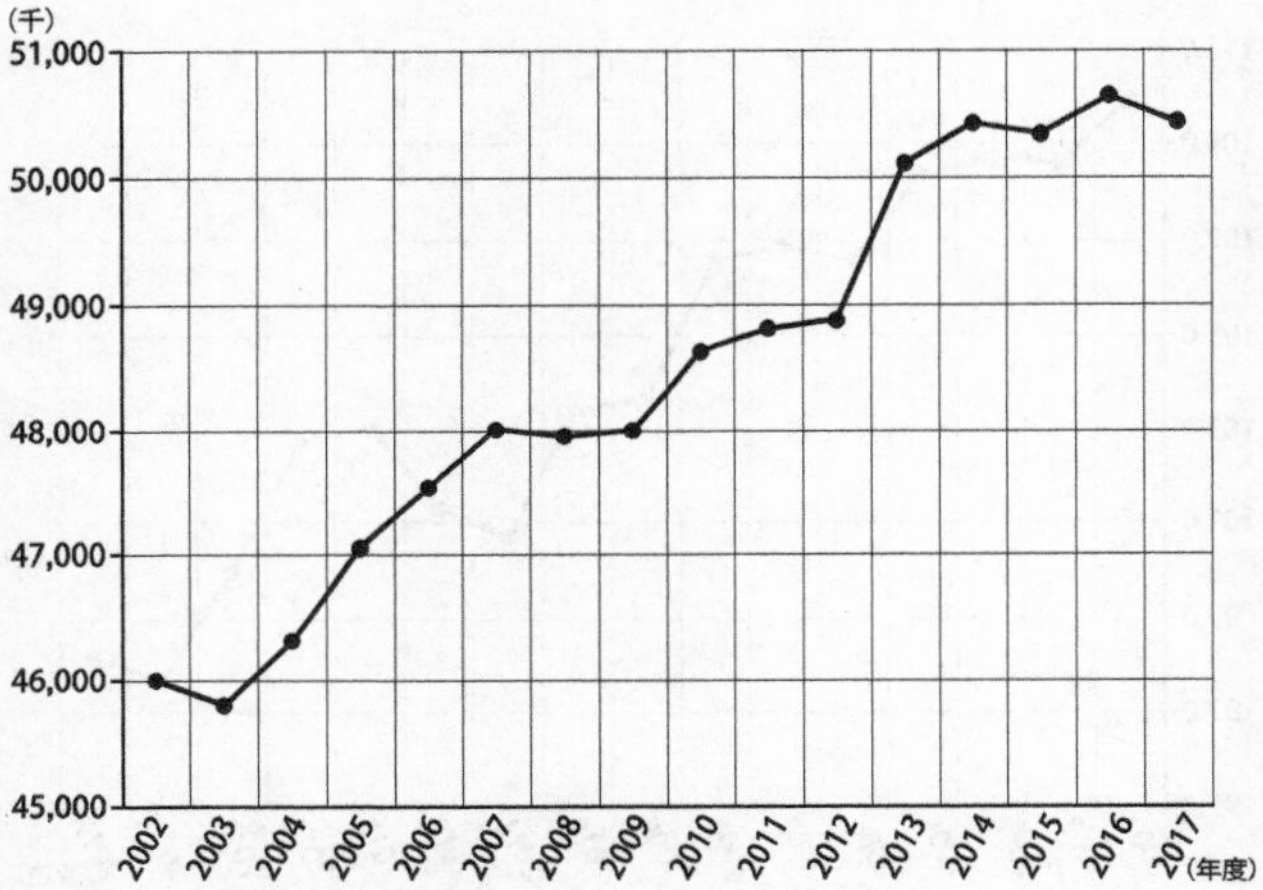

図2-24　世帯数（補正値）
（出典　福島県、宮城県、岩手県、熊本県各ホームページ）

ります。なお、家計消費指数は暦年データしかないので、暦年で比較します（図2－25）。

２０１４年まではほとんど同じ傾向を示しているのに、２０１５年からの乖離《かいり》が凄まじいことになっています。「世帯数×世帯消費動向指数」は大きく下がっているのに、改定後の家計最終消費支出はむしろ少し上がっています。そして、２０１６年はグラフの動く方向は一致していますが、乖離はもっと大きくなっています。２０１７年はまた動きが逆になり、信じられないくらいに乖離が広がっています。まるで「ワニの口」のようです。

さて、家計最終消費支出の「名目値」を見るとこれだけ一生懸命かさ上げしている

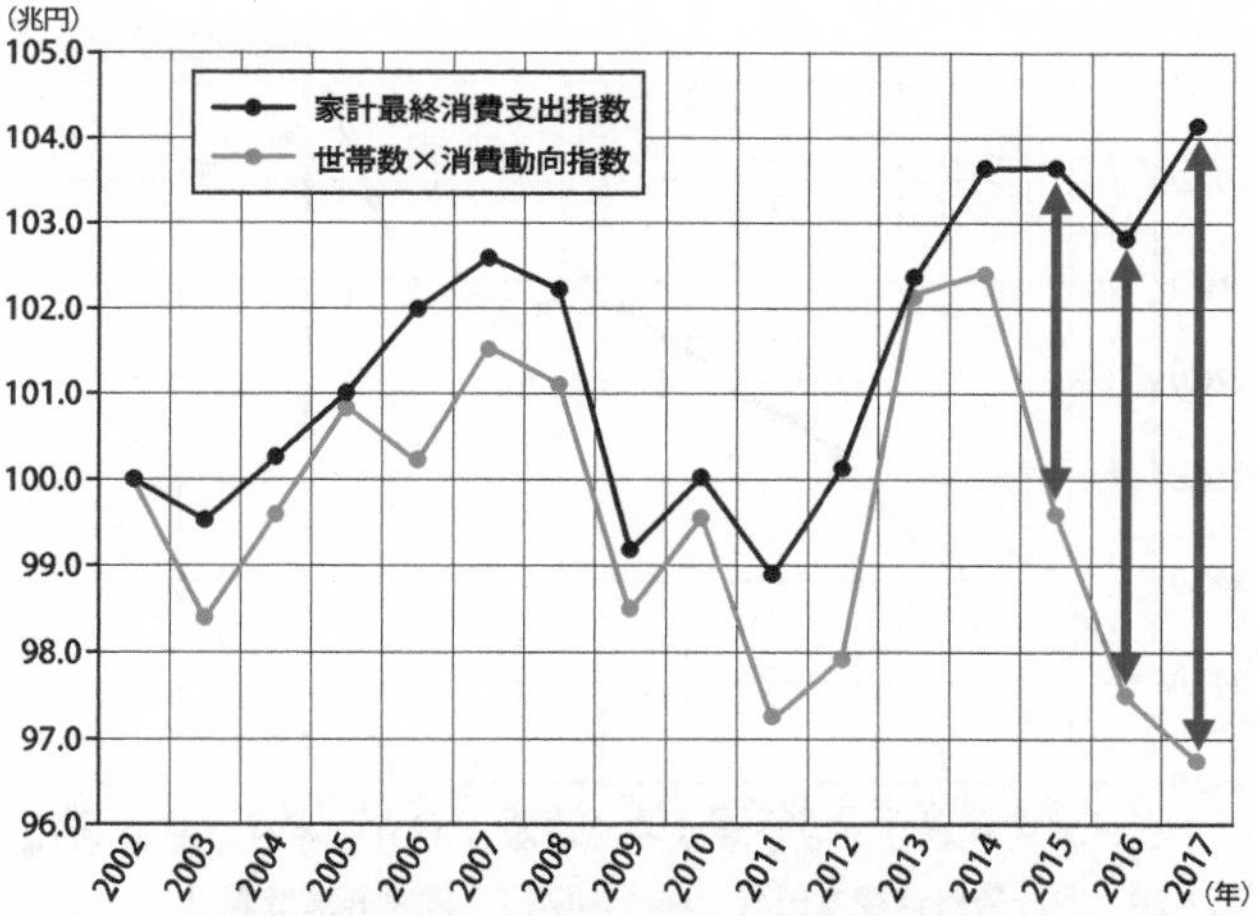

図2-25　補正世帯数×世帯消費動向指数と家計最終消費支出
（出典　世帯数は図2-24、家計最終消費支出は内閣府「国民経済計算」）

のが分かりますが、実質値はどうなっているのでしょうか。こちらについては2019年までのデータを見てみましょう（図2－26）。

2014～2016年に、3年連続で下がっています。これは戦後初です。2017年はようやく前年よりは上がりましたが、2013年よりも下です。この「4年前を下回る」というのも戦後初です。2018年もかろうじて前年を上回りましたが、まだ2013年より下です。この「5年前を下回る」というのも当然戦後初です。まだ終わりません。2019年は前年を下回った上に、まだ2013年より下です。この「6年前を下回る」のも当然戦後初です。そして

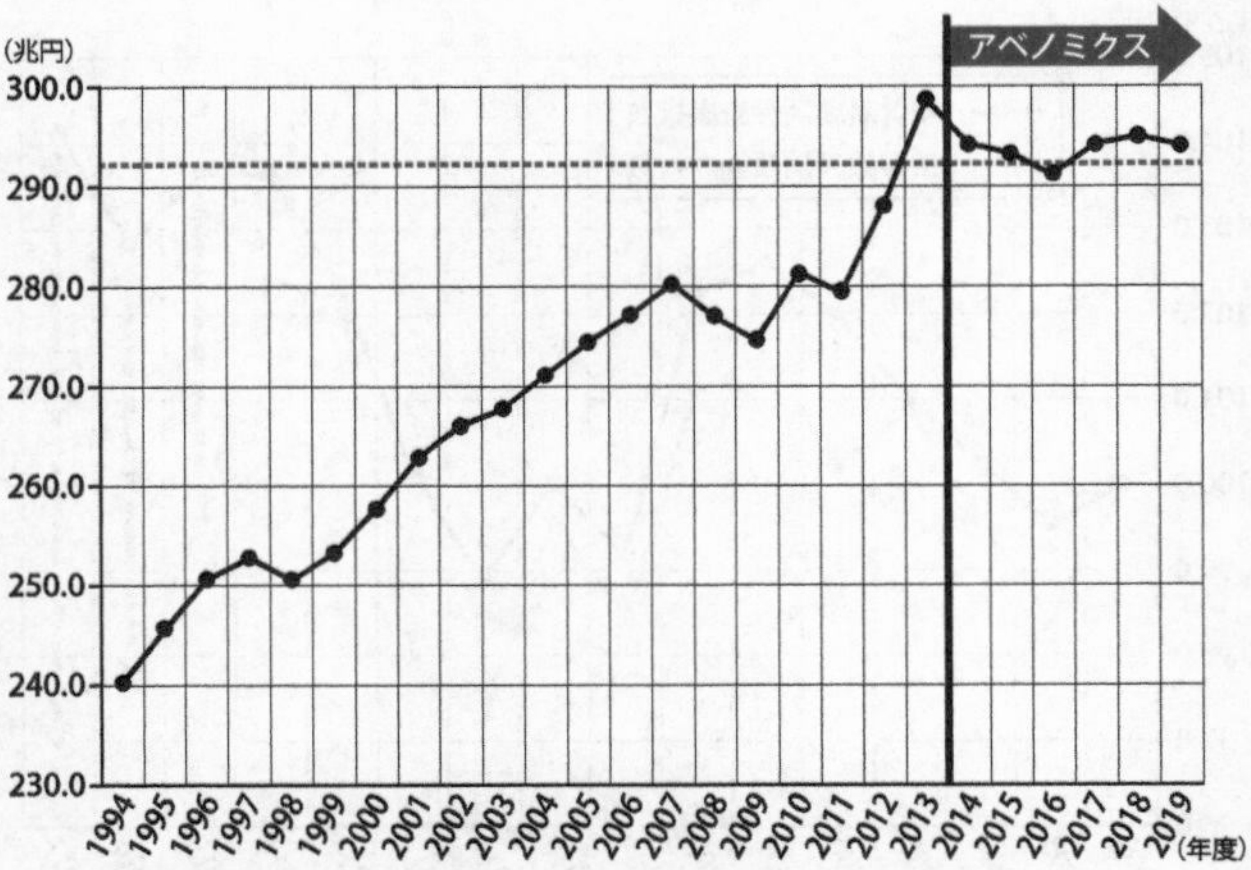

図2-26　家計最終消費支出（出典　内閣府「国民経済計算」）

２０２０年はコロナで壊滅的ダメージを受けましたから、また２０１３年を下回るでしょう。

このように**「戦後最悪の消費停滞」**が起きています。２０１４年以降、実質の家計消費はまったく伸びていないのです。**思いっきりかさ上げしてもこれですから、かさ上げしなかったらもっと酷い状態になっていたでしょう。**実質の家計消費はＧＤＰの約６割を占めていますから、かさ上げが無ければ実質ＧＤＰはマイナス成長を記録し続けていたかもしれません。消費税増税に円安を被せるからこうなるのです。**消費税増税も、円安も、「物価が上がる」という効果は全く同じです。**それが同時に来たわけですから、思いっきり増税されたのと同じなのです。他方で、賃金は全然伸びていません。したがって、これほど実質消費が停滞するのは当然です。

ＧＤＰ、特に家計最終消費支出については異常なかさ上げがされましたが、かさ上げされたのはこれだけではありませんでした。アベノミクス最大の失敗といえる賃金の停滞についても衝撃的なかさ上げがされたのです。

（1）各セルの数字は小数点2位以下を四捨五入していると思われるため、合計値と微妙に一致しないことに注意。

第二章　賃金偽装

算出方法の違うデータをそのまま比較

2018年8月、同年6月の毎月勤労統計調査速報値における名目賃金伸び率が3・6%を記録し、**「賃金21年ぶりの伸び率」**（または賃金21年5カ月ぶりの伸び率）として、各社が一斉に報道するという出来事がありました。

ここには重大なカラクリがありました。端的に言うと、賃金の算出方法を変え、従前よりも高く出るようになっていたのです。これをそのまま過去の数値と比較すると、異常な段差ができてしまうので、従前は遡《さかのぼ》って改定していました。しかし、厚生労働省はなぜか**遡って改定するのを止めてしまったのです**。大事なところですので再度強調します。「**遡って改定することを止めてしまった**」という点が一番の問題です。その結果、賃金が異常に高い伸び率を示すことになりました。

私はこの問題について、2018年9月10日、自分のブログ（http://blog.monoshirin.com）にて詳細に書きました。以下はそのブログ記事を元に再構成した文章です。実は厚労省がウソの説明をしていたこと等が後で発覚しましたが、**当時の状況を正確に把握していただくため、あえて当時の数字をそのまま使います。**

当時厚労省が公表していた資料によれば、算出方法の変更点は次の2つでした。

(2) 標本入替えの寄与とウエイト更新の寄与

サンプル入替え前後の賃金の集計結果の差（今回：2,086円）は、「サンプル入替えによる寄与」（サンプル要因）と「ベンチマーク更新による寄与」（ウエイト要因）に分解できる。**今回は、サンプル入替えの寄与（295円）よりも、ベンチマーク更新の寄与（1,791円）が大きくなっている。**

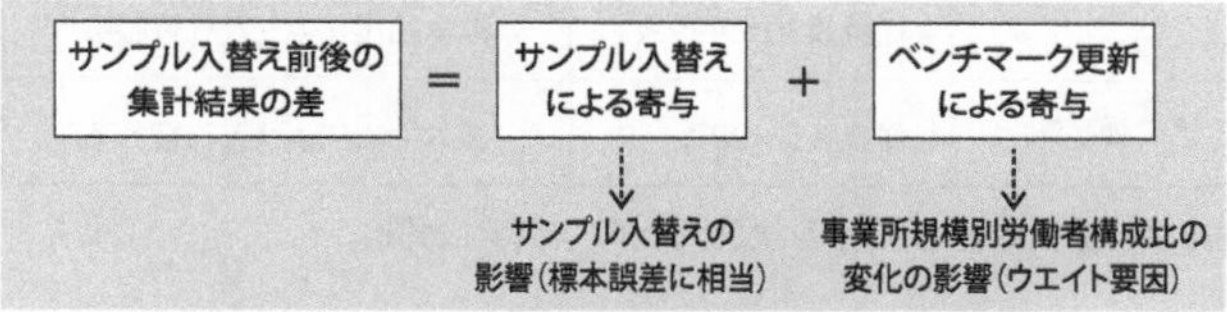

（参考）きまって支給する給与の入替え前後の集計結果の差（調査産業計）

（常用労働者5人以上）

（円）

	30人以上の調査対象事業所の入替え方式	新（入替え後）	旧（入替え前）	新旧差（入替え後一入替え前）		
					サンプル入替えによる寄与（試算）	ベンチマーク更新による寄与（試算）
平成30年1月	部分入替え	260,186	258,100	2,086	295	1,791

図3-1　標本入替の寄与とウェイト更新の寄与
（出典　厚生労働省「毎月勤労統計：賃金データの見方　～平成30年1月に実施された標本交替等の影響を中心に～」）

①サンプルを一部変更した。
②賃金算出の際に使うベンチマークをより賃金が高く出るものに更新した。

これによって、賃金は旧算出方法と比較して2086円も上振れし、そのうち①の影響が295円、②の影響が1791円であると説明されていました。厚労省作成資料にある表は図3－1のとおりです。

実はこの2つだけではなかったことが後に明らかになりますが、それについては後述します。まず、①のサンプル入替について説明しましょう。

標本の区分		標本交替の状況
第一種事業所	従業員500人以上	全事業所が対象
	従業員30〜499人	標本抽出により入れ替わる
第二種事業所	従業員5〜29人	標本抽出により入れ替わる

図3-2　標本区分と入替の状況（出典　図3-1と同）

毎月勤労統計調査においては、従業員30人以上の事業所を第1種事業所、従業員5〜29人の事業所を第2種事業所としています。そして、第1種事業所のうち、500人以上の事業所については、全事業所を調査していますが（全数調査）、それ以外の第2種事業所及び第1種事業所の一部を抽出して調査しています（サンプル調査）。さらに、そのサンプル調査の対象事業所については、定期的に入れ替えていました。

細かく言うと、5〜29人の事業所については、6カ月ごとに3分の1ずつ入れ替えており、30〜499人の事業所については、2〜3年に1回程度のペースで全部入れ替えていました。表にすると図3-2のとおりです（前記厚労省作成資料から引用）。

そして、2018年1月から、この30〜499人の事業所について、全部入れ替えるのを止め、**半分入れ替える**という手法に変えたのです。これによって、先ほど述べたとおり賃金が295円上振れすることになりました（と、説明していましたが、後にこれがウソであることが判明します）。

次に②のベンチマーク更新について説明します。これが最も大きく影響しています。ベンチマークは単純に日本語に訳すと「基準」という意味です。先ほど説明したとおり、毎月勤労統計調査というのは、５００人以上の事業所については全数調査ですが、それを除く事業所については、一部のみ抽出する「サンプル調査」です。

他方、総務省・経済産業省が5年毎に実施している「経済センサス」は「全数調査」です。これは、一部の農林漁業における個人事業者等を除く全部の事業所に調査を実施しており、正確に労働者の数を把握できます。

例えば、サンプル調査において、5〜29人の事業所の割合が30％である一方、全数調査における5〜29人の事業所の割合が40％だったとしましょう。当然、この割合を元に全体の平均値を出すと、平均は前者の方が高く出ます。5〜29人の事業所に勤務する労働者の給与は低いため、それが全体に占める割合が低くなればなるほど、平均値は高く出るからです。

このように、サンプル企業のみで平均値を出してしまうと、事業所規模別労働者の比率が異なるため、真の数字である全数調査と大きくずれてしまう結果になります。そこで、サンプル調査で得られた数字が、全数調査の比率に近くなるよう調整するために用いられる係数のようなものが、ベンチマークです。以前は平成21年経済センサスを用いていましたが、平成30（２０１８）年1月以降は平成26（２０１４）年経済センサスを用いるようになりまし

■事業所規模別に賃金水準が大きく異なることの影響が大きい。今回のベンチマーク更新において、**賃金水準が低い「5～29人」の労働者数が下方修正され、シェアが低下したこと（賃金水準が高い「100～499人」「30～99人」のシェアが増加したこと）が、全体の賃金水準の押上げに寄与している。**

（参考）事業所規模別常用労働者数・シェア、きまって支給する給与（調査産業計・5人以上）

平成30年1月分	旧母集団：常用労働者数		新母集団：常用労働者数		新サンプル：きまって支給する給与
		シェア(a)		シェア(b)	(c)
1,000人以上	3,252,250	**6.4**	3,267,932	**6.6**	**384,825**
500～999人	2,271,270	**4.5**	2,541,907	**5.1**	**341,903**
100～499人	10,040,943	**19.8**	10,201,217	**20.5**	**296,257**
30～99人	12,883,435	**25.4**	13,226,721	**26.6**	**251,662**
5～29人	22,268,603	**43.9**	20,406,521	**41.1**	**217,512**
5人以上計	50,716,501	**100.0**	49,644,298	**100.0**	**260,186**

図3-3　新旧事業所規模別労働者数等比較表（出典　図3-1と同）

た。

そして、厚労省の説明によれば、平成26年経済センサスだと、5〜29人の規模の事業所に勤務する労働者の割合が下がったため、以前より高い賃金になるベンチマークに変化したというのです。また先ほどの資料から表を引用します（図3−3）。

見てのとおり、以前のベンチマークを使用した旧母集団では、5〜29人の労働者のシェアは43・9％でした。他方、新しいベンチマークを使用した新母集団では、5〜29人の労働者のシェアが41・1％であり、旧母集団と比べて2・8％も下がっています。規模が小さい事業所ほど給料が低いので、その階層の労働者の割合が減れば、平均値は当然高く出ることになります。

まとめると、①サンプルを一部入れ替えて②ベンチマークも更新したので、以前よりも賃金が高く算出されることになったというのです。そして、一番の問題は、このように算出方法を変更したにもかかわらず、**なぜか賃金を遡って改定しなかった点です**。サンプル入替やベンチマーク更新は今までも行っており、そのままにするとデータに異常な段差ができるので、以前は**遡って修正していました**。しかし、今回からはそれを止めてしまったのです。

賃金の異常な伸び

その結果、賃金は異常な伸びを示すことになりました。図3－4のグラフを見てください。2018年1月以降はそれ以前に比べて明らかに伸び率が高くなっています。以前の3年間は、前年同月比伸び率が1％を超えたことがたったの3回でした。しかし、2018年1月以降は、4月を除いて全部1％を超えています。その上、過去3年間で一度も無かった2％以上が3回もあって、そのうち1回は3％を超えています。

このように、**賃金が上振れしたにもかかわらず遡及《そきゅう》改定をしなかった**ことにより、異常な伸び率となり、「賃金21年ぶりの伸び率」を記録したのです。しかし、算出方法が違う数字を比較しているのだからこれはウソの数字です。例えるなら、①のサンプル入替はちょっと背の高い別人に入れ替えて、②のベンチマーク更新はシークレットブーツを履かせたような

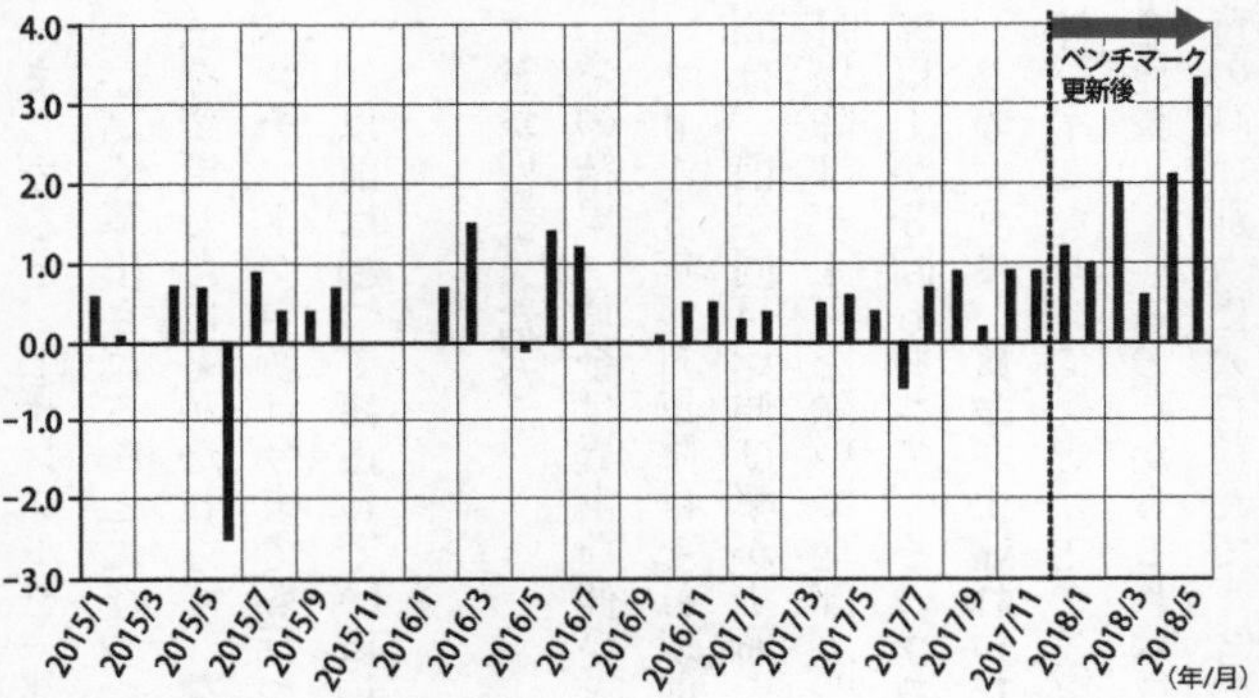

図3-4　名目賃金前年同月比伸び率
（出典　厚生労働省「毎月勤労統計調査」平成30年６月確報）

ものです。それで身長が伸びたと言っているわけです。

２０１８年６月速報値の前年同月比３・６％の賃金伸び率が21年ぶりだったかどうかなど、記者が自分で調べて気づくはずがありません。その上、私が確認できただけでも、日経、朝日、産経の３社が同じ「賃金21年ぶりの伸び率」という表現を使っています。これは厚労省の官僚がマスコミへのニュースリリースの際に「21年ぶり」という数字をわざわざ入れたからでしょう。**つまり、「わざと」ウソをついて国民を騙《だま》したのです。**

では、本当の数字はどうなっているでしょうか。上記のように本系列の数字には問題があるため、厚労省は、サンプル入替前後で共通する事業所同士を比較した「参考値」という数字を公表しています。この参考値は、サンプルが共通するだけではなく、**ベンチマークも同じものを使用しています**。したがって、本系列と異なり、異常な段差は生じません。この数字で見た場合、平成30年6月の前年同月比は1・3％です。本系列の速報値は3・6％ですが、確報値は3・3％なので、本系列の方とは実に**2％**も差があることになります。

ここまでの内容が、私が2018年9月10日付ブログにて記載したものです。

統計委員会も「実態を表していない」と認める

あまりにも異常な数字であったため、さすがに専門家からも異論が噴出したようです。とうとう政府統計の司令塔である総務省統計委員会も、本系列の公表値は実態を表しておらず、参考値を重視していくとの意見でまとまりました。2018年9月29日付東京新聞の記事（「厚労省の賃金統計「急伸」実態表さずと認める　政府有識者会議」渥美龍太記者）を引用します。

「厚生労働省が今年から賃金の算出方法を変えた影響により、統計上の賃金が前年と比べて大幅に伸びている問題で、政府の有識者会議「統計委員会」は二十八日に会合を開き、発表している賃金伸び率が実態を表していないことを認めた。賃金の伸びはデフレ脱却を掲げるアベノミクスにとって最も重要な統計なだけに、実態以上の数値が出ている原因を

詳しく説明しない厚労省の姿勢に対し、専門家から批判が出ている。

問題となっているのは、厚労省が、サンプル企業からのヒアリングをもとに毎月発表する「毎月勤労統計調査」。今年一月、世の中の実態に合わせるとして大企業の比率を増やし中小企業を減らす形のデータ補正をしたにもかかわらず、その影響を考慮せずに伸び率を算出した。企業規模が大きくなった分、賃金が伸びるという「からくり」だ。

多くの人が目にする毎月の発表文の表紙には「正式」の高い伸び率のデータを載せている。だが、この日、統計委は算出の方法をそろえた「参考値」を重視していくことが適切との意見でまとまった。伸び率は「正式」な数値より、参考値をみるべきだとの趣旨だ。

本給や手当、ボーナスを含めた「現金給与総額」をみると、七月が正式の1・6%増に対し参考が0・8%増、六月は正式3・3%増に対し参考1・3%増だった。実態に近い参考値に比べ、正式な数値は倍以上の伸び率を示している。

厚労省がデータ補正の問題を夏場までほとんど説明しなかった影響で、高い伸び率にエコノミストから疑問が続出していた。統計委の西村清彦委員長は「しっかりした説明が当初からされなかったのが大きな反省点」と苦言を呈した。

SMBC日興証券の宮前耕也氏は「今年の賃金の伸び率はまったくあてにならない」と指摘した上で「影響が大きい統計だけに算出の方法や説明の仕方には改善が必要」と提言

している。」
――

上記の記事で重要なのは、**厚労省が夏場までこのデータ補正の問題をほとんど説明していなかった点です**。正確に言うと、8月31日になってやっと説明資料を公表し、旧算出方法と比較して2086円も数字が上振れし、それが①サンプル入替の295円②ベンチマーク更新の1791円によるものであることを明らかにしました。賃金が大きくかさ上げされた原因を隠そうとしていたのです。

しかし、話はここで終わりません。さっきから引用している厚労省の説明資料には真っ赤なウソが書いてあったことが、後に明らかとなったのです。

無断で3分の1抽出&こっそり復元

2018年12月28日、毎月勤労統計調査において、ずさんな調査が行われていたことが大きく報道され大問題になりました。同日付共同通信社の記事（「厚労省の勤労統計、ずさんな調査」）を引用します。

――
賃金や労働時間などの動向を調べ、厚生労働省が公表している「毎月勤労統計調査」について、従業員500人以上の事業所は全数を調査するルールだったにもかかわらず、一部のみ抽出するずさんなケースがあることが28日、分かった。

勤労統計は、統計法で国の重要な「基幹統計」と位置付けられており、調査の信頼性が揺らぐ恐れがある。厚労省は、誤った手法で実施してきた経緯や期間を調べている。

問題があったのは、東京都の事業所を対象にした調査。都内には500人以上の事業所が約1400あるが、一部のみを抽出して調べた。その結果、3分の1の500程度しか調べなかったという。

一般的に「統計不正」と聞いて思い浮かべるのはこちらの方でしょう。

発覚の端緒については、2019年1月11日付朝日新聞の記事（「不適切統計、厚労省職員の発言で発覚　「東京以外でも」」）を引用します。

毎月勤労統計の問題が発覚するきっかけは、厚生労働省の担当職員が総務省の統計委員会の打ち合わせで「東京以外の地域でも従業員500人以上の事業所について抽出調査を実施したい」と発言したことだった。複数の関係者が明かした。

厚労省と総務省の担当職員、統計委員会の西村清彦委員長らが昨年12月13日、次回の統計委員会開催について協議した。西村氏が毎月勤労統計の調査結果について、かねて正確性を疑問視する声が出ていることを踏まえ、詳細に分析する必要があるとし、次回委員会のテーマにする考えを示したという。

その時に厚労省職員から、従業員500人以上の事業所について東京都では抽出調査をしており、東京以外への拡大を計画しているとの発言があった。西村委員長は「抽出調査は重大なルール違反」と指摘し、統計の信頼性確保の観点からも危機的状況だとの認識を示した。厚労、総務両省に早急に事実関係を確認するよう求めた。

今回の問題が発覚するまで、厚労省は神奈川県、愛知県、大阪府でも抽出調査を始める方向で準備していた。

その後、この不正な調査が2004年から行われていたことも分かりました。そんなに昔から行われていたので、職員ももはや「不正なもの」という認識が無くなってしまい、よりによって統計委員長の前でポロっと漏らしてしまったのでしょう。

500人以上の事業所について約3分の1しか調査していなかったとしても、それを約3倍にする復元操作をしていれば、賃金がそれほど実態と乖離《かいり》することはありません。しかし、その復元操作をしていなかったため、2004年以降の賃金は下振れすることになりました。

そして、毎月勤労統計調査における賃金は雇用保険などの支給に際しての基準となるため、支給額が過少だったという大問題が発生したのです。

なぜこのようなことを厚生省が行ったのか。理由は不明です。人的リソースが足りないからという理由も挙げられていますが、そうであればきちんと申請して調査方法をサンプル抽出に変えた上で、先ほど述べた復元操作をすればよいだけです。黙ってサンプル調査にした理由にはなり得ないでしょう。

話を元に戻します。**この復元操作について、なんと2018年1月以降についてのみこっそり行っていたことが明らかになったのです。**2018年1月以降のみ上振れするよう操作をしていた、ということです。

不正調査が2004年から行われていたものであるため、「民主党だって見抜けなかったではないか」という話になり、あたかも安倍政権に落ち度は無いかのように印象操作されているきらいがあります。しかし、この「こっそり復元」は明白に安倍政権からです。民主党は全然関係ありません。

ウソが書かれていた厚労省資料

ここで疑問に思われたかもしれません。「ではさっき書いていたかさ上げと、こっそり復

賃金の新旧差の要因分解

	新旧差	ベンチマーク入替	サンプル入替	復元分
従来の説明	2,086円 (0.80%)	1.791円 (0.69%)	295円 (0.11%)	–
再集計値	2,086円 (0.80%)	967円 (0.37%)	337円 (0.13%)	782円 (0.30%)

図3-5　賃金の新旧差の要因分解（出典　長妻昭議員ウェブサイト）

元は一体どういう関係になるのだ？」と。

答えは単純です。**第1章で散々引用した厚労省の賃金上振れ要因分解の資料には、「ウソ」が書かれていたのです。**

上記の資料は、厚労省から開示された資料を元に立憲民主党の長妻昭《ながつまあきら》議員事務所が作成し、国会でも使用されたパネルです（図3－5）。

見ての通り、本当は2086円のうち967円がベンチマーク入替、337円がサンプル入替、そして**こっそり復元が782円**という内訳だったのです。

こっそり復元は、例えていうなら頭にシリコンを入れていたようなものです。これで身長をごまかしていたのですが、あえなくばれてしまったため、厚労省はその部分

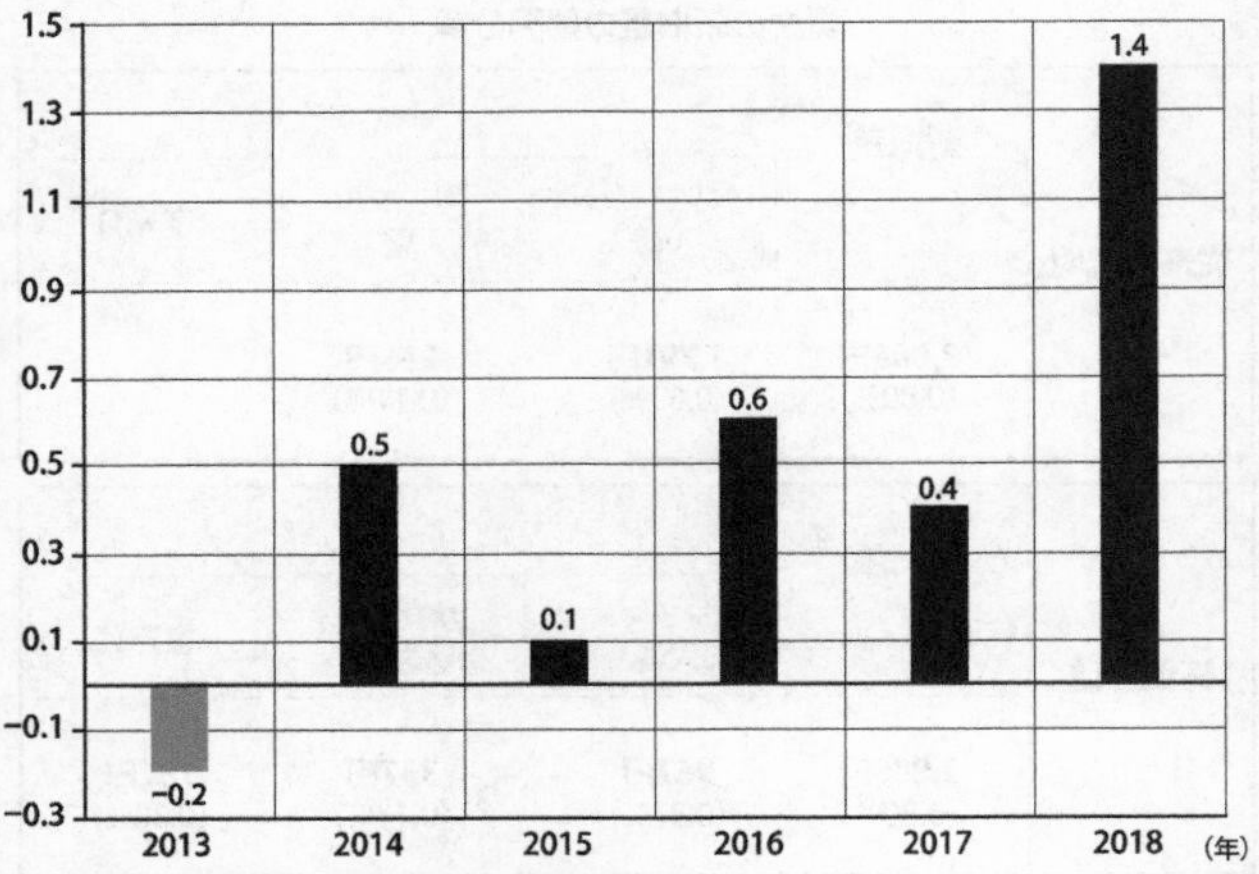

図3-6　公表値における前年比伸び率
（出典　厚生労働省「毎月勤労統計調査」平成31年1月速報）

だけ２０１７年以前にも遡り、復元処理しました。したがって、復元による段差は消えました。

ところが、ここが重要な点ですが、**やはりサンプル入替とベンチマーク更新部分について、遡って修正することをしていないのです。**だから段差がそのままです。

さて、ではこっそり復元部分だけ遡って修正したがサンプル入替とベンチマーク入替による段差がそのままになっている数値が一体どうなったか、見てみましょう（図３‐６）。

２０１３〜２０１７年の5年間で１・４%しか伸びなかった名目賃金が、２０１８年のわずか1年間で、１・４%伸びるという異常な結果になっています。**5年分の賃**

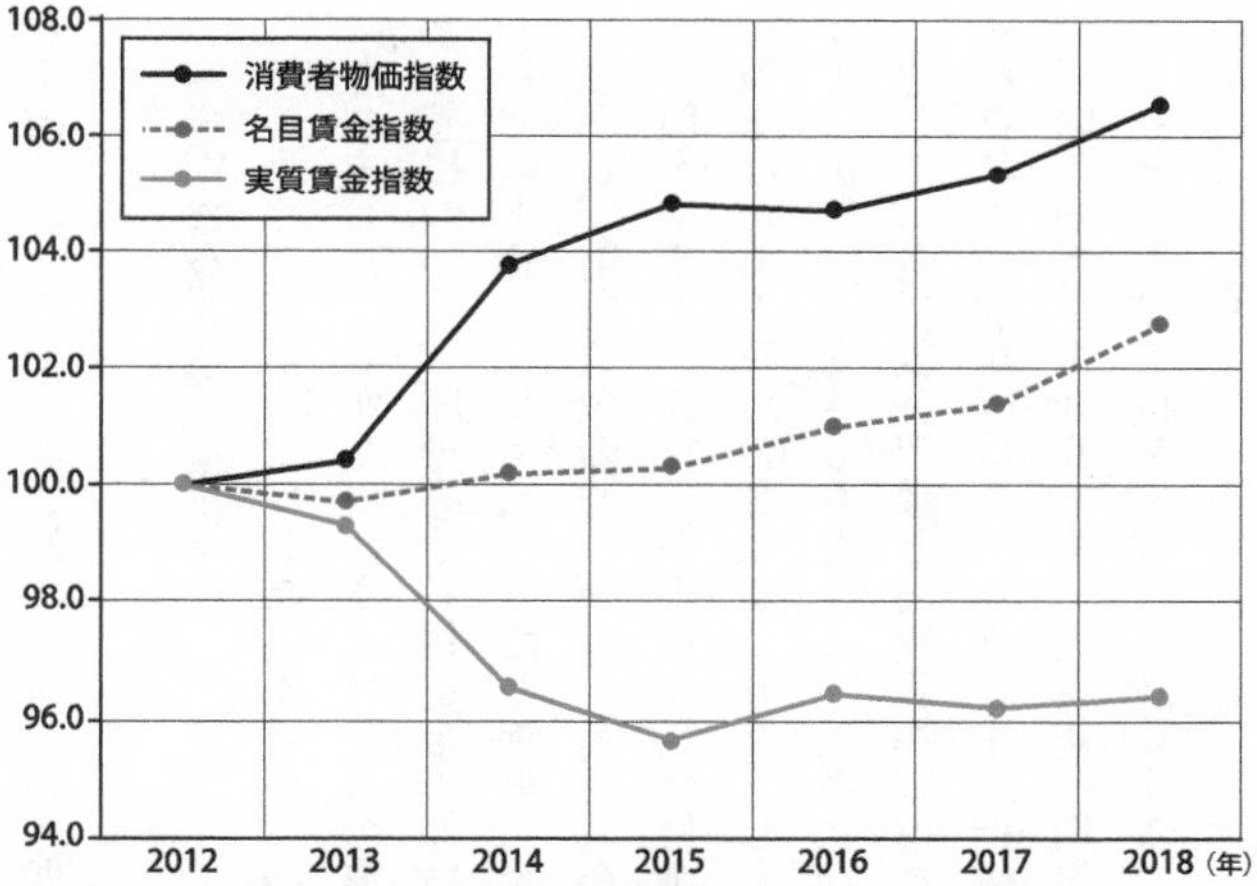

図3-7　名目賃金・実質賃金・消費者物価指数（出典　図1-13と同）

金上昇をなんとたったの1年でいきなり達成できたことになってしまったのです。

凄《すさ》まじいインチキですが、これほど賃金をかさ上げしても、実質賃金を見ると大したことはありません。図3－7は、アベノミクス前との比較がしやすいよう、2012年を100とした賃金と物価の推移を示したものです。

ご覧のとおり、あれほどかさ上げしても、実質賃金の伸びは、2012年を100とした指数でみると、2018年は前年比わずか0・1ポイントに過ぎず、ほぼ横ばいです。あんなにかさ上げしなければ、確実にマイナスになっていたでしょう。

これほど実質賃金が低迷しているのは、第1章で説明したとおり、消費税増税に円安を被せたからです。原油の暴落という偶然が無ければ、もっと低迷していたでしょう。

本当の実質賃金伸び率は？

このように、かさ上げした「本系列」の方で見るとかろうじて2018年は前年比プラスになりました。しかし、かさ上げ効果の無い「参考値」の方で見るとどうでしょうか。この参考値について、厚労省は名目賃金の伸び率は公表しているものの、実質賃金については公表していません。参考値の方だと確実にマイナスになるからでしょう。

しかし、実質賃金の伸び率は、名目賃金の伸び率と物価の伸び率が分かれば簡単に出せます。復習すると、実質賃金指数＝名目賃金指数÷消費者物価指数×100です。ここでいう指数とは、ある時点の数値を100とした数。なので、前年同月からの伸び率に100を足すと「前年同月を100とする」指数になります。

そして、名目賃金指数と消費者物価指数の前年同月からの伸び率は公表されていますので、それぞれの「前年同月を100とする指数」を算出できます。2つの指数がこれでそろうので、前年同月を100とする実質賃金指数も算定可能になります。このように「前年同月を100とする実質賃金指数」を計算することにより、実質賃金伸び率を算定したのが次の表です（図3-8）。

年月	名目賃金指数（前年同月=100）	÷	消費者物価指数（前年同月=100）	×100	=	実質賃金指数（前年同月=100）	実質賃金伸び率（左記指数－100）
平成30年1月	100.3	÷	101.7	×100	=	98.6	-1.4
平成30年2月	100.8	÷	101.8	×100	=	99.0	-1.0
平成30年3月	101.2	÷	101.3	×100	=	99.9	-0.1
平成30年4月	100.4	÷	100.8	×100	=	99.6	-0.4
平成30年5月	100.3	÷	100.8	×100	=	99.5	-0.5
平成30年6月	101.4	÷	100.8	×100	=	100.6	0.6
平成30年7月	100.7	÷	101.1	×100	=	99.6	-0.4
平成30年8月	100.9	÷	101.5	×100	=	99.4	-0.6
平成30年9月	100.1	÷	101.4	×100	=	98.7	-1.3
平成30年10月	100.9	÷	101.7	×100	=	99.2	-0.8
平成30年11月	101	÷	101	×100	=	100.0	0.0
平成30年12月	102	÷	100.3	×100	=	101.7	1.7
						平均	-0.3

図3-8　実質賃金計算表
（出典　厚生労働省「毎月勤労統計調査」平成31年速報を元に作成）

私はこの表を2019年1月30日の野党合同ヒアリングで提出しました。厚生労働省の屋敷次郎氏は「（厚労省が試算した場合も）同じような数字が出ることが予想される」と認めました。これはかなり大きく報道されています。東京新聞2019年1月31日付朝刊の記事（「実質賃金　大幅マイナス　専門家算出　厚労省認める」）を引用します。

毎月勤労統計をめぐる問題に関連して厚生労働省は三十日、**二〇一八年の実質賃金が実際はマイナスになる可能性があることを認めた。**これまで同年の実質賃金の伸び率は、公表済みの一～十一月分のうちプラスは五カ月（対

前年同月比）あったが、専門家が実態に近づけて試算したところ、プラスはわずか一カ月だけで、通年でも実質賃金は前年より減っている見通しだ。

同日の野党合同ヒアリングで、統計問題に詳しい明石順平弁護士による試算を野党が提示。厚労省の屋敷次郎大臣官房参事官は「（厚労省が試算した場合も）同じような数字が出ると予想される」と認めた。

この問題は厚労省が一八年に賃金が伸びやすいよう企業の入れ替えなどを行い、実際に伸び率が過大になって発覚した。

企業を入れ替えると数値に変化が生じるため、総務省の統計委員会は一七年と一八年で入れ替えがなかった「共通の企業」など基準をそろえた「参考値」を重視すべきとしている。

しかし、厚労省は物価の変動を考慮しない名目賃金の参考値しか公表しておらず、生活実感に近い実質賃金の参考値は公表していなかった。

今回、明石氏や野党の試算によると、一八年一～十一月の実質賃金伸び率平均は公表値でマイナス０・05％となるが、参考値ではマイナス０・53％と大きかった。月別では、唯一のプラスだった六月も公表値の２％から参考値は０・６％へと大幅に下がり、これが最大の下げ幅だった。

屋敷参事官は、野党から厚労省として実質賃金伸び率の参考値を公表するか問われ、「まだ検討が必要」と明確な答えを示さなかった。安倍晋三首相も同日の国会で同じ問題への答弁を求められたが、「担当省庁で検討を行っている」と述べるにとどめた。

補足しておくと、この時点で公表されていたのは２０１８年11月までの数値だったので、12月分は含まれていませんでした。その後公表された12月の数値も含めて、各月の伸び率を足して単純に平均すると、さっきの図のとおり年平均はマイナス０・３％になります。

なんで政府がこれを出したがらないのか、グラフで見るとよくわかります（図３－９）。２０１８年において、参考値の実質賃金前年同月比伸び率がプラスになったのは、たったの2回。あとはゼロが1回、**マイナスが9回**。プラスになったのはボーナス月のみです。このように悲惨な状況なので、公表したくないのです。

そうすると、２０１７年も実質賃金は前年比マイナスだったので、2年連続で実質賃金が落ちたことになってしまいます。これはアベノミクス大失敗を象徴する現象であると同時に、消費税増税に大きな障壁となるでしょう。だから意地でも出したくなかったのです。なお、２０１８年の実質賃金も前年比マイナスだったとすると、結局アベノミクス以降で実質賃金が前年比プラスになったのは２０１６年だけ、ということになります。そして、２０１６年

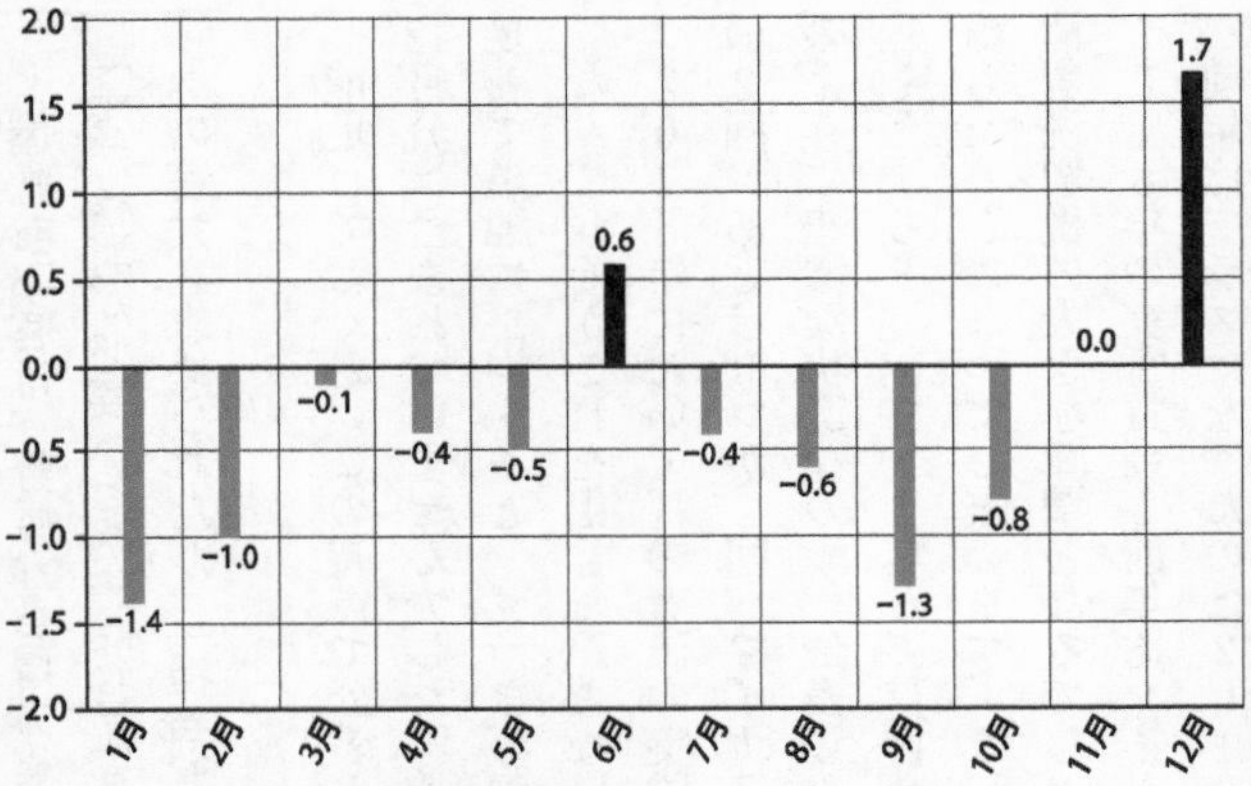

図3-9　2018年の実質賃金伸び率（出典　図3-8と同）

に実質賃金が前年比プラスになったのは、円高が進行して消費者物価指数が前年比マイナスになったことが大きく影響しています。別にアベノミクスのおかげではありません。

さて、この「賃金のかさ上げ」ですが、もう一度復習しますと、表向き、上昇要因の内訳は次のとおりとなっています。

①ベンチマーク更新で９６７円
②サンプル入替で３３７円
③こっそり復元で７８２円

しかし、これもウソではないかと思われるのです。かさ上げの真犯人は別にいます。

常用労働者の定義を変更して「日雇外し」

私が野党議員と共に野党合同ヒアリングで追及を続ける中において、別角度から新たな疑惑が生じてきました。

これが「日雇外し」と言われる問題です。

2019年2月12日の衆院予算委員会において、立憲民主党・無所属フォーラムの小川淳也《おがわじゅんや》議員がこの問題を取り上げたことがきっかけで、私も知ることになりました。

実は、2018年1月から、「常用労働者」の定義が変更されていたのです。従来の「常用労働者」の定義は以下のいずれかに該当する者でした。

1．期間を定めずに雇われている者
2．1カ月を超える期間を定めて雇われている者
3．臨時または日雇労働者で前2カ月の各月にそれぞれ18日以上雇われた者

そして、2018年1月から変更された常用労働者の定義は次のとおりです。

1．期間を定めずに雇われている者

2．1カ月以上の期間を定めて雇われている者

つまり、「**臨時または日雇労働者で前2カ月の各月にそれぞれ18日以上雇われた者**」が外れたのです。これが「日雇外し」と呼ばれるものです。そして2の「1カ月を超える」が「1カ月以上」に拡大されました。

この定義変更で労働者の数がどれくらい変わったのか。興味深い現象が起きています。理由は不明ですが、2018年1月の速報値では、旧定義がそのまま使用されている一方、同月の確報値では新定義が使用されているのです。なぜそう言えるのかというと、同月の速報値と確報値で数字が全然違っているからです。次の表のとおりです（図3－10）。なお、個別産業については、減少した常用労働者が多い順に並べています。

なんと、確報値の方が速報値より106万1000人も少ないのです。これは「日雇外し」の影響と考える他ありません。個別の産業を見ると「ぐちゃぐちゃ」になっています。例えば飲食サービス業は68万人減る一方、医療・福祉は59万9000人増えるという結果になっています。これは明らかに実態を反映していません。この常用労働者数は、サンプル調査を元にベンチマークで補正をかけて算出しています。そして、定義を変えればベンチマークも当然変化します。その結果、総数だけではなく、個別の産業における常用労働者数もこ

（千人）

年月	2018年1月速報	2018年1月確報	差
調査産業計	50,586	49,525	−1,061
飲食サービス業等	5,048	4,368	−680
建設業	3,080	2,639	−441
運輸業、郵便業	3,379	3,110	−269
生活関連サービス等	1,835	1,612	−223
教育、学習支援業	3,358	3,142	−216
製造業	8,116	7,963	−153
金融業、保険業	1,410	1,362	−48
情報通信業	1,548	1,521	−27
電気・ガス業	280	264	−16
鉱業、採石業等	19	13	−6
不動産・物品賃貸業	755	751	−4
学術研究等	1,434	1,435	1
複合サービス事業	338	433	95
その他のサービス業	4,006	4,112	106
卸売業、小売業	9,117	9,341	224
医療、福祉	6,863	7,462	599

図3-10　常用労働者数比較表
（出典　厚生労働省「毎月勤労統計調査」平成30年1月速報及び確報）

んなに変化してしまうのです。

日雇労働者の給料は一般的に低いです。そのため、日雇労働者を除外すれば当然全体の平均値は上がります。また、日雇労働者を雇用している事業所は規模が小さいと思われますので、定義変更により、区分で言うと5〜29人の規模の事業所の常用労働者が減ります。つまり、**ベンチマークも5〜29人の事業所の常用労働者数が従前より少なく出るものに変化します**。減少した常用労働者が多い産業は、5〜29人の規模の事業所が多いのでしょう。

日雇外しでどれくらい平均賃金が上がるのか

この「日雇外し」の影響について、立憲会派の小川淳也議員は次のとおり試算しています。2019年2月12日の衆院予算委員会の議事録から引用します。

では、私の方から出しますよ、どのぐらいぶれていた可能性があるか。私が試算しました。

一八年の賃金水準は、上の数字、この間発表になりましたね、三十二万三千六百六十九円、これが公式発表です。しかし、一七年には入っていた日雇が一八年には抜かれている、それがどのぐらい影響するのか。

いろいろと数字を拾ってきました。下に推計根拠と書いてあります。日雇平均賃金を厚生労働省は実は今から十二年前に調査しているんです、みずから。その試算を拝借いたしますと、月に十四日勤務の日雇労働者の平均賃金が十三万三千円です。しかし、この勤労統計の調査対象は十八日以上勤務する方が対象ですから、これを十八日以上に引き直しますと十七万一千円になります。この賃金水準は〇七年の水準ですから、現在、それから十二年たって、名目でマイナス二・四%、当時より賃金は下がっています。ということは、去年の水準に仮に置きかえるとすれば、十六万六千八百十一円という計算になります。

全労働者の最大一%が日雇労働者だというのは、厚生労働省がみずから言っていることです。それを前提に、九十九人がいわゆる正社員含めた常用雇用者、一%がここで言う日雇労働者、十八日勤務以上の日雇労働者として数字を合成、試算すると、この赤字にあるとおり、三十二万二千百円。**現在の公表値より、もし日雇を入れていれば、千五百円安くなっていた可能性がある。**

ということは、右の数値を見ていただきたいんですが、現在、名目一・四%増、実質でプラス〇・二%というのが対外的な公式説明ですが、これは実態と合っていないんじゃないですか。本当は、**名目で〇・九%、実質は何とマイナス〇・三%、こうなると私は試算しました。**

つまり、日雇労働者を外したことにより、１５００円給料が高く出るようになっている、ということです。

真犯人は「日雇外し」？

ここで、さきほど見たかさ上げの内訳とどのように関係するのか、皆さんは疑問に思われたでしょう。復習すると、平成30（2018）年1月の数字で新旧を比較した場合、こっそり復元部分を除けば①サンプル入替で337円②ベンチマーク入替で967円、合計1304円かさ上げされています。

「実はこの説明もごまかしであり、本当はすべて日雇外しの影響である」と考えれば、この謎は解けてしまいます。

まず、①のサンプル入替について見てみましょう。2018年1月から、30～499人の規模の事業所について、全数入替から半分入替に変更した、という点は既に説明しました。厚労省はこれにより337円上がったとしていますが、これはよくよく考えるとおかしいのです。2～3年に一度総入替をすると、これまで必ず賃金は下がっていました。全数入替の影響が分かりやすい30人以上の事業所について見てみましょう（図3－11、5～29人の事業所についてはこれまでも6カ月ごとに3分の1ずつ入れ替えていますので、2～3年に一度の全数入替の影響を見るには30人以上の事業所を見る方がより適切です）。

	30人以上の調査対象事業所の入替え方式	新（入替え後）(円)	旧（入替え前）(円)	新旧差（入替え後-入替え前）(円)	新旧比（入替え後/入替え前-1）(%)
平成19年1月	総入替え	297,345	301,704	−4,359	−1.4
平成21年1月		288,005	294,377	−6,372	−2.2
平成24年1月		287,576	290,844	−3,268	−1.1
平成27年1月		286,003	291,100	−5,097	−1.8
平成30年1月	部分入替え	289,951	289,671	280	0.1

図3-11　常用労働者30人以上新旧比較表（出典　図3-1と同）

厚労省は平成19（２００７）年まで遡って入替前後の差額を公表していますが、見てのとおり、過去４回の入替時は全部マイナスであり、１・１～２・２％下がっています。しかし、２０１８年１月の総入替の際は、史上初のプラスを記録しました。

なぜ今までマイナスになってきたのか、小川淳也議員の説明を見ると分かりやすいので、２０１９年２月４日衆議院予算委員会の議事録から引用します。

では、言います、大臣。なぜ三年に一回全数調査を入れかえれば数値は下がるのか。

この国の一年間の廃業率を御存じですか、麻生《あそう》大臣。御存じですか。知っていたら首を縦に振って、知らなければ結構です。（麻生国務大臣「知らないですな。今でしょう」と呼ぶ）今。**大体、これ**

は五%なんですよ、廃業率が。

それで、五年に一度の経済センサス、つまり経済界に対する国勢調査ですね、見てもそうなんですが、ということはなんですが、**企業の五年生存率は約八割なんです、毎年五%ずつ企業は淘汰《とうた》されていきますから。**そして、企業を全数入れかえするということは、廃業、倒産直前の企業も入るわけです。そして、もちろん生まれたての新発企業も入る。しかし、いずれも賃金水準は低いんですね。

ところが、**継続サンプルで一年目、二年目、そして三年目と継続調査をすればするほど、比較的優良な成績を上げた企業の、賃金水準の高い企業が標本として残るわけです。だから、三年間これを続けると賃金水準が高く出、そして、三年後にサンプルを全数入れかえで入れかえると必ず低く出るわけです。**

要するに、同じサンプル企業で継続調査していると、毎年5%ぐらい廃業していくので、残るのは優良企業となり、当然、賃金が高く出やすくなります。これを2~3年に一回全部入れ替えると、優良ではない企業がまた入り込んでくるので、賃金は下がるのです。逆に、入替をしないと優良企業ばかり残っていってしまうので、賃金はどんどん高く出やすくなり、実態とかけ離れてしまうということです。だから、定期的にサンプルを入れ替えて、それに伴い賃金が下がってしまうのは仕方のないことなのです。

そして、2018年1月からは、30～499人の事業所について、全部入替から半分入替に替えたわけですが、これまでの傾向からすると、賃金が「プラス」になるのはおかしいのです。入替を半分に抑えたとはいえマイナスになるはずだからです。

ここで、ベンチマークについて見てみましょう。前記厚労省の資料を見ると、「今回のベンチマーク更新において、賃金水準が低い「5～29人」の労働者数が下方修正され、シェアが低下したこと（賃金水準が高い「100～449人」「30～99人」のシェアが増加したこと）が、全体の賃金水準の押上げに寄与している」と説明されています。表を再掲します（図3－12）。

そして、ベンチマーク更新の際の考慮要素として、「日雇外し」のことは一言も触れられていません。したがって、厚労省の説明資料だと、平成26年経済センサスの影響でシェアが変化したように読めてしまいます。つまり、**平成26年経済センサスの方が、平成21年経済センサスに比べ、5～29人の労働者の割合が減った、と読めるのです。**

本当にそうでしょうか。そこで、ベンチマークの大本となる経済センサスについて、平成

■事業所規模別に賃金水準が大きく異なることの影響が大きい。今回のベンチマーク更新において、**賃金水準が低い「5～29人」の労働者数が下方修正され、シェアが低下したこと（賃金水準が高い「100～499人」「30～99人」のシェアが増加したこと）が、全体の賃金水準の押上げに寄与している。**

（参考）事業所規模別常用労働者数・シェア、きまって支給する給与（調査産業計・5人以上）

平成30年1月分	旧母集団：常用労働者数		新母集団：常用労働者数		新サンプル：きまって支給する給与
		シェア(a)		シェア（b）	(c)
1,000人以上	3,252,250	**6.4**	3,267,932	**6.6**	**384,825**
500～999人	2,271,270	**4.5**	2,541,907	**5.1**	**341,903**
100～499人	10,040,943	**19.8**	10,201,217	**20.5**	**296,257**
30～99人	12,883,435	**25.4**	13,226,721	**26.6**	**251,662**
5～29人	22,268,603	**43.9**	20,406,521	**41.1**	**217,512**
5人以上計	50,716,501	**100.0**	49,644,298	**100.0**	**260,186**

図3-12　新旧事業所規模別労働者数等比較表（出典　図3-1と同）

21年と平成26年を厚労省作成資料と同じ事業所規模別の労働者数に分けて比べてみたのが次の表です[1]（図3－13）。

見てのとおり、5～29人の事業所のシェアは、平成21年と平成26年であまり変わっていません。では、なぜ前記表（図3－12）において5～29人の事業所のシェアが下がったのでしょうか。

これは、**日雇労働者を外したから、としか考えられません。**前記厚労省作成資料の表をもう一度よく見てください。新旧比較すると、**5～29人の労働者のみ186万2082人も減っています。**他の規模の労働者数は全て増えているにもかかわらず、です。

すなわち、日雇労働者を外したことによ

	平成21年		平成26年		
	人数	シェア	人数	シェア	シェアの差
1000人以上	2,845,693	6.6%	3,172,188	7.2%	0.6%
100～499人	9,512,726	22.2%	9,593,806	21.8%	−0.4%
500～999人	2,242,894	5.2%	2,368,366	5.4%	0.1%
30～99人	11,404,589	26.6%	11,567,468	26.3%	−0.3%
5～29人	16,823,751	39.3%	17,291,014	39.3%	0.0%

図3-13　規模別常用労働者比較表
（出典　平成21年及び平成26年経済センサス基礎調査）

り、5～29人の労働者のシェアが下がり、ベンチマークが高く出るものに変化した、ということです。

端的にまとめると、常用労働者の定義を変えて日雇労働者を外したことにより、まずサンプル段階で平均賃金が高く出ます。この数字にベンチマークで補正をかけて賃金を算出するのですが、このベンチマーク自体も、日雇労働者を外したことで、従前よりも賃金が高く出やすいものに変化してしまうのです。したがって、①サンプル入替で337円②ベンチマーク入替で967円という説明もインチキと言って良いでしょう。本当はその背後に「日雇外し」が隠れており、これが①と②のいずれの要素にも影響を与えていたのです。

これは小川議員の試算とも整合します。先ほど見たとおり、小川議員の試算では日雇外しにより

1500円給料が上振れしています。そして、厚労省作成資料の説明だと、①サンプル入替で337円②ベンチマーク入替で967円、合計で1304円であり、小川議員の試算との誤差は約200円しかありません。

分かってしまえば実に単純なトリックです。「常用労働者」の定義を変え、賃金の低い日雇労働者を除外し、平均賃金を高く出していたのです。

巧妙な「日雇外し隠し」

この日雇外しは実に巧妙に隠されていました。厚労省の「毎月勤労統計調査における平成30年1月分調査からの常用労働者の定義の変更及び背景について（平成30年4月20日）」という文書がウェブ上で公開されています。ここに定義変更について説明があるのですが、この資料は「平成30年4月20日」に公開されたものです。つまり、本当は1月から定義が変わっていたのに、それを説明する文書は4月20日になってやっと公表しているのです。

では同年3月まではどうなっていたのでしょう。毎月勤労統計はその名のとおり毎月発表されていますが、その「概況」の末尾に用語説明があります。ここに常用労働者の定義も書いてあり、平成29年12月と平成30年1月の用語説明を**よーく見比べてみると**、変わっているのが分かります。しかし、用語説明は末尾に小さい字で記載されているだけですので、これをわざわざ見比べてみる人なんていないでしょう。

さらに、いままで何度も引用してきた、厚労省作成の新旧賃金差額の内訳を説明する資料にも、常用労働者の定義を変更し、日雇労働者等を外したことは一言も書かれていません。サンプル入替とベンチマーク更新によって賃金が上がったと説明しています。

都合のいい数字は遡及する

ここで、興味深い現象があります。平成30（2018）年速報だと常用労働者総数は4980万7000人。平成29（2017）年確報だと常用労働者総数は5003万1000人。実数で見ると、平成30年速報の方が22万4000人少ないのです。これは日雇外しの影響でしょう。

ところが、なぜか常用雇用指数（平成27年を100として常用労働者数を指数化した数値）は、平成30年速報の方が1・1ポイントも高いのです（図3－14）。

この点について、厚労省のウェブサイトには下記の説明があります。

平成30年1月分調査の補正においては、ベンチマークを「平成21年経済センサス‐基礎調査」（平成21年7月1日現在）から「平成26年経済センサス‐基礎調査」（平成26年7月1

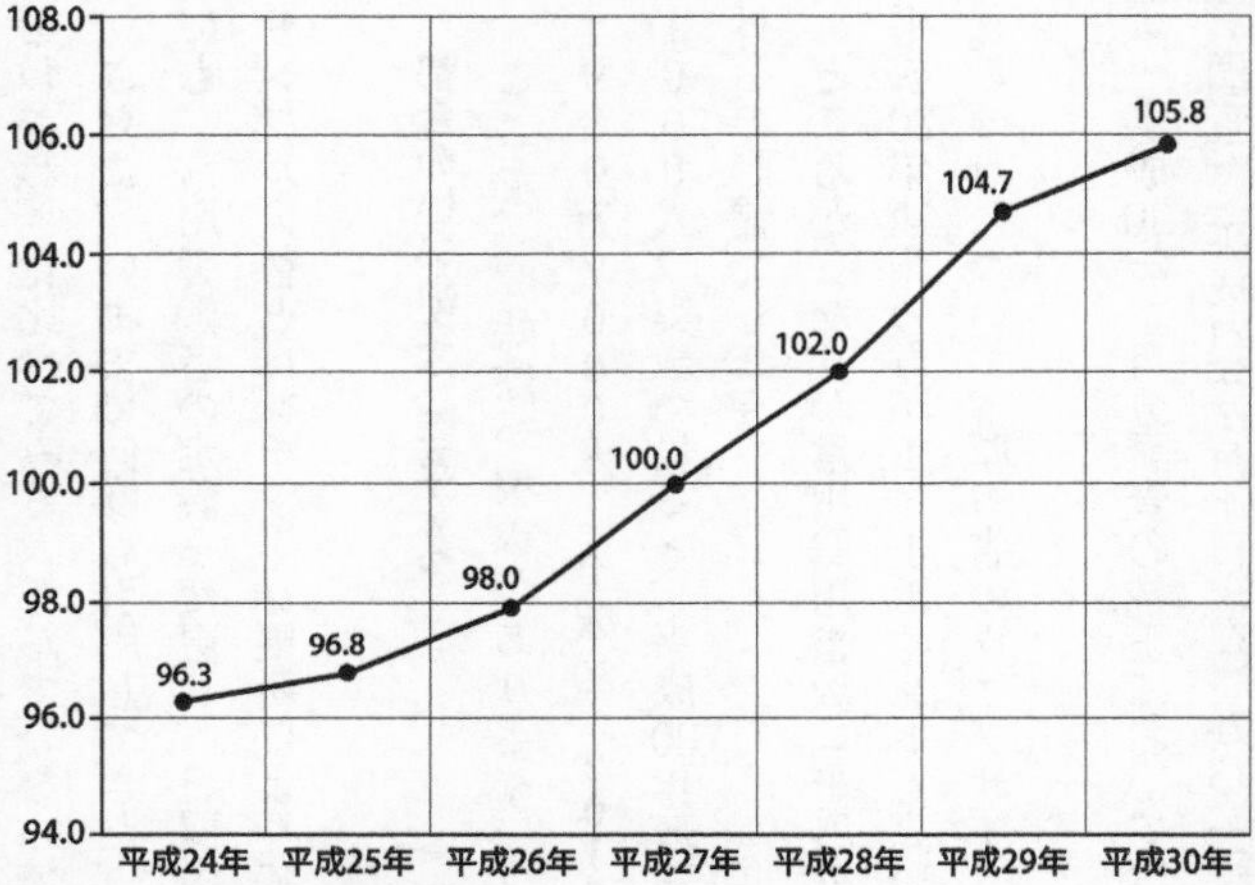

図3-14　常用雇用指数
（出典　厚生労働省「毎月勤労統計調査」平成31年1月速報）

日現在）に変更したことから、**平成21年7月分以降についてギャップ修正を行った。**

(https://www.mhlw.go.jp/toukei/itiran/roudou/monthly/sisu/sisu.html)

要するに、実数を単に指数化してしまうと平成30年が下がってしまうため、常用雇用指数については遡って改定したということです。**賃金は遡らず、常用雇用指数は遡るという都合の良い操作を行っているのです。**

内閣府はちゃんと補正

さて、厚労省は賃金について、思いっきりかさ上げし、さらにそれを遡って改定しなかったため、データに大きな段差が生じてしまいました。ここで、毎月勤労統計の賃金を元に内閣府が算出する「雇用者報酬」（雇用者の賃金総額）はどう対応したのか、内閣府の説明を引用しましょう。

２０１８年１月の変更を受け、「毎月勤労統計調査」（以下「毎勤」）の本系列における賃金データには、２０１７年12月と２０１８年１月の間にギャップが生じている。このため、国民経済計算の雇用者報酬推計にあたっては、２０１７年12月以前の毎勤の賃金データに対してギャップの要因に応じた調整を施した上で、推計に利用することとする。以下では、この調整方法を説明する。

……公表されている２０１７年12月以前の旧系列の一人当たり平均賃金額は、旧ベンチマークの労働者数ウエイトで集計されている。このため、労働者数のウエイトを最新の情報が反映された新ベンチマークのものに変換する。次に、このようにして計算した新ベンチマーク・旧サンプルの系列に対してサンプル入れ替え要因に関する調整を施す。具体的には、当該系列が２０１８年１月以降の本系列と変化率でみて段差なく接続するようにリンク係数を乗じて遡及計算を行う。

(https://www.esri.cao.go.jp/jp/sna/seibi/kouhou/contents/pdf/181031_choseihouhou.pdf)

つまり、**内閣府の方はきちんと遡って補正しているのです**。データの算出方法を変えた時に、変更より前まで遡って補正するのは当然です。現に厚労省も常用雇用指数については遡って補正しているのです。賃金のみ遡って補正しないことがいかに異常なことなのか、よく分かるでしょう。

なぜ、遡及改定を止めたのか。誰がそれを指図したのか。詳細は拙著「国家の統計破壊」に書いてあります。端的に言えば官邸の意向です。今まで、サンプル入替のたびに遡及改定を行っていましたが、そうすると、過去分のデータの賃金伸び率が下降修正されていました。これは先ほど説明したサンプル入替効果によるものであり、仕方のないことなのですが、官邸がそれに難色を示したのです。なぜなら、もともとアベノミクス以降の賃金の伸びは悲惨であり、特に実質賃金がマイナスになりっぱなしであることが官邸の悩みの種でした。そこへサンプル入替に伴う遡及改定を行うと、ただでさえ悪いデータが更に悪くなってしまいます。だから、遡及改定を止めさせたのです。そして、2018年は常用労働者の定義変更という隠れた大きな上昇要因があったため、賃金が大きく上がったのです。遡及改定をきちんとしていれば、そのようなことは起きませんでした。

インチキの後遺症

ところが、2018年にインチキをした影響で、2019年にその後遺症が発生しました。既に説明したとおり、2018年は、30〜499人の規模の事業所について、サンプルを半分入れ替えました。そして、2019年は、残りの半分を入れ替えたのです。これによって何が起きたのか、まずは名目賃金の伸び率から見てみましょう（図3-15）。

このように、2019年は前年に比べて0・3%も落ちました。**アベノミクス開始以降最大の下落幅です**。名目賃金でこれですから、実質賃金はもっと悲惨です（図3-16）。前年比で0・9%も落ちました。これは、アベノミクス以降で言うと2014年に次ぐ下落幅です。なお、2014年が大きくマイナスになっているのは、この年、消費税の増税があったことに加え、大きく円安が進行して物価が上がったからです。

なんでこのような悲惨なことになったのか。既に説明したとおり、本来、サンプル企業を入れ替えると、賃金は必ず落ちます。賃金の低い、あまり優良ではない企業がサンプルに入り込んでくるからです。しかし、2018年は常用労働者の定義変更をして、賃金の低い労働者を排除したため、それによる賃金上昇効果が、サンプル入替による減少効果を上回りました。だからプラスになったのです。

ところが、2019年はサンプル入替による減少効果が発生するだけです。だからこんな

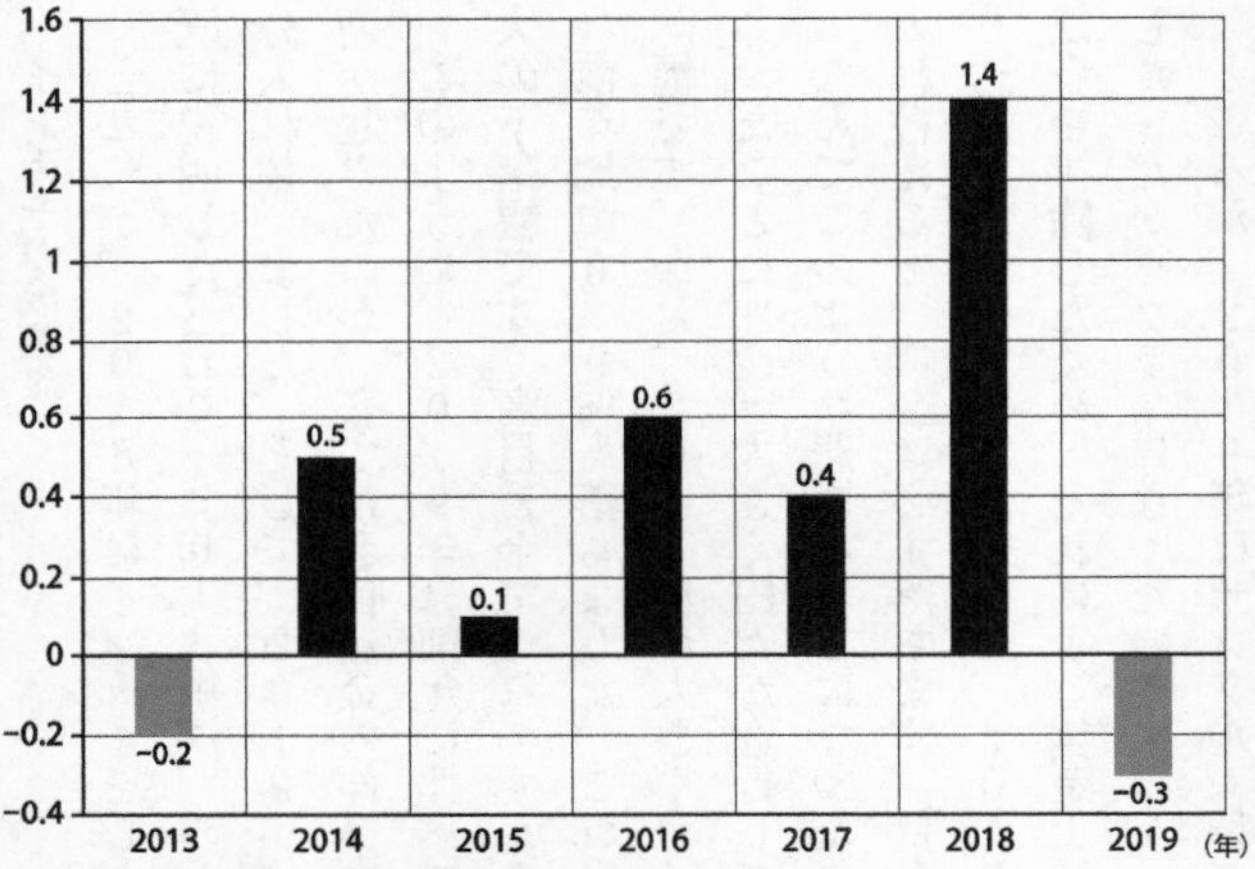

図3-15　名目賃金指数伸び率前年比
（出典　厚生労働省「毎月勤労統計調査」）

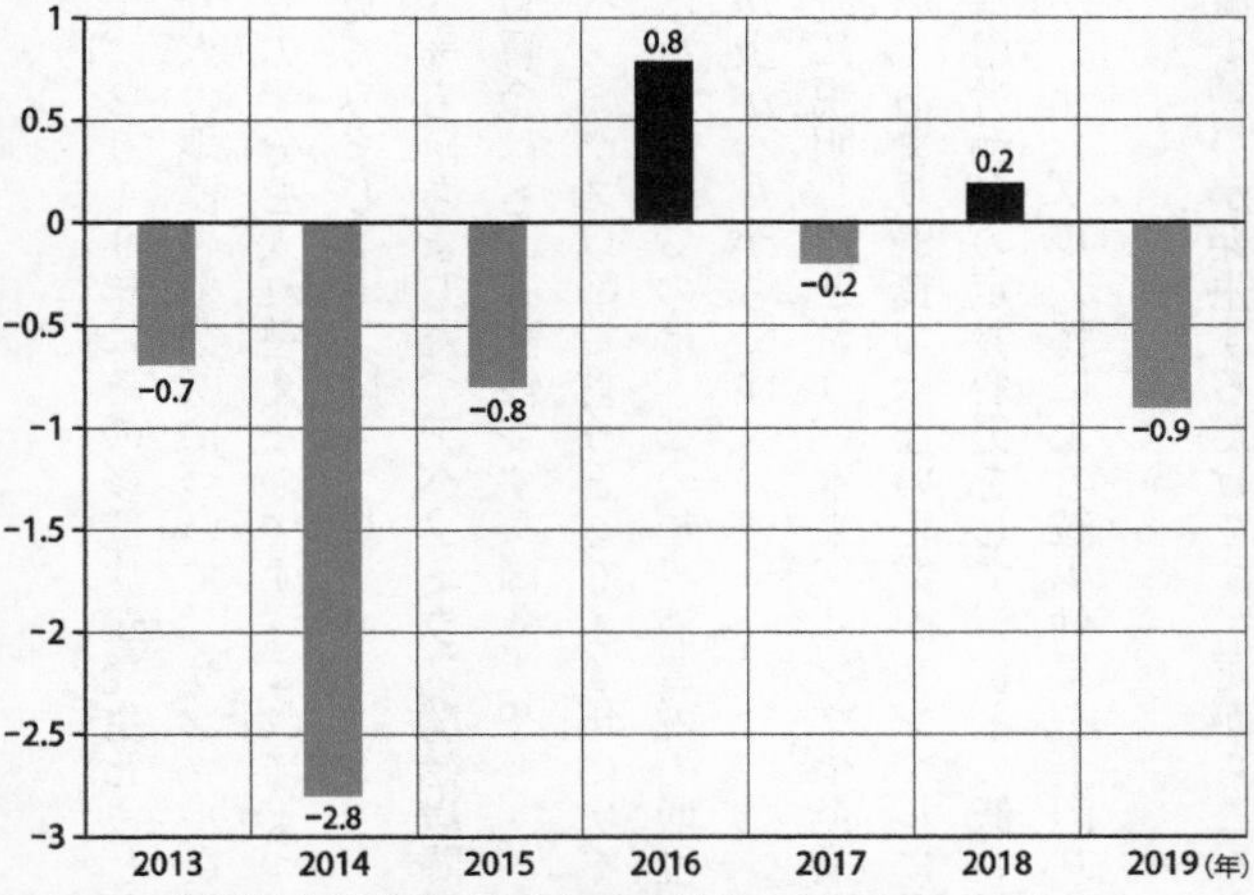

図3-16　実質賃金指数伸び率前年比（出典　図3-15と同上）

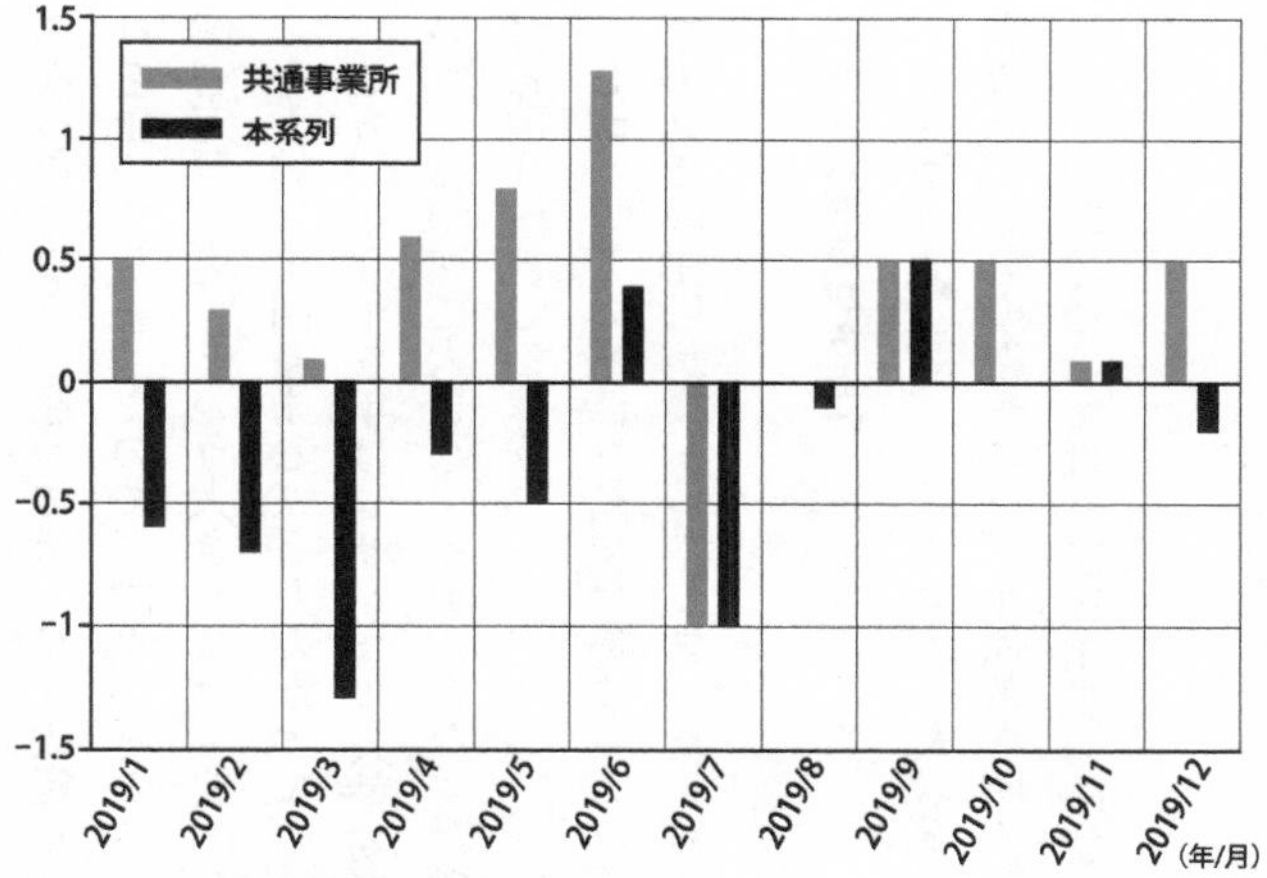

図3-17　共通事業所と本系列の比較
(出典　厚生労働省「毎月勤労統計調査」令和2年1月確報)

に下がってしまったのです。

これは、厚労省が公表している共通事業所同士の名目賃金伸び率と比較するとより明白に分かります。共通事業所同士の比較の場合、サンプルは同じですから、サンプル入替効果は発生しません（図3-17）。統計委員会も経済の実態を把握するにはこちらを見ろと言っています。

このように、共通事業所の数値を見ると、前年同月比マイナスになったのはたった1回しかありません。これが本当の姿です。しかし、本系列の方は、12カ月中、なんと8回もマイナスになっています。「サンプル入替効果」でマイナスになったのは明らかです。

従来であれば、このような極端な減少

にならないよう、遡ってデータを改定し、段差が生じないようにしていました。しかし、それを止めてしまったので、段差がそのままになってしまったのです。2018年は「常用労働者定義変更」という大きなプラス要因があり、それが「サンプル入替効果」によるマイナスを大幅に上回りました。したがって、「遡及改定しない」ことがプラスに働きました。

他方、2019年は「サンプル入替効果」というマイナスしかないため、「遡及改定しない」ことが逆に大きなマイナスとなったのです。非常に間抜けな結果になりました。自業自得と言うべきでしょう。

しかし、この悲惨な結果はあまり大きく報道されていないように見えます。コロナの方にマスコミの注目が集まってしまったからかもしれません。

家計調査もかさ上げ

賃金もかさ上げされましたが、総務省が行っている家計調査もかさ上げされました。家計調査は可処分所得やエンゲル係数を明らかにしている統計です。

この問題については立憲民主党の階猛《しなたけし》議員のブログで端的にまとめられているので引用します。

今国会では、毎月勤労統計について、昨年（2018年）1月から賃金の高い大企業の割合をこっそり3倍にし、賃金が大幅に伸びたように偽った違法行為をはじめ、安倍政権に都合のよい数字が出るような方向で、次々と政府の統計が変えられてきたことが明らかになっています。

総務省が毎月公表している「家計調査」もその一つです。これは世帯ごとの収入や支出がどうなっているかを把握するための統計です。家計調査は、全国から無作為で抽出された約8000世帯が総務省指定の「家計簿」を記入し、そのデータをもとに作られています。

その「家計簿」の様式が昨年1月から大幅に変わり、①収入の記入が世帯員ごととなり、②口座入金による収入を記入するページを新たに設け、③ポイントを利用して商品を安く購入した場合、支出欄には実際に支払った金額ではなくポイント利用分を合わせた金額を記入すると共に、収入欄には利用ポイント額を記入するよう、記入要領に明記されました。

私は、この変更によって従来よりも家計調査の収入や支出がいくら増えるのか、18日と

21日の予算委員会で政府に尋ねました。すると、家計調査の実収入（二人以上の世帯のうち勤労者世帯）は年間で約51万円（＋8・0％）、消費支出（二人以上の世帯）は年間で約4・6万円（＋1・4％）も増えることを認めました。実態は何も変わっていないのに、「家計簿」の様式や記入方法を変えるだけで家計調査の数字がこれだけ変わるのです。

(http://shina.jp/a/activity/12225/)

要するに、家計簿の様式や記入方法を変えたことにより、収入と支出がより多く計上されるようになった、ということです。

これがどう影響しているのか。まずは名目の世帯消費動向指数を見てみましょう（図3－18）。

家計簿の様式と記入方法を変えた2018年から急上昇を始めたことがよく分かりますね。それ以前は、増税前の駆け込み需要があった2013年を除くと、一貫して下落傾向でした。

次に実質値の方を見てみましょう（図3－19）。

2014年以降の落ち方が、名目値の方より酷いですね。2013年以降と比べると、2019年の時点で11・2ポイントも落ちています。まるでジェットコースターのように見えますので、私はこの曲線を「アベ・コースター」と呼んでいます。

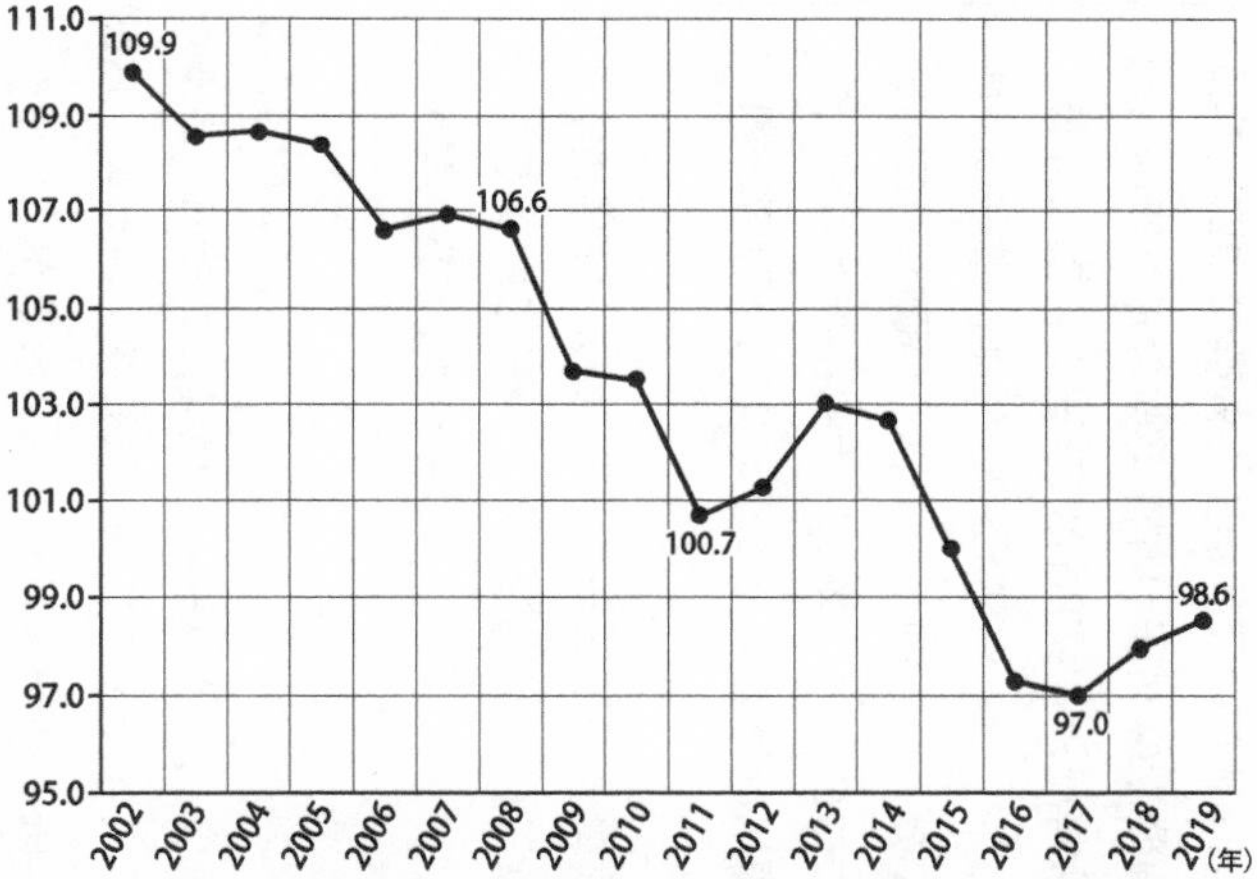

図3-18　名目世帯消費動向指数（出典　総務省「消費動向指数」）

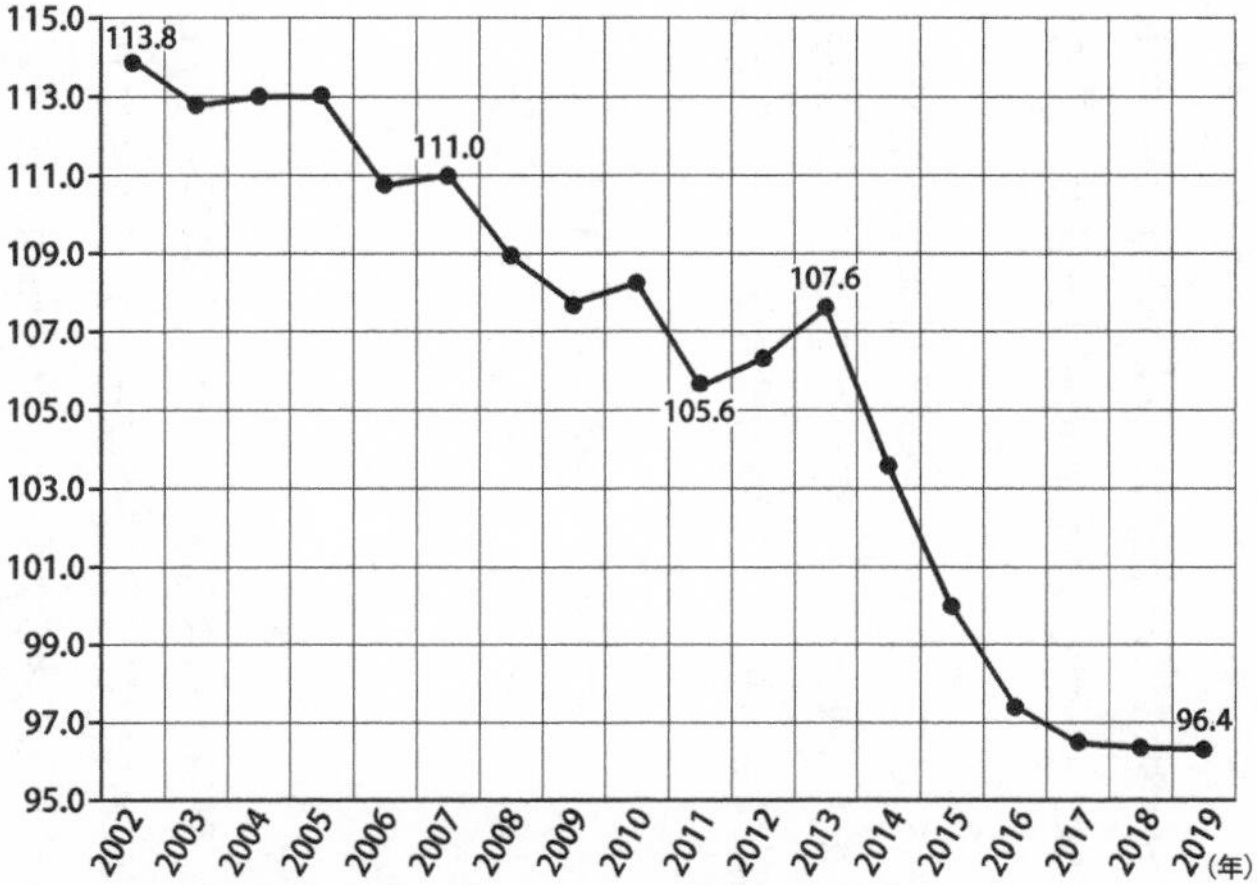

図3-19　実質世帯消費動向指数（出典　図3-18と同）

しかし、そのアベ・コースターも、家計簿の様式・記入方法変更による「かさ上げ」の影響で、2018年以降は横ばいとなっています。エンゲル係数の上昇が横ばいに転じたのも、こうやってかさ上げをしたからです。かさ上げしていなければ、もっと悲惨なことになっていたでしょう。

これは氷山の一角です

いろいろ書いてきましたが、実はこんなものは氷山の一角です。2019年2月18日の衆議院予算委員会において、小川淳也議員が驚愕《きょうがく》の指摘をしているので引用します。

勤労統計も、幾つもげたを履かせて随分と高くなった、五年分の高さを一年でやり遂げたということを申し上げました。GDPも、国際基準というげたを履き、そしてその他要因でげたを履き、私は、もう一つ、ひそかにげたを履かせた可能性がある要因について、きょう指摘したいと思います。

実は、総理も御存じだと思うんですが、GDPはいわゆる二次統計と言われておりまして、さまざまな基幹統計で出てきた数値の合成です。したがって、各統計でいい数字が出れば、GDPはよく出るという構造になっています。

今、ここにたくさん文字があってわかりにくいので恐縮なんですが、あえて並べました。第二次安倍政権になって、この基幹統計、しかも、GDPの計算にかかわる基幹統計を幾つ見直したかというデータです。事実です。

ざっと数を申し上げます。そのうち三十八件がGDPに影響します。第二次安倍政権になって、全部で五十三件の統計手法を見直しています。そのうち三十八件がGDPに影響します。さらに、そのうちの十件、この赤囲みの部分なんですが、これは、統計委員会への申請もないのに、かつても申し上げました、統計法は申請主義の原則なんですね、統計委員会への申請もないにもかかわらず、トップダウンで、未諮問審査事項だといってやらせた見直しです。

ちなみに、申し上げます。**民主党政権の三年間、統計を見直した件数は十六件しかありません。GDPに関連したものは、そのうち九件です。**

いかに、五十三件を見直し、GDPに関連したものが三十八件と多く、そして、**そのうちの十件は、諮問もしていないのに、やれと統計委員会から言われたものだと。**異常な形でこの一次統計を見直した事実については、ぜひとめていただきたいと思います。

その上で、指摘します。

茂木《もてぎ》大臣、これは、幾ら担当大臣とはいえ、ここまで細かいことを全て御存じでないでしょうから、まずは聞いていただければ結構です。

きょう午前中、階さんが家計調査について指摘しましたね。これは大事な指摘なんですよ。カードや電子マネー、商品券による購入の記入欄をふやしたわけですね。**それによって六％家計消費がふえたという試算が提示されました。**この点は実は統計委員会も指摘をしていまして、回答に変化がある可能性がある、影響が出る可能性があるよということを統計委員会が指摘しています。これは家計調査です。

二番目、個人企業調査。これは今まで、製造、卸と小売、そして宿泊・飲食、サービス、四業種しか対象にしていなかったんです。**ところが、これを全産業に拡大しました。**何が起きるか。飲食サービスは賃金水準が極めて低いですから、全産業に拡大したことによって、恐らく、相当、統計上出る賃金水準は上がるでしょう。**私の試算では、二十万円台後半から三十万円台前半に上がると思います。**さらに、この個人企業統計でも、**全部入れかえをやめ、勤労統計と同じですね、一部入れかえ制に移行しました。**

もう何点か指摘させてください。

科学技術調査、これもGDPに関連します。**任期のない研究者を追加しましたね。**研究開発費のうち、今までなかったサービスの開発に関する研究費を追加した。これも、統計委員会から、従前の集計結果との間に断層が出る可能性があるよ、影響をよく検証する必要があるという注書きが入っています。

作物統計。**今まで入っていなかったソバ、菜種を追加しました。さらに、主要生産県の増減値から全国生産を推計する方法に変えました。これによって三%程度の誤差が出ると**言われています。

もう二、三。

木材統計。これまで四十七県で調査していました。しかし、**主要取扱県三十県に限る**ということをやりました。

鉄道車両統計。これまで、十名以上の九十四社しか対象じゃありませんでした。**全事業所に拡大した結果、統計調査対象事業所は二百七、倍以上に広がりました**。これも、誤解を招かないよう適切な対応をすべきだと統計委員会から指摘されています。

最後に、商業動態調査。**家電、ドラッグストア、ホームセンター、合計十数兆円の売上げを捕捉《ほそく》した、そしてＧＤＰに反映したのではないかと思われます**。

今も、リフォーム市場を調査していますよね。

それこれ含めますと、今までおっしゃってきた国際基準への適合と、そしてその他項目に加えて、この基幹統計五十三、ＧＤＰ関連三十八件を、しかも一部トップダウンで進めたことで、極めてこのＧＤＰはかさ上げされた疑惑が高いと思いますが、大臣、いかがですか。

53件も統計手法を見直し、そのうち38件はGDPに関連しています。さらに、10件は申請も無いのに統計委員会が見直した、というのです。もはや「全身整形」状態。統計が原形をとどめていません。

そして、小川議員はもう一つ注目すべき指摘をしています。

それから、家計調査は関係ないという話ですが、これもちょっと検証が必要ですが、見直しているんですよ。**速報値を出すに当たっても、需要側の数値を縮小して、小売側、供給側の数字を、ウエートを増している。**そういう形によっても、この数値のウエートづけを変更しているんです。これはよくまた調べてください。そういうことをやっているんですよ。

小川議員の指摘している「小売側、供給側」の数字というのは、商業動態統計における「小売業計」を指しているのではないかと思われます。

そこで、この「小売業計」を2002年を100として指数化した数字を、第2章でみた図2-25の世帯数×世帯消費動向指数と家計最終消費支出（持家帰属家賃を除く）に加えて

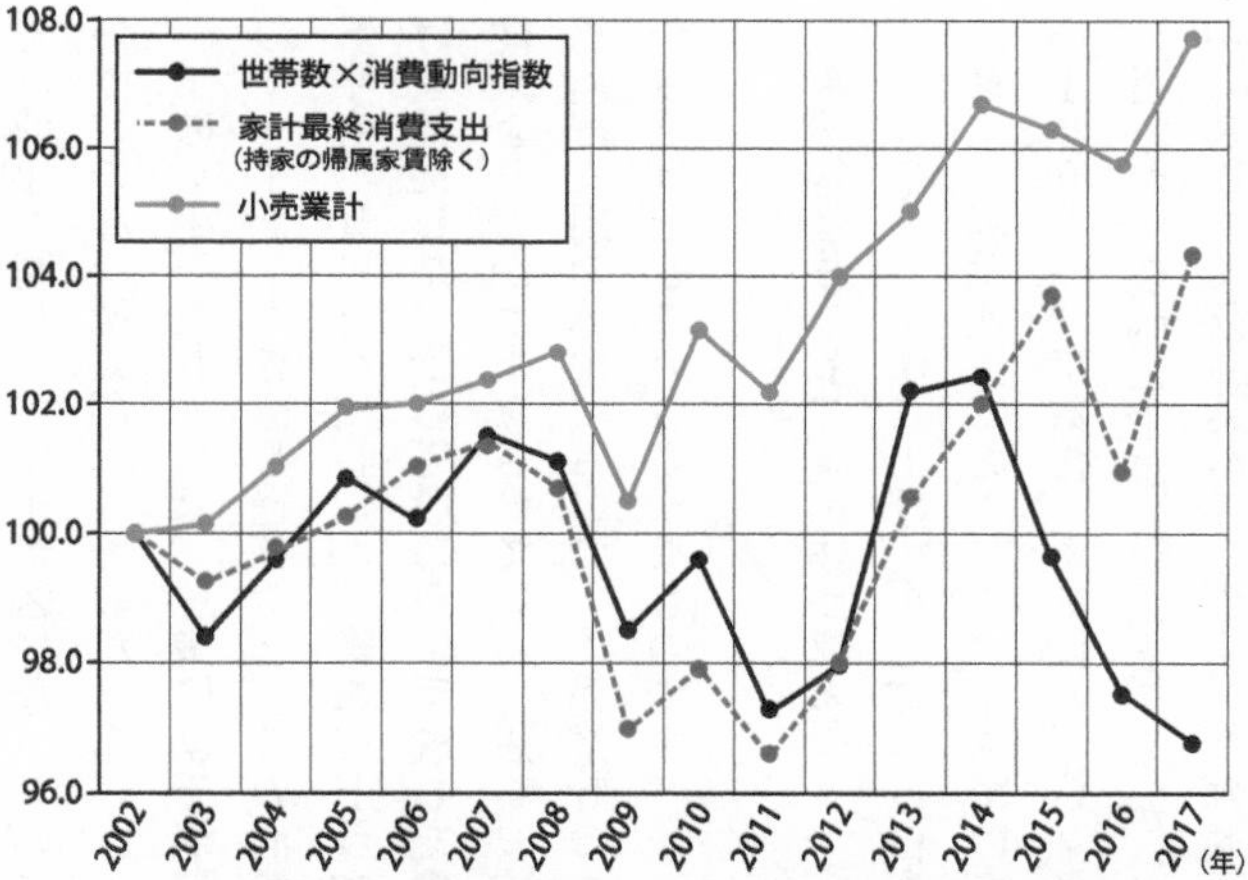

図3-20　補正世帯数×世帯消費動向指数、持家の帰属家賃を除く家計最終消費支出、小売業計（出典　補正世帯数×世帯消費動向指数、持家の帰属家賃を除く家計最終消費支出は図2-25と同。小売業計は経済産業省「商業動態統計」）

みましょう（図3－20）。

小川議員の指摘のとおりです。家計最終消費支出の線が、2015年以降、世帯数×世帯消費動向指数の線を離れ、急に小売業計の方へ近づいているのが分かるでしょう。特に2017年は、世帯数×世帯消費動向指数が下落したのに対し、家計最終消費支出も小売業計もプラスになっています。家計調査の方に合わせると消費が下がる一方なので、小売業計の方に近づくよう、比率を調整したものと思われます。しかし、それでも2015年は傾向が一致していません。小売業計の方は前年比マイナスなのに、家計最終消費支出の方は前年と同じで、マイナスになっていません。2015年から急に小売業計の方に寄せたので、こんな現象が起きたのだと思います。

この「小売業計」には、**企業による消費や訪日外国人の消費も入ってしまう**ので、こちらのウェイトを大きくし過ぎると家計の消費の実態からずれてしまいます。そして、小売業の数字も、先ほど小川議員が「**家電、ドラッグストア、ホームセンター、合計十数兆円の売上げを捕捉した、そしてGDPに反映したのではないかと思われます**」と指摘していたとおり、従来よりもかさ上げされていると思います。つまり、小売業計をかさ上げし、さらに家計最終消費支出の算出において、小売業計のウェイトを増やした、ということでしょう。二重のかさ上げをしているようなものです。

国際比較をすると、真の姿が見える

こうやって「かさ上げ」をしている日本経済ですが、国際比較をすると、真の姿がよく見えます。基軸通貨であるドルベースでの名目GDPについて、アベノミクス前の2012年を100として指数化した数値を、G7各国と比較してみましょう（図3-21）。日本が圧倒的に下降していることが分かります。円安の進んだ2015年には、なんと70・8にまで落ち込んでいます。基軸通貨であるドルで見れば、**約3割**も経済が縮小したと

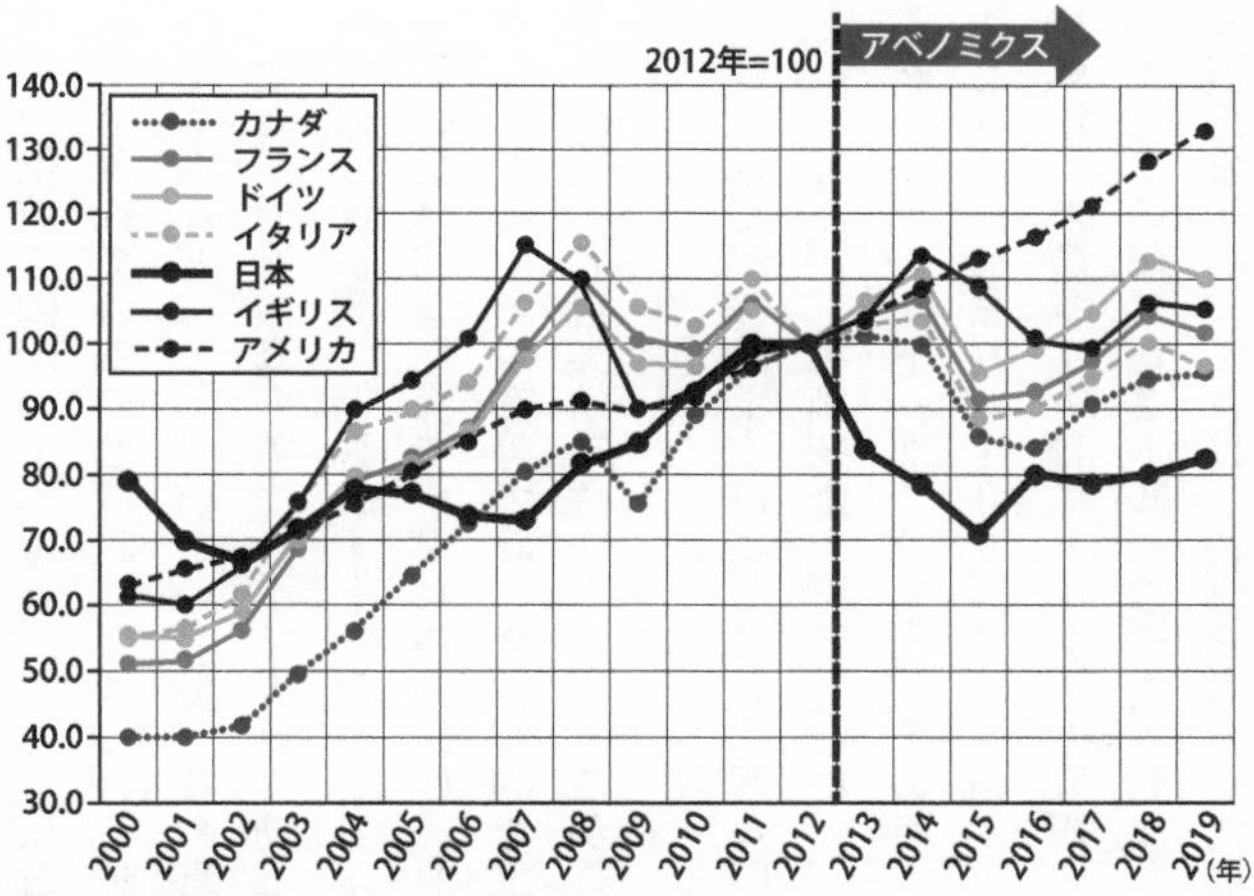

図3-21　各国ドルベース名目GDP比較
（出典　World Economic Outlook Database）

いうことです。その後、円高が進んだ２０１６年に持ち直しましたが、以降はほぼ横ばい。２０１９年の時点で81・9。アベノミクス前より2割近く縮小しています。かさ上げしてもこれです。日本の次に成績が悪いのはカナダですが、それでも95ですから、日本に13・1ポイントも差を付けています。日本「だけ」が異常に下がっていることがこれで分かるでしょう。

　無理やり円安にすれば、「円安インフレ」により、物価が上がります。そうすると、円ベースで見た名目ＧＤＰはそれだけでも上がるのです。「**円安かさ上げ**」と名付けても良いかもしれません。しかし、基軸通貨であるドルで国際的な日本の真の位置を確かめてみると、こんなに貧乏になっているのです。食品が小さくなり、かつ、値上げされているのは貧乏になっている証です。でも、ドルベースの名目GDPを他国と比較する人などほとんどいないので、この真の姿は気付かれません。

次に、通貨の真の実力を示す実質実効為替レートを見てみましょう。実効為替レートとは、特定の2通貨間の為替レートをみているだけでは捉えられない、相対的な通貨の実力を測るための総合的な指標です。具体的には、対象となる全ての通貨と日本円との間の2通貨間為替レートを、貿易額等で計った相対的な重要度でウェイト付けして集計・算出します。そのままの値を名目実効為替レート、そこから物価変動分を除いたものを実質実効為替レートといいます。

みなさんが普段よく目にしているドル円の為替レートは名目値であり、物価変動を考慮していませんが、物価変動を考慮しないと、通貨の真の実力は測れません。例えば、10年前の為替レートが1ドル＝100円、その時、アメリカではハンバーガーが1ドルで買えたとしましょう。つまり、100円でハンバーガーが買える計算になります。ところが、そこから10年後、為替レートは1ドル＝100円のままですが、アメリカの物価が2倍になり、ハンバーガーの値段が2ドルになったとしましょう。今度は200円を出さないとハンバーガーが買えません。これは、物価を考慮した場合、円の価値がドルと比較して半分になってしま

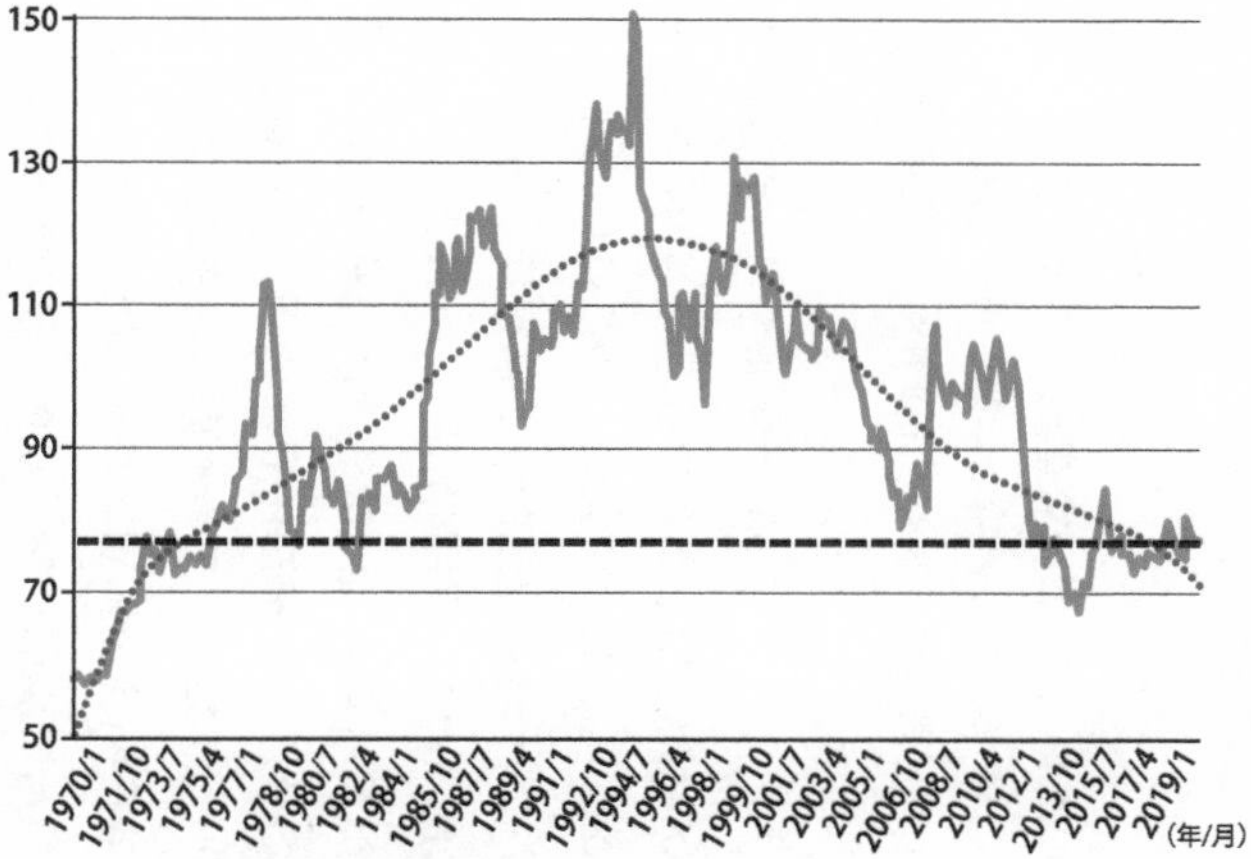

図3-22　実質実効為替レート指数
（出典　日本銀行時系列データ検索サイト）

ったということです。半分になってしまったから、倍の円を出さないとハンバーガーを買えないわけです。このように、通貨の真の実力は物価を考慮して初めて分かります。そして、実質実効為替レートとは、ドル以外の主要通貨を含め、物価変動の影響も考慮に入れた、通貨の実力を示すものになります。では見てみましょう（図3-22）。

このように、実質実効為替レートで見た現在の円の力は、1970年代前半と同じ程度にまで落ちています。2013年あたりから急激に落ちているのは、アベノミクスが引き起こした円安が大きく影響しています。「海外に行くと物価が高い」という話を最近よく聞く気がしますが、それは円の実力が落ちたことが大きく影響しています。その実力低下を急激に推し進めたのがアベノミクスです。ただ単に自国民を窮乏化させただけでした。しかし、多くの人は名目のドル円相場と、日本の株価ぐらいしか目にしません。そして、「円安は善」という猛烈な思い込みがあるため、円が安いと景気が良いかのように錯覚します。株価も同様です。実態経済を反映しておらず、ただかさ上げされているだけですが、株価が高ければみな景気が良いと錯覚します。つまり、「円安株高」にしておけばみんな勘違いしてくれるわけであり、アベノミクスはその点に成功した経済政策と言えるでしょう。

さて、こういうことばかり言っていると、「悪いところばかり指摘するな。雇用の改善等、アベノミクスのいいところがあっただろう」と言われてしまいそうです。では、その点について検証していきましょう。

（1）経済センサスのデータの種類は複数あるが、そのうち「産業（小分類）、常用雇用者規模（15区分）別民営事業所数及び従業上の地位（6区分）、男女別従業者数－全国、都道府県」を使用。また、毎月勤労統計の産業別区分に従い、公務員及び農林漁業を除く数字で比較した。

第四章　偽りの成果達

雇用が増えたのはアベノミクスと無関係な業種

「雇用の改善」は、アベノミクスの「成果」として最も喧伝《けんでん》されていると言って良いでしょう。しかし、増えた雇用の内訳を見てみると、アベノミクスと無関係であることがよく分かります。次のグラフは、2019年と2012年の産業別雇用者を、増加数の多い順に並び変えたものです（図4－1）。

医療・福祉が2位以下を大きく引き離してぶっちぎりの1位です。137万人も増えています。2位と3位を合わせた数よりもなお多いです。これは明らかに高齢者の増大が影響しているので、アベノミクスと無関係です。

2位の宿泊業・飲食サービス業について、宿泊はアベノミクスがもたらした円安による外国人旅行客の増加で恩恵を受けるかもしれません。しかし、飲食は円安による原材料費高騰や消費低迷の影響を大きく受けるので、アベノミクスとは無関係です。むしろ、悪影響を受けるでしょう。

3位の卸売・小売業も、円安によって恩恵を受けるわけではありませんし、原材料費の高騰や記録的な消費低迷からするとむしろ害を受ける方なのでアベノミクスと無関係です。

4位の教育・学習支援業、5位の情報通信業も円安と全く関係ありません。

6位の製造業はアベノミクスの影響といってよいでしょう。しかし7位以下は基本的に国

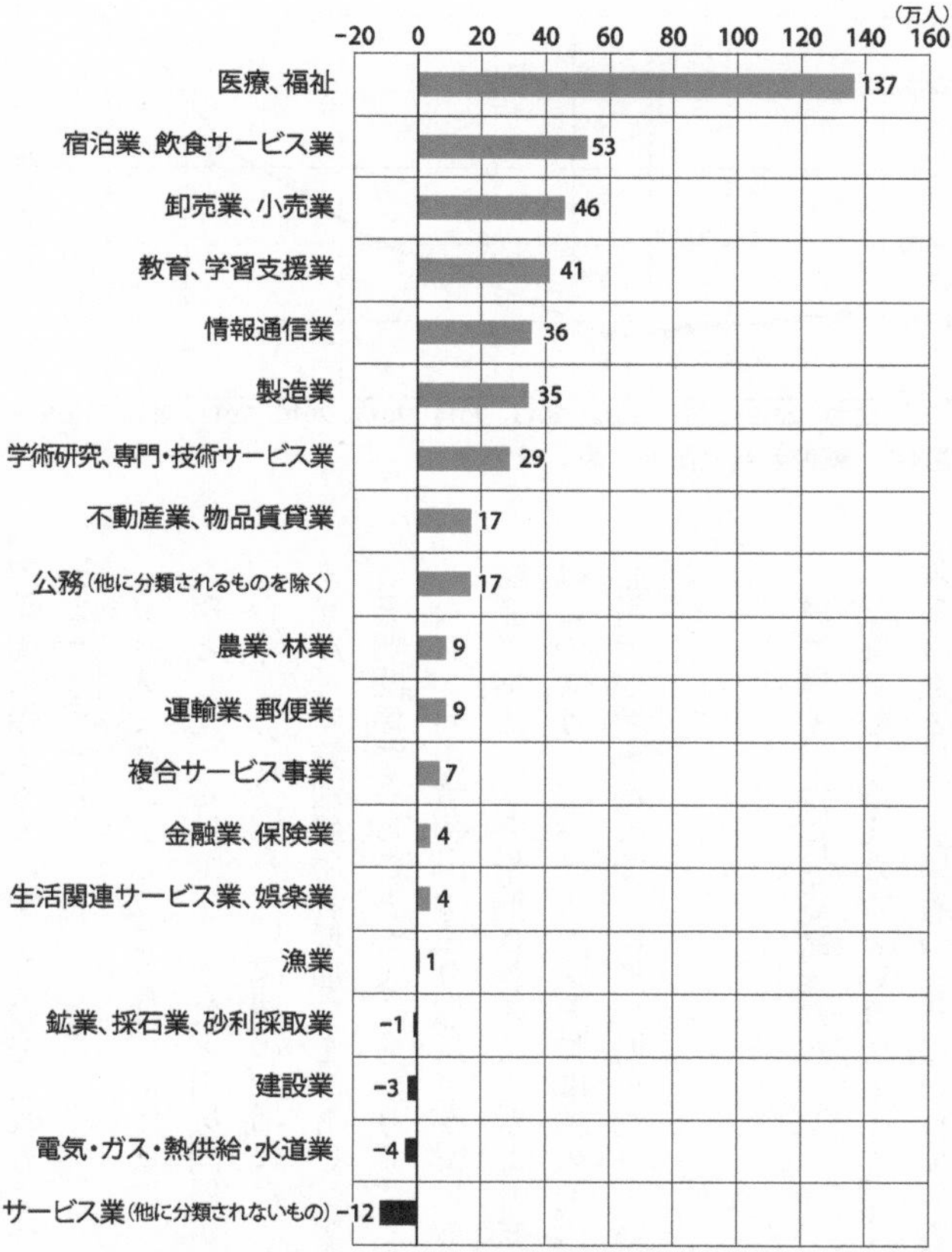

図4-1　雇用者増加数（2012-2019年）（出典　総務省「労働力調査」）

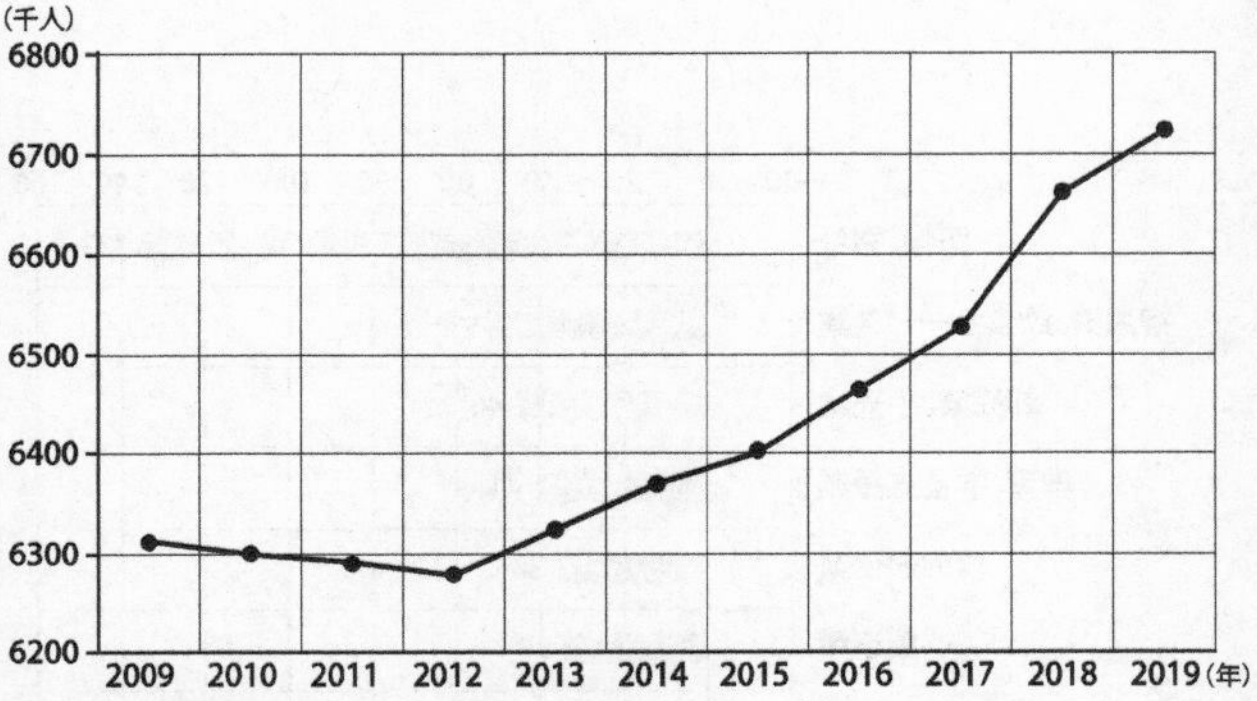

図4-2　就業者数（出典　図4-1と同）

内需要に頼るものばかりなのでこれもアベノミクスとは無関係です。

アベノミクスがしたことは、要するに「円の価値を落とした」だけです。これと因果関係が無ければ「アベノミクスのおかげで雇用が増えた」とは言えません。産業別雇用者増加数をみると、アベノミクスと無関係であることがよく分かります。

なお、雇用者報酬つまり雇用者が受け取る賃金の総額が増えた、と指摘されることがあります。それはこのようにアベノミクスと無関係の要因によって雇用者が増えたので、総額も増えた、というだけです。

就業者数増加は民主党時代から

「就業者数が増えた」というのもよく聞く話です。

就業者数とは、雇用者つまり雇われている人に、自

	15~24歳	25~34歳	35~44歳	45~54歳	55~64歳	65歳以上
2012年12月	463	1181	1505	1315	1185	612
2019年12月	589	1109	1385	1596	1168	929
差	126	−72	−120	281	−17	317

図4-3　年齢階級別増加就業者数（万人）（出典　図4-1と同）

営業者等も足した数字です。確かに、**年次データで見ると、**２０１３年から就業者数が伸び始めたように見えます（図４－２）。

しかし、月次データで見ると、真実が浮かび上がります。まず、安倍総理が就任した２０１２年12月と、２０１９年12月の年齢階級別就業者数を比較してみましょう（図４－３）。

このように、全ての年齢階級において、一律に就業者が増えているわけではありません。６つの階級のうち、半分は減少しているのです。

そこで、この減っている階級を一つにまとめたものを「減少群」とし、増えている階級を一つにまとめたものを「増加群」としてグラフにしてみると、面白いことが分かります。まずは減少群（25～34歳＋35～44歳＋55～64歳）から見てみましょう（図４－４）。

見ての通り、減少群の減少傾向は、安倍政権以前から始まっており、その傾向がずっと継続しています。傾きにも特に変化は見られません。

次に、増加群（15～24歳＋45～54歳＋65歳以上）について見てみましょう（図4‐5）。

このように、増加群の増加傾向は、**安倍政権発足の前から始まっており、その傾向がずっと続いているだけです**。だいたい2012年の中頃から増加が始まっています。就業者数が増加に転じたのは、この安倍政権以前から始まった増加群の増加ペースが、減少群の減少ペースを上回ったからです。そのタイミングが年次データで見るとたまたま2013年だったので、あたかもアベノミクスのお陰で就業者数が増え始めたように「錯覚」してしまうのです。さっきも指摘したとおり、増えた雇用の内訳を見ればアベノミクスと関係ないことは一目瞭然《りょうぜん》です。

以上のとおり、就業者数の増加は、ただ単にアベノミクス前から始まった傾向が、そのまま ずっと継続しているというだけです。アベノミクスのもたらした戦後最悪の消費停滞が無ければ、就業者数ももっと増えていたでしょう。

「アベノミクス前からの傾向がそのまま続いているだけ」というのは、安倍元総理がよく持ち出していた有効求人倍率と失業率にもあてはまります。このグラフを見れば分かるとおり、有効求人倍率の上昇も、失業率の低下も、共にアベノミクス前から始まっており、アベノミクス開始前後で傾きに全く変化は見られません（図4‐6）。

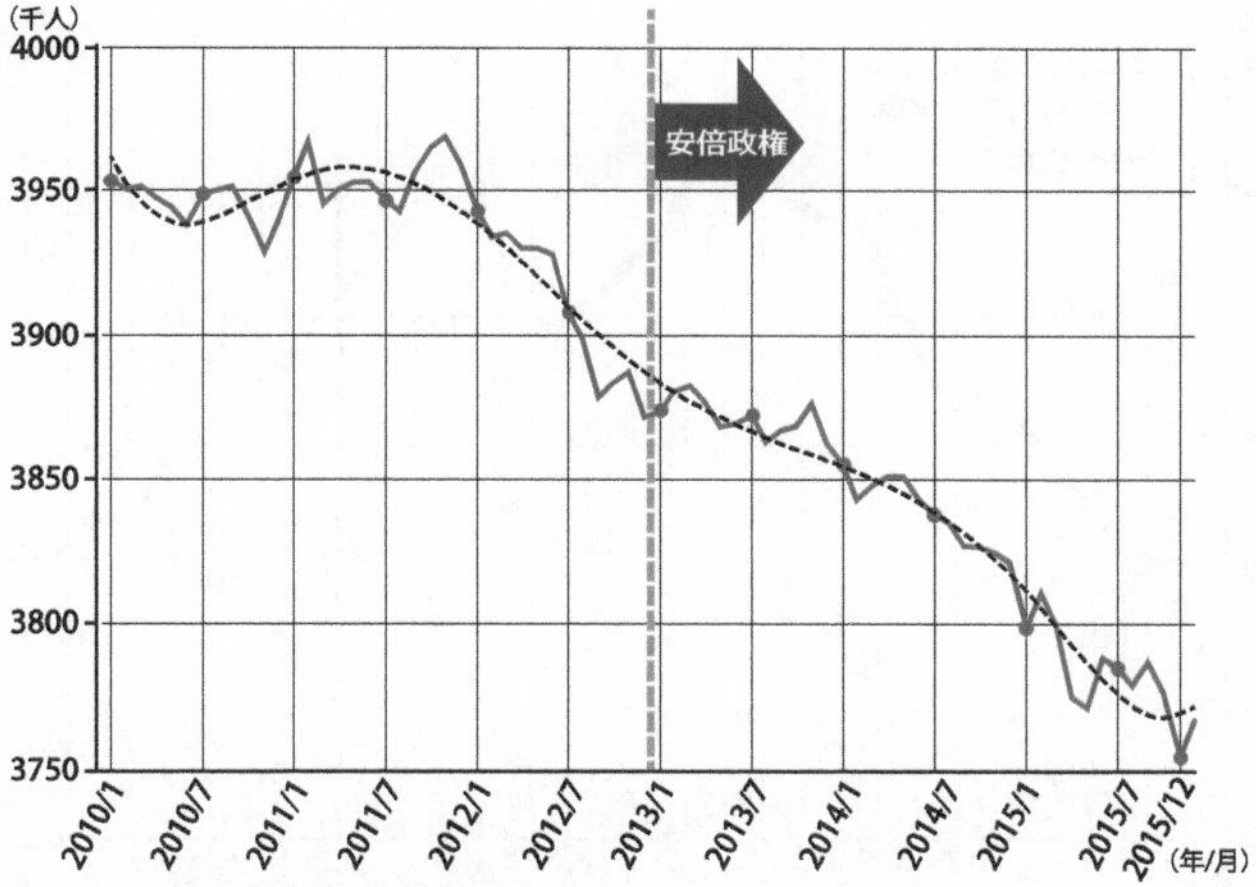

図4-4　減少群（出典　図4-1と同）

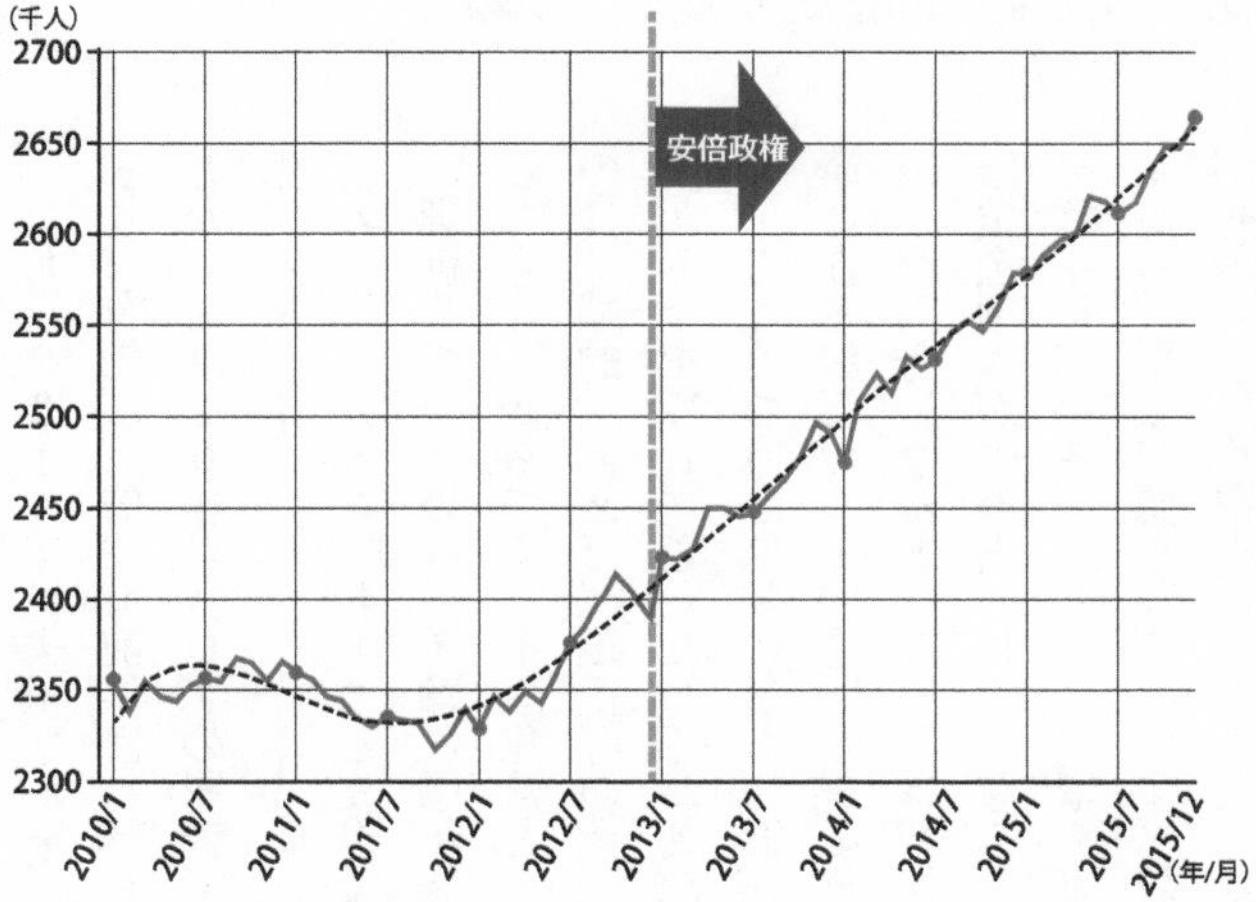

図4-5　増加群（出典　図4-1と同）

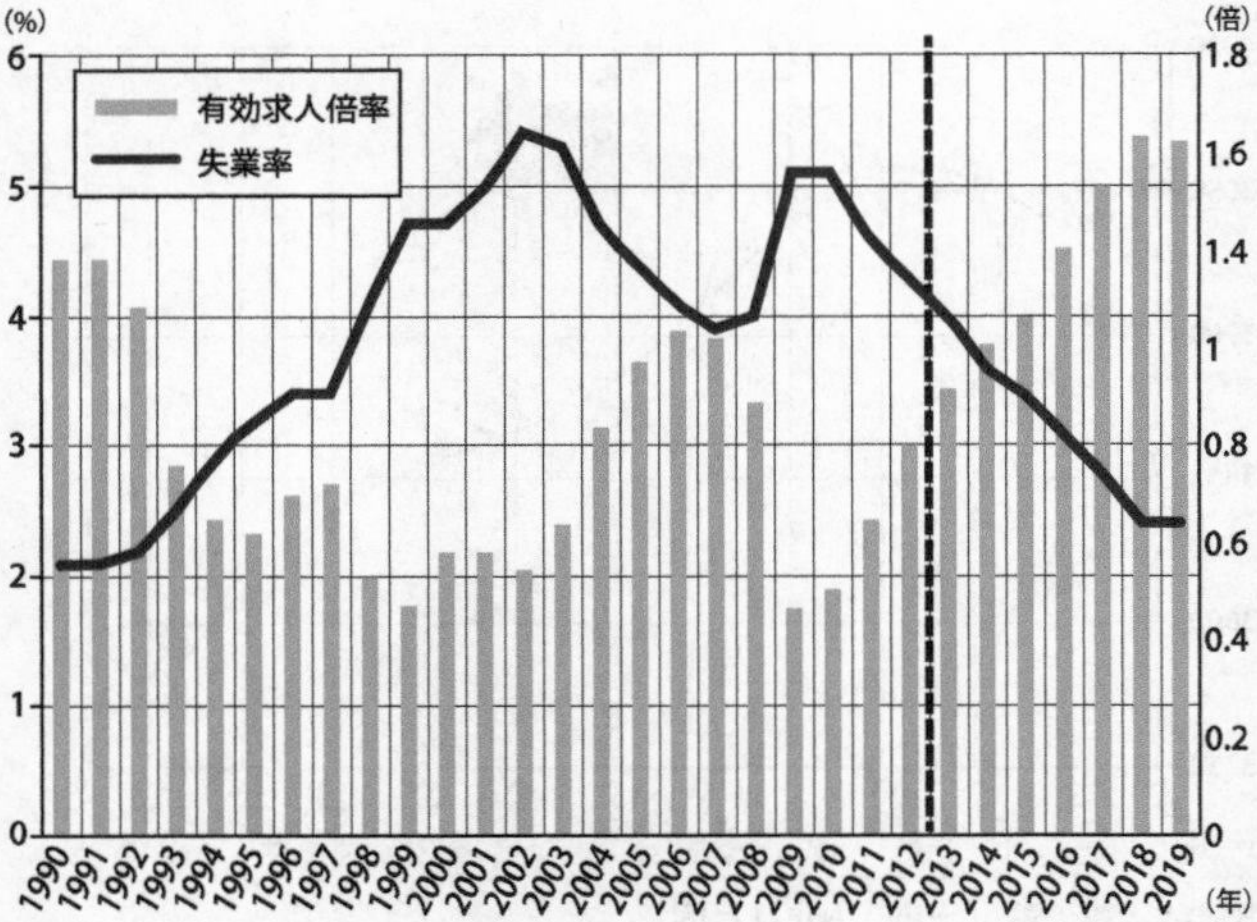

図4-6　失業率と有効求人倍率（出典　失業率は厚生労働省「労働力調査」、有効求人倍率は厚生労働省「一般職業紹介状況」）

なお、２０１９年は失業率が下げ止まり、有効求人倍率も前年より落ちました。２０２０年はコロナの影響で悪化するでしょう。

アベノミクス以降もずっと改善傾向が継続していたのは、金融危機が発生していないからです。金融危機というのは、端的に言えば、銀行等の金融機関がお金を貸し過ぎたため、お金が返ってこなくなり、新規の貸し出しが困難になる状況のことです。新規の貸し出しが困難になるということは、新たな預金通貨が生み出されなくなることを意味し、マネーストックが増えませんから、景気が悪くなるのです。数字が悪化した時期を見ますと、まず

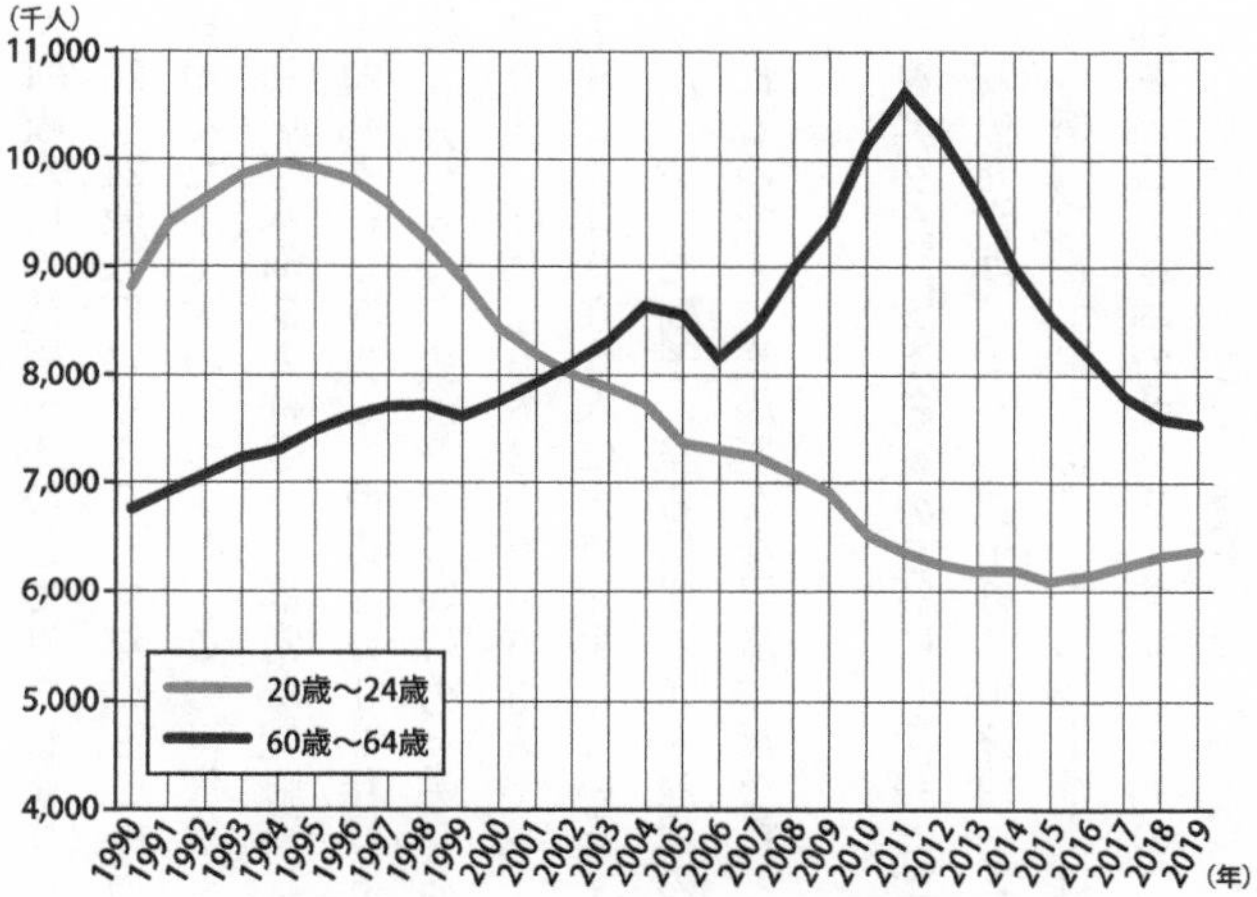

図4-7　20〜24歳人口と60〜64歳人口（出典　総務省統計局）

１９９１年のバブル崩壊以降だんだん悪くなっていき、１９９７年末に発生した金融危機の影響でさらに悪化しています。

そして、２００３年あたりからだんだん良くなってきましたが、２００８年のリーマンショックでまた猛烈に悪化する、という経緯が見て取れます。雇用を最も悪化させるのは金融危機なのです。アベノミクス以降は幸運なことにそれが発生していません。だから戦後最悪の消費停滞を引き起こしたにもかかわらず、２０１８年までずっと改善傾向が続いたのです。

さらに、大学生の就職率が向上している等と言われますが、これは人口動態も影響しています。大学卒業者が含まれる20〜24歳人口の推移と、定年退職者が含まれる60

〜64歳人口の推移を比較してみましょう（図4－7）。

20〜24歳人口は、1994年に998万6000人でピークを迎えています。就職氷河期真っただ中ですね。つまり、この世代はもともと人が多かったところへ、不景気が重なってしまい、氷河期と称される異常な就職難になってしまったと言えます。しかし、そこから20〜24歳人口は減少し、直近2019年は638万8000人となっており、実にピーク時の約3分の2にまで減っているのです。他方、定年退職者が含まれる60〜64歳人口は、2011年に1063万2000人でピークを迎え、以降は急激に減少し、2019年は752万3000人にまで減少しています。これだけ上の世代の椅子が空いたということですが、空いた椅子に座るはずの20〜24歳の人口が急減しているため、就職難が自動的に解消されるのです。誰がどんな経済政策を打とうと就職難は解消されていたでしょう。

賃上げ2％は全労働者の5％にしか当てはまらない

安倍元総理はよく「賃上げ2％達成」というのを国会答弁で主張していたのでこれについても指摘をしておきます。この賃上げ率は春闘における賃上げ率を使っています。問題は、春闘の賃上げ率のサンプルです。当然のことながら、春闘に参加した組合員しか対象になっていません。そこで、賃上げ率の対象となった組合員数の、全体の雇用者（役員を除く）に

	①対象組合員数	②役員を除く雇用者数	割合（①÷②）
2009年	1,915,245	51,240,000	3.7%
2010年	1,981,938	51,380,000	3.9%
2011年	1,850,050	51,670,000	3.6%
2012年	1,966,439	51,610,000	3.8%
2013年	1,989,509	52,130,000	3.8%
2014年	2,689,495	52,560,000	5.1%
2015年	2,727,767	53,030,000	5.1%
2016年	2,687,757	53,910,000	5.0%
2017年	2,768,720	54,600,000	5.1%
2018年	2,900,654	55,960,000	5.2%
2019年	2,806,555	56,600,000	5.0%

図4-8　賃上げ2%達成労働者の割合
（出典　総務省「労働力調査」、連合「春季生活闘争」）

対する割合を見てみましょう（図4－8）。

見てのとおり、アベノミクス以降を見ると、安倍元総理が盛んに自慢していた賃上げ2％の対象となった労働者は全体の約5％程度しかいません。5％にしか当てはまらない数字を大きな声で自慢し、あたかも国民全体の賃金が上がっているかのように錯覚させようとしているのです。

しかも、この賃上げ上昇率は名目値です。この上昇率から、消費者物価指数を差し引いた実質賃金上昇率を出すと、悲惨な結果になります（図4－9）。

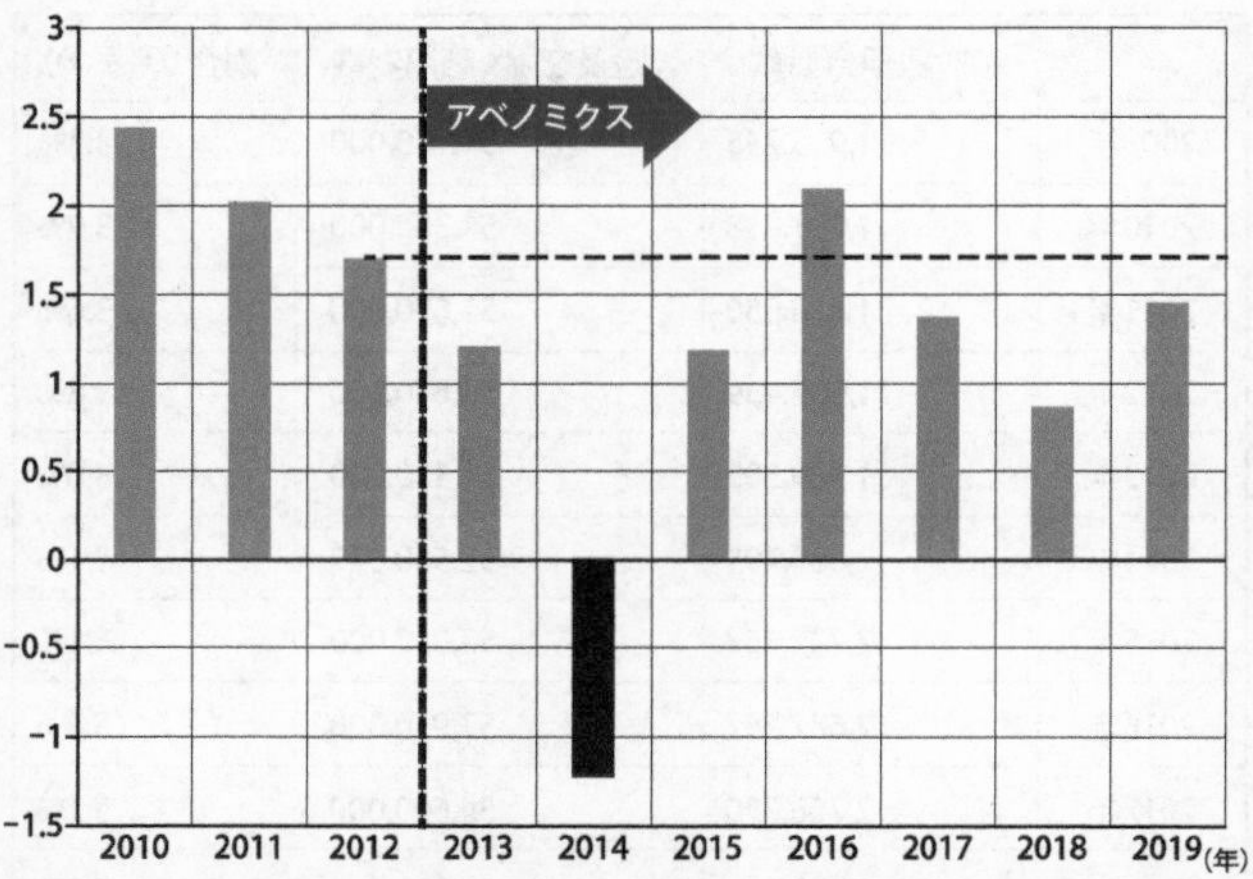

図4-9　実質上昇率（出典　名目上昇率は図3-15と同、消費者物価指数は総務省「消費者物価指数」）

このように、民主党時代**最も低かった**２０１２年の実質賃上げ率１・72％を上回った年は、アベノミクス以降だと、**２０１６年のたった1回しかないのです。**２０１４年は大幅なマイナスになっています。このように、実質賃上げ率でみると民主党時代よりもアベノミクス以降の方が圧倒的に低いのです。

株価はかさ上げしているだけ

安倍元総理が雇用の次によく自慢していたのが株価の上昇です。これは次の3つが主な要因であって、実体経済を反映していません。

①異次元の金融緩和

②日銀のＥＴＦ購入
③年金資金の投入

①と②の要因はいずれも日銀によるものですから、端的に言えば「日銀と年金」で株価を釣り上げていると言えるでしょう。

まずは①から説明します。日銀の異次元の金融緩和により、民間金融機関の保有する国債が爆買いされ、円が大量供給されました。円が大量供給されれば、普通に考えれば円の価値が下がります。そう予想した投資家達が円売りに走ったので、実際に円安になりました。円安になると、外貨ベースで見た株価が下がるので、日本株が安売りにされるのと同じ状態になり、海外投資家にとっては日本株が購入しやすくなります。さらに、円安になれば輸出大企業が為替効果で大儲《おおもう》けすることが予想されますので、そういった大企業の株価も上がりやすくなります。これらの要因により、株価が上昇します。

東京証券取引所一部上場企業における、投資部門別買い越し金額の推移を見てみましょう（図４－10）。

見てのとおり、２０１３年は海外投資家の買い越し額が14・７兆円にも達しています。東証１部において海外投資家が売買総額に占める割合は６～７割に達するので、この海外投資家の「買い」が、２０１３年における株価上昇の大きな要因です。
ところが、２０１４年以降になると、海外投資家の買い越し額は減少し、２０１６年には逆に３・６兆円の売り越しとなっています。これは、リーマンショック時の売り越し額３・７兆円に匹敵する数字です。さらに驚くべきことは、**２０１８年の売り越し額はリーマンショック時を超え、５・４兆円に達したのです。**

リーマンショックを超える売り越しとなっているにもかかわらず、どうして株価が下がらないのか。その最も大きな要因は日銀と年金で買い支えているからです。日銀と年金による買い支えは先のグ

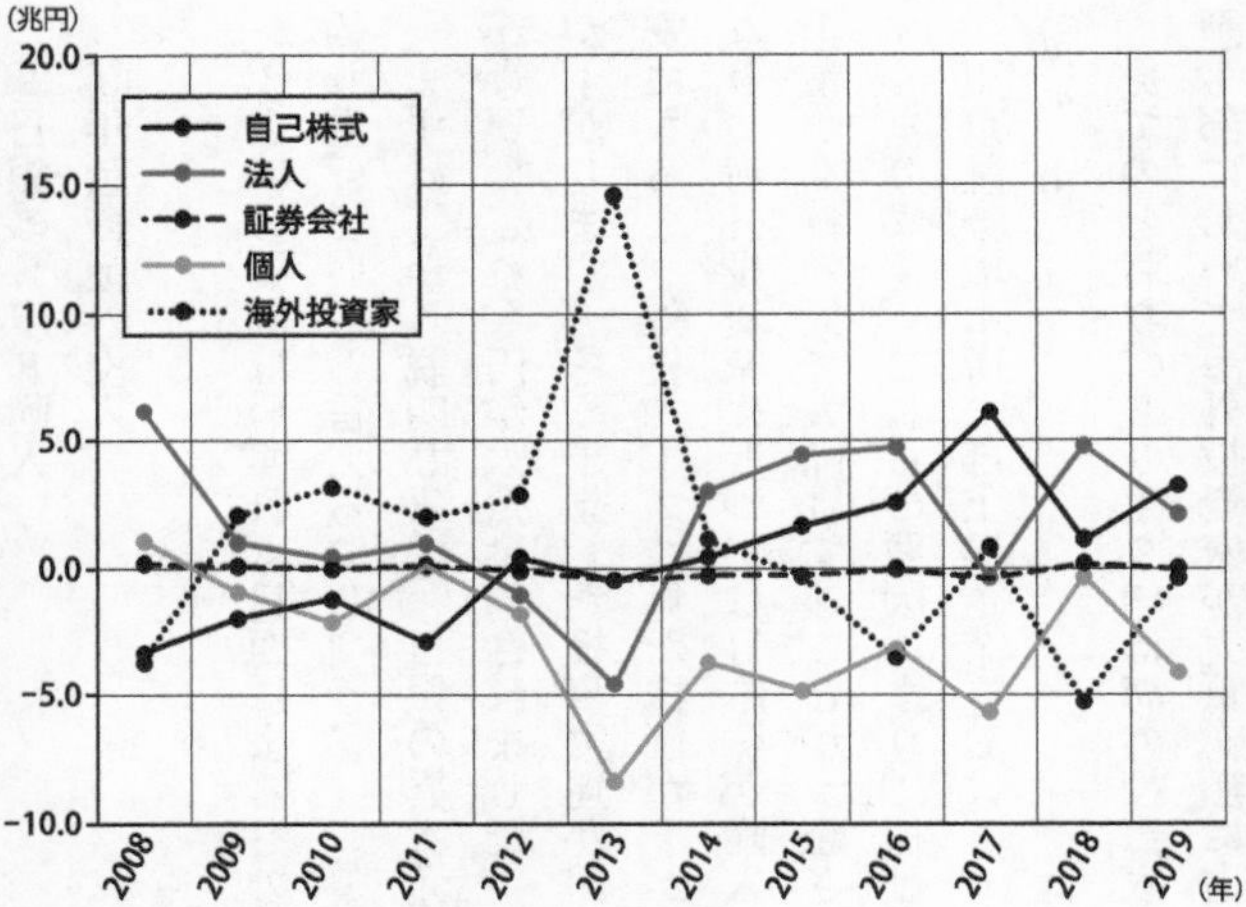

図4-10　買い越し金の推移
(出典　日本取引所グループ「投資部門別売買状況」)

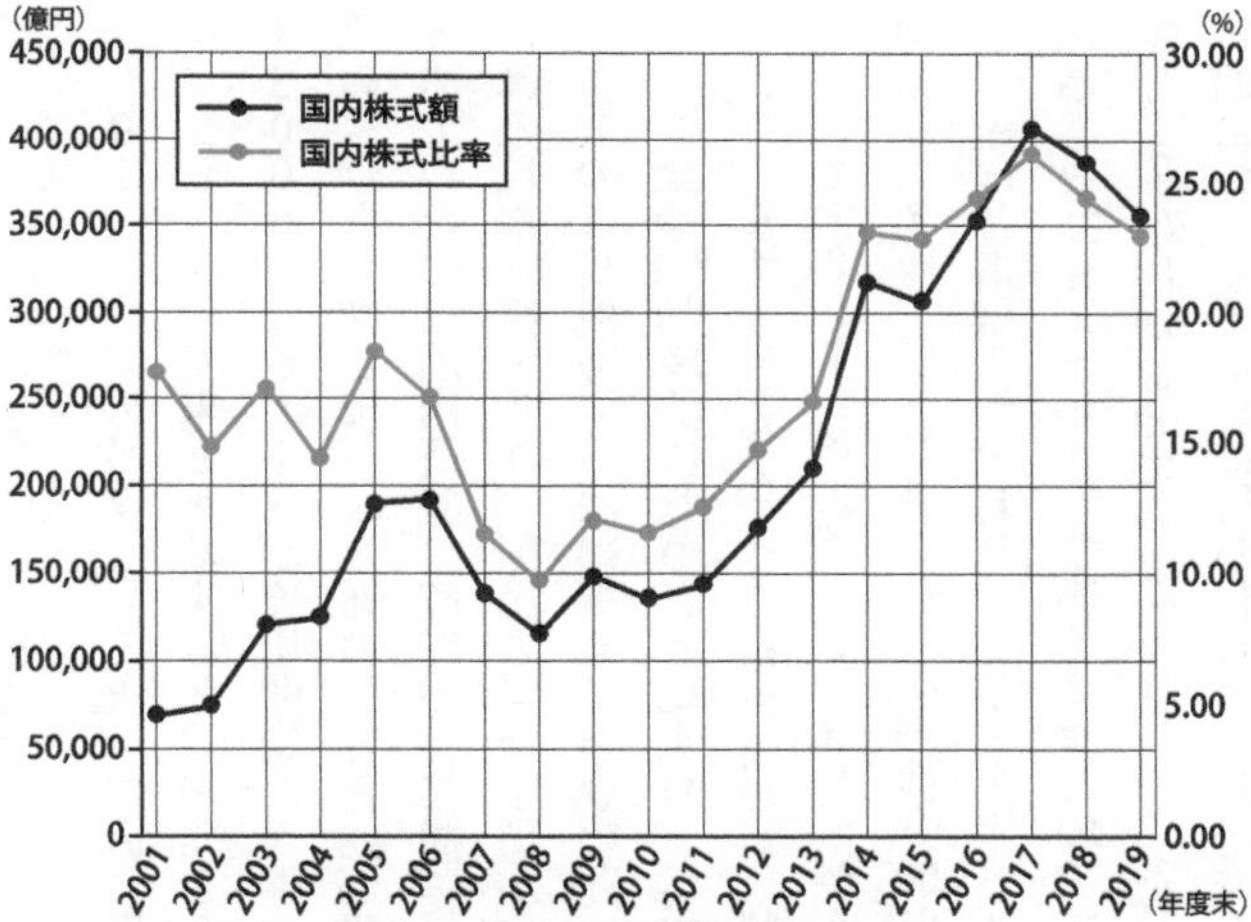

図4-11　GPIFの国内株式運用額と構成費の推移
(出典　GPIF「運用状況」)

ラフでいうと「法人」に該当します。法人の買い越し額は、2014〜2019年の6年間中、4回もトップに立っています。

ここで「年金」と言っているのは、正確にはGPIF(Government Pension Investment Fund、年金積立金管理運用独立行政法人)のことです。GPIFは、国民が払った年金保険料のうち、積み立てている分を管理・運用している機関です。

GPIFは、2014年10月にポートフォリオ(資産構成割合)を変更し、株式への投資割合を約2倍にしました。そのため、日本の株式市場に年金資金が大量に投入されることになったのです。実際の株式の運用額と資産構成比の推移を見てみましょう（図4－11）。

2014年度末の数字を見ると、急激に国内株式運用額・率が上昇しているのが分かります。2013年度末と比較すると、10兆8238億円も増えています。

2006年にGPIFが運用開始した際の国内株式の構成割合は11％でした。そして、値段の変動を考慮して、±6％の許容範囲が設けられていました。その時に一番大きな割合を占めていたのは国内債券の67％（許容範囲は±8％）であり、大半を占めたのは、安全資産とされる日本国債でした。国民の年金を預かって運用するのですから、安全資産をメインで運用するのは当然です。法律上も、年金の運用は、被保険者の利益のために、**長期的な観点から、安全かつ効率的に行うことにより、将来にわたって年金事業の安定に資する**ことが求められています（厚生年金保険法第79条の2、国民年金保険法75条）。

そして、2013年にポートフォリオが変更され、国内株式は12％（±6％）、国内債券は60％（±8％）になりました。国内債券60％ですから、まだこれでも安全運用です。ところが、先ほど指摘したとおり、2014年になって急に国内株式を25％（±9％）に倍増し、国内債券を35％（±10％）へ激変させたのです。なおこの際、外国株式も従前の12％から25％（±8％）に倍増させています。さらに、外国債券も11％から15％（±4％）に増やしました。

長期にわたって安全に行われるべき年金資産の運用が、非常にリスクの高いものへ変わって

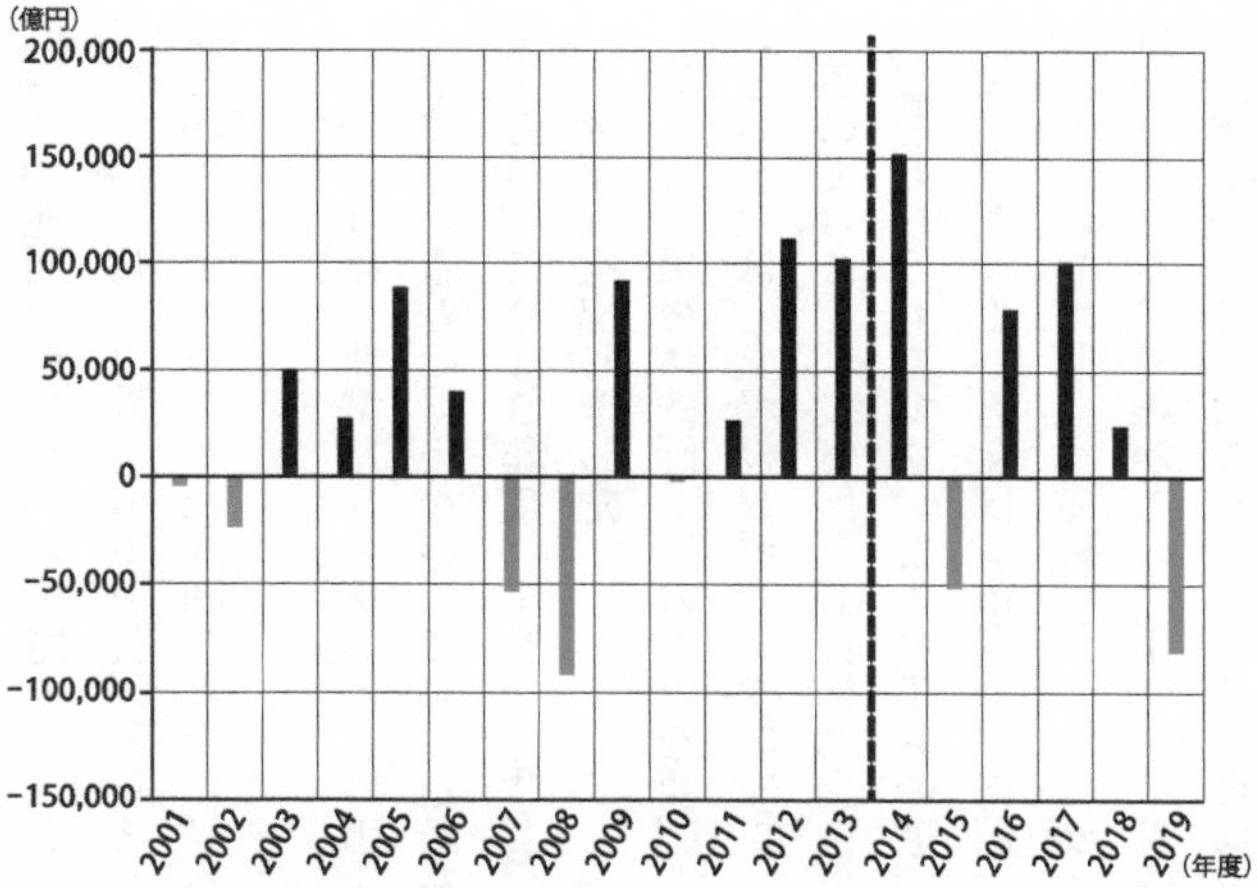

図4-12　収益額（出典　図4-11と同）

いったのです。これは法の趣旨に反していると言うべきでしょう。

　そして、このようにポートフォリオを非常にリスクの高いものに変更して、利益が増えているかというと、そうでもありません。ＧＰＩＦの収益額の推移を見てみましょう（図４－12）。

　ポートフォリオの変更前において、収益が最高だったのは２０１２年度の11兆２２２２億円です。そして、ポートフォリオ変更後において、これを超えたのは、２０１４年度の15兆２９２２億円の**1回のみ**。２０１５年度は5兆円以上の赤字を記録しました。２０１６年度は約８兆円の利益を出しましたが、８兆円の利益を出したのは変更前でも4回あります。２０１７年度は約10兆円でかなりいい成績でしたが、変更前だって10兆円を超えたことは2回あります。２０１８年度は2兆４０００億円程度の利益しか出ていません。変更前でそれを下回るのは、収益がマイナスになった5回だけです。あとの8回は全て2兆４０００億円を上回っています。

このように、非常にリスクの大きいポートフォリオに変更した割に、変更前と比べて大きく儲けているとは言えないのです。**しかも、２０２０年に突如発生したコロナショックの影響を受け、２０１９年度（２０１９年4月～２０２０年3月）はマイナス8兆２８３１億円という大損失を出しました。**

そして、最後に株価上昇の大きな要因となっているのが、日銀のＥＴＦの購入です。ＥＴＦというのは、上場投資信託（Exchange Traded Fund）の略です。これは、自分で株を購入するのではなく、投資信託会社にお金を預けて、上場企業の株式に投資してもらい、その運用益をもらうものです。このＥＴＦの運用は、日経平均株価等の指標に連動するようになされます。ざっくり言えば、市場の平均値に近くなるように、投資信託会社がうまい具合に株を組み合わせて購入するのです。したがって、個々の会社の業績を吟味して買われるわけではありません。日銀がこのＥＴＦを大量購入することにより、株式市場にお金が投入され、株価が上がることになります。その推移を見てみましょう（図４－13）。

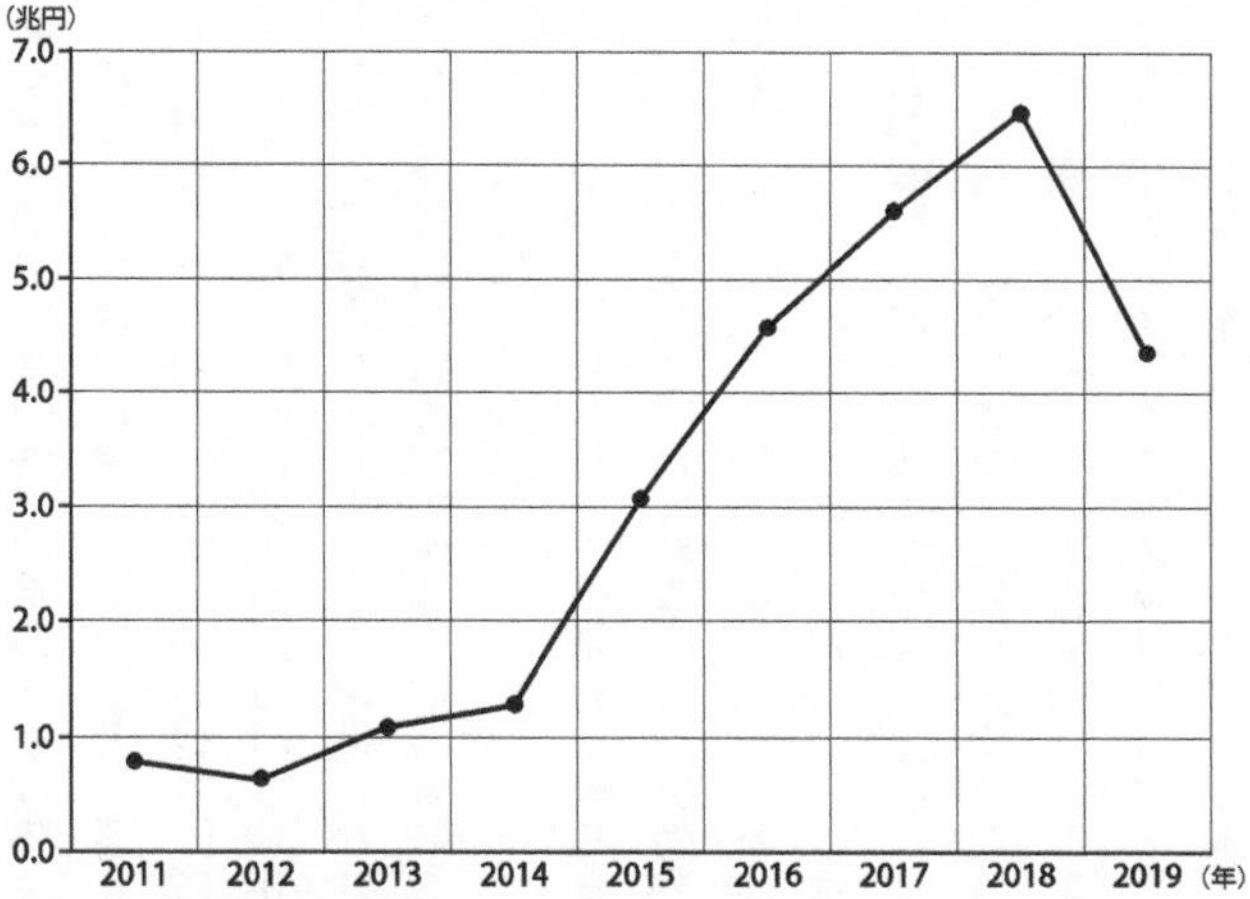

図4-13　日銀ETF購入額
(出典　日本銀行「指数連動型上場投資信託受益権（ETF）および不動産投資法人投資口（J-REIT）の買入結果」)

年々右肩上がりで増えているのがよく分かると思います。最初に購入を始めたのは２０１０年12月で、２０１１年は０・８兆円に過ぎませんでしたが、２０１５年以降あっと言う間に上昇していき、２０１８年は６・５兆円を超えました。２０１９年は４・４兆円になっています。日銀がＥＴＦを購入するタイミングは決まっていて、午前の終値が前日の終値からある程度下がると購入します。つまり、株価が下がった時に買い支えているのです。日銀が一度に購入するＥＴＦの額は、以前は７００億円程度でしたが、それが呼び水となって、投資家の買いを誘うので、株価が回復します。２０１９年に購入額が下がっているのは、株価の下がる機会がそれまでの年に比べて少なかったからでしょう。

そして、コロナショックで株が大暴落した際、日銀は大慌てになり、それまで購入枠が年6兆円だったものを、一気に倍の12兆円に増やしました。その後、1日の買入れ額について、それまで700億円程度だったのが、2000億円程度買うようになりました。株価が下がり莫大《ばくだい》な評価損を出すと、債務超過になり、円の信用を大きく損なう恐れがあるからです。日銀は通貨発行機関ですから、その気になれば無限にETFを買うことができてしまいます。もう止められません。

こうやって日銀と年金で株価を本来あるべき金額より大きく吊《つ》り上げて好景気を装っていたのです。これが安倍元総理の高い支持率を支えるひとつの要因でした。しかし、価格が高いところで購入しているため、暴落した場合、日銀もGPIFも莫大な損を出すことになります。そうなれば、一番の被害に遭うのは我々です。特に、日銀は通貨発行機関ですから、日銀が債務超過になるような事態になれば、円が市場の信頼を失い、為替市場で大きく売られてしまうことにより、大幅な円安になる恐れがあります。円安インフレの発生です。そうなった場合、一番大きな被害に遭うのは年金生活者です。貯蓄はインフレで大きく減価しますし、年金改定は後述するマクロ経済スライドにより、物価上昇よりも低い改定額にしかならないからです。

輸出が伸びたのは単なる為替効果

アベノミクスがもたらした円安により、輸出は伸びました。名目ＧＤＰにおける輸出の推移を見てみましょう（図４－14）。

円安が進行した２０１３〜２０１５年にかけて、大きく伸びています。そして、円高になった２０１６年は前年より下がり、再び円安基調に戻った２０１７年からは再度上昇に転じています。しかし、直近２０１９年は前年よりも下がりました。

この輸出の上昇ですが、普通貿易統計を見ると興味深いことが分かります（図４－15。２０１２年を１００とする指数）。

金額指数というのは、輸出の総合計額のことであり、価格指数というのは「単価」のことです。金額と価格が円安の影響を受けて２０１３〜２０１５年にかけて大きく伸びました。２０１６年に円高になったので落ちましたが、２０１７年から再び円安基調になったので上昇しています。他方、数量指数は２０１６年まで横ばいであり、２０１７年からようやく上昇しましたが、２０１８年の１０５・６がピークです。２０１９年は前年から４・６ポイントも落ちました。ここで、アベノミクス前の２０１０年の数量指数は１０９・２です。つまり、**アベノミクス以降の数量指数は、２０１０年の水準を一度も超えていない**という驚きの

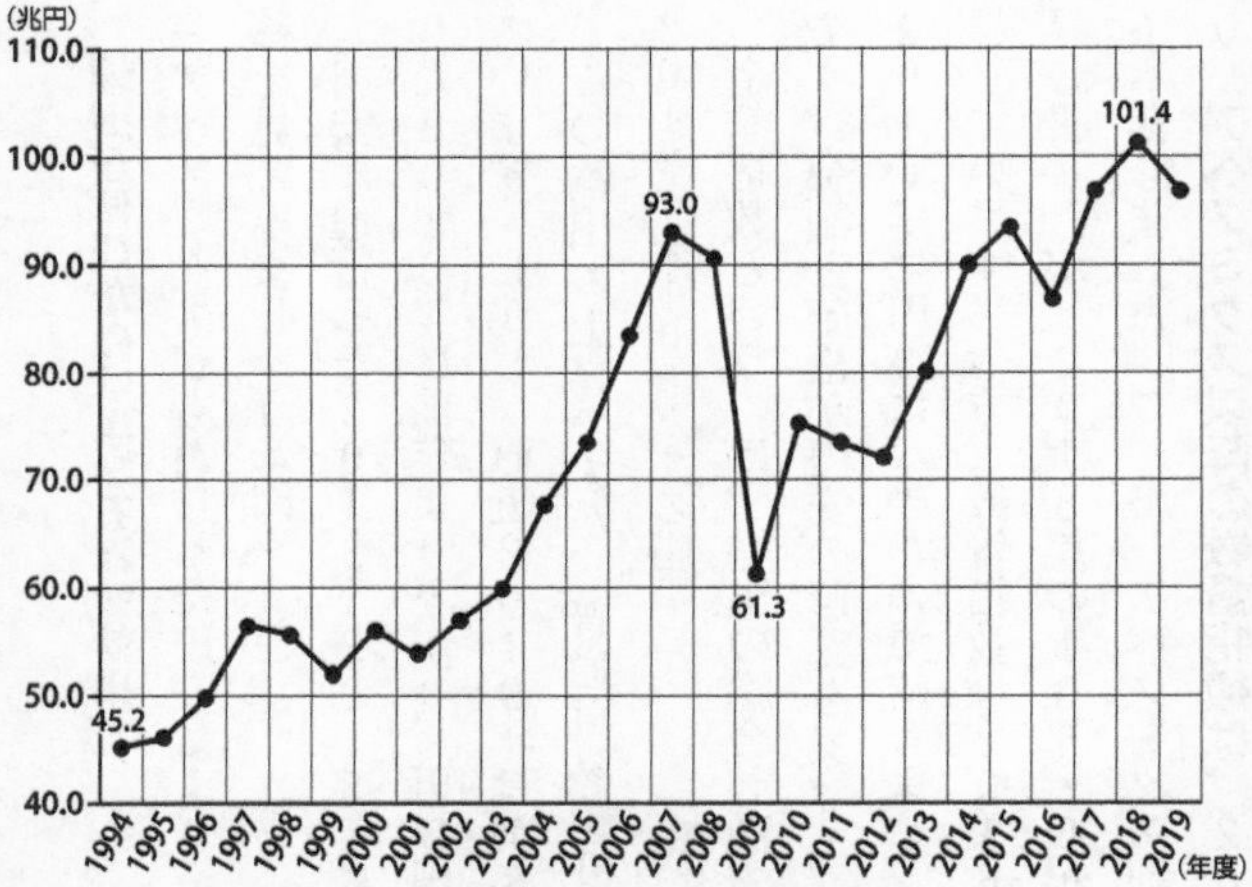

図4-14　名目輸出（出典　内閣府「国民経済計算」）

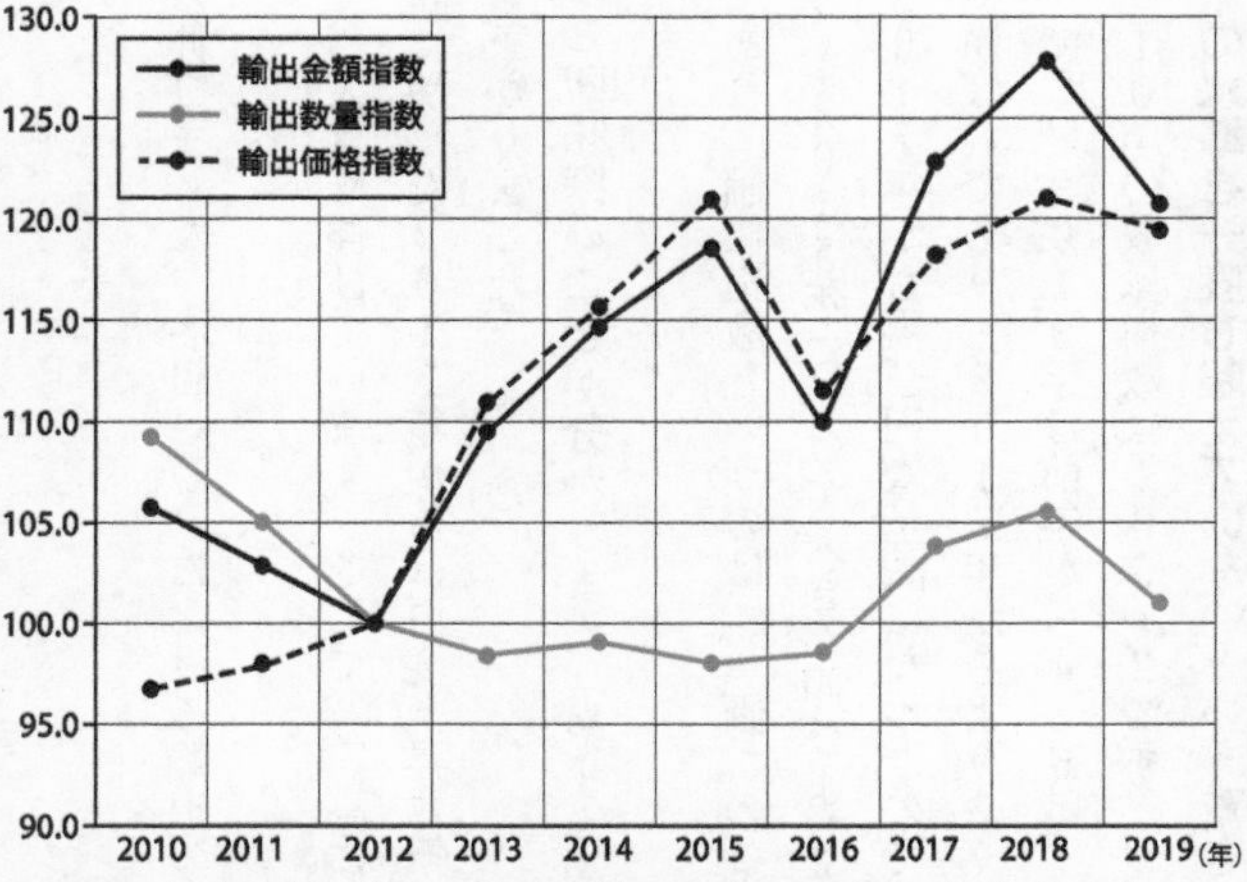

図4-15　輸出金額・価格・数量指数（出典　財務省「貿易統計」）

結果になります。

要するに、輸出される商品が増えて、輸出が伸びた、というわけではないのです。外貨建ての価格を据え置きにし、為替効果によって金額がかさ上げされただけです。例えば、1万ドルの商品があるとしましょう。1ドル＝80円なら800０円ですが、1ドル＝120円なら1万2000円です。ドル建てでの値段は同じですが、円建てに直すと4000円も売り上げが増えます。輸出数量が増えたわけではないので、原材料を輸入し、それを国内企業に納入する企業は全く恩恵を受けません。

自民党の強力な支持母体の一つである経団連の歴代会長はほとんどが製造業出身であり、役員の出身企業も製造業が大半を占めています。つまり、経団連の中枢は製造業と言ってよいのですが、それらの企業は、この円安による為替差益の恩恵を最も大きく受けます。経団連役員出身企業の売上高に占める輸出・海外売上高の推移を見てみましょう（図4－16。佐々木憲昭「財界支配」41頁参照）。

一貫して増加傾向にあり、近年では40％を超えています。つまり、経団連役員出身企業は、円安によって大きな利益を受けるのです。そして、円安になった場合、グローバルに見れば、日本人労働者の賃金を引き下げることにもなります。例えば、1ドル＝80円のとき、年収400万円は、ドル換算すると5万ドルです。ところが、1ドル＝120円になれば、年収

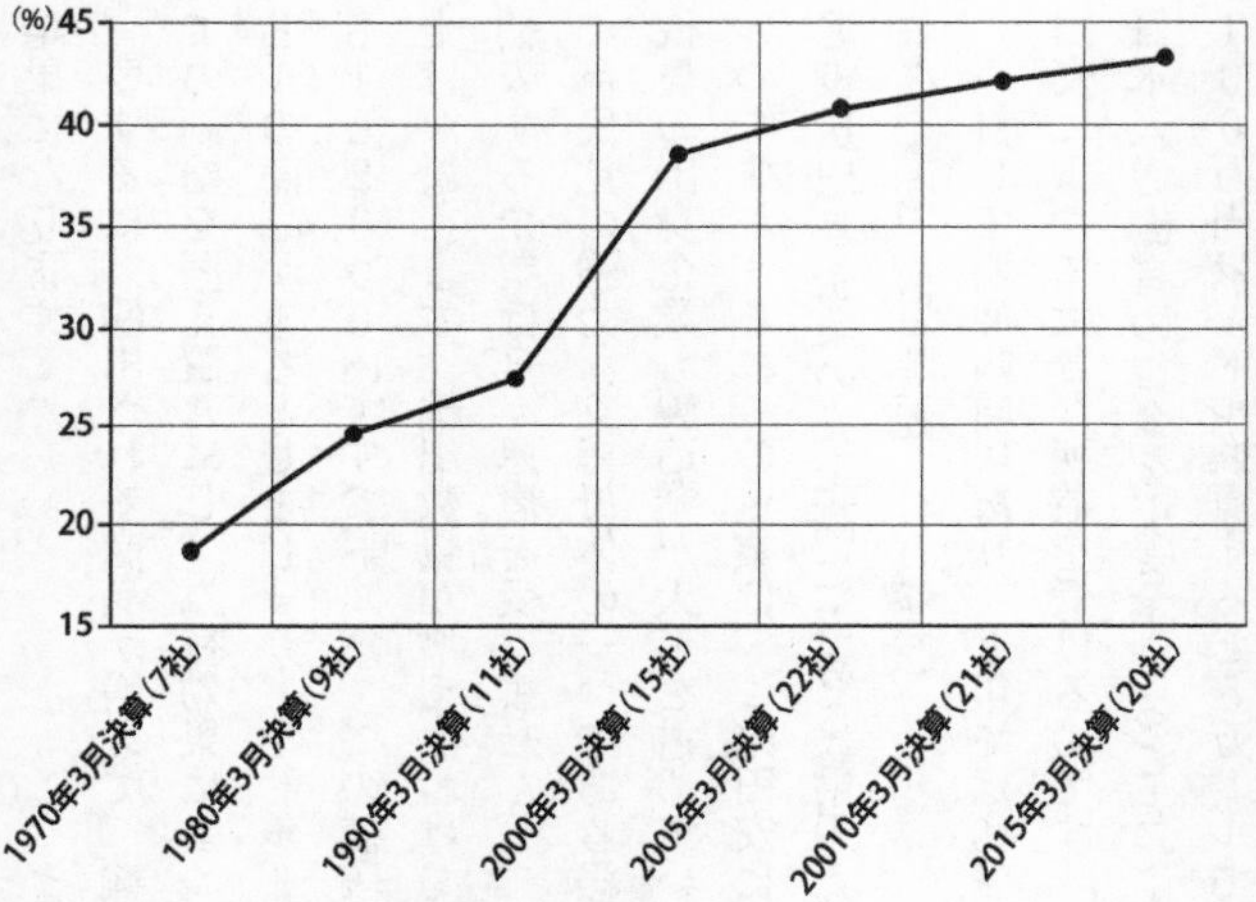

図4-16　売上高に占める輸出・海外売上高
（出典　佐々木憲昭「財界支配」41ページ掲載の図を元に作成）

400万円は3万3333ドルです。給料を3分の1も引き下げることになるのです。

日本人は「円安は善」という思い込みが非常に強いです。この思い込みも、経団連にとってはまことに都合が良いのです。実際は、円安になると、輸入物価が上昇して、国民は生活が苦しくなるだけです。為替差益による恩恵を受ける企業では給料が上がるかもしれませんが、それ以外の企業では、物価上昇でむしろ経営を圧迫されますので、給料を上げる理由がありません。それがアベノミクス以降の給料上昇が鈍い要因の一つです。

ここで、バブル期のドル円相場の推移を見てみましょう（図4-17）。

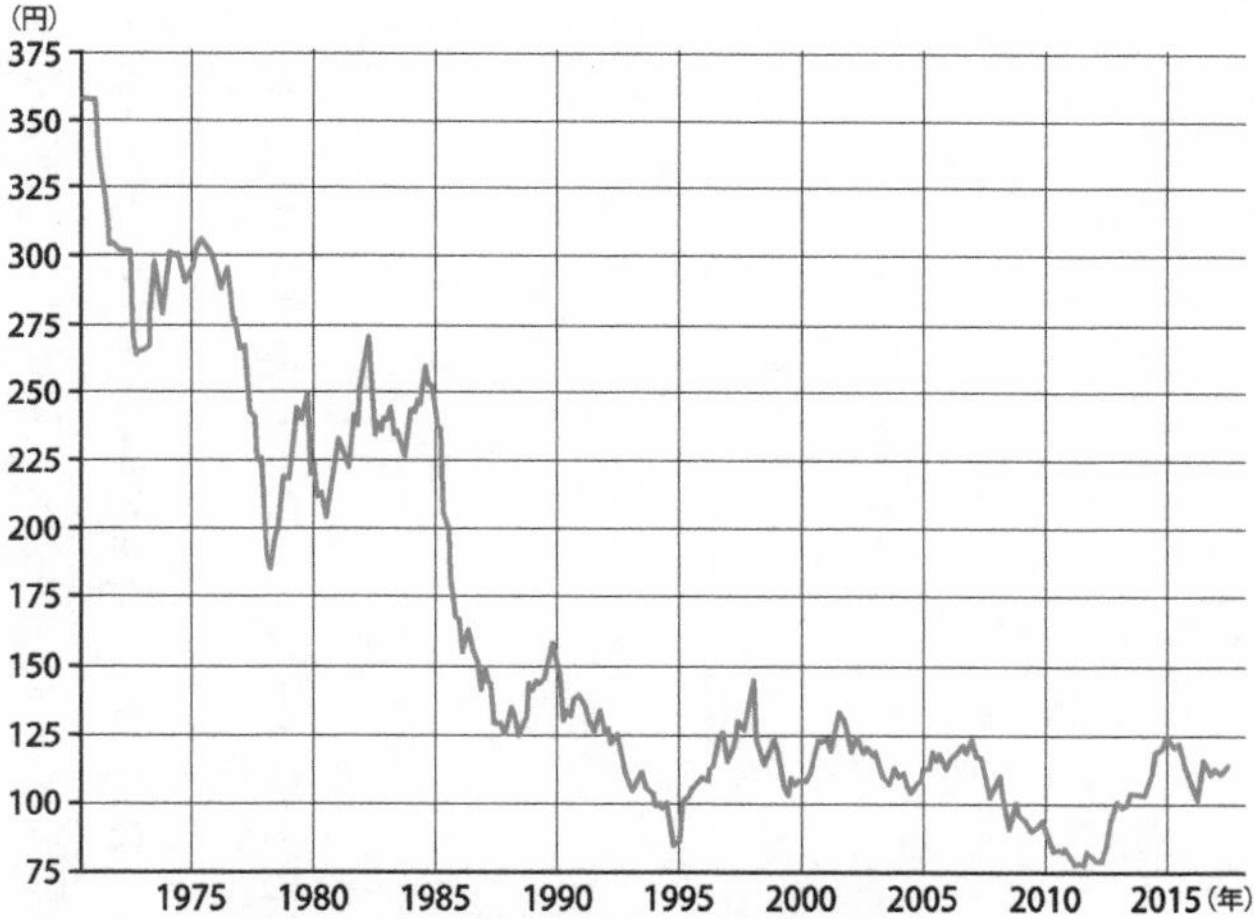

図4-17　バブル期のドル円相場（出典　為替ラボ）

プラザ合意によって円高が進む前は、１ドル＝２５０円を超えていました。それがプラザ合意によって円高が急激に進んだことにより、最も高い時で１ドル＝１２０円台にまで円高が進んだのです。これは円の価値がドルに対して2倍になったことを意味します。では日本が大不況になったでしょうか。大不況どころか、空前の好景気に酔いしれたのがバブル期です。海外旅行に気軽に行けるようになったのも、こうやって円の価値が高くなったからです。通貨安は輸出大企業を潤しますが、一般人にとっては物価上昇をもたらし、実質消費の停滞を招きます。「円安は善」というのは経団連に都合の良い思いこみに過ぎません。

このように、アベノミクスの「成果」と

言われているものは、アベノミクスと無関係か、または「かさ上げ」されているだけ、ということが分かったと思います。それでは、次章はアベノミクスの「副作用」について見てみましょう。

これがコロナ後……否、コロナの最中に日本を襲うかもしれない特大の爆弾です。

第五章 アベノミクスの副作用

日本の財政状況

予想されるアベノミクスの副作用とは、端的に言えば「円、国債、株のトリプル暴落」です。このうち、株は何となくわかるかもしれませんが、円と国債については分かりにくいと思います。これを理解するには、日本の財政状況を理解しなければなりませんので、まずそこから説明していきます。

国の会計は、大きく分けて一般会計と特別会計の2つがあります。「予算100兆円超え」などと言ってニュースでよく出てくるのは一般会計の方で、特別会計の方はほとんど知られていないと言ってよいでしょう。

一般会計というのは、いわば「メインの財布」です。メインの財布である一般会計は、入ってきたお金がいろいろなところに使われます。これに対し、特別会計はいわば「サブの財布」です（サブと言いながら、メインの財布よりはるかに大きいのですが）。特別な目的のためにお金が集められて、使われます。例えば、東日本大震災復興特別会計は、東日本大震災からの復興のために、復興債等を発行してお金を集め、復興のためにお金を使い、それ以外のことには使われません。このように、財源や用途が異なるため、一般会計と特別会計に分かれています。その方が分かりやすいからです。特別会計は、現在全部で13個あります（図5－1）。昔はもっと特別会計の数が多く、明治時代には60個もあった時代がありました。整

・交付税および譲与税配付金特別会計（内閣府、総務省および財務省）
・地震再保険特別会計（財務省）
・国債整理基金特別会計（財務省）
・外国為替資金特別会計（財務省）
・財政投融資特別会計〈3〉（財務省および国土交通省）
・エネルギー対策特別会計〈3〉（内閣府、文部科学省、経済産業省及び環境省）
・労働保険特別会計〈3〉（厚生労働省）
・年金特別会計〈6〉（内閣府及び厚生労働省）
・食料安定供給特別会計〈7〉（農林水産省）
・国有林野事業債務管理特別会計（農林水産省）
・特許特別会計（経済産業省）
・自動車安全特別会計〈4〉（国土交通省）
・東日本大震災復興特別会計（国会、裁判所、会計検査院、内閣、内閣府、復興庁、総務省、法務省、外務省、財務省、文部科学省、厚生労働省、農林水産省、経済産業省、国土交通省、環境省及び防衛省）

（注）〈　〉は勘定数、（　）は所管府省を表す

図5-1　特別会計
（出典　財務省「特別会計ガイドブック」〈平成29年版〉の図1-1）

理統合を繰り返し、今は歴史上最も少ない数になっています。

それでは２０１８年度一般会計予算を見てみましょう。まずは歳入から（図５－２）。

租税及び印紙収入が約60兆円で全体の約60％を占め、その他収入が約５兆円で５％です。残りの約34兆円は全て公債金つまり借金です。借金のうち、特例公債が約28兆円で28％、建設公債が約６兆円で６％になっています。**歳入の３分の１以上が借金**という計算になります。

次に、歳出の方を見てみましょう（図５－３）。

歳出のうち、最大のものが社会保障費で、約33兆円、33・７％を占めています。

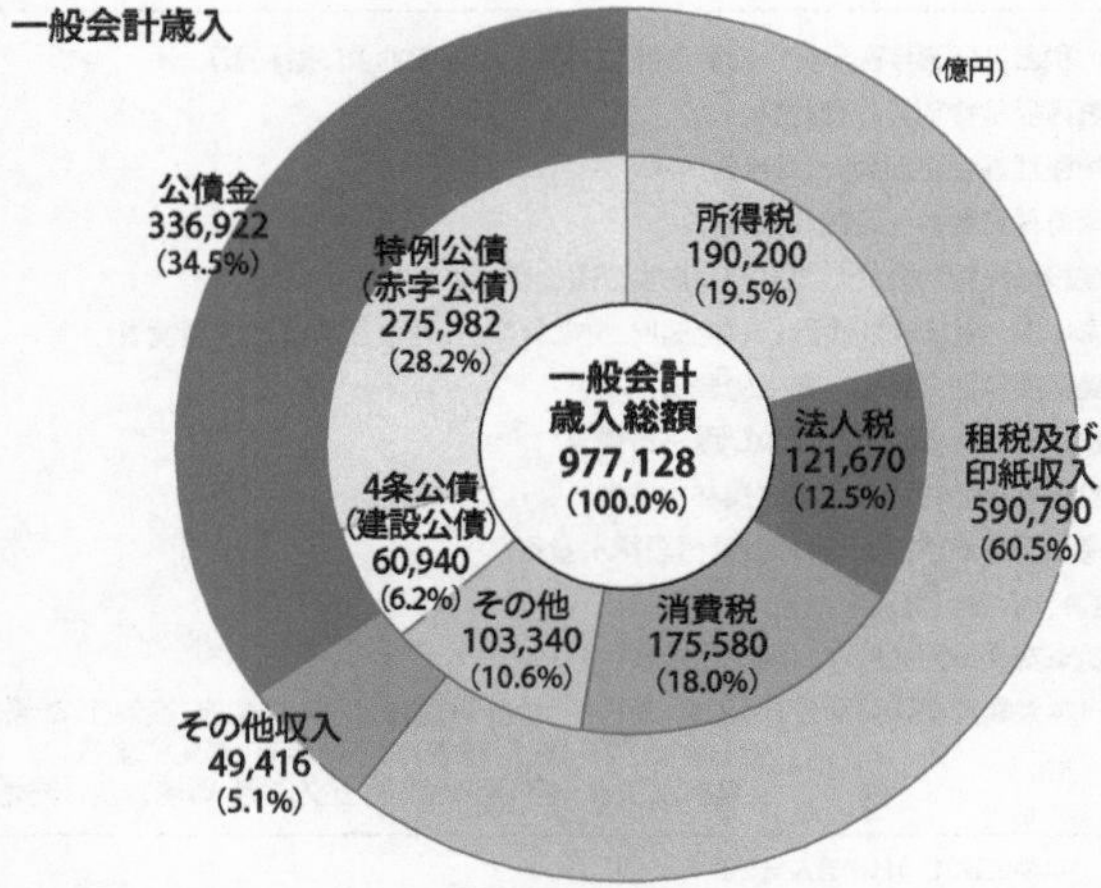

図5-2　一般会計歳入（出典　財務省「社会保障について」）

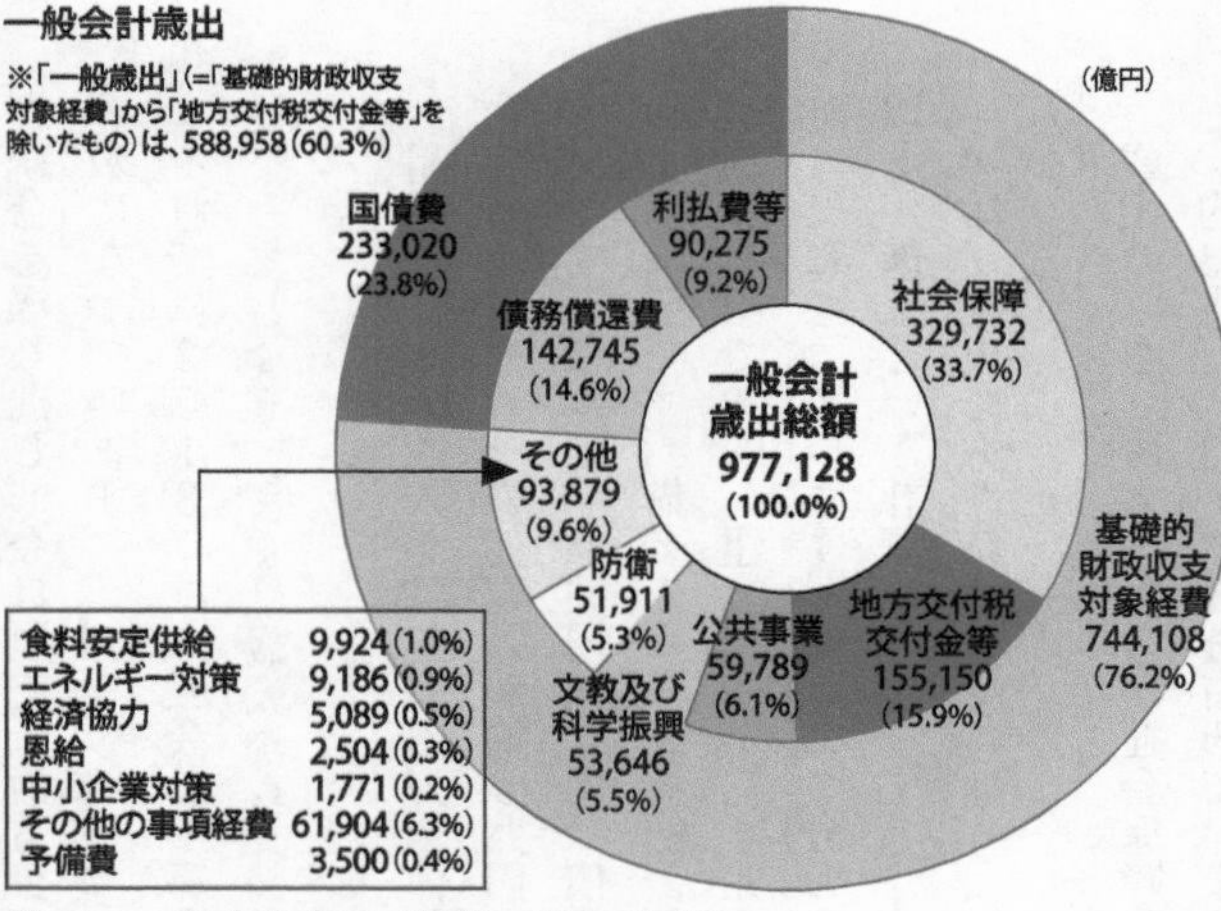

図5-3　一般会計歳出（出典　図5-2と同）

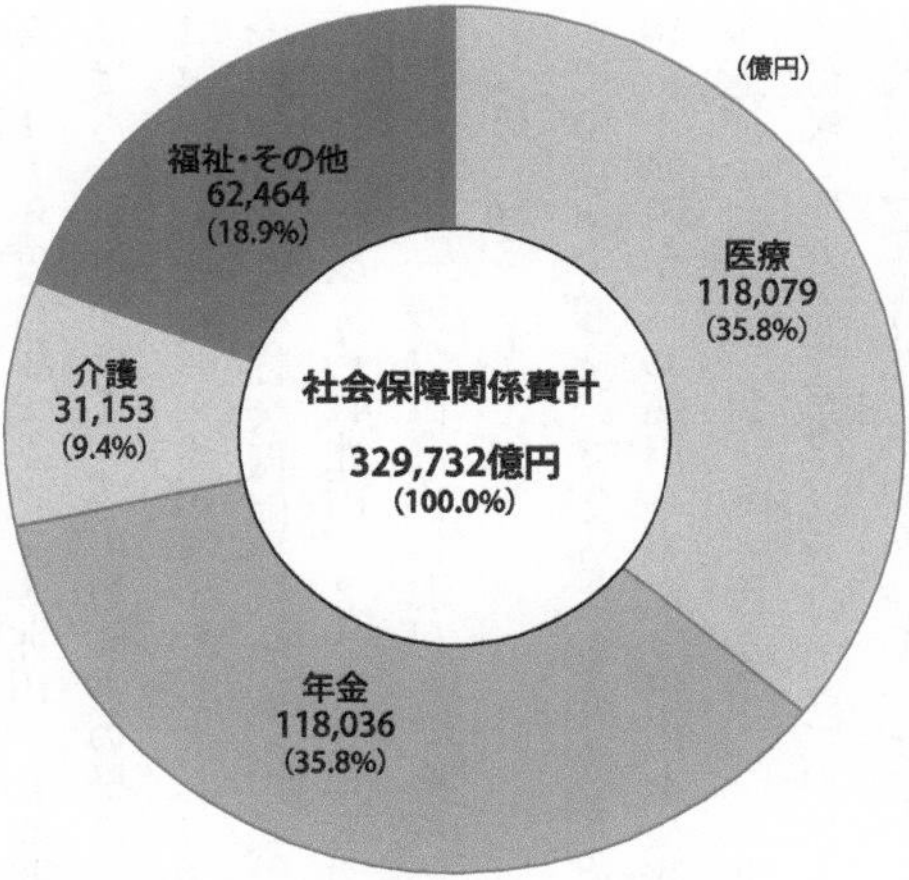

図5-4　社会保障費内訳（出典　図5-2と同）

先ほどみた公債金とほぼ同じ額です。ではこの社会保障費の内訳はどうなっているのか見てみましょう（図5－4）。

このように、医療費と年金がそれぞれ35・8%、合わせると70%以上を占めています。ここに介護を加えると約80%になります。医療・年金・介護いずれも高齢者の増加に伴って増えた費用です。この一般会計からの支出によって、保険料等では賄いきれない分の社会保障費を賄っています。特別会計を含めた年金・医療・介護・福祉その他の社会保障給付費全体の額は、2018年度予算だと121・3兆円です。すなわち、社会保障給付費全体の約3割を、一般会計からの支出で穴埋めしているということです。

ここで、特別会計を含めた社会保障費の推移を見てみましょう（図５－５）。

恐ろしい勢いで増えているのが分かります。１９９０年度は47・４兆円だったのが、２０１８年度には１２１・３兆円。**28年間で２・５倍以上**に膨れ上がりました。そして、今後はもっと増えます。厚生労働省の推計（ベースラインケース）[1]によると、２０２５年度には１４０兆円を超え、２０４０年度には１９０兆円前後になるようです。先ほど見たとおり、一般会計からの社会保障費への支出は約33・７％です。これを将来推計にあてはめると、２０２５年度で約47兆円、２０４０年度で約64兆円を一般会計から支出することになります。

次に国の一般会計歳出における社会保障関係費をはじめとする主要経費の推移を見てみましょう（図５－６）。

２０１８年度と、そこから30年も前の１９８８年度を比べてみましょう。社会保障費は10・４兆円から33兆円へ実に**３倍以上**に膨れ上がっています。そして、国債費、すなわち借金返済のお金も、11・５兆円から23・３兆円へ**倍以上**になっています。その他を見てみると、交付税（地方公共団体への交付金等）が10・９兆円から15・６兆円へ約５兆円増えています。公共事業費は６兆円で変わっていません。防衛は３・７兆円から５・２兆円でやや増えていると言えるかもしれませんが、文教・科技（教育や科学技術関連）は４・９兆円から５・４兆円でほとんど変わっていません。「その他」も９・３兆円から９・４兆円なのでほぼ同じ

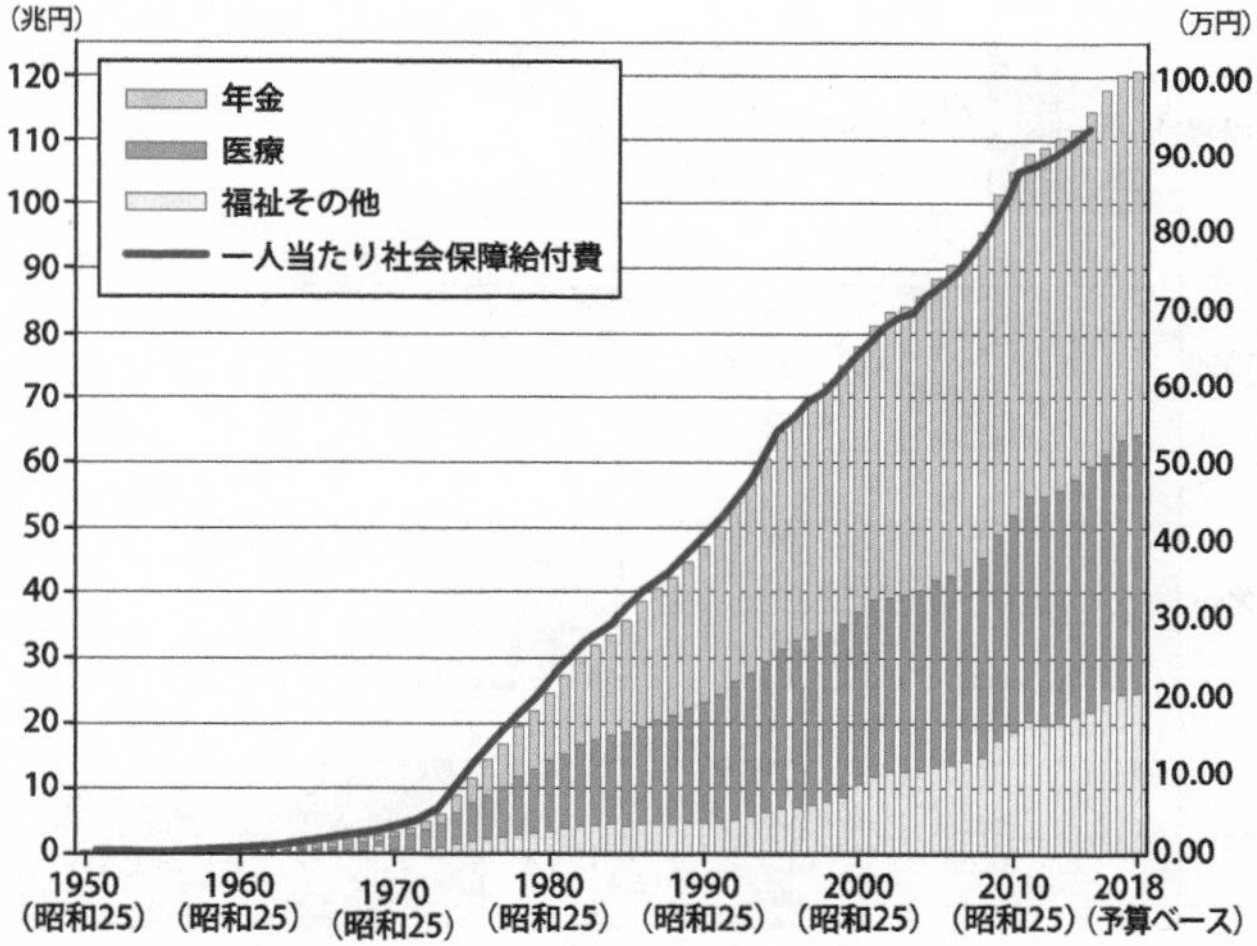

	1970	1980	1990	2000	2010	2018 (予算ベース)
国民所得額(兆円)A	61.0	203.9	346.9	386.0	361.9	414.1
給付費総額(兆円)B	3.5 (100.0%)	24.8 (100.0%)	47.4 (100.0%)	78.4 (100.0%)	105.4 (100.0%)	121.3 (100.0%)
(内訳) 年金	0.9 (24.3%)	10.5 (42.2%)	24.0 (50.7%)	41.2 (52.6%)	53.0 (50.3%)	56.7 (46.8%)
医療	2.1 (58.9%)	10.7 (43.3%)	18.6 (39.1%)	26.2 (33.5%)	33.2 31.5%)	39.2 32.4%)
福祉その他	0.6 (16.8%)	3.6 (14.5%)	4.8 (10.2%)	11.0 (14.0%)	19.2 (18.2%)	25.3 (20.9%)
B/A	5.77%	12.15%	13.67%	20.31%	29.11%	29.29%

図5-5　社会保障給付費の推移（出典　図5-2と同）

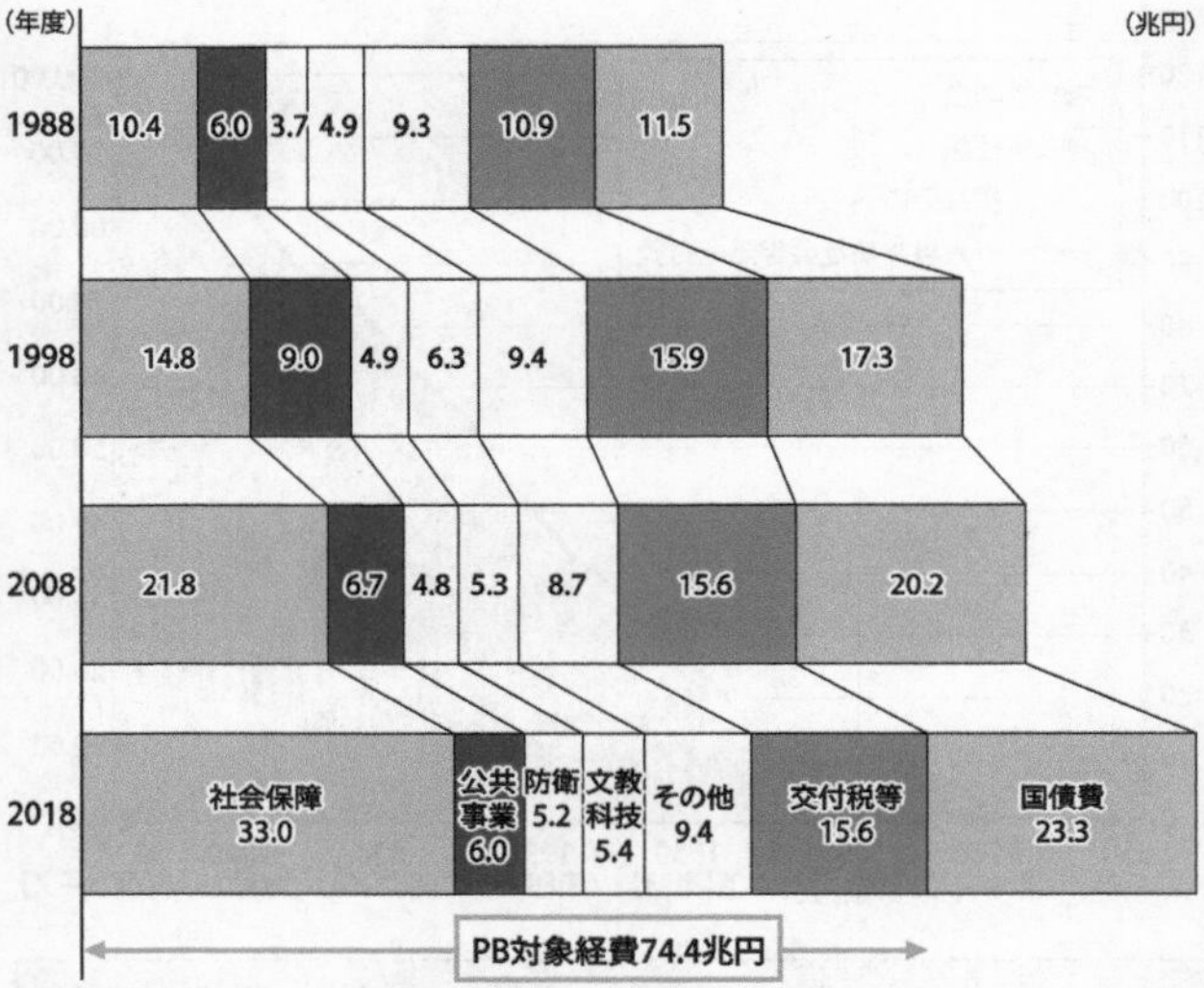

図5-6　国の一般会計歳出における社会保障関係費をはじめとする主要経費の推移（出典　図5-2と同）

です。

このように、30年前と比べると、**大きく増えたのは社会保障費と国債費だけです。**交付税等は約5兆円増えていますが、20年前である1998年度は15・9兆円ですから、それと比較すればむしろ減っています。**社会保障費と借金返済以外にほとんどお金が回っていない**状況が良く分かると思います。保育園の数が少ない、大学の補助金が削られてしまう、公務員の数が少なすぎる等の原因はここにあります。

借金が増えた要因

いわゆる「国の借金」と言われる「国債及び借入金現在高」は、2019年3月末の時点で、1103兆3543億円です（図5－7）。

借金のうち、最大のものが普通国債で、874兆434億円あり、全体の約80％を占めています。この表には普通国債の内訳が示されていませんが、2018年度の決算書類を見ると、建設国債が276・5兆円。特例国債が576・5兆円となっています。

ここで国の借金の基本ルールを確認します。財政法4条は、原則として国が借金をすることを禁止しています。しかし、同条は、但し書きにおいて、公共事業等については国債発行や借金をすることを認めています。建設国債は、この4条但し書きに基づいて発行されています。なぜ公共事業等について借金をすることが許されているのかと言えば、公共事業によってつくられた道路や橋、建物等は、**国の資産として残り、後の世代の役にも立つからです。**だから、借金をして後の世代に負担を負わせることを許しているのです。逆に言うと、それ以外の支出を国債等で賄う場合、それは単なるその場しのぎのために後の世代に負担を先送りすることですから、例外的にすら認められていないのです。

しかし、日本は特例法を作り、例外的にすら認められていないその場しのぎの国債の発行を認め、財政法4条を空文化しています。このその場しのぎのために発行される国債を特例

（億円）

区分			金額
内国債			9,768,035
	普通国債 （うち復興債）		8,740,434 （53,763）
		長期国債（10年以上）	6,748,995
		中期国債（2年～5年）	1,750,479
		短期国債（1年以下）	240,961
	財政投融資特別会計国債		922,456
		長期国債（10年以上）	616,002
		中期国債（2年～5年）	306,455
	交付国債		1,440
	出資・拠出国債		43,423
	株式会社日本政策投資銀行危機対応業務国債		13,247
	原子力損害賠償・廃炉等支援機構国債		47,034
借入金			532,018
		長期（1年超）	125,263
		短期（1年以下）	406,755
政府短期証券			733,490
合計			11,033,543

図5-7　国債及び借入金現在高（出典　財務省）

国債（公債）または赤字国債などと呼びます。社会保障費の捻出《ねんしゅつ》のために発行されるのはこの特例国債の方です。先ほど見たとおり特例国債の発行残高は576・5兆円ですから、「国の借金」の半分以上を占めていることになります。では建設・特例国債の毎年度の発行額の推移を見てみましょう（図5－8）。なお、1947～1964年度の間は、国債は発行されていません。

これを見ると、1990年代の末頃に特例国債の発行額が大きく増える前までは、建設国債の方がおおむね毎年発行額が上でした。特に、バブル崩壊後の景気対策のため、1993～1996年度は、史上初めて4年度連続で建設国債が10兆円超発行されました。そうやってたくさん国債発行して集めたお金を公共事業に投入し、景気回復を狙ったのです。

1997年度はいったん発行額が抑え込まれたものの、今度は金融危機が発生したため、1998～2000年度に3年度連続で10兆円以上の建設国債が発行されました。しかし、2001年度からは、小泉総理の下、建設国債の発行額は抑え込まれました。それと入れ替わるように発行額が増えたのが、特例国債です。1997年度は8兆5180億円でしたが、1998年度に16兆9500億円、1999年度に24兆3476億円と、わずか2年の間に3倍近くまで発行額が膨れ上がりました。特例国債の発行額がこのように物すごい勢いで膨れ上がっていったので、建設国債の方は発行額を抑え込まざるを得なかったのでしょう。

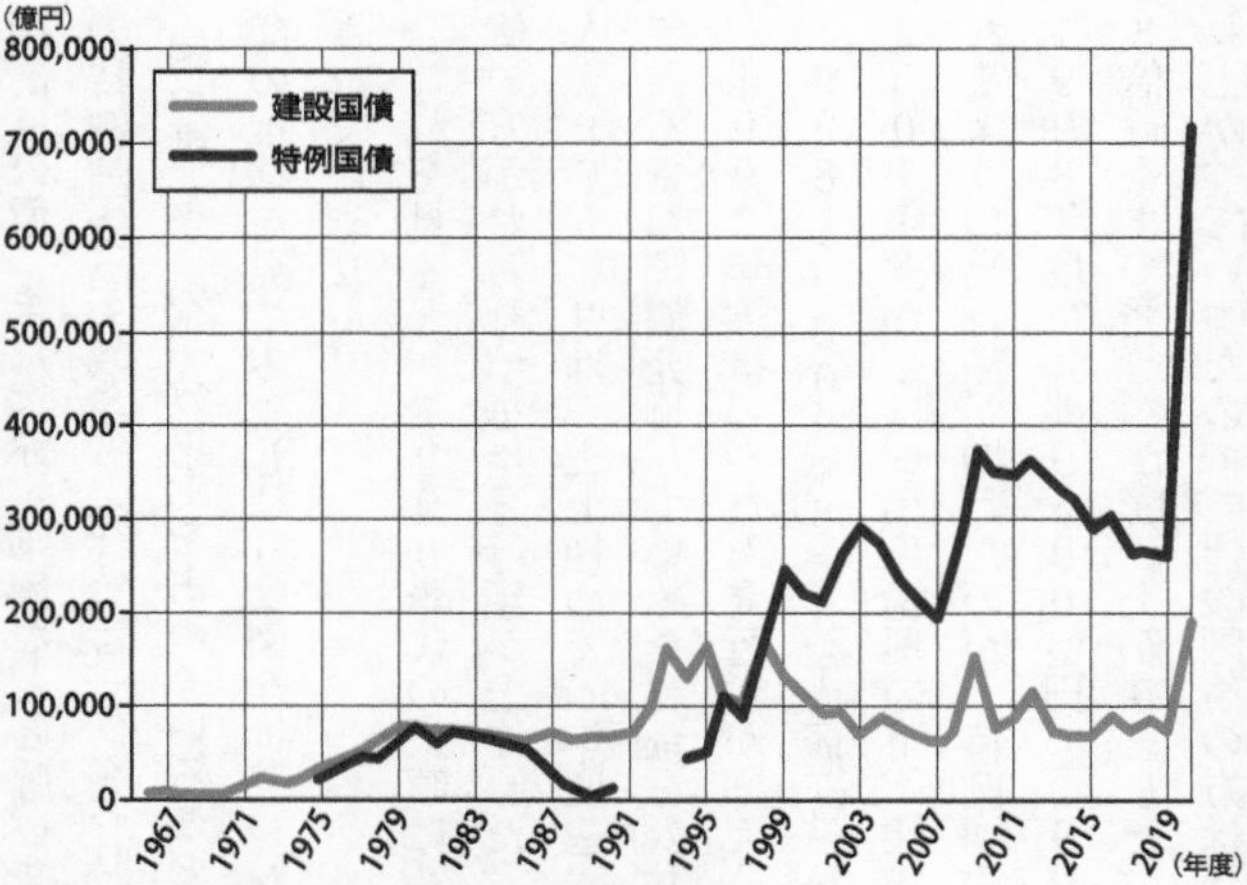

図5-8　建設国債・特例国債発行額推移
(出典　財務省「戦後の国債管理政策の推移」)

その後、リーマンショックの前までは、建設・特例国債共に発行額を抑え込む努力がされ、おおむね減少傾向にありましたが、リーマンショックの発生による税収低下の影響で発行額が増え、さらに、東日本大震災の発生もあって2011年度は発行額が増えました。

その後、建設国債は横ばい、特例国債はおおむね減少傾向にありましたが、コロナ禍という未曽有《みぞう》の危機により、一気に2020年度の発行額は異次元のレベルに達しました。建設国債は18兆7380億円、特例国債に至っては71兆4209億円です。いずれも史上最高額です。特に、特例国債については、リーマンショックの影響を受けた2009年度の36兆９４４０億円がそれまでの最高額でしたが、その約2倍という凄《すさ》まじい発行額になっています。

驚異の60年償還ルール

これほど国債残高が膨れ上がった原因の一つに「60年償還ルール」があります。これは、建設国債と特例国債について、60年間借換を繰り返して完済するというルールです。借換というのは、新しい借金で古い借金を返済することであり、返済を引き延ばすのと効果は同じです。ただ、借換の際に金利が変わりますので、その点が単なる引き延ばしと異なる点です。

一番ポピュラーな10年国債の例で考えてみましょう。単純化のために利息は省きます。６００円の10年国債を発行したとします。10年後、そのうちの１００円だけ返して、残りは５００円の借換債を発行して借り換えます。さらに10年たつと１００円を返して、残る４００円を借り換えます……これを繰り返して、60年で返しているのです。財務省の説明図を引用します（図５－９）。

こんなにゆっくり返しているので、元本は全然減りません。そして、お金のレンタル料である利息はその間ずーっと払う羽目になります。旧大蔵省（現財務省）のＯＢである米澤潤一《よねざわじゅんいち》氏によると、平成27（２０１５）年度末までの普通国債残高（前倒しで発行した借換債の額

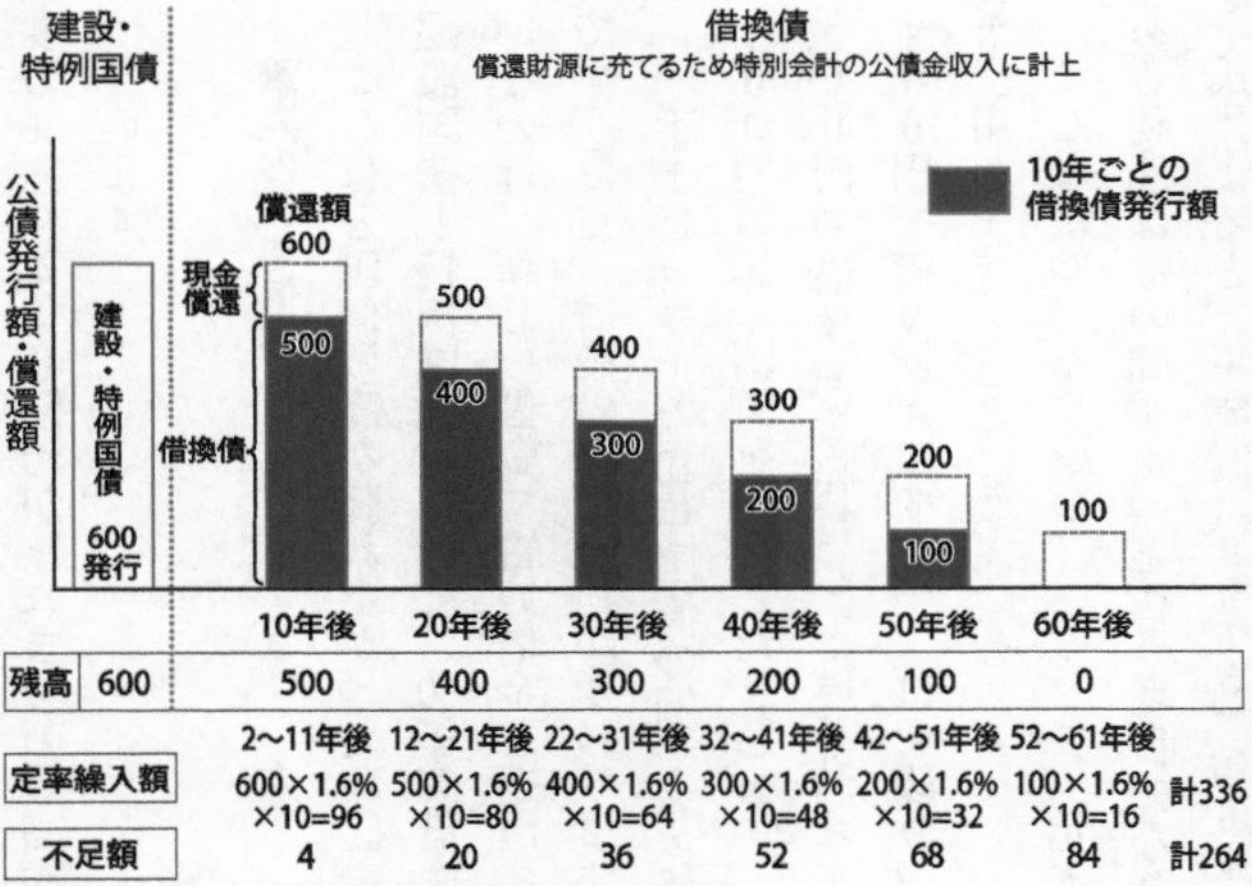

図5-9　60年償還ルール（出典　財務省）

を除く）７６３兆円のうち、利息の支払いのせいで発生した借金が３３５兆円を占めているとのことです。つまり、約44％が利息の支払いのためにした借金なのです。

２０１８年度の一般会計予算を見ても、国債費23兆３０２０億円のうち、債務償還費つまり元本返済分は14兆２７４５億円、利払費は９兆２２７５億円です。したがって、利払費が約40％を占めていることになります。たくさん借り過ぎている上に、元本がほとんど減らないので、利払費がとんでもない額になってしまうのです。

最初は、建設国債にだけこの60年償還ルールが採用されていました。建設国債を使って建てた道路や建物は、だいたい60年ぐらい使えるだろうから、借金も60年かけて返せばいいだろうという発想だったのです。利益が60年続くから、負担も60年かけて分散していいだろうということです。しかし、特例国債にはこの考えはあてはまりません。ただのその場しのぎであり、後世への資産は何も残らないからです。ところが、単に返済できないので、特例国債にまでこのルールがなし崩し的に適用されてしまっています。

この60年償還ルールが最初に導入されたのは、1968年、日本が高度経済成長の真っただ中にあった時です。経済成長にしたがって税収は増えるし、物価も上がっていく時代でした。つまり、借金の負担がどんどん軽くなっていく時代だったのです。しかしながら、今は違います。実質・名目GDPの成長率と、建設国債、特例国債発行額の5年平均をまとめたグラフを見てください（図5－10）。

60年償還ルールが導入された1968年度が含まれる5年間は、日本の歴史上もっとも名目・実質GDP成長率が高かった時代です。**名目GDP成長率は17・4%、実質GDPは10・9%もありました**。他方、直近2011～2015年度の平均成長率は、1%にすら届きません。そして、下がる成長率と反比例するように、建設国債と特例国債の発行額が増えています。成長できない分を借金で補っていることが分かるでしょう。

今の60年償還ルールには、導入当初の1968年度に存在していた「2つの前提」が欠けているのです。つまり、

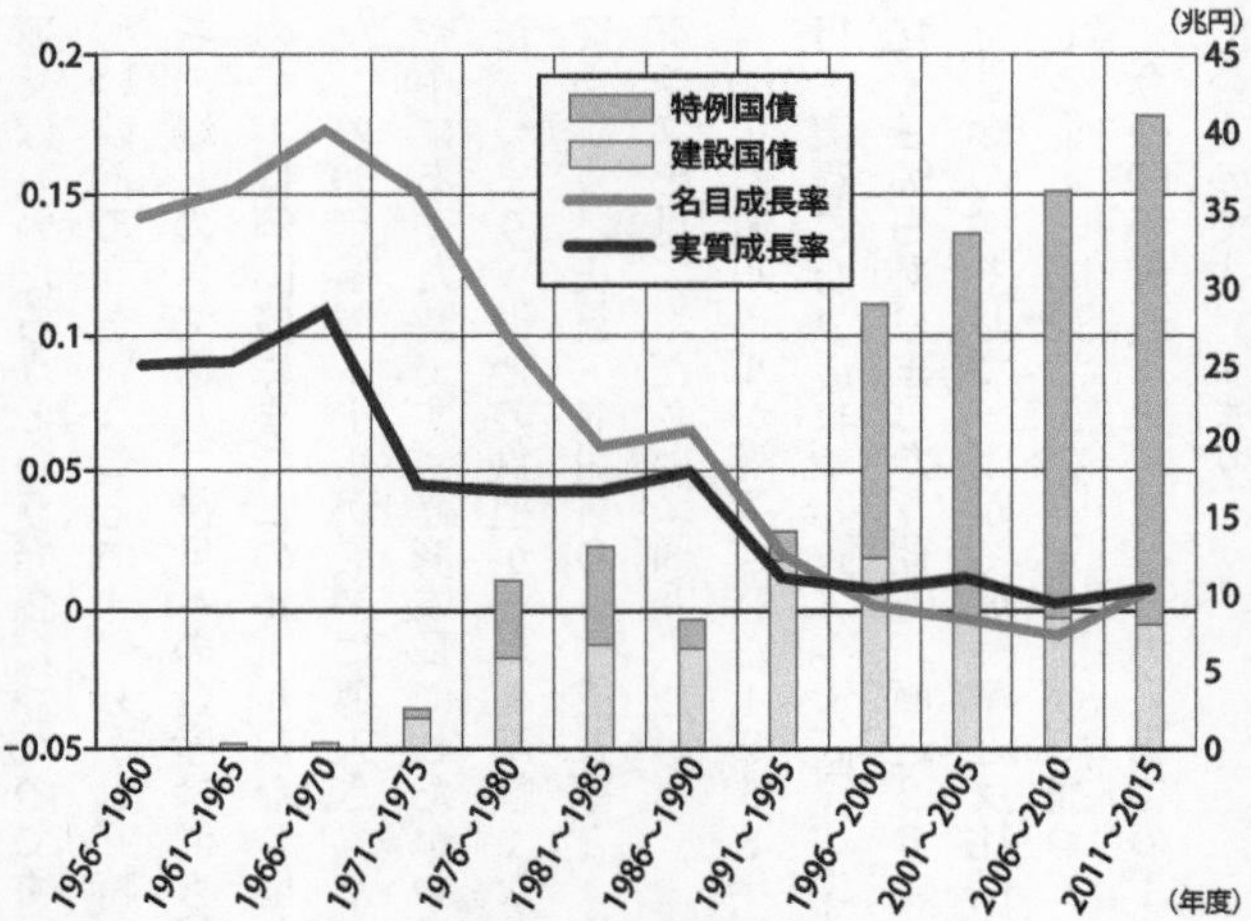

図5-10　GDP成長率（出典　内閣府「国民経済計算」）

①60年償還ルールが適用されるのは建設国債のみ
②経済成長で将来の借金負担は軽くなる

という2点です。この前提がもはや存在しないにもかかわらず、単にその場しのぎで60年償還ルールがずっと適用され続けています。このルールを導入した人も、まさかこんな形で60年償還ルールが使われ続けるなんて思っていなかったでしょう。

ちなみに、このルールの元では、建設・特例国債について、毎年元本返済に充てられる額は、前年度の期首における建設・特例国債総額の1・6％だけです。なぜ1・6％なのかと言うと、1を60で割るとだい

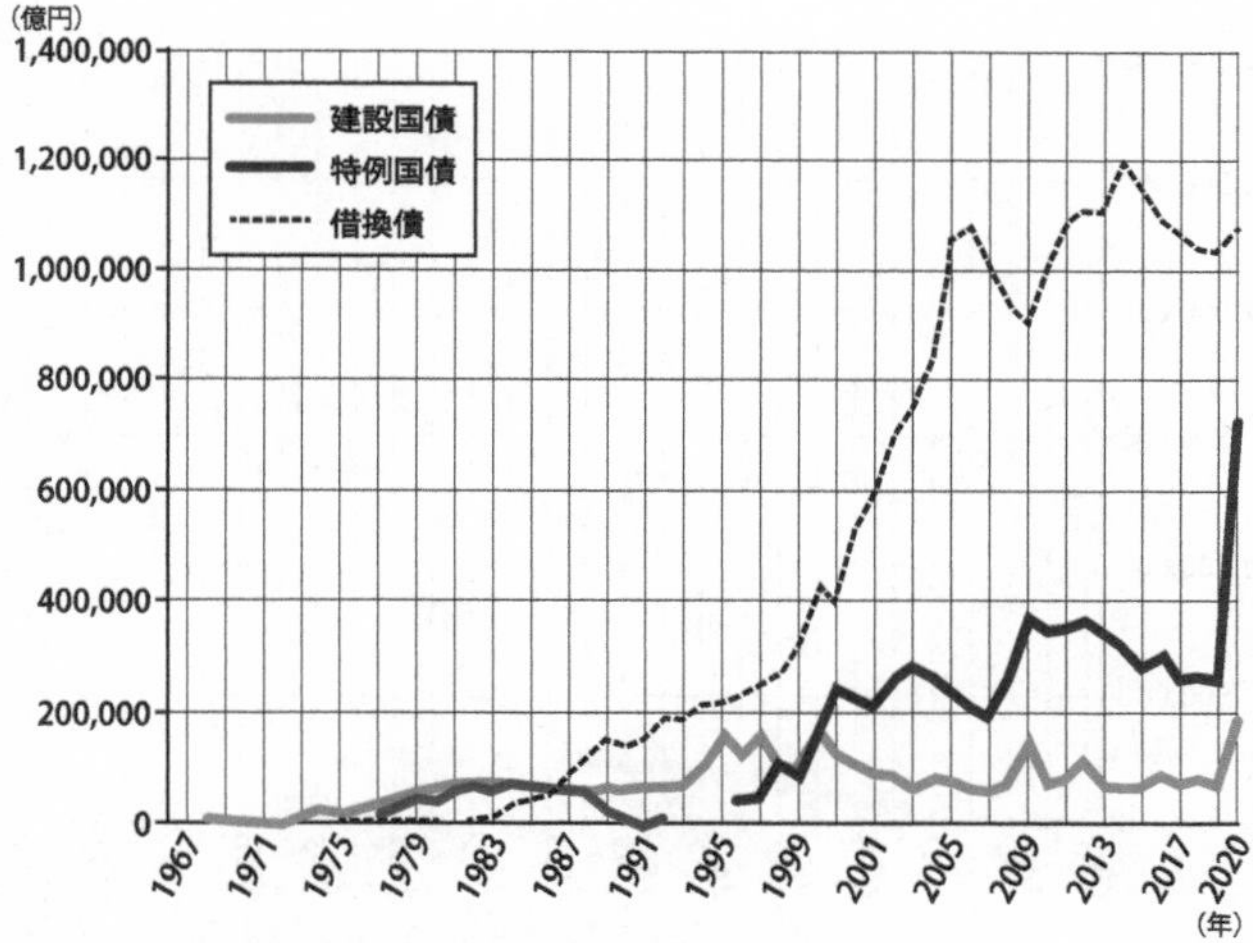

図5-11　建設国債・特例国債・借換債発行額推移
(出典　財務省「戦後の国債管理政策の推移」)

たい１・６％になるからです。つまり、１・６％ずつ元本を返していくと、60年ぐらいで返済が終わることになります(厳密にいうと足りません)。２０２０年度に新しく借りたお金は２０８０年度に返し終わるということです。２０８０年度だと、私は96歳になっています。もう死んでいるかもしれません。

次に、この借換のために発行される借換債の発行額推移を見てみましょう(図５－11)。

借換債の発行額の規模が、建設・特例国債とは全く違うことが分かるでしょう。ピーク時は２０１４年度で１２０兆円に迫っています。２０１０年度から今に至るまで、ずっと１００兆円超えです。こ

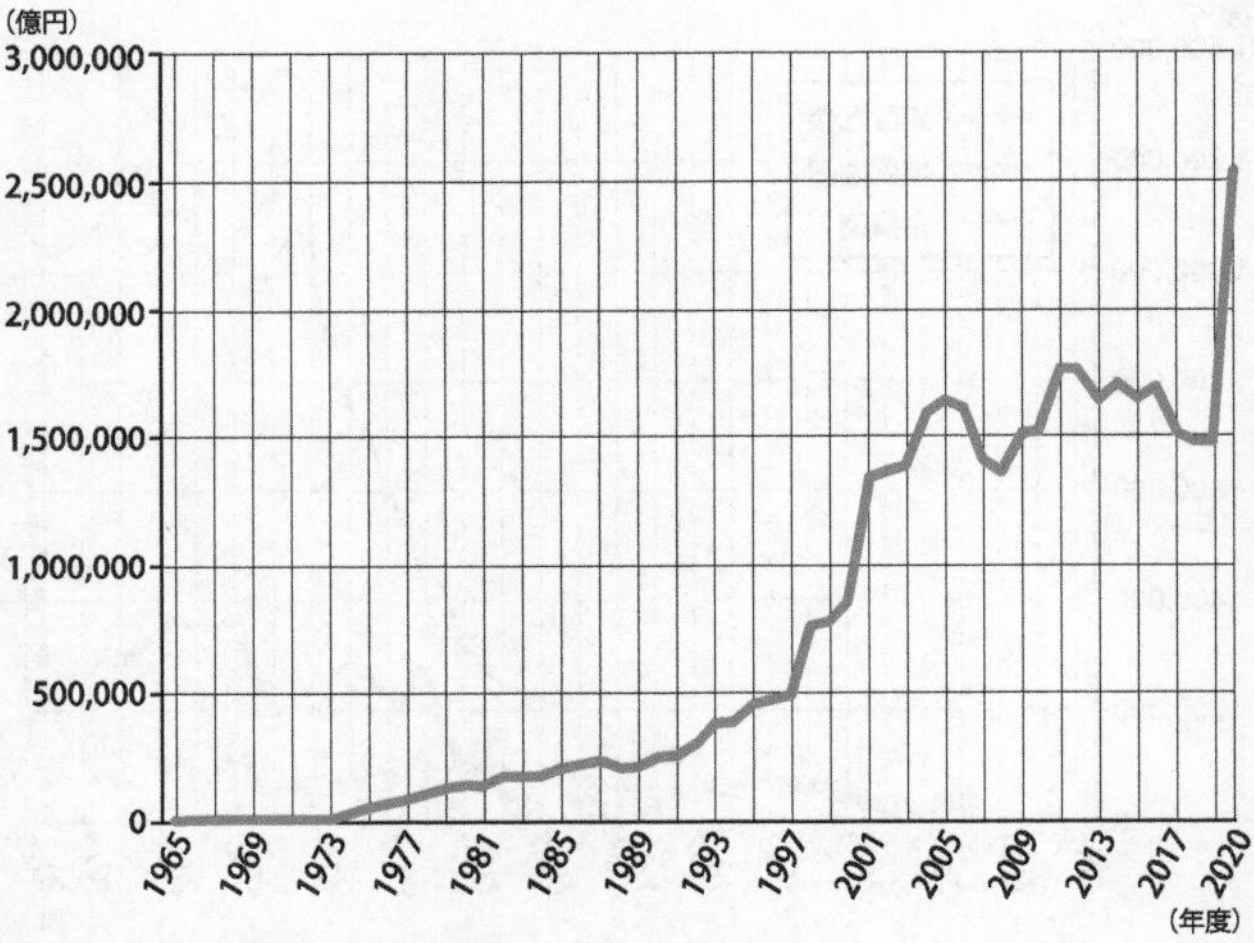

図5-12　国債総発行額（出典　図5-11と同）

の国は、一般会計の規模を超える借金を毎年借り換えているのです。次に借換債も含めた国債の総発行額の規模を見てみましょう（図5-12）。

　このように、ピーク時の２０１２年度で１７７兆円以上発行しています。直近２０１９年度でも約１５０兆円です。そして、コロナの影響により、２０２０年度は一気に２５０兆円を超えました。

　借換債の存在はあまり知られていません。ニュース等で話題になるのは建設国債や特例国債の発行額です。しかし、借換債の存在こそが最も重要と言えます。なぜなら、**この借換債を市場で買ってもらえているので**、古い借金に対する返済が可能になっているからです。もし、借換債を市中消化しきれなければ、古い借金への返済ができなくなり、「債務不履行（デフォルト）」となります。そうなった場合に起きるのは、円に対する急激な信用低下であり、具体的には、為替市場で円が大きく売られてしまいます。これが引き起こす「円安インフレ」によって我々の生活は壊滅的打撃を受けます。こういうと、「日銀に国債を引き受けさせればよい」と言う人が必ず出てきますが、日銀に直接引受をさせれば、余計に円安インフレが悪化します。それは後で詳しく述べます。

金利が上がればオシマイの財政

ここで国債発行の仕組みを説明します。話を単純化するために、償還期限（お金を返すまでの期限）が1年間の国債を前提に考えてみましょう。国は、この国債を例えば「額面100円、表面利率1％」という形で売りに出します。それに対し、国債を欲しい投資家（銀行や保険会社等）が購入価格を入札していきます。そして、入札価格の高い方から国債が割り当てられていきます。例えば、99円で落札できれば、99円を支払って「額面100円、表面利率1％」の国債を入手できる。国には99円が入ります。99円で購入して、最終的には元利合計で101円返ってきますから、2円儲《もう》かることになります。

「儲かったお金」の「投入金額に対する割合」を「利回り」と言います。この例で言うと、利回りは2円÷99円＝約2％です。

仮に額面100円、利息1％、償還期限1年の国債を80円で落札できたら、どうなるでしょう。21円も儲かりますので、利回りは約26％になります。購入価格が安くなればなるほど、「額面＋利息」との差額が大きくなって儲けも大きくなるのです。ここが最も重要です。国債は、購入するときの価格が安くなればなるほど、その分儲けは増えます。最終的に戻ってくるお金との差額が増え、利回りが上がるからです。逆に、購入するときの価格が高くなればなるほど、最終的に戻ってくるお金との差が少なくなって儲けは減り、利回りは下がります。価格が下がると利回りが上がり、価格が上がると利回りが下がるのです。**国債の価格と利回りは正反対に動く**ということです。ですから、「国債金利急騰」となったら、それは「国債価格暴落」を意味します。

では、国債価格が下がるのは一体どのような時でしょう。それは、国の借金返済能力が危うくなった時です。国債の返済原資は税金というのが建前だからです。持っていても返済されるかどうかが分からなくなれば、国債は売られてしまいます。円建ての国債を売れば、手に入るのは円です。財政危機に陥った国の通貨など持っていたくないでしょうから、投資家は円を売るでしょう。こうして為替市場において円が売られ、円安が進みます。円が安くなれば、貿易時の決済通貨であるドルを手に入れるのは困難になります。今までよりも多くの円を差し出さなければドルと交換できません。そうなると輸入物価が上がります。輸入物価が上がると、その分を国内で販売する際に価格に転嫁する必要があります。そうしないと利益が出ません。

こうして、円安↓輸入物価上昇↓国内物価上昇となるわけです。このように、**為替市場において通貨が大きく売られてしまうことにより生じるインフレを私は通貨安インフレと呼んでいます**。円の場合は円安インフレです。なお、今まで説明したとおり、円安インフレ自体はもう既に発生しています。

ここで、発券銀行である日本銀行に国債を直接引受させれば、少なくとも債務不履行（デフォルト）は防げるのではないかと思われるかもしれません。そのとおりです。形式的にはデフォルトを防ぐことができます。その代わり、為替市場における円の価値を維持することができません。

財政法5条は日銀の直接引受を禁止しています。例外的に借換債の一部について日銀の直接引受（日銀乗換）が認められていますが、２０２０年度の発行予定額でいうと、日銀乗換は2兆２０００億円に過ぎません。こうやって直接引受を禁止している趣旨は、直接引受をすると、政府がお金を発行し放題になり、急激なインフレを引き起こすからです。

通貨とは、もともと穀物や布、塩などの現物から始まり、金属貨幣に進化し、そこからさらに金属貨幣の引換券である兌換《だかん》紙幣、そして金属貨幣とのつながりを絶った不換紙幣へと進化していきました。金属貨幣は材料としての金属が必要ですので、製造速度に限界があります。さらに、それとの引換を約束する兌換紙幣は、金属貨幣の保有量という縛りを受けます。いわば「金属」が製造速度の重しになるのです。ところが、不換紙幣の場合、製造速度を縛るものがありません。いくらでも無限に素早く作ることができてしまいます。したがって、お金に困った政府が不換紙幣を刷りまくるという現象があらゆる時代のあらゆる国で発生しました（詳しくは、拙著「ツーカとゼーキン」参照）。

お金は増えれば増えるほど、その価値が下がっていきます。極端な例で考えてみると、例えば国民1人1人に1000万円を配ったとします。物価は以前と同じままになるでしょうか。なるわけがないですね。みんなの持っているお金が増えるわけですから、それと一緒に物価も上がるでしょう。物価が急激に上がってしまえば、お金の価値が落ち、結局「お金が足りない」という状況は改善されません。そこで、お金をさらにたくさん発行すると、さらにインフレが進み、お金の価値が下がってしまいます。つまり、お金増やす↓インフレ↓インフレにあわせてさらにお金増やす↓さらにインフレ↓さらにお金増やす↓さらにインフレ……というループが発生してしまうのです。これが現在進行形で発生しているのがベネズエラです。

あまりに紙幣が増えすぎると、不便ですね。そこで、高額紙幣が発行されます。でも、不換紙幣は紙きれですから、高額紙幣と言ってもあっという間にたくさん刷ることができてしまいます。そこで、さらに超高額紙幣を……ということになり、それが延々と繰り返されて「年率100万％」といった凄まじいインフレになってしまうのです。かつて凄まじいインフレに襲われたジンバブエの「100兆ジンバブエドル」という超高額紙幣がありますが、アマゾンで数千円で売っています。興味のある方は確認してみてください。このような異常なインフレは「紙きれ」だから発生してしまうのです。

日本も、明治政府の時代に政府紙幣という不換紙幣を発行し、凄まじいインフレを引き起こしました。これを反省して、日本銀行を設立し、通貨の発行権を譲ったのです。ところが、結局直接引受を解禁し、それが膨大な戦費に充てられた結果、戦中戦後の凄まじいインフレの一要因となりました。**いつだって政府はお金に困っていますから、政府がお金を好きなだけ発行できるようにしてしまえば、発行し過ぎてしまうのです。**

日本だけではなく、どこの国の政府も、政府から独立した中央銀行を設立し、通貨の発行権を持たせ、かつ、中央銀行による直接引受を禁止しているのは、こうしたインフレを防ぐためです。したがって、もし日本国債直接引受を全面的に解禁してしまえば、「円が猛烈に増える↓円の価値が下がる」と為替市場参加者は予想し、円売りに走るでしょう。それは壊滅的な円安インフレを引き起こすと思います。

だから、国債は原則として銀行等の民間金融機関に引き受けさせているのです。現在の日銀は国債を大量に買い入れていますが、これは、政府から直接買っているのではなく、銀行等がいったん政府から購入した国債を買っているだけです。このスキームも、銀行等が間に入ってくれなくなったら成り立ちません。間に入らなくなる場合としては、円が為替市場の信頼を失って暴落していくケースが考えられます。なぜなら、通貨が暴落を続けている場合、国債転売によって得た転売益は実質的に見るとすぐに無くなってしまうからです。そんなスキームに付き合うよりは、円を他の通貨、例えば基軸通貨であるドルに替え、資産を保全しようとするでしょう。

話を元に戻します。「金利の上昇」が日本の財政に何をもたらすのかを説明します。国債市場には、政府が国債を発行する「発行市場」と、発行された国債を転売する「流通市場」があります。発行市場において銀行等が国債を買い入れ、それを流通市場において転売しています。この流通市場における新発10年国債の利回りが、「長期金利」と呼ばれて、代表的な金利の指標になっています。この長期金利が、銀行が民間企業にお金を貸す際の金利にも影響する。長期金利が上下すれば、だいたいそれに合わせて貸出金利も上下するのです。

では、ここで日本財政に対する信頼が失われるなど、何かのきっかけで長期金利が上がった場合を想定してみます。例えば、残存期間1年、額面100円、表面利率1％の国債の価格が暴落（つまり、利回りが急上昇）して、80円になったとしましょう。この場合、最終的に返ってくるお金は101円ですから、80円との差額は21円。利回りは21円÷80円＝約26％になります。

流通市場がそんな状態の時に、政府が新しく償還期限1年の国債を額面100円、表面利率1％で発行するとしましょう。なお、表面利率というのは、発行市場における利率のことです。あなたならいくらで入札するでしょうか。高くても80円でしょう。なぜなら、同じ額面と利率の国債を、流通市場において80円で購入できるからです。そうなると、政府としては困ります。額面である100円に近い額で入札してほしいのに、20円も足りない額になってしまいます。つまり、政府が調達できるお金が減ってしまうということです。これでは財政が回りません。

そこでどうするのかというと、表面利率を流通市場の利回り以上に設定するのです。例えば、表面利率を26％にすれば、流通市場での利回りと同等になるので、額面に近い額で入札してもらえます。すなわち、表面利率は、流通市場での金利に合わせざるを得ないのです。

ここで、10年国債の表面利率と、長期金利の推移を見てみましょう（図5－13）。

このように、ほとんど一致していることが分かります。なお、2016年と2019年で

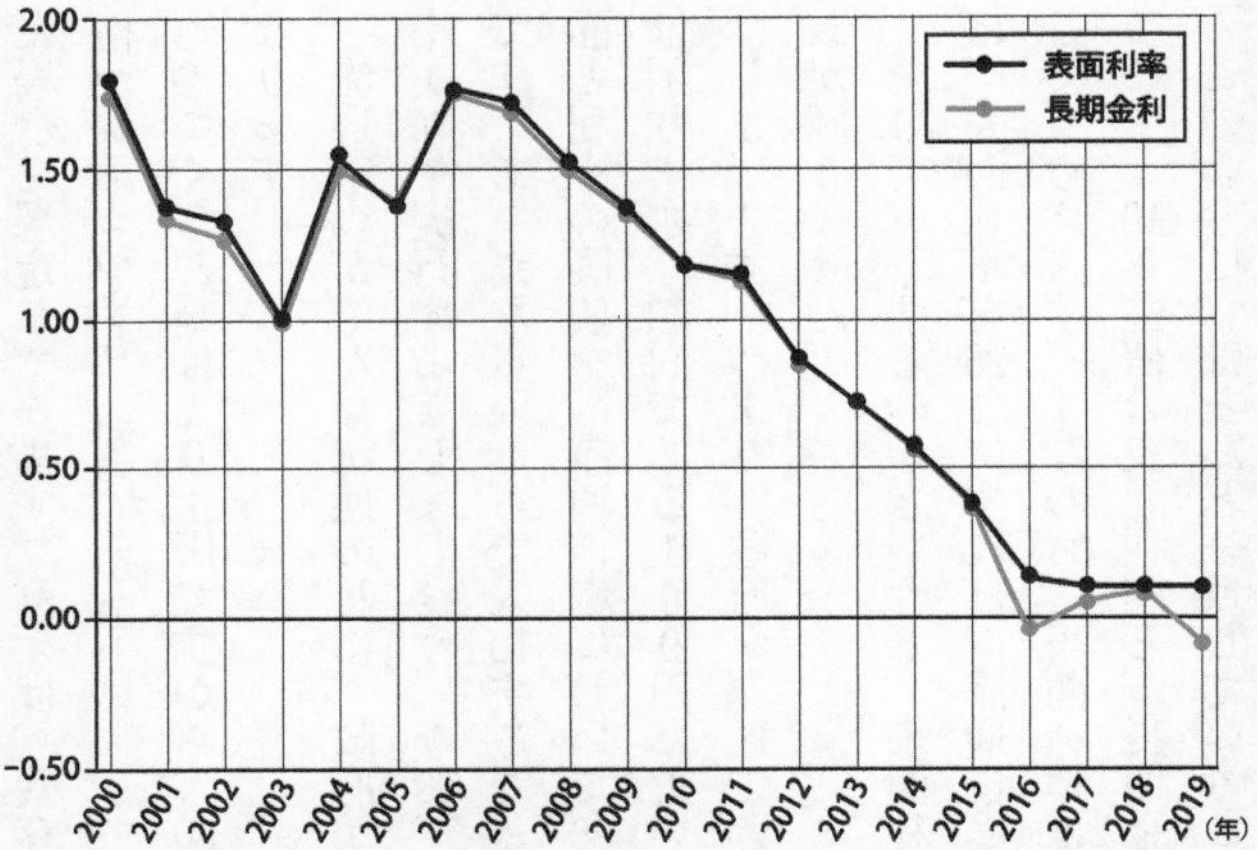

図5-13　表面利率・長期金利（出典　長期金利は財務省「国債金利情報」、表面利率は財務省「国債等関係諸資料」）

長期金利が表面利率とやや乖離《かいり》しているのは、日銀が国債を爆買いして金利を異常に抑え込んでいるからです。

ここで、流通市場において国債が暴落、すなわち、長期金利が上昇したらどうなるでしょう。政府はそれに合わせて、新しく発行する国債の表面利率を上げざるを得なくなるのです。新しく発行する国債には、借換債も含まれます。コロナ以前まで、毎年150兆円程度発行している国債の表面利率が、急騰した流通市場の金利に合わせて上昇します。つまり、政府の利払費が増大するのです。

では、今の金利の状況を見てみましょう（図5－14）。

国債残高の増加にもかかわらず、利払費

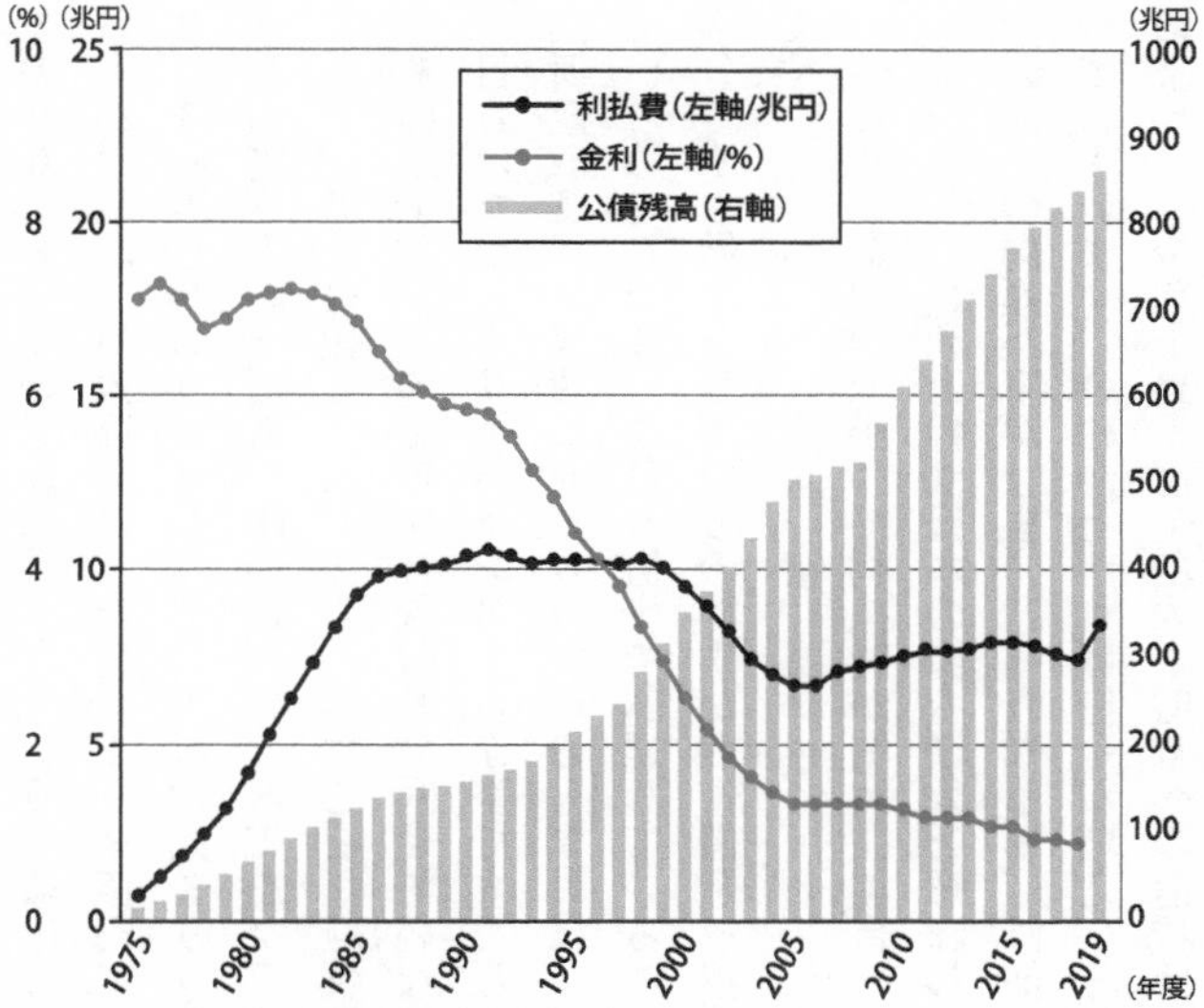

図5-14　利払費と金利の推移（出典　財務省）

が抑え込まれていることが分かるでしょう。これは、金利が異常に低いからです。バブル崩壊後、有望な投資先を失った銀行等の金融機関は、「とりあえず日本国債なら安全だろう」ということで、国債をたくさん買いました。買手が増えれば国債価格は上がり、その反面、金利は下がっていきます。その後、アベノミクス第1の矢「異次元の金融緩和」により、日銀が異常なペースで国債を買い入れるようになったため、さらに金利は強い力で抑えつけられるようになりました。

では、金利が上がればいったいどうなってしまうのでしょうか。先ほどの2018年度の予算に戻りましょう。歳出のうち、その1年の国家の運用経費にあたる基礎的財政収支対象経費は、74兆4108億円です。これに対し、国債を除く歳入は、64兆206億円しかありません。その差は10兆3902億円。この国債部分の収入と歳出つまり借金の借り入れと返済を除いた部分の収支をプライマリーバランスといいます。これがプラスだと、借金に頼らずに、その1年に必要な経費を賄えていることになります。マイナスだとその逆です。その1年すら税収等で回せていないということです。

日本はプライマリーバランスすら赤字です。したがって、仮に借金を除く収入が全て基礎的財政収支対象経費に充てられているとすれば、国債の元利金の返済金はどうやって調達しているのでしょう。これも借金で調達していることになるのです。プライマリーバランス赤字分ですら借金をしているのですから、借金返済費用については借金で調達するしかないのです。

つまり、金利が上がって利払費が増えた場合、増えた分は借金で調達するしかありません。したがって、**金利上昇は日本の借金増大を意味します**。そして、借金が増大すれば、それだけ財政への信頼が下がります。そうなると、国債の人気が下がりますから、また金利が上がってしまいます。金利が上がれば借金が増え、それはさらなる金利上昇要因となります。このように、金利上昇↓借金増大↓財政への信頼低下↓金利上昇↓借金増大↓財政への信頼低下↓金利上昇……と、地獄の金利上昇スパイラルが発生する恐れがあります。今は日銀が無理やり金利を抑えつけていますので表面化しませんが、日銀の抑制を外せば恐ろしい勢いで金利は上昇するでしょう。

金利が上がると、古い国債が新しい金利の借換債にどんどん入れ替わっていき、いずれ全部が新しい金利の国債になります。財務省によると、今の国債の平均償還期限が9年くらいと言われていますので、9年あればかなりの部分が新しい金利に入れ替わるでしょう。そうすると利払費が膨れ上がります。例えば、残高900兆円を前提に、全部の国債の金利が今より1％上がったとすると、9兆円も利払費が増えます。1％ならまだマシですが、これが2％とか3％になるともう無理です。とても国債を国内消化しきれないでしょう。そして最後の手段で日銀に直接引受をさせると、さっきもいったとおり、円の暴落を招きます。

このように、「金利が上がればオシマイ」というのが日本の財政状況です。

特別会計を含めた、国の本当の財政規模

最後に、特別会計を含めた国の本当の財政規模を見ておきましょう。一般会計と特別会計を単純合計した場合、図5－15のとおり、財政規模は約490兆円となり、一般会計の5倍近くになります。したがって、報道でよく知られている国の財政は、ほんの一部と言えるで

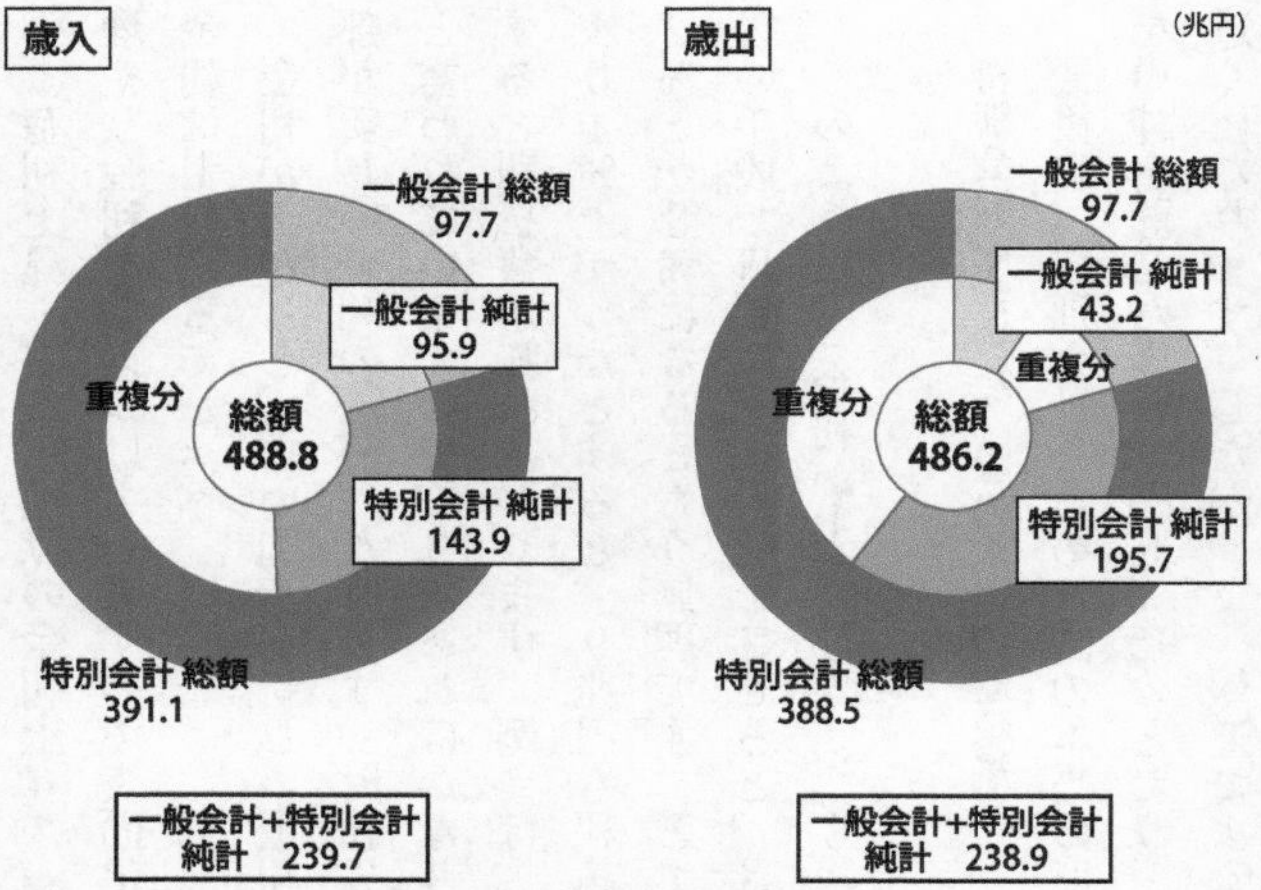

図5-15　一般会計と特別会計総合計（出典　財務省）

しょう。

　そして、特別会計のうち、大半を占めているのは、２０１８年度予算でいうと、国債整理基金会計１９１・２兆円、年金特別会計91・８兆円、交付税及び譲与税配付金特別会計51・７兆円、財政投融資特別会計26・９兆円です。１９１・２兆円というダントツの規模を誇る国債整理基金特別会計とは、一般会計、特別会計を含めた国債や借入金の元利金の返済を他と区別するために設けられている会計であり、要するに**借金返済のための会計**と考えれば良いです。国の借金返済のためのお金は、いったんこの会計に計上され、そこから返済に回されます。例えば、一般会計の「国債費」は、国債整理基金会計にいったん入り、そこか

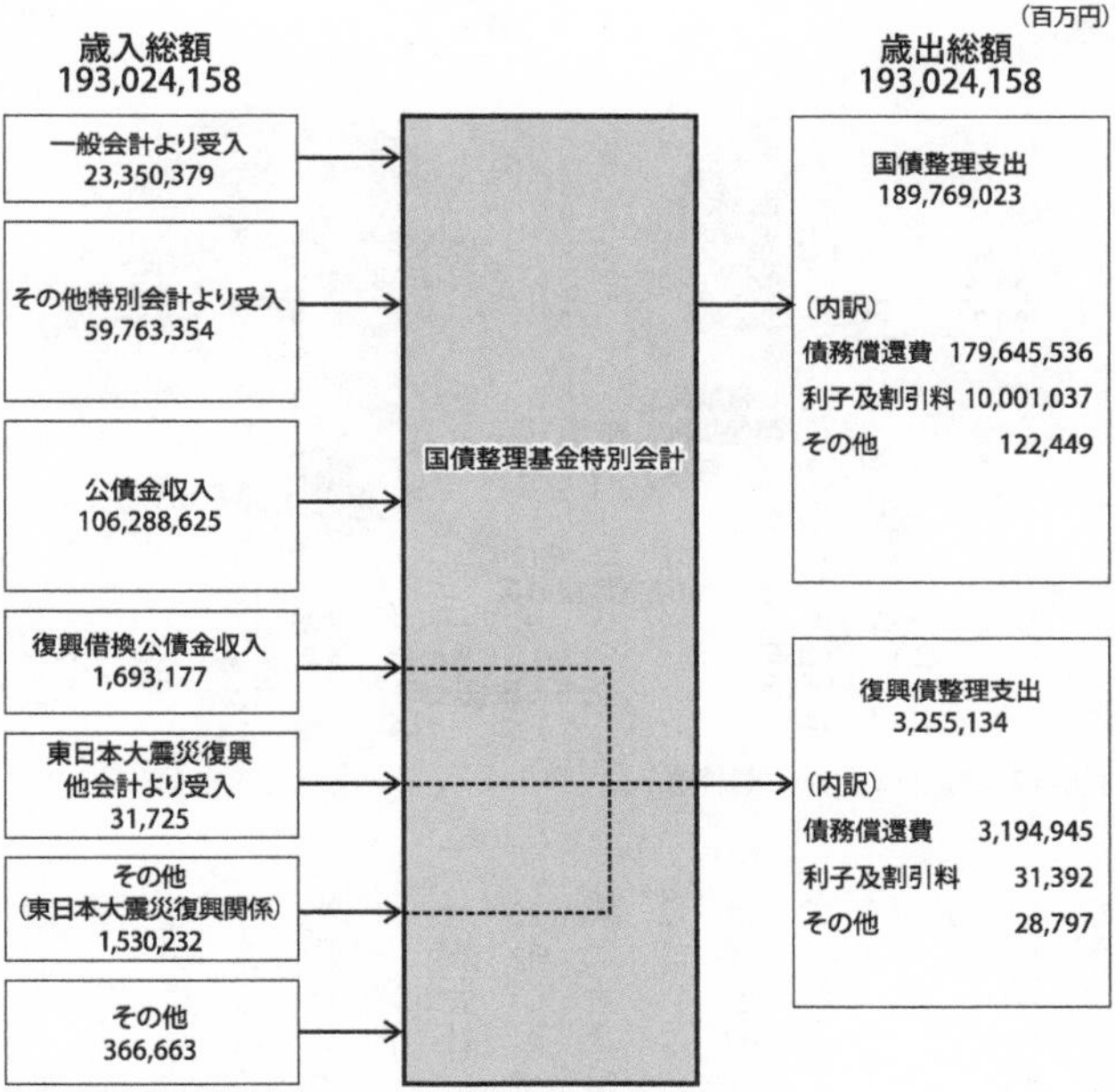

図5-16　歳入及び歳出の概要（出典　財務省）

ら返済に回されます。図に示すと図５－16のとおりです（なお、この図にある数字は２０２０年度当初予算のものです）。

国の借金の状況を把握するには、この国債整理基金特別会計の存在を知ることが不可欠ですが、あまり知られていません。毎年１００兆円を超える莫大《ばくだい》な借換債は、この会計を見ないと出てきません。そして、国債整理基金特別会計の次に大きいのが、年金特別会計です。したがって、特別

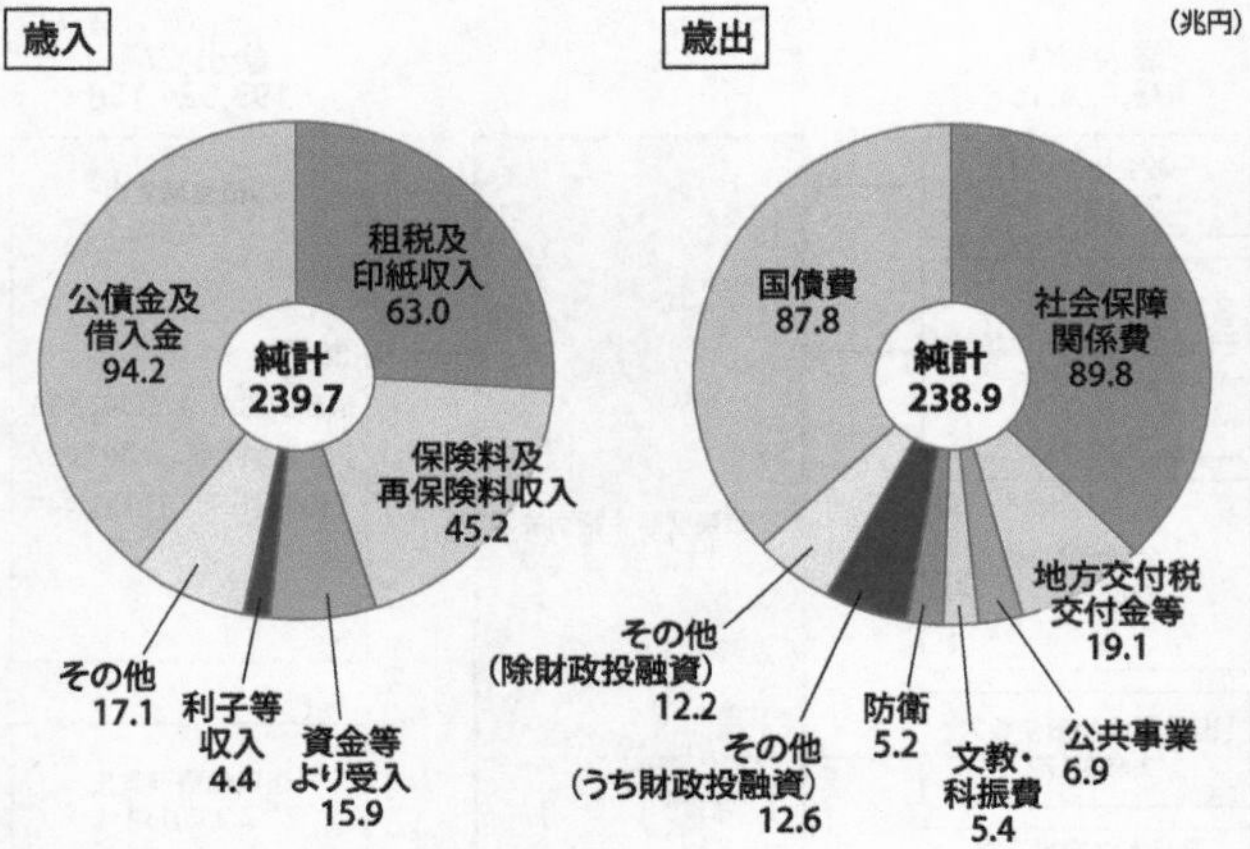

図5-17　純計（出典　財務省）

会計を合わせてみても「借金」と「社会保障」で首が回らない財政状況になっていることが良く分かると思います。

ところで、さきほど見た特別会計の490兆円という数字は、会計間の重複もそのままカウントして単純合計した数字です。例えば、一般会計から年金特別会計へ毎年10兆円以上お金が入っていますが、そういったお金も単純にカウントされてしまい、重複します。そこで、このように各会計間のやり取りを省き、重複を取り除いた上、国債の借換部分を除いた「純計」というものもあります。この純計について、経費別に分けたものが図5－17です。

規模は約240兆円、歳入のうち最も大きな部分を占めるのが公債金及び借入金で、

94・2兆円。約40％を占めます。そして、歳出を見ると、社会保障関係費が89・8兆円で1位。次に国債費が87・8兆円で2位です。純計で見ても、借金と社会保障費が大半を占めています。

借金と言うと、「将来世代への先送り」と言われ、あたかも今を生きる我々は負担をしないかのように錯覚してしまうかもしれませんが、間違いです。これまで繰り返し見てきたとおり、国の財政において、借金返済に当たる部分は極めて大きくなっています。これが大きく財政の足を引っ張り、今を生きる私達のためのお金が十分に回っていない状況が生まれています。それが保育園の不足や大学の補助金削減等に現れています。つまり、「未来のための投資」にお金が回っていないのです。**我々は、先人達が先送りした「負担」をもう受けています。**

通貨安インフレを制御できない日銀

ここまでの話をまとめると、日本は特大の借金をしており、借金返済のためのお金も借金で調達しているという究極の自転車操業状態です。かろうじて国債を低金利で市中消化しきれているため、なんとか持っています。このギリギリの状況に大きく貢献しているのが、アベノミクス第1の矢「異次元の金融緩和」なのです。

日銀は、当初は50兆円、ピーク時には80兆円のペースで国債保有残高を増やしました。ここで重要なのは、この「80兆円」というのは、国債純増額ということです。これがあまり理解されていません。日銀がもともと持っている国債は、償還日が来ると償還により消えてしまうので、日銀はその分まで再購入しています。したがって、総購入額はもっと莫大な額になるのです。

例えば、日銀の保有国債のうち、10兆円が償還日を迎えるとしましょう。政府は日銀に対し、10兆円を支払う必要があります。政府はそのお金をどこから調達するのか。既に述べたとおり、政府は借金の大部分を借り換えているだけです。したがって、借換債10兆円を発行して、お金を調達するのです。この借換債10兆円を、銀行等に買ってもらいます。そして、銀行等は、日銀当座預金から購入代金を政府に支払います。つまり、銀行等が借換債10兆円を買うと、日銀当座預金から政府預金に10兆円お金が移動します（なお、政府預金はマネタリーベースに含まれません）。日銀当座預金が10兆円減るということです。簡略化するとこういうことです。

①政府が借換債10兆円発行
②銀行等が借換債10兆円購入

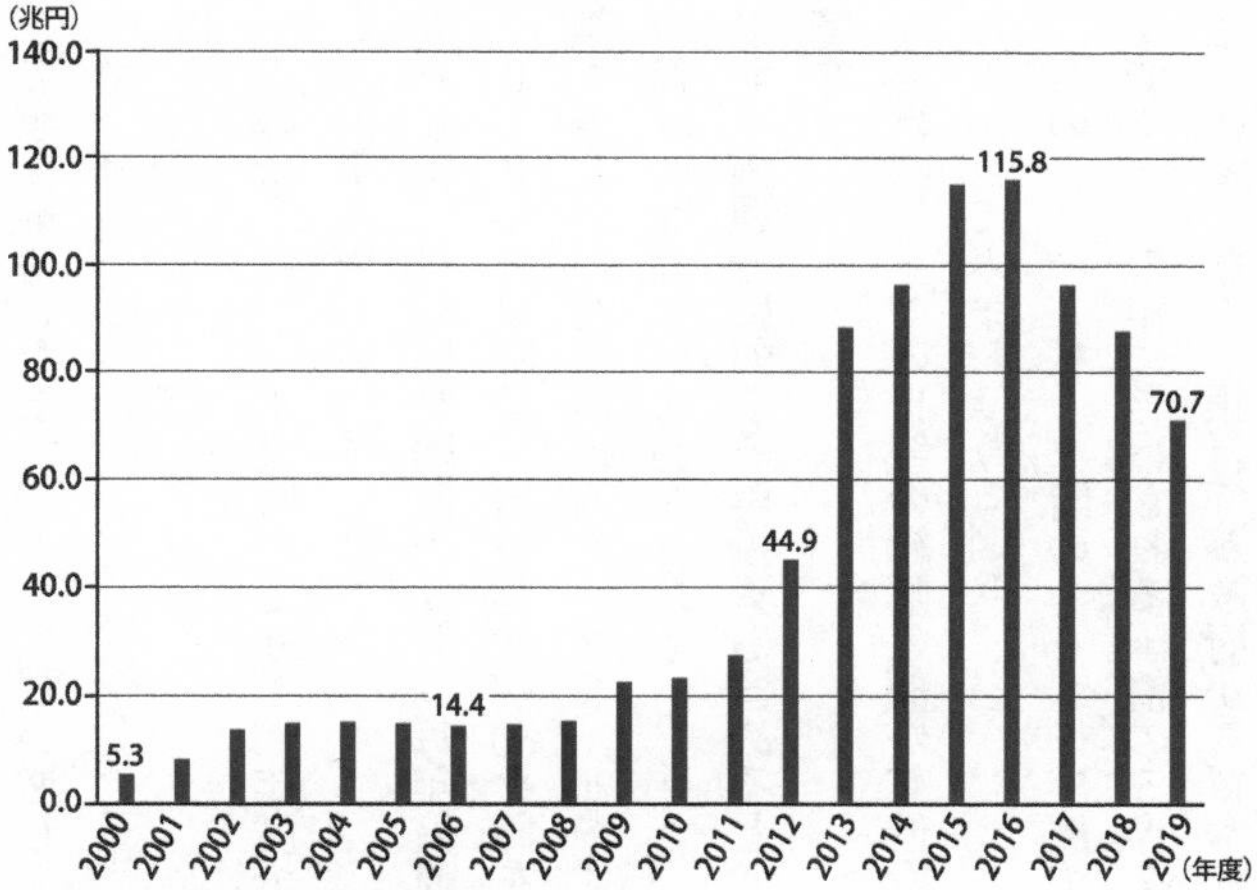

図5-18　各年度国債買入総額（兆円）
（出典　日本銀行「時系列統計データ検索サイト」）

③日銀当座預金10兆円減少
④政府預金10兆円増加
⑤政府から日銀へ10兆円支払い（政府預金10兆円減少）
⑥日銀が保有していた10兆円の国債消滅

このように、満期が来ると10兆円分の国債が消えると同時に、**10兆円のマネタリーベースも消えてしまう**のです。

ここで、日銀が銀行等から再度国債10兆円を買い入れたらどうなるでしょう。日銀当座預金の減少分10兆円が、また元に戻ります。つまり、**マネタリーベースが元に戻る**ということです。

こうやって償還で消える分まで再投資

して額を維持した上で、新たに買い増して国債残高を増やしていく必要が生じます。したがって、日銀の国債総購入額は莫大な金額になります。その推移を見てみましょう（図5－18）。

このように、ピーク時の２０１６年度で１１５・８兆円、ペースが落ちた２０１９年度でも70・７兆円も買っています。

そして、日銀保有国債のうち、毎年償還を迎える国債の推移を示したものが図５－19です。２０１８年度以降は、償還総額が50兆円を超えています。さらに、買入総額から、この償還額を差し引いた国債純増額が図５－20です。２０１５年度において、純増額がちょうど80兆円程度になっているのが分かるでしょう。「残高を80兆円増やす」というのはこういうことです。**償還分に対する再投資も含めると、80兆円よりもはるかに大きな額を購入しているのです。**

では次に、この日銀の総購入額が、借換債も含めた毎年の国債総発行額の何割を占めているのか見てみましょう（図５－21）。

このように、ピーク時の２０１５年度で約70％、ペースの落ちた２０１９年度ですら約50％です。その年に発行される国債の５～７割を買っているのです。政府から直接購入しているわけではなく、銀行等が政府から買った国債をすぐ買い取っています。これを「日銀トレ

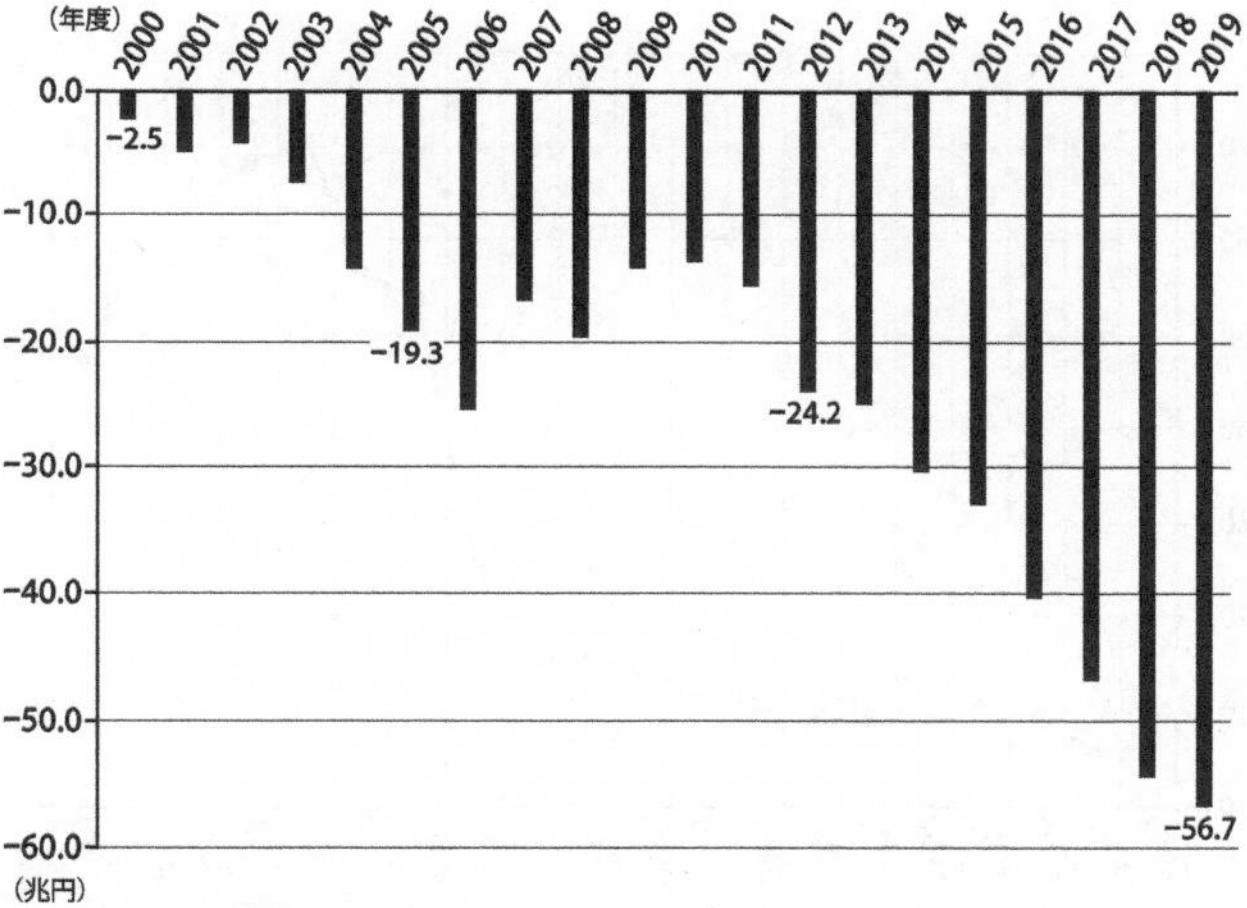

図5-19　国債償還総額（図5-18と同）

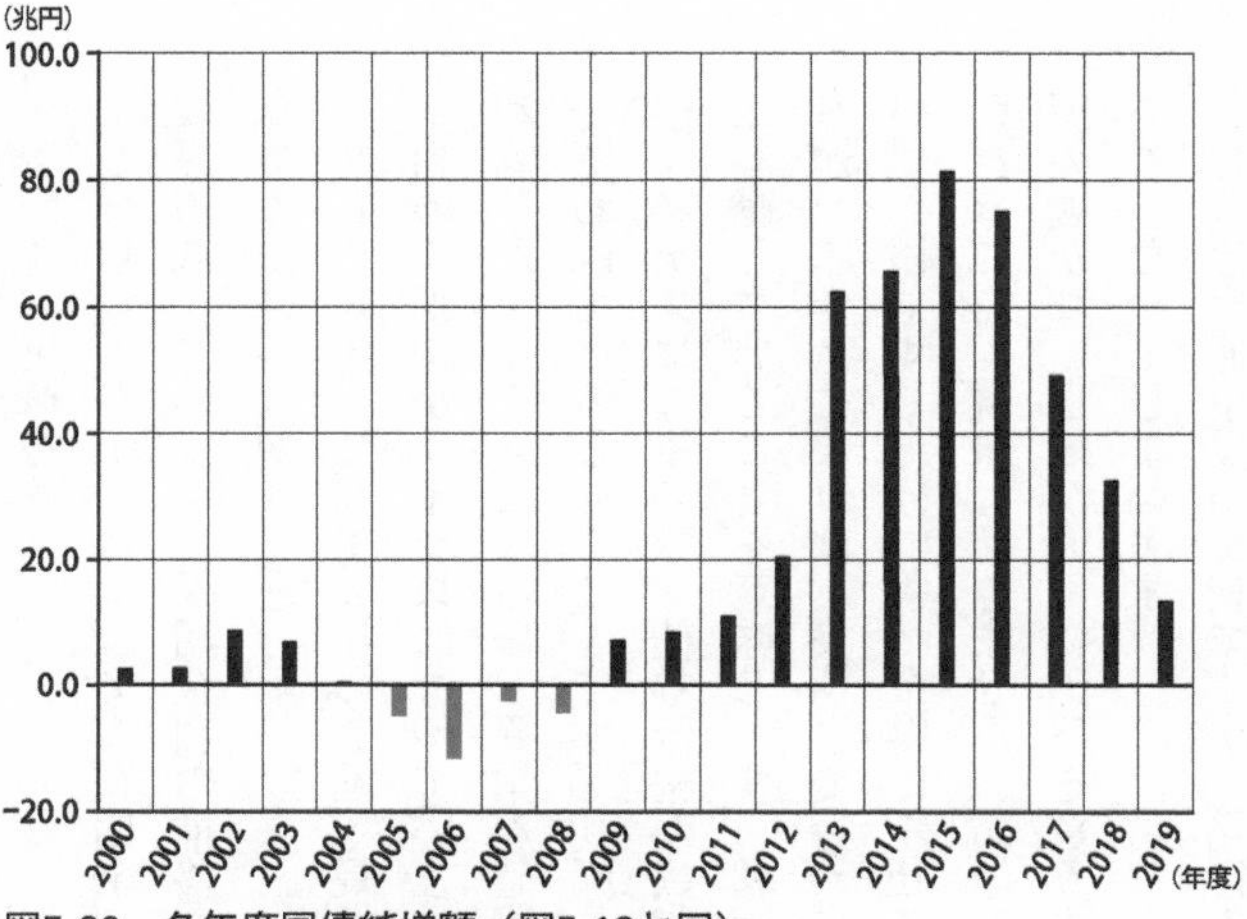

図5-20　各年度国債純増額（図5-18と同）

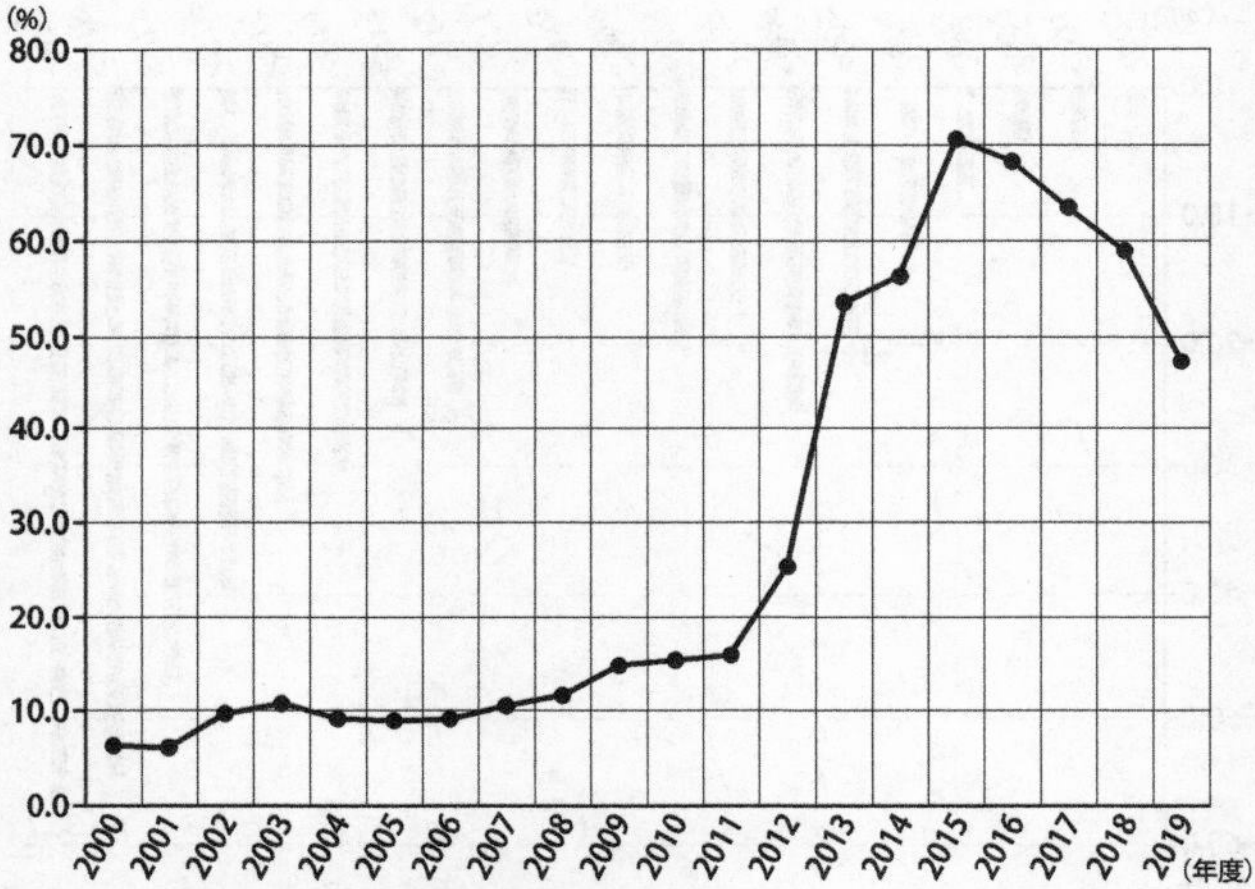

図5-21　日銀買入総額／国債総発行額
（出典　日銀買入総額、国債総発行額は図5-18と同）

ード」などと呼びます。

この日銀トレードによって、長期金利は歪《ゆが》められています。長期金利の推移を見てください（図5－22）。

2016年と2019年の2回、長期金利の年平均がマイナスになっています。長期利回りがマイナスになるほど異常な値段で買われているということです。利回りがマイナスになるのは、債券価格が異常に高騰していることを意味します。利回りがマイナスになれば、満期まで持っていても損をするだけです。市場に任せていればこんな現象は起きません。市場原理の働かない日銀が大量に国債を買うのでこうなってしまいます。

これは流通市場の金利ですが、発行市

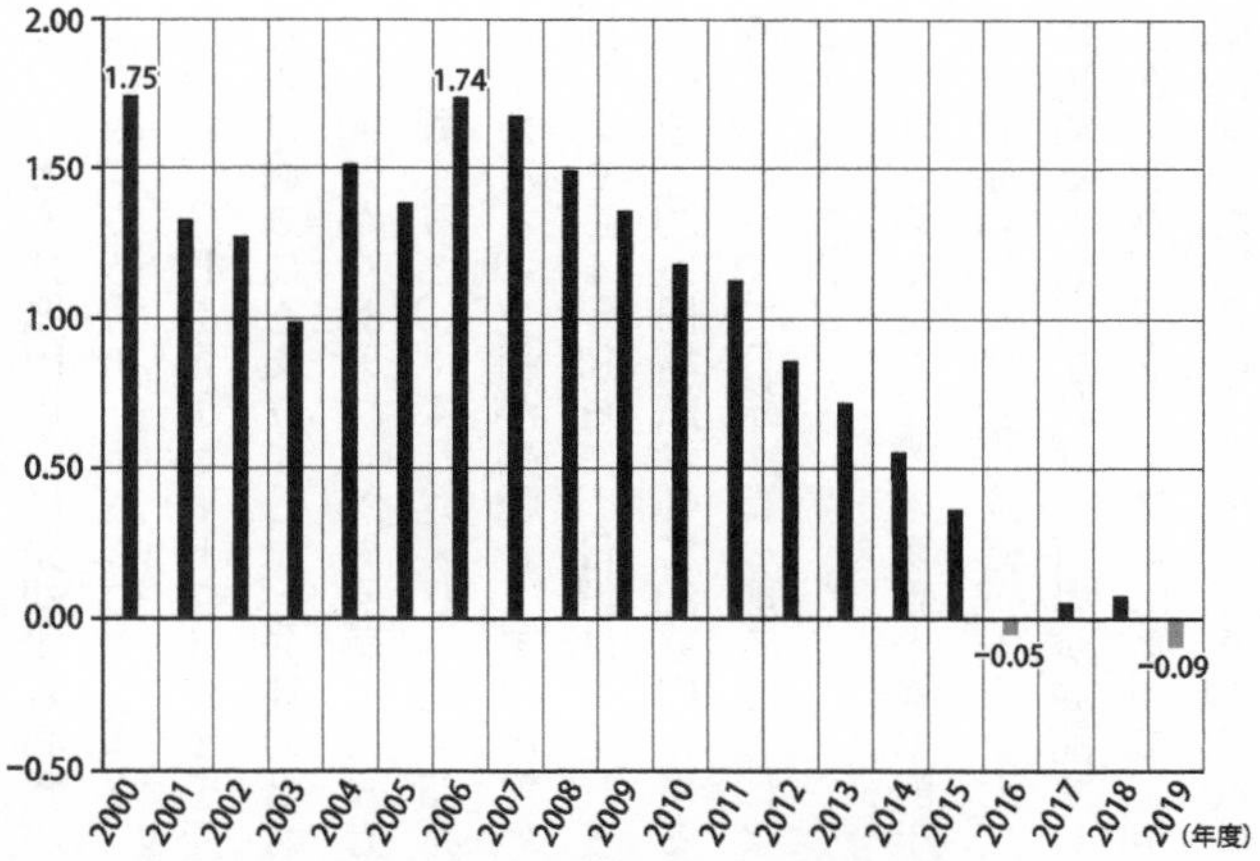

図5-22　長期金利推移（出典　財務省「国債金利情報」）

場の段階でも、応募者平均利回りは２０１６年と２０１９年にマイナスを記録しています。それでも買手がいるのは、日銀にもっと高く売れるからです。

なお、これは年金運用額の下押し要因にもなります。２０１４年10月に変更したポートフォリオでは、以前より割合を減らしたとはいえ、国内債券の基本割合は35％でした。その大部分は日本国債ですから、こうやって金利が抑え込まれると、利息収入が少なくなります。これが影響したのか、ＧＰＩＦはポートフォリオを見直し、国内債券の基本割合を35％から25％へ減らす一方、外国債券の基本割合を15％から25％へ増やす方針を発表しました。そうすると、保有している日本国債を少なくとも10兆円以上は売却する必要があり、市場に大きな影響が出ますが、これは日銀が買い取って影響を抑え込むのでしょう。

なお、GPIFがポートフォリオを変更して国債を売却する際、日銀がそれをアシストするのは過去にもありました。先述のとおり、GPIFは2014年10月に国内債券の基本割合を60%から35%へ、25%も落としました。当時の総資産は140兆円程度ですから、単純に計算すると、140兆×0・25＝35兆円ぐらい日本国債を売りにだすことになります。そのままだと、金利が高騰し（国債価格は下落し）、市場が大騒ぎになってしまいます。しかし、同じ2014年10月に、日銀は、それまで年50兆円のペースで国債残高を増やすと言っていたのを、30兆円増加させて80兆円にすると発表しました。これはきっと偶然ではないでしょう。こうやって日銀が買い取ることにより、金利の高騰を抑え込もうとする目的もあったのだと思います。

では、めでたく目標の物価上昇率前年比2%を達成した場合、日銀はどうするのでしょうか。日銀は、物価目標を達成したとしても、すぐには緩和を止めないと言っています。すぐに止めると公言すれば、市場が混乱するからでしょう。しかしながら、何かの原因で円安が大きく進み、円安インフレによって、年2%どころではなく、3%とか4%とかの物価上昇率になった場合はどうでしょう。これは決してあり得ないことではありません。今までだって、2014～2015年の原油の大暴落という偶然が無ければ、円安インフレによってそれぐらい物価が上がってしまう可能性は十分にありました。

物価が上がり過ぎてしまった場合、今度はそれを抑え込まなければなりません。賃金や年金がそれに追いつかずに生活が苦しくなるからです。

ここでもう一度復習です。金利が下がればお金が借りやすくなるので、貸し出しが増えます。貸し出しとは、貸したお金に相当する預金記録が新たに発生することです。つまり、貸し出しによって預金通貨が増えます。預金通貨が増えるということは、世の中に出回るお金が増えるということです。世の中に出回るお金が増えれば、値段を高くしても物が売れますから、インフレになります。金利を上げればその逆の現象が起きますので、インフレを抑え込むことができます。

そして、金利の上げ下げの手段が、日銀と銀行等の間で国債を売り買いすることでした。日銀が国債を買い取れば、銀行等が日銀に持っている日銀当座預金に代金が振り込まれ、残高が増えます。そうすると、お金の希少価値が下がり、銀行間で行われている貸し借りの金利が下がります。銀行間取引の金利が下がれば、銀行が民間に貸し出す際の金利も下がります。このように、「買いオペ」をやると、金利が下がっていきます。

逆に、日銀が銀行等に国債を売れば（売りオペ）、日銀当座預金が減ります。そうなるとお金の希少価値が高まるので、銀行間の貸し借りの際の金利も上がり、銀行が民間に貸し出す際の金利も上がります。こうやって、買いオペ・売りオペで金利を上下させ、世の中に出回るお金の量を調節するのです。

では、現在の状態でインフレが予想以上に進行した際に、日銀がそれを抑え込むために「売りオペ」をやったら一体どうなるでしょう。日銀は直近2019年度ですら、発行額の約5割を買い占めてしまう史上最大の買手です。この買手が、急に売手に転じたら市場はどう反応するでしょう。間違いなく国債を売りに走ると思います。

そうなれば国債は大暴落です。金利は急騰します。そんな危ない状態になったら、誰も円を持っていたくないでしょう。だから為替市場における急激な円売りも同時に起こります。そして、猛烈な円安インフレが、国民生活を地獄に叩《たた》き落とすでしょう。日銀に国債を直接引受させても円安インフレは止まりません。むしろ悪化するでしょう。直接引受は、政府が通貨を発行し放題になるのと同じ状態であり、そのような状態になれば、どんどん円が発行され、その価値が落ちていくことは目に見えているからです。投資家がそんな危ない通貨を持ち続けていたいと思うはずがないでしょう。したがって、売りオペはどう考えてもできません。というより、買うのを単に止めるだけでも、国債は暴落するでしょう。多くの投資家が前提にしていた「日銀トレード」が無くなってしまうのですから。

このように、**想定以上のインフレが起きてそれを鎮圧しようとする際に、通常の手段である「売りオペ」ができないことが、アベノミクス最大の副作用と言ってよいのです。**

そして、買うのを急に止めることもできません。そうするとやはり国債が暴落して金利が上がり過ぎてしまうからです。市場の5割を占める投資家がいなくなるのだから当然です。金利が上がり過ぎた場合、新規国債の表面利率はその高い金利に合わせなければなりません。また、借換債の表面利率も同様に上げる必要があります。表面利率を高く設定しないと、安く落札されてしまい。目標額を調達できないからです。

高い金利を払うためには、さらにたくさん借金をしなければなりません。日本財政は、税収等政府の自前の収入でその年の経費分すら賄えておらず、借金を全て借金で返しているような状態だからです。借金が増えれば財政への信頼が落ち、それはさらなる金利上昇要因になります。このように、金利上昇↓借金増大↓財政への信頼低下↓金利上昇↓借金増大↓金利上昇↓……と地獄の金利上昇スパイラルが発生してしまう可能性があります。こうなると、円も運命を共にし、どんどん円安になり、円安インフレは止まらないでしょう。

このように、金利が急に上昇すると、とんでもないことになってしまいますが、かといってインフレが想定以上に進行した場合に、日銀が何もしないわけにはいきません。なぜなら、インフレが進行しているということは円の価値がどんどん下がっていくということであり、

それに対して日銀が何もせず放置していれば、ますます為替市場で円が売られ、円安インフレが進行してしまうからです。誰も価値が落ちていく通貨をそのまま持っていたくないから、どんどん売られてしまうのです。また、金利を引き上げて適切に預金通貨の量を調節しなければ、株や土地等への投機を招き、バブルを発生させてしまいます。日本は一度それで大失敗をしています。

そこで市場に混乱をもたらすことなく適度に金利を上昇させる方法として考えられているのが、日銀当座預金の金利を引き上げる方法です。例えば、日銀当座預金に2%の金利をつけると言った場合、銀行等は、民間への貸出金利をどう設定するでしょうか。きっと2%よりは高く設定するでしょう。なぜなら、単に日銀に預けておくだけで2%増えていくからです。このように、日銀当座預金の金利が最低限の金利となるので、これを徐々に上げていけば、銀行等の貸出金利も上げていけるというのです。

しかし、ここで大きな問題になるのが、日銀の当座預金の額が巨大すぎるということです。2019年度決算における日銀のバランスシートを見てみましょう（図5-23）。資産のうち、最大を占めるのが、国債約486兆円。負債のうち最大のものが当座預金約395兆円です。これを計算しやすいように400兆円としましょう。400兆円に金利が1%つけば4兆円です（厳密に言えば、金利は当座預金から預金準備額を除いた部分に付きます

（兆円）

資産		負債及び純資産	
金地金	0.44	発行銀行券	109.62
現金	0.21	当座預金	395.26
国債	485.92	その他預金	51.82
コマーシャル・ペーパー等	2.55	政府預金	12.63
社債	3.22	売現先勘定	24.12
金銭の信託（信託財産株式）	0.73	その他負債	0.08
金銭の信託（信託財産指数連動型上場投資信託）	29.72	退職給付引当金	0.20
金銭の信託（信託財産不動産投資信託）	0.58	債券取引損失引当金	4.80
貸付金	54.33	外国為替等取引損失引当金	1.41
外国為替	25.97	資本金	0.00
代理店勘定	0.02	法定準備金	3.25
その他資産	0.59	当期剰余金	1.30
有形固定資産	0.22		
無形固定資産	0.00		
合計	604.48	合計	604.48

図5-23　日銀バランスシート（出典　日本銀行）

が、ここでは簡略化して説明します）。2％なら8兆円、3％なら12兆円です。このように、数％上がるだけで莫大な利払費負担が生じるのです。

他方、日銀の収入の大半を占めるのが、500兆円近く保有している日本国債からの利息です。2019年度決算で言うと、日銀の経常収益1兆6375億円のうち、国債利息が1兆1960億円です。経常収益の7割ぐらいが国債利息ということですが、金利が異常に抑えつけられているため、約486兆円も保有しているのに、金利は1兆1960億円しかないのです。単純に保有残高に対する金利を出すと約0・25％しかありません。このように、最大の資産からは超低金利のため少ない利息収入しか入らない一方、最大の負債の方の金利を上げてしまうと、入ってくるお金より出ていくお金の方が遥かに大きくなり、日銀は大赤字になります。そして、日銀の純資産は引当金を含めても約9・5兆円しかありませんので、赤字がこれを超過すると、債務超過ということになります。普通の会社なら倒産です。

しかし、普通の会社と違い、日銀は通貨発行機関ですので、支払い不能になることはありません。問題は、債務超過に陥った中央銀行の通貨が為替市場において信用を保てるのか、ということです。信用を失えば円売りが起き、円安インフレにつながります。つまり、結局インフレを抑えられないことになってしまうので、日銀当座預金の金利引き上げはやってもあまり意味がないことになってしまいます。

なぜどの国も政府ではなく、中央銀行が通貨発行権を有し、政府から独立しているのか。それは、政府に通貨の発行権を持たせると、必ず通貨を発行し過ぎてしまい、インフレ・スパイラルが発生するからです。だから中央銀行に通貨発行権を持たせ、「通貨を発行し過ぎない」ようにしているのです。通貨に対する信用は、この「中央銀行が通貨を発行し過ぎない」という信頼に裏付けられていると言えるでしょう。そして、中央銀行自身の財務の健全性を保つことも、この「通貨を発行し過ぎない」という信頼に結び付きます。なぜなら、中央銀行自身の財務の健全性を無視すれば、いくらでも通貨を発行出来てしまうからです。したがって、日銀が債務超過になれば、通貨の信用を保つことができないのではないかと思われるのです。

なお、日銀当座預金への付利引き上げとは別の理由で債務超過が起きることが危惧《きぐ》されています。それは、日銀が30兆円超（薄価）も保有しているETFの評価損です。コロナショックにより株価が急落し、その後持ち直しましたが、この株価が実態を反映していないことは誰もが認めるでしょう。つまり、今後もまた暴落し、これが原因で債務超過になる可能性があるのです。ただし、これは株価に左右されるため、株価が回復すれば債務超過状態はすぐ解消されます。したがって、「債務超過といっても一時的なもの」と市場が受け止めれば、それほど円の信用に影響しないかもしれません。

しかし、日銀当座預金の付利引き上げは一時的なものではありません。高い付利を維持する限り、利息をその間ずっと維持しなければいけません。想定を超えるインフレが長く続けばずっと赤字を垂れ流す必要があるということです。しかも、国債市場への影響を考えると、おそらく償還分は再投資して、残高を維持しつつ付利を引き上げざるを得ないのではないかと思います。つまり、日銀当座預金が無限に増殖し続けます。これではさすがに円の信用は維持できないと思います。

私は、日本に経済成長による健全なインフレが発生することはもはやないと思っています。

起きるとしたら、円の信用が失われることによる円安インフレです。そして、たしかに日銀当座預金の付利引き上げは金利を上げる手段として理屈の上ではできるかもしれません。しかし、債務超過になる可能性を考えると、結局円安インフレを鎮める手段にはなり得ないのではないかと思っています。

他に金利を引き上げる方法としては、法定準備預金の準備預金率を思いっきり引き上げる方法が考えられます。法定準備預金とは、引き出しに備えるため、金融機関が保有する預金のうち一定割合を日銀当座預金にいれることを義務付けるものです。現在は、現金の種類と保有している預金の規模ごとに、0・05〜1・3%の準備預金率が定められています。現在の法律では、この準備率を20%まで上げることができます（準備預金制度に関する法律第4条2項）。

準備預金率を思いっきり上げて法定準備金を増やせば、その分は貸し出しに回すことができなくなります。つまり、金融機関が貸せるお金が減るということです。金融機関は減った分について、金利を上げることでカバーしようとするでしょう。そうやって金利が上がればお金が借りにくくなり、世の中に出回るお金が減ると考えられるのです。しかし、この方法は金融機関の収益に大きなダメージを与えるのではないかと言われています。本来なら貸し出せるお金を貸し出すことができなくなるからです。これはやってみないと分かりません。

インフレが急激に進行して手が付けられなくなった場合に取りうる究極の方法としては、預金封鎖があります。一定額以上の預金を引き出せなくするのです。これで流通するお金の量を強制的に減らすことができるので、インフレを抑える効果があります。そして、封鎖した預金に対し、思いっきり課税すれば、財政を急激に回復させることができます。太平洋戦争後の日本はそれをやりました。「財産税」という極端な税を課したのです。この税は超過累進課税方式が取られ、最低税率は25%、最高税率は90%にも達しました。

なお、預金封鎖と言うと、「封鎖される前に引き出せば逃げられるのではないか」と思うかもしれません。しかし、かつての日本は「新円切替」を組み合わせました。そして、新円は、旧円を預金し、それを引き出す際にしか発行されません。こうすると、みんな預金せざるを得なくなります。２０２４年から一万円札の肖像画が福沢諭吉《ふくざわゆきち》から渋沢栄一《しぶさわえいいち》に変更されますが、例えば「福沢紙幣は無効。渋沢紙幣はいったん預金した者にのみ発行する」と言われれば、預金せざるを得ませんね。このように、新円切替・預金封鎖・財産税の3点セットで強制的に通貨量を減らすと同時に、一気に財政再建を果たすという手段も考えられます。

ただし、日本がかつてこれをやった時には、まだ明治憲法下であり、緊急勅令というものを使って行いました。今の憲法には緊急勅令のような緊急事態条項はありません。したがって、法的に同じことをできるのかという疑念があります。

このように、**いざ想定を超えるインフレが生じてしまった場合、それを抑え込むことができなくなってしまうのではないか、という点が、アベノミクス最大の副作用です。**そして、経済成長に伴う健全なインフレならいいものの、日本に今後起こりうるインフレは、「円安インフレ」です。これは日本財政への信頼が失われることにより発生するインフレです。日本は毎年借金の元本をほとんど返済していません。国債のうち、最大の割合を占める建設国債・特例国債については、その残高の1・6%しか返済していません。古い借金は新しい借金で返済し、その上に、経費の不足を補うための新しい借金をしているのです。これは国債の買手がいるから成り立つものですが、国債の買手が「もうさすがに危ない」と考えて手を引けば、あっという間に国債が暴落し、円も運命を共にします。

日銀が異次元の金融緩和を始める前の時点でも、国債の金利は大きく下がっていました。これは、有望な投資先がなく、さりとてお金を遊ばせておくわけにいかないので、「とりあえず国債を買っておこう。国債なら安全だろう」とみんなが同じことを考えて買った結果です。「周りが買うから自分も買う」状態であったと言えるでしょう。

このような思考停止状態であったことに加え、まだまだ増税余地があったことも大きかったと思います。諸外国は消費税率（付加価値税率）の高い国がほとんどであり、EUは加盟国に最低でも15%以上の付加価値税率を課すよう求めています。大半は20%を超えています。

軽減税率を定めている国もありますが、結局対ＧＤＰ比で見ると、日本よりはるかに多く取っています。このように、他国と比べると、アベノミクス前は５％に過ぎなかった日本の消費税率は、まだまだ上げる余地がありましたし、さすがに上げるだろうと市場も思っていたのでしょう。

ところが、日銀が爆買いをするようになってからは、「周りが買うから買う」状態から「日銀が買うから買う」状態に変化してしまいました。さらに、日銀が金利を抑え込んでいるので、増税を２回も延期できました。もし、日銀がいない状態で消費税の増税を延期した場合、日本財政の持続可能性に疑問がもたれ、大きく国債が売られてしまっていた可能性は高いです。そうなれば円も暴落して大騒ぎになっていたでしょう。つまり、**金利は財政に対して警告を発する役割を果たすのですが、日銀のおかげで警告機能は失われました。**今の日本財政は強烈な麻酔をずーっと打っている状態です。大手術が必要な患者に麻酔を打って放置しておいたらどうなるでしょう。死んでしまいますね。日本財政も同じです。好き勝手なことをすれば、最終的に為替市場の信頼を失い、円が暴落してしまうのです。

そして、コロナショックで経済に大きなダメージが生じましたから、税収は絶望的に落ち込み、さらに、大規模な財政出動も必要になりました。先ほども述べたとおり、２０２０年度の２次補正後の国債発行予定額を見ると、借換債等も含めた総発行額は２５３兆２６４８

億円です。今までの最大発行額は2012年度の177兆5303億円ですが、これを遥かに上回る史上最大額となりました。果たしてこれを市中消化しきれるのでしょうか。日銀トレードがあるとはいえ、発行市場で購入される国債の全てに日銀トレードが行われているわけではありません。銀行等が「日本財政が危ない」と判断して国債を引き受けてくれなければ、大変なことになります。政府は必要なお金を調達できなくなり、借換ができなくなります。借換ができないということはデフォルトです。日銀に国債を直接引受させることにより、形式的にデフォルトを避けることはできますが、それをやると為替市場の信頼を失い、円の暴落が止まらなくなります。円が暴落すれば、市中消化はもうできないでしょう。価値が落ちていく通貨で建てた国債など持っていても意味がないからです。

そして、円が暴落した時にはじめて「日銀がインフレを制圧できない」というアベノミクスの副作用が露わになるのです。もし今後もずーっと為替市場において円の価値が維持されるのであれば、副作用はばれません。しかし、ひとたび暴落すればもう何もできません。預金封鎖・新円切替・財産税の3点セットで抑え込むしかなくなるでしょう。法的にどうやって実行するのかは分かりませんが。

アベノミクスと年金

この章の最後に、アベノミクスと年金の関係について説明しましょう。両者は密接に関連しています。結論から言えば、アベノミクスは「年金減額政策」と言っても過言ではありません。

年金を支給し始める際に決定される年金額を新規裁定年金、それ以降の受給中の年金額を既裁定年金といいます。新規裁定年金は、世の中の賃金の変動に合わせます。これを賃金スライドと言います。世の中の賃金が上がっていけば、賃金スライドで年金支給額も上がっていきます。

他方、既裁定年金は、物価に合わせて変動させます。例えば、物価が1％上がれば年金支給額も1％上げる、というように調整します。これを物価スライドといいます。ただし、ここがややこしいのですが、物価上昇率が賃金上昇率を上回ってしまった場合、物価ではなく、賃金上昇率に合わせます。賃金上昇率が物価スライドの上限ということです。例えば、物価が2％上がったとしても、手取り賃金の伸びが0％の場合、スライドはさせません。

まとめると、新規裁定年金は賃金に、既裁定年金は物価に応じてスライドさせる、ということです。「マクロ経済スライド」というのは、この賃金スライドまたは物価スライドによる年金支給額の**上昇を抑える**仕組みです。マクロ経済スライド率は、次の①と②を合計した額で決まります。

①公的年金全体の被保険者数の減少率の実績

②平均余命の伸びを勘案した一定率（0・3％）

①は少子化に対応するもので、実績によって毎年変動します。②は高齢化に対応するもので、こちらについては固定です。具体的に、マクロ経済スライドのスライド率が0・9（①が0・6、②が0・3）で、それを既裁定年金の物価スライドに適用する場合について考えてみましょう。例えば前年の物価上昇率が2％だったとします（なお名目賃金上昇率はそれ以上ということにします）。以前までだと、年金支給額の方も2％引き上げるはずです。そうしないと、生活が苦しくなるからです。しかし、「マクロ経済スライド」によって、この2％から、0・9％が差し引かれます。つまり、**物価が2％上がっても、年金支給額は1・1％しか上がりません**。したがって、名目だけ見ると年金支給額が1・1％上がったように見えますが、物価変動の影響を除いた実質で見てみると、**以前より年金支給額を0・9％減らされたことになるのです**。

要するに、マクロ経済スライドというのは、物価が上昇した場合、既裁定年金を実質的に減額する効果を発揮します。ただし、既裁定年金について、名目額を下げることはしません。例えば前年の物価上昇率が0％だった場合、名目の支給額を0・9％削る、ということはしないのです。既裁定年金について言えば、**物価が上がった場合のみ発動されるのがマクロ経済スライドです**。なお、新規裁定年金については、前述のとおり、物価ではなく、賃金に連動して裁定されるため、マクロ経済スライドによって抑制されるのは、賃金スライドのみです。

これは年金の増額を抑える仕組みとして非常に巧妙です。**なぜなら、「分かりにくい」からです**。名前もよく意味が分かりませんし、仕組みも複雑です。その効果に即して適切な名前を付けるのであれば、新規裁定年金については「**年金増額抑制スライド**」、既裁定年金については「**実質年金減額スライド**」とでもするべきでしょう。

新規裁定年金については、どういう仕組みで裁定されるのか、詳しく知っている人は多くは無いでしょう。したがって、年金増額が抑制されても気付かないと思います。

そして、既裁定年金については、マクロ経済スライドによって名目額が前年よりマイナスになることは無いため、金額だけを見れば減っていません。物価を考慮して初めて実質的に減額されたことに気付きます。しかし、多くの人は消費者物価指数なんて見ていないですから、「実質的に減額された」と感じることは無いでしょう。ただ「生活が苦しくなったな」

と感じるだけです。名目額を減額してしまうと非常に分かりやすいので国民の猛反発を受けますが、このような手法を取ればばれません。

明らかに失敗に終わっているアベノミクスですが、もし狙ったとおりに「前年比2％の物価上昇」を達成していた場合、一体どうなっていたかというと、実質的に年金を大きく減額されていたことになります（厳密に言うともう既に実質減額はされています）。

マクロ経済スライドが発動されたのは、2015年度と2019年度の2回です。2015年度は0・9％、2019年度は0・1％でした。つまり、もう既に合計で1％、実質的に年金を減額されています。

そこで、仮に物価が毎年2％ずつ上昇するとし、かつ、マクロ経済スライドが2015年度と同じ0・9％で毎年発動されるとした場合の、既裁定年金額を考えてみましょう。物価が毎年2％ずつ10年間上昇した場合、物価は10年間で約22％上昇します。ところが、毎年マクロ経済スライド0・9％が発動された場合、既裁定年金の上昇は毎年1・1％に抑え込まれます。これで10年経過すると、約12％しか年金額は上昇しません。物価の上昇分が22％ですから、**実質的に10％減額されたのと同じ結果になります**。これはあくまで仮の計算であり、実際にはマクロ経済スライド率は実績に応じて毎年変動しますが、物価がアベノミクスの想定通りに上がり続けた場合、毎年マクロ経済スライドが発動するのは間違いありません。

なお、新規裁定年金については、物価ではなく賃金に連動するので、賃金が全然上がらない場合、マクロ経済スライドは関係ありません。

このように、アベノミクスがうまくいった場合、年金が実質的に見てどんどん減額されることになるのです。ところが、受給者が見るのは名目額です。消費者物価指数を把握している人などごく少数でしょう。そして、名目額だけ見れば増えていますから、実質的に減額されていることに気付く国民はごく少数です。**サイレント年金減額**と言ってよいでしょう。

アベノミクスが高齢者に影響するのはこれだけではありません。先ほど見たとおり、2％の物価上昇が10年間続くと、約22％も物価が上昇することになります。つまり、お金の価値が22％下がるということです。もし預金を何も運用せずそのままにしておいた場合、実質的に22％減ることになります。厳密には預金の利息があるのでそこまで減りませんが、利息を無視した場合、預金2000万円なら440万円減ったのと同じです。

このように、アベノミクスは、年金と預金で暮らしていかざるを得ない高齢者を窮地に追い込む政策と言えるのですが、ほとんどの人は理解していないでしょう。「物価を上げていく」というのはそういうことです。

(%)

		将来の経済状況の仮定		経済前提				(参考)
		労働力率	全要素生産性(TFP)上昇率	物価上昇率	賃金上昇率(実質〈対物価〉)	運用利回り 実質〈対物価〉	運用利回り スプレッド〈対賃金〉	経済成長率(実質)2029年度以降20〜30年
ケースI	内閣府試算「成長実現ケース」に接続するもの	経済成長と労働参加が進むケース	1.3	2.0	1.6	3.0	1.4	0.9
ケースII			1.1	1.6	1.4	2.9	1.5	0.6
ケースIII			0.9	1.2	1.1	2.8	1.7	0.4
ケースIV	内閣府試算「ベースラインケース」に接続するもの	経済成長と労働参加が一定程度進むケース	0.8	1.1	1.0	2.1	1.1	0.2
ケースV			0.6	0.8	0.8	2.0	1.2	0.0
ケースVI		経済成長と労働参加が進まないケース	0.3	0.5	0.4	0.8	0.4	-0.5

図5-24　2019年財政検証　諸前提（出典　厚生労働省）

2019年年金財政検証

年金の話になったついでに、政府の年金財政検証についても見ていきましょう。これは、5年に一度、年金財政の将来見通しについて政府が公表している試算です。直近の年金財政検証は、2019年に行われました。検証の諸前提をまとめた表が図5-24です。

一番良い方から悪い方まで、全部で6ケースが想定されています。そして、それぞれのペースで進行した場合に、所得代替率がどうなるのかを示したのが図5-25です。所得代替率とは、年金を受け取り始める時点（65歳）における年金額が、現役世代の平均手取り収入額（ボーナス込み）と比較してどのくらいの割合か、を示すものです。

○前回の財政検証と同様に、経済成長と労働参加が進むケースでは、マクロ経済スライド調整後も**所得代替率50%を確保**

※経済前提は、前回よりも控えめに設定
（実質賃金上昇率　前回：2.3%～0.7%→今回：1.6%～0.4%）

※労働供給は、前回よりも労働参加が進む前提
（就業率　前回：2030年推計：58.4%→今回：2040年推計：60.9%）〔労働参加が進むケース〕

※**所得代替率**…公的年金の給付水準を示す指標。現役男子の平均手取り収入額に対する年金額の比率により表される。

所得代替率＝（夫婦2人の基礎年金＋夫の厚生年金）／現役男子の平均手取り収入額
2019年度：61.7% ＝ 13.0万円 ＋ 9.0万円 ／ 35.7万円

所得代替率（高↑低）	経済前提	給付水準調整終了後の標準的な厚生年金の所得代替率（%）	給付水準調整の終了年度（年度）		経済成長率（実質）2029年度以降20～30年（%）
経済成長と労働参加が進むケース〔内閣府試算の成長実現ケースに接続〕	**ケースⅠ**	**51.9**	**2046年 令和28**	2014年財政検証 ケースA～E 51.0～50.6%	**0.9**
	ケースⅡ	**51.6**	**2046年 令和28**		**0.6**
	ケースⅢ	**50.8**	**2047年 令和29**		**0.4**
経済成長と労働参加が一定程度進むケース〔内閣府試算のベースラインケースに接続〕	**ケースⅣ**	**50.0**	**2044年 令和26**	ケースF～G(注) 45.7～42.0%	**0.2**
		（注）46.5	**2053年 令和35**		
	ケースⅤ	**50.0**	**2043年 令和25**	(注)機械的に給付水準調整を進めた場合	**0.0**
		（注）44.5	**2058年 令和40**		
経済成長と労働参加が進まないケース〔内閣府試算のベースラインケースに接続〕	**ケースⅥ**	**50.0%**	**2043年 令和25**	ケースH 完全賦課方式での給付水準は37～35%程度	**-0.5**
	機械的に給付水準調整を進めると2052年度に国民年金の積立金がなくなり完全賦課方式に移行。その後、保険料と国庫負担で賄うことができる給付水準は、所得代替率38%～36%程度				

※2004（平成16）年改正法附則第2条において、「次期財政検証までの間に所得代替率が50%を下回ると見込まれる場合には、給付水準調整を終了し、給付と費用負担の在り方について検討を行う」こととされているが、5年後の2024年度の所得代替率の見通しは60.9%～60.0%となっている。

図5-25　2019年財政検証　検証結果（出典　図5-24と同）

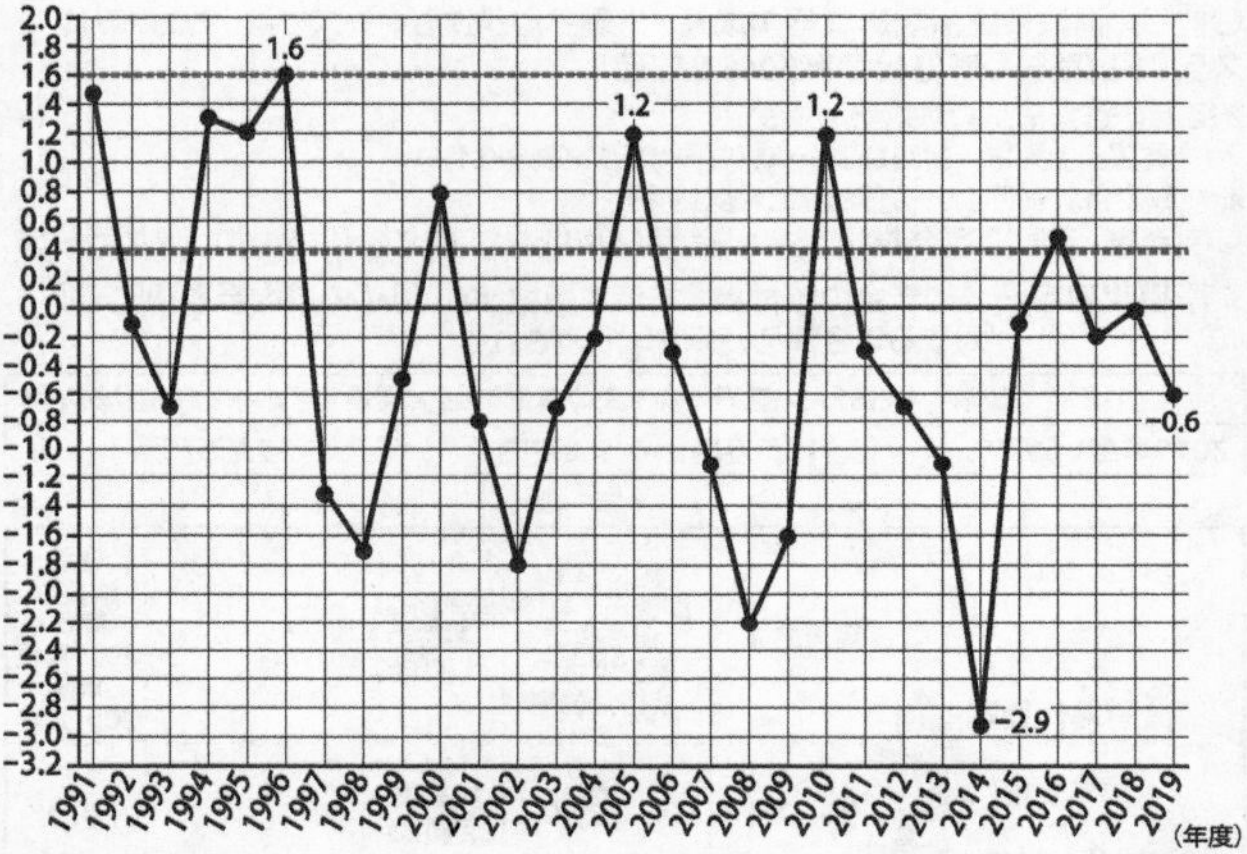

図5-26　実質賃金伸び率（出典　厚生労働省「毎月勤労統計調査」）

なお、この所得代替率は「かさ上げ」されていると批判されています。なぜなら、分母の現役世代の収入は税・社会保険料を引いた「手取り」なのに、分子の年金額は、税・社会保険料を引かない「額面」だからです。正確な数字を算出するなら、手取りか額面のどちらかに統一すべきでしょう。こういう欠点がある数字であることに注意が必要です。

図5‐25を見ると、最悪のケースですら、2043年度でも所得代替率50％をキープできることになっています。最高のケースだと、2046年度に51・9％です。なお、2019年度の所得代替率は61・7％ですから、そこから27年後には、最高のケースですら所得代替率が10％程度下がることになります。

この財政検証の前提が現実的なものなのか、実績と比較してみましょう。まず、実質賃金上昇率について、財政検証は、最低ケースで０・４％、最高ケースで１・６％、毎年上昇し続けることを前提にしています。

厚生労働省が公表している毎月勤労統計調査の賃金は、１９９０年度まで遡《さかのぼ》ることができます。したがって、伸び率は、１９９１年度まで遡って算出できます（図５－26。なお、１９９０年度については、１９８９年度のデータが無いので伸び率を算出できない）。

これを見ると、１９９１年度以降、**実質賃金の伸び率が１・６％以上になった年は、29年間で一度しかありません**。０・４％以上になった年ですら、８回だけです。２０００年度以降は、**19年間でたったの４回**。

次に、消費者物価指数について見てみましょう（図５－27）。財政検証は、最低ケースで０・５％、最高ケースで２・０％、毎年物価が上昇していくとしています。

消費者物価上昇率が２％以上になったのは、**29年間で３回**しかありません。他方、０・５％以上になったのは、29年間中10回。最近はアベノミクスの影響で円安による物価上昇が起きたため、アベノミクス以降の７年間中５回で物価上昇率が０・５％以上になっています。

ただし、２０１４年度は３・５％の物価上昇率のうち、２％は消費税増税による影響です（日銀の試算によると、３％の消費税率上昇による物価上昇率への影響は、２％程度とされていま

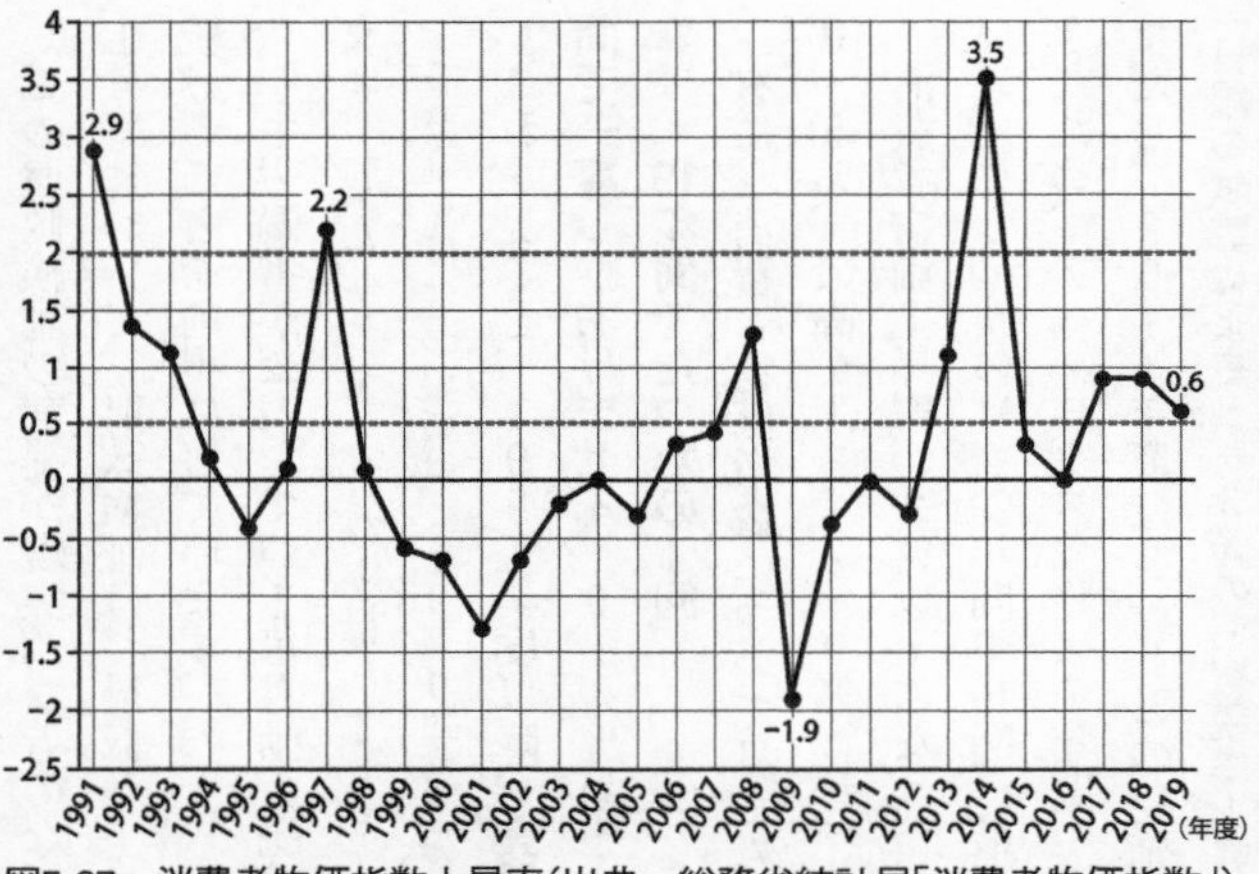

図5-27　消費者物価指数上昇率（出典　総務省統計局「消費者物価指数」）

す）。

次に、名目賃金の上昇率です。名目賃金は物価変動も含めたそのままの値です。実質賃金上昇率と消費者物価指数上昇率を単純に足すと、ほぼ名目賃金上昇率になります（厳密に計算してもそれほど変わりません）。財政検証の表には名目賃金上昇率が載っていませんが、実質賃金上昇率と消費者物価指数上昇率を足してみると、名目賃金上昇率は、最低ケースで０・９%、最高ケースで３・６%毎年上昇することを前提にしていると言えます。では実績を見てみましょう（図５−28）。

最低ケースである０・９を超えた年度は、29年中７回しかなく、しかも全て１９９０年代です。２０１８年度はぴったり０・９ですが、これは第２章で説明したとおり、算出方

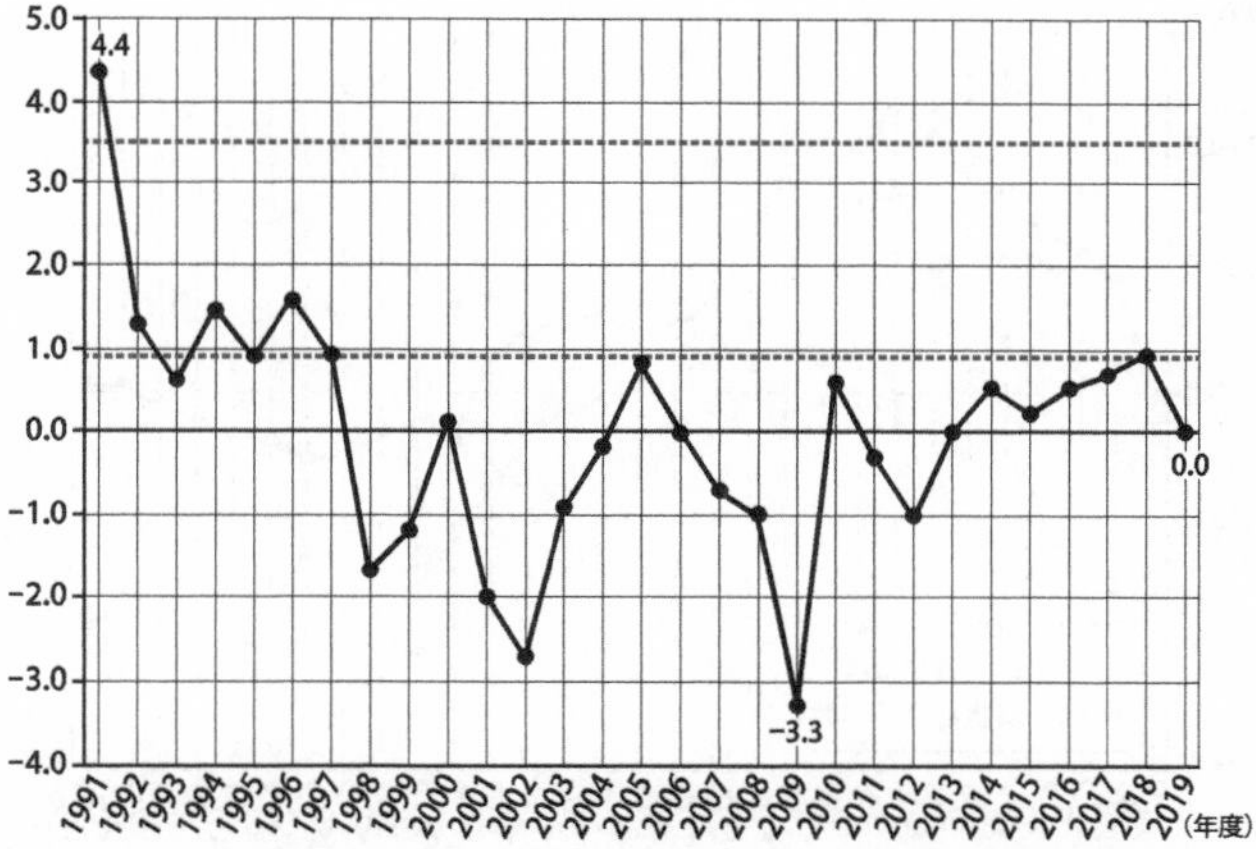

図5-28　名目賃金伸び率（出典　厚生労働省「毎月勤労統計調査」）

法をかさ上げしただけです。他方、最高ケースである3・6％を上回った年度は、29年中たったの1回しかありません。

ここで、伸び率ではなく、1990年度を100とした、名目賃金、実質賃金・消費者物価指数のグラフを見てみましょう（図5-29）。

これを見ると、消費者物価指数は1999年度から緩やかに下落していき、横ばいになった後、2008年度に急上昇し、その後再度下落、そして2013年度あたりから上昇し、特に2014年度に大きく上昇、直近2019年度は110・6となっており、1990年度と比べると約11％高い状態になっています。

他方、名目賃金は1997年度をピークと

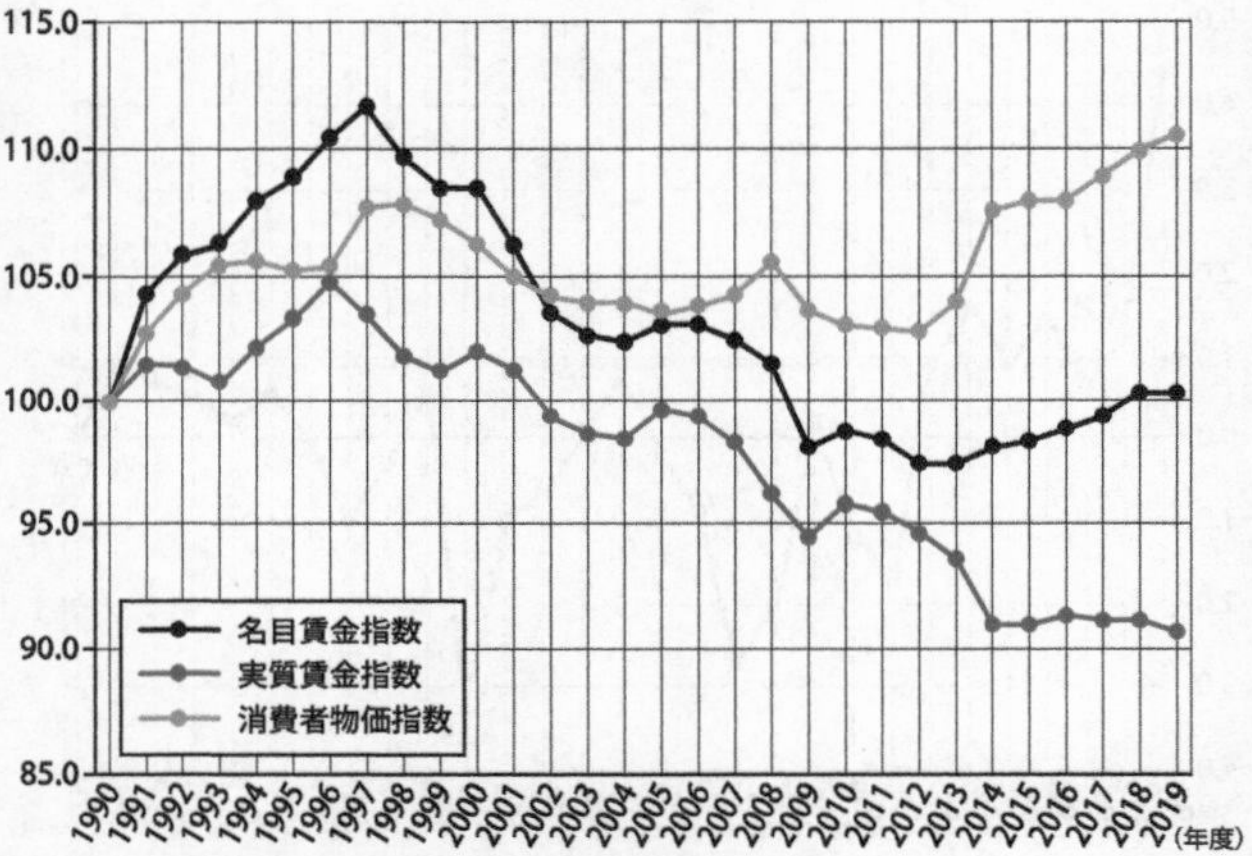

図5-29　名目賃金・実質賃金・消費者物価指数
（出典　図5-26〜5-28を統合）

しておおむね下落していき、２０１３年度を底にして緩やかな上昇に転じて、２０１９年度は１００・３になっています。驚くべきことに、２０１９年度の名目賃金は29年も前の１９９０年度とほぼ同じなのです。

一番悲惨なのは実質賃金です。１９９６年度をピークとして、おおむね名目賃金と同じように下落していきましたが、２０１３年度を底にして緩やかな上昇に転じた名目賃金とは逆に、大きく下落し、そこから横ばいとなり、２０１９年度は90・7となっています。**つまり、１９９０年度と比べると、10%近く落ちていることになります。**こんなに実質賃金が落ちているのは、世界で日本だけです。賃金が上がっていないのに、物価だけが上がってしまったので、このような悲惨な結果になっています。

財政検証は「毎年最低でも0・4％、最高で1・6％」実質賃金が伸び続けることを前提としています。つまり、この長期にわたる実質賃金の下落傾向が、突然上昇に転じて大きく伸びることを前提にしているということです。

なお、財政検証の最低ケースは、実質賃金上昇率が0・4％、消費者物価指数上昇率が0・5％です。今まではそれぞれの数値を個別に見ていきましたが、財政検証の想定が当てはまるためには、**この2つの数値を同時に満たさなければなりません**。そこで、「実質賃金上昇率0・4％以上、かつ、消費者物価上昇率0・5％以上」の条件を満たす年度を探してみると、**1991年度のわずか1回しかありません**。過去29年間で1度しかないのです。**財政検証は、29年間で1度しか達成できていない数字を、想定の最低ケースにしているということです**。

29年間で1度しか達成できていない数字を、**今後毎年達成し続けなければ**、想定の最低ケースの水準に届きません。これは、絶対に達成できない数値と断言できます。さらに、この財政検証は、内閣府の「中長期の経済財政に関する試算」を前提にしています。この試算の中に、名目GDPの試算が出てきます。これも驚くべき数字となっています（図5－30）。

2018年度までは実績値であり、以降は高めの試算である「成長実現ケース」と、それ

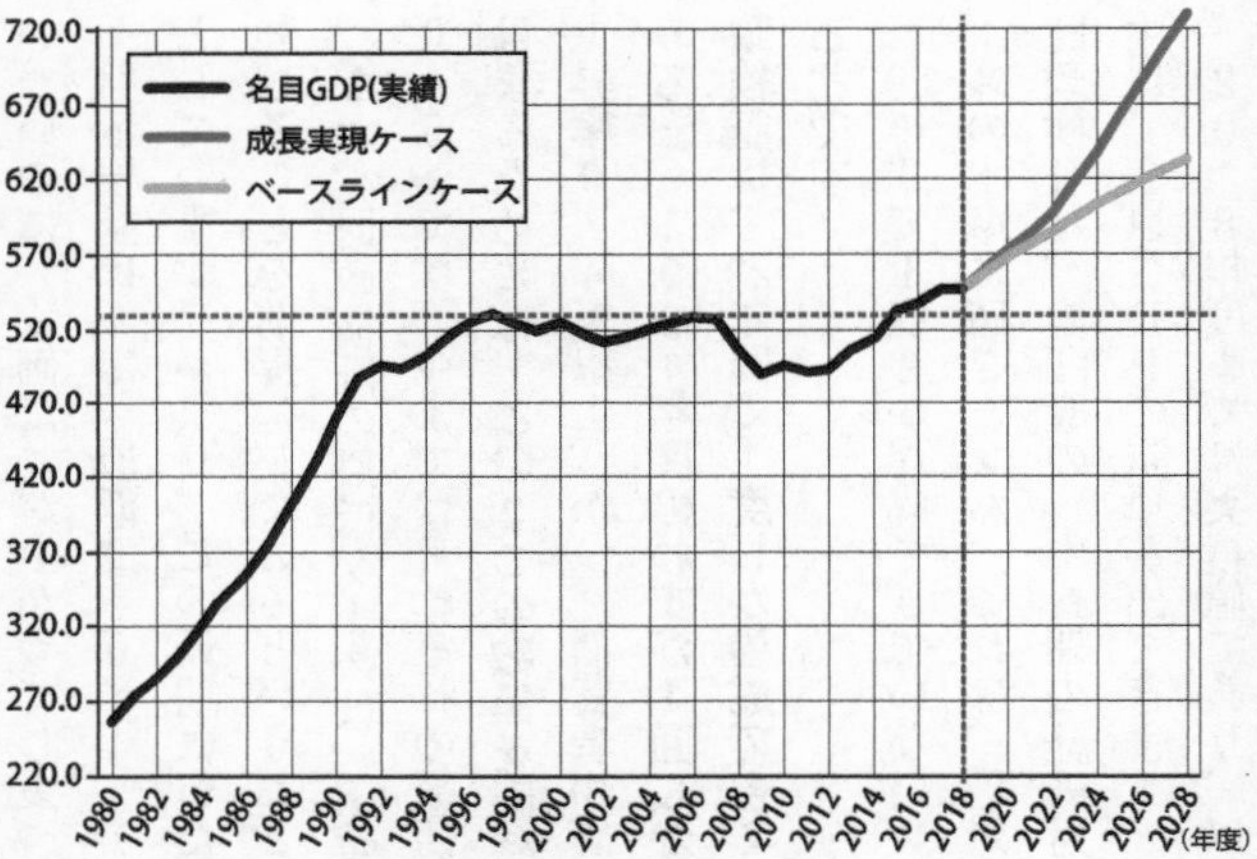

図5-30　名目GDP試算
(出典　内閣府「中長期の経済財政に関する試算」)

よりは抑えた「ベースラインケース」の２つの試算をつなげています。これを見ると、１９９７年度に５３３・４兆円でピークを一度迎えた後、日本経済は停滞し、ピークを更新できたのは、19年も経過した２０１６年度のことでした。しかしながら、これは第２章で詳細に述べたとおり、ＧＤＰ改定の際に思いっきりかさ上げした結果であり、かさ上げが無ければ更新はできていなかったでしょう。

そして、「成長実現ケース」では、日本経済は大きな成長を遂げ、２０２８年に名目ＧＤＰ７２９兆円に達することになっています。２０１６年度と比較すると、１９２・１兆円も成長することになります。19年間も名目ＧＤＰを更新できなかった停滞国が、なぜか12年間で２００兆円近く伸びることになっています。成長実現ケースよりは抑えめのベースラインケースですら、２０２８年度に６３５・１兆円であり、２０１６年度より98・２兆円伸びる計算になっています。このようなあり得ない経済成長前提と接続させたものが、先に見た年金財政検証なのです。もともとあり得ない経済成長を前提にしていましたが、**コロナショックで経済が絶望的に落ち込みましたので、さらにあり得ない前提になったと言えます**。

年金財政検証は、賃金も物価も大きく伸びることを前提にしています。賃金が大きく伸びれば、保険料率を上げなくても、保険料収入は増えます。他方、年金支給額の方は、マクロ経済スライドによって、新規裁定時の賃金スライド及び既裁定年金に対する物価スライドを抑え込むことができますので、個別の受給者に対する年金を実質的に減額できます。だから所得代替率が61・７％から50％近くにまで落ちるのです。

要約すれば、収入が増え、支出を抑え込むので、年金財政を回せるということです。しかし、それは今まで見た通り、絶対に実現できない楽観的な数値を前提にしたものです。これはただの現実逃避と言ってよいでしょう。

しかし、現実的に考えてしまうと、給付水準を維持するためには、労使の社会保険料負担は想像を絶するほど重いものになるでしょう。政権与党である自民党の最大のスポンサーは経団連です。経営者側としては、コストカットのため、是が非でも社会保険料の増額は避けたいところですから、自民党に対して保険料負担を上げるなという強い圧力をかけるでしょう。そしてそれは労働者だって強く反対しません。自分の負担が増えることは誰だって嫌がります。このように、保険料率を上げられない状況で、何とかつじつま合わせをしようとすると、非現実的な試算をするしか無くなってしまうのでしょう。

手加減せずに現実を言ってしまえば、「みんなほぼ一生働かなければいけない」未来が待っています。現状ですら、老後も生活費のために働く方々がたくさんいます。それがどんどん広がっていくということです。受け入れがたい現実ですが、受け入れるしかありません。私もほぼ一生働く覚悟をもう決めています。私は2020年1～10月にかけてダイエットして17・6キロ減量しました。これはほぼ一生働けるよう、成人病の発生リスクを減らして健康寿命を伸ばすためにやったものです。

この悲惨な状況では、現実逃避のための楽観論が流布されます。そのような楽観論の一種として最近台頭してきたMMTについて見ていきましょう。

(1) 推計には、経済成長を高めに見積もった「成長実現ケース」と、低めに見積もった「ベースラインケース」の2種類がある。成長実現ケースは高すぎて現実的ではないので、ベースラインケースを用いた。ただ、ベースラインケースも高すぎるとは言える。成長実現ケースだと、社会保障費は２０２５年度で約１５０兆円、２０４０年度で約２１０兆円程度になる。

第六章

新たな楽観論・MMT

MMTとは

ＭＭＴ（Modern Monetary Theory、現代貨幣理論）とは、端的に言うと、「自国通貨建ての国債はデフォルトにならないので、インフレにならない限り、財政赤字は問題無い」という主張です。だからもっと借金して財政支出をたくさんしろと言うのです。しかし、**これは全く目新しいことを言っていません**。既に説明したとおり、形式的にデフォルトを避けるためなら、最後は自国の中央銀行に直接引受をさせれば良いからです。

ところが、それをやると政府の裁量で通貨を発行し放題になることを意味します。すると、為替市場の参加者達は「円がたくさん発行されて円の価値が下がるぞ」と予想し、円が売られてしまいます。そうなると円安インフレが発生します。円安インフレが進行し過ぎると、それに合わせて財政支出を増やさないと追いつかなくなります。そこで財政支出を増やすと、また「円の価値が下がるぞ」と思われてやはり円が売られて円安インフレが悪化します。

このように、財政支出増大↓インフレ↓インフレに合わせて支出増大↓さらにインフレ進行↓インフレに合わせて支出増大↓さらにインフレ進行という無限のスパイラルが発生するのです。これが理解できないので、ベネズエラではずーっとこのスパイラルが止まらず、インフレが進行しっぱなしです。

ＭＭＴ論者の主張を見ていると、「今はモノやサービスの需要に対して供給が過剰だからデフレなのだ。需要が供給を上回り、供給不足にならない限りインフレにならない」と思い込んでいるようです。しかし、財政への信頼喪失からくる通貨安インフレは、モノやサービスの需給とは別の次元の話です。現に、アベノミクスでも円安インフレは発生していますが、**これは日本国内の需要が増えたからではなく、単なる通貨安インフレです**。既にみたとおり、家計消費動向指数は落ちっぱなしですし、国内消費は戦後最悪の停滞を記録しました。需要が全然伸びていなくても物価は上がってしまったのです。MMT論者は、この「通貨安インフレ」というものを全く無視しています。

したがって、**「インフレにならない限り財政赤字は問題無い」なんて、当たり前なのです**。財政赤字が増え過ぎれば、財政への信頼低下により、通貨が為替市場で売られて通貨安インフレが発生してしまうからです。日本のMMT論者を見ていると、「物価上昇率前年比2％を達成するまでは財政拡大してよい」と主張する人が多いようですが、極端な財政支出の拡大をすれば、円安インフレによってあっという間に前年比2％は達成されてしまうでしょう。アベノミクスだって、原油の暴落という偶然が無ければ、前年比2％が達成されていたことは確実です。しかし、それは単に通貨の価値が落ちたことによるインフレですので、国民にとって全く意味の無い悪いインフレです。

そして、日本のMMT論者を見ていると、私が見ている範囲ではみな「今はデフレ」と認

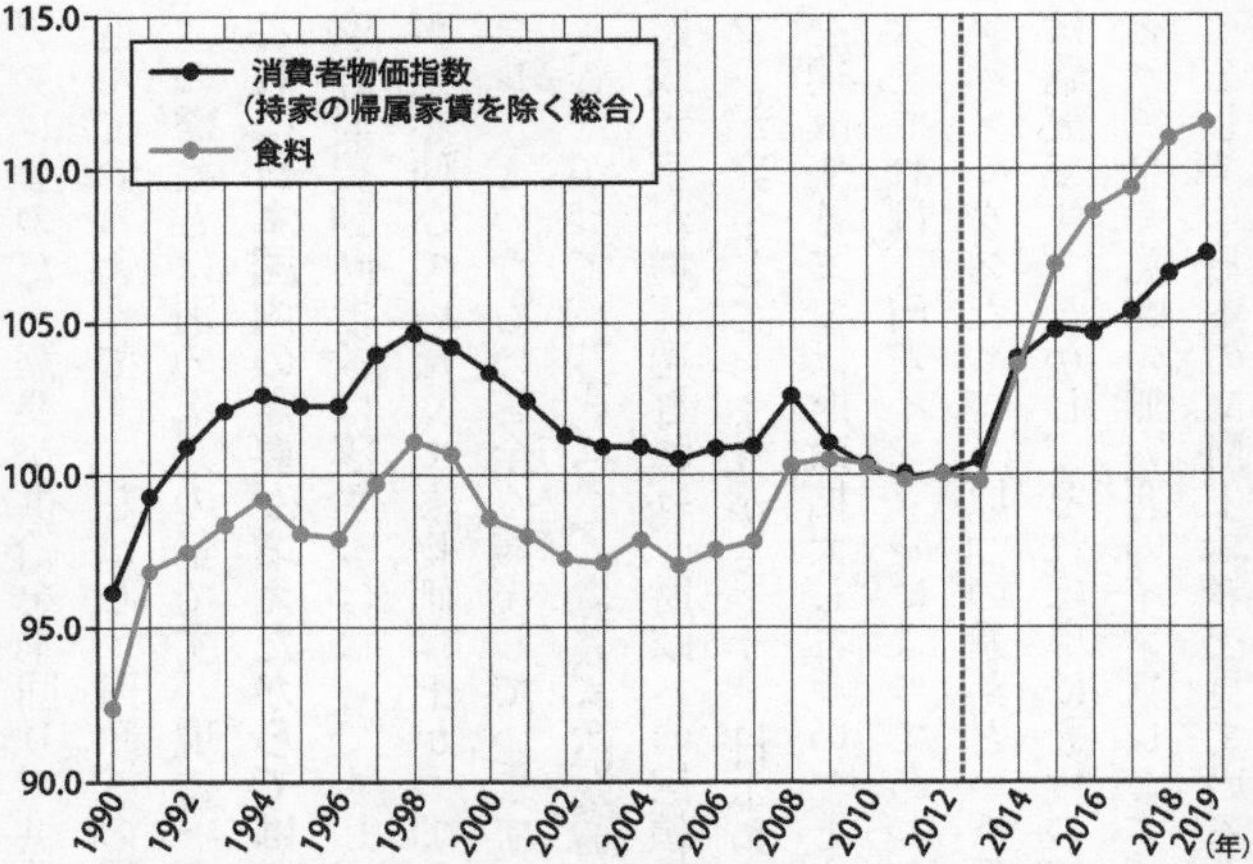

図6-1　消費者物価指数（持家の帰属家賃除く総合）と食料価格指数の推移。2012年＝100（出典　総務省統計局「消費者物価指数」）

識しているようです。しかし、既に指摘したとおり、これは誤りです。デフレとは、継続的に物価が下がり続ける現象のことです。アベノミクス開始以降、物価が前年を下回ったのは、円高になった２０１６年のたった1回です。それ以外の年では全て前年より物価が上がっており、２０１９年と２０１２年を比較すれば、７・２％も上がっています。これを食料価格だけに絞って見てみると、11・４％も上がっています（図６－１）。なお、食料価格については、アベノミクス以降で前年を下回ったことは一度もありません。

　値段が同じなのに食品が小さくなっていることに気付いた方は多いでしょう。

今では値段も上がった上に食品が小さくなっている状態です。これは円安が最も大きく影響しています。自国通貨の価値を下げることにより起きる「通貨安インフレ」は、国民生活を苦しくするだけなのです。

しかし、日本のＭＭＴ論者はこの現実に触れません。というより、知らないのだと思います。自分でデータをダウンロードして調べてみれば、今がデフレではなく、インフレであることには当然気付くのですが、そういう最低限の確認すらしていないということです。

アベノミクスでやったことは、お金の在庫であるマネタリーベースを増やしただけであり、いわば「こけおどし」です。そのこけおどしですら、急激に円安を進行させ、開始前の円高ピーク時と比べて一時円の価値は3分の2程度にまで落ちました。しかし、たまたま同時に原油が暴落したため、円安インフレが抑え込まれました。

ＭＭＴ論者が主張する積極的な財政出動は、確実にマネーストックを増やしますから、こけおどしではありません。為替市場に与えるインパクトは、単にマネタリーベースを増やすだけの異次元の金融緩和よりも大きいでしょう。大規模な円売りが起きて円安インフレが急に進行する可能性があります。つまり、「前年比2％の物価上昇」は円安インフレによってあっという間に達成されてしまう可能性があるのです。物価目標が達成された後は、財政支出を抑えることをＭＭＴ論者もさすがに認めるようですので、結局、「ぬか喜び」となります。ＭＭＴ論者は、通貨安インフレの存在を無視し、「そう簡単にインフレは起きない」と思い込んでいるから積極的な財政支出を主張できるのです。

さらに、ＭＭＴ論者は**異次元の金融緩和の副作用も完全に無視しています**。ここまで説明してきたとおり、異次元の金融緩和の副作用は、インフレ抑制手段の王道である「売りオペ」ができないため、インフレを制圧できないのではないか、という点です。ＭＭＴ論者は「いざインフレになっても簡単に抑え込める」と思っているようですが、大きな間違いです。

税は財源ではない？

ＭＭＴ論者は、政府と中央銀行を一体のものとみなし、政府はいくらでも通貨を発行できると考えているようです。ならばなぜ税金が必要なのか。それに対する彼らの答えは、通貨の価値を信じさせるため、というのです。税金の支払いに使えるから人々が通貨の価値を信じるということです。

これは言い過ぎです。税金の支払いに使えることが通貨に対する信用の一要素であることは否定しませんが、それが全てではありません。なぜなら、歴史を紐解《ひもと》けば納税に使えない他国の通貨も使用されてきました。例えば、日本で最初に使用された硬貨は無文銀銭というものですが、これは外国から輸入されたものです。日本の商人が外国の商人との間で使用していたものが、日本国内においても流通したのです。当然、最初から納税に使えたわけではありません。そして、現代では仮想通貨が最たる例です。ビットコインは納税に使えません。でも多くの人が通貨として使用しています。

また、ハイパーインフレに襲われた国では自国通貨ではないドルが流通する「ドル化」という現象が起きます。基軸通貨であるドルは価値が安定しているからです。通貨は、単にみんなが価値があると信じて交換に応じるから使われているだけです。

MMT論者の租税観はこんなものなので、「税は財源ではない」などと主張します。これも間違いです。税が財源ではないなら、1947〜1964年度、均衡財政を貫いてきた日本をどう説明するのでしょう。国債を発行していないのですから、支出は当然税金で賄っていたわけです。今の日本だって、一般会計歳出財源の約6割は税金です。**現実に税金を財源にしているのです**。そもそも税金はもともと穀物や布などの現物であり、それが通貨に姿を変えただけです。日本でも明治時代の前までは、主に米で納税していました。国民が生み出した価値を集めるのが税です。

MMTには「通貨は価値が姿を変えたもの」という考えが欠けています。例えば、あなたが働いて30万円のお金を手に入れたとしましょう。その30万円は、あなたの「労務」という価値が姿を変えたものです。そして、その30万円でテレビを買ったとしましょう。それは、

30万円分の労務が、最終的に30万円のテレビと交換されたということです。通貨が間に入ることで、あなたの生み出した「労務」という価値を、テレビと交換できたのです。

このように、**通貨は価値が姿を変えたものです**。そして**物価とは、価値と通貨の交換比率**と言えます。30万円のテレビであれば、円とテレビの交換比率が30万対1ということです。価値が増えないのに、通貨だけを異常に増やしてしまうと、当然、交換比率は変わってしまいます。より多くの通貨を差し出さないと価値と交換できなくなります。これがインフレです。通貨だけを増やしても意味が無いのです。必要なのは「価値」すなわちモノやサービスを生み出すことです。しかも、その価値は、「人が欲しいと思う魅力的なもの」でなければなりません。だから、企業はたくさんのお金を投資して、魅力的なモノやサービスの開発に精を出しているのです。魅力が無ければ買ってもらえず、価値が減ってしまうからです。現在ハイパーインフレが進行中のベネズエラは、価値を生み出せないのに通貨ばかり延々と増やしているので、インフレが止まりません。MMT論者は、「通貨は価値が姿を変えたものである」という認識が欠けています。

彼らは借金で通貨が増えていくと主張します。それは間違っていないのですが、借金は、現在価値と将来価値の交換です。将来の時点において借りた金を上回る価値を生み出し、それを通貨に替えて返済できなければ成り立たないものです。

例えば、あなたが返済期限1年、年利5％で100万円を借りたとしましょう。あなたは、1年後に105万円を返さなければいけません。働いて稼いだお金で返すことになるでしょう。つまり、「105万円分の労務」という価値を生み出さなければならないということです。これを通貨に替え、返済に充てるのです。したがって、あなたは、現在の100万円という価値と、未来の105万円という価値を交換したことになります。だから借金は現在価値と将来価値の交換なのです。そして、返済するのは未来のあなたですから、見方を変えれば、あなたは未来の自分から105万円を奪ったとも言えます。未来のあなたは、借金が無ければその時点の自分のために使えるはずだった105万円を、返済にあてなければならないからです。

貸し出しによって預金通貨が増えていく現象を「信用創造」と呼ぶことは既に説明しましたが、これについて、「無から金が生まれる」という表現を使う人がいます。たしかに、銀行等が実際に持っているお金よりもたくさんのお金を貸しているので、無から生まれているように見えます。しかし、いずれ返済しなければならないことを考えると、無から生まれたと言えるでしょうか。それは、「無」ではなく、「未来の自分」からお金を取っているだけと言うべきなのではないかと思います。

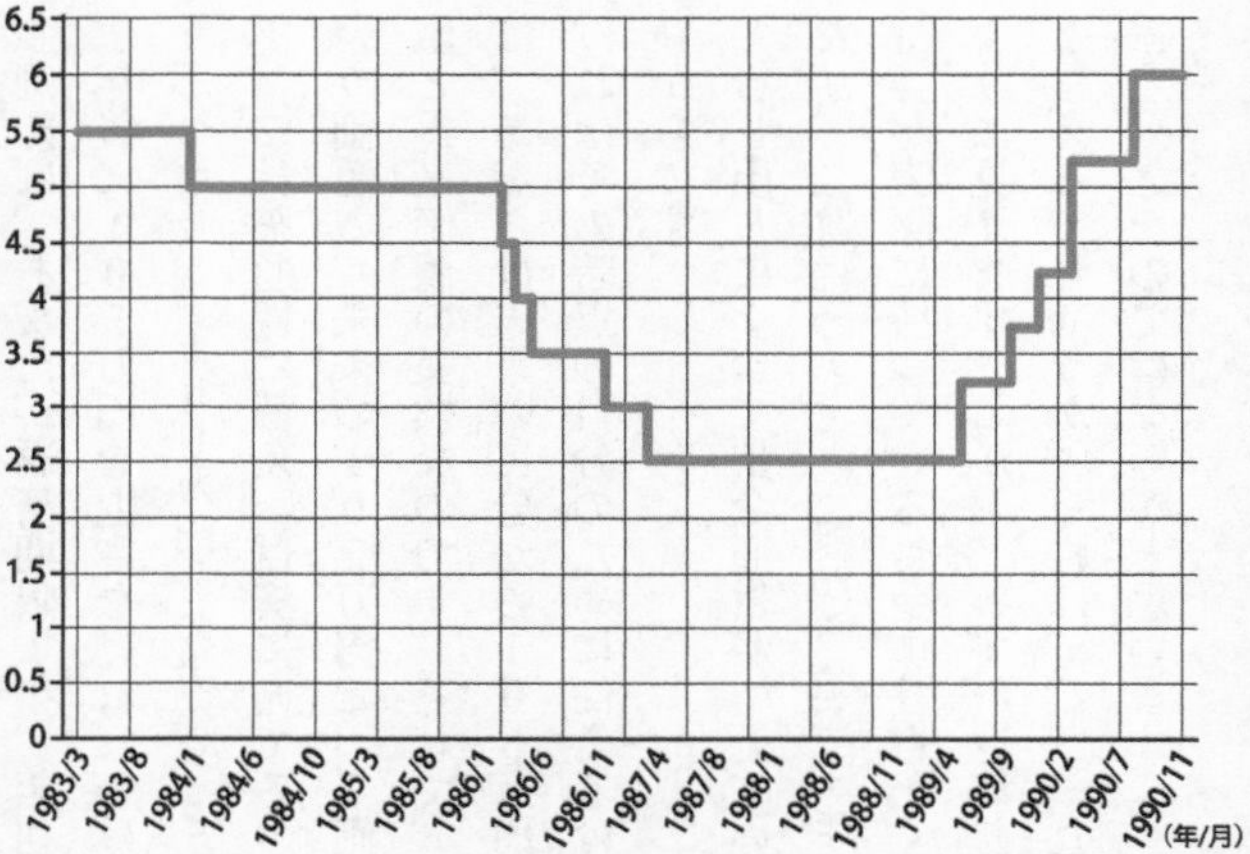

図6-2　公定歩合（出典　日本銀行「基準割引率および基準貸付利率」（従来「公定歩合」として掲載されていたもの）の推移）

銀行危機と国家債務危機

このように、借金とは、財やサービス等の「価値」を生み出して返済しなければ成り立たないものです。この返済ができなくなる状態が、民間企業において大規模に発生すると、銀行危機が発生します。これが1997年11月から発生した日本の金融危機でした。この引き金となったのは日銀の公定歩合の引き下げです（図6-2）。

1986年に2%、1987年にさらに0・5%下げ、一番低い時は2・5%になりました。その一番低い状態が2年2カ月ぐらい続いて、バブルが過熱したことから、1989年からまた公定歩合を上げ始めました。

1985年のプラザ合意により、それま

で高すぎたドルを国際的に安くしていくことになりました。つまり、円高ドル安が進行することになります。これによって、円安で価格競争力を保っていた製造業を中心とする日本企業が大きくダメージを受けると考えた日銀は、公定歩合を引き下げて対応しようとしたのです。公定歩合というのは、日銀が民間銀行等にお金を貸す際の金利のことです。今はマネタリーベースの増減で金利を操作していますが、昔は公定歩合を上げ下げすることで金利を調整していました。公定歩合を大きく引き下げたことにより、お金が借りやすくなり、爆発的に貸し出しが増えました。つまり、預金通貨が異常に増大したのです。これがバブル発生の引き金となりました。

普通はお金が増えるとその価値が減ります。したがって、為替市場において円安が進むはずですが、当時は国際的に協調してドル安にしていたので、円高は止まりませんでした。したがって、円の供給量が増大し、なおかつその価値が上がっていくという特異な現象が生じたのです。円は、公定歩合の引き下げ前と比較すると、ドルに対して2倍程度の価値になりました。

こういう状況の中、あふれ返ったお金は株や不動産投資に向かいました。みんな考えることは同じです。手っ取り早く楽して儲《もう》けたいのです。そして株や不動産の価格はどんどん上がっていき、異常な資産インフレが生じました。日経平均株価を見てみると、ピーク時で4

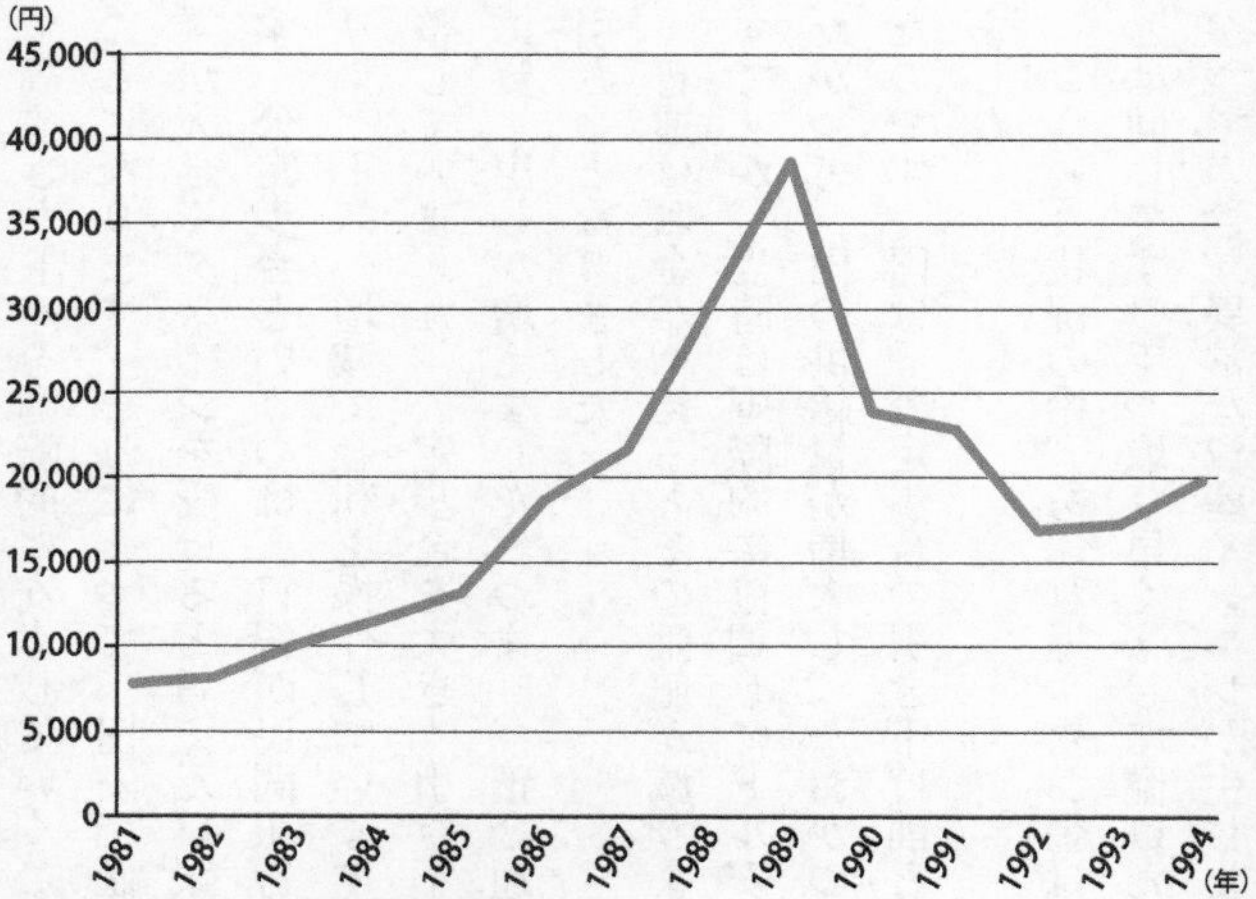

図6-3　日経平均終値推移（年次）

万円近くになっています（図6－3）。今と比べると信じられない値段です。

公示価格の推移も見てみましょう（図6－4）。公示価格というのは、地価公示法にもとづいて土地鑑定委員会が公表する土地の価格のことです。

こちらも異常に上がっているのが分かるでしょう。公定歩合の引き下げ前と比較すると、ピーク時の価格は3倍くらいになっています。

株や不動産の価格が上がっていくと、価格が上がることを前提にした借り入れが増えます。借りた金で株や不動産を買い、それを売って利益を上げ、また金を借りて……という状態になります。「値上がり益で金を返す」ということです。どんどん株

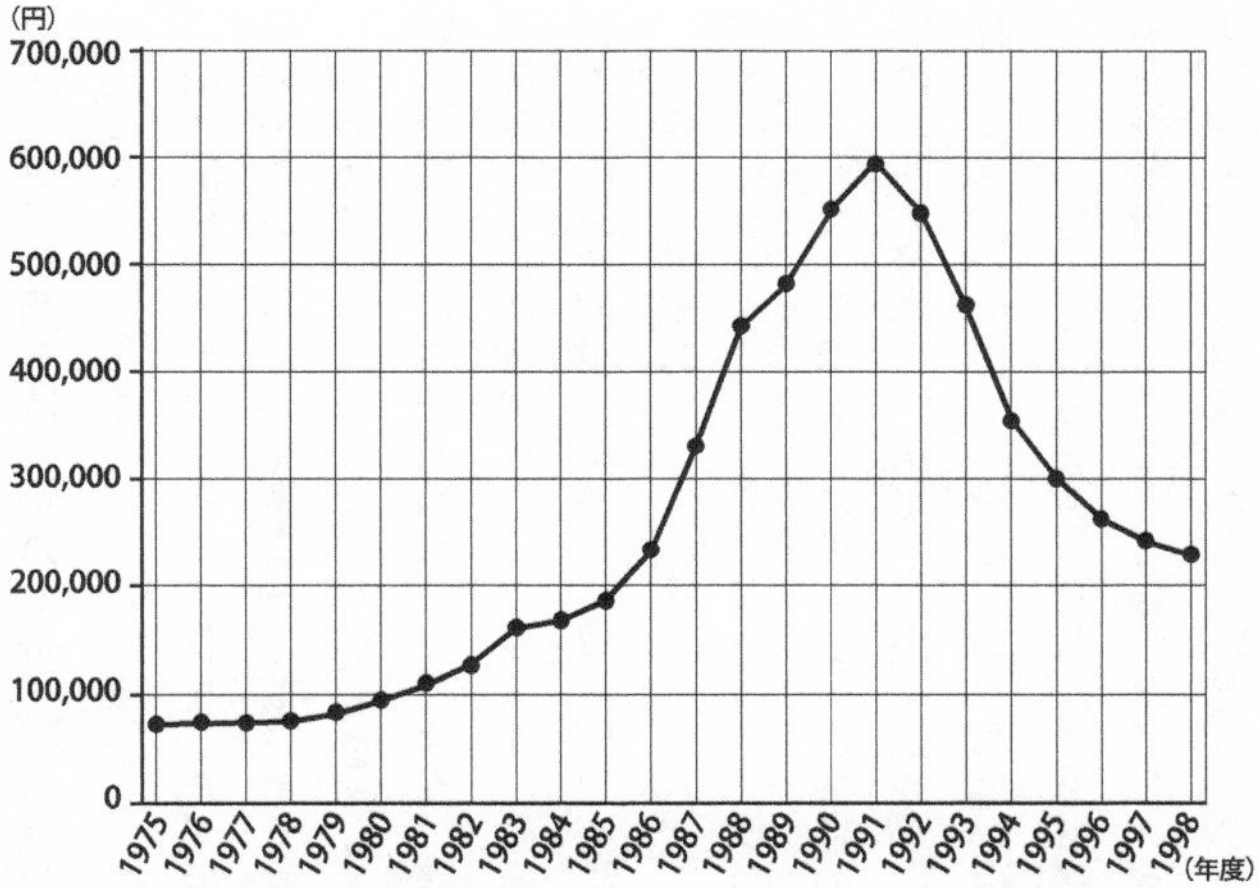

図6-4　公示価格（全用途）推移（出典　国土交通省「地価公示」）

価が上昇していき、同時に円の力も非常に強くなっていったので、１９８９年の世界時価総額ランキングでは、上位50社のうち32社を日本企業が占めるという超異常現象が発生しました。なお、２０１８年の同ランキングでは、上位50社に入っているのは35位のトヨタ自動車だけです。最も多いのはアメリカで、次に中国です。

先ほど、借金は現在価値と将来価値の交換と説明しました。「将来価値が生まれる」という信頼に基づいてお金は貸し出されます。バブル時の将来価値というのは、値上がり益のことでした。しかし、株と土地の価格の推移をみれば分かるとおり、いずれもピークを過ぎた後に急激に落下しました。バブルはいつかはじけるのです。人々が値上がり益に疑問を持ち始めた時、その疑念が広がり、価格が急落します。そうすると、借金が返せなくなります。バブルが崩壊したのは1991年ですが、大量の不良債権、つまり、返済不能になった借金が生まれました。返せないのですから、最終的にはあきらめるしかないのですが、日本の金融機関は潰《つぶ》れそうな会社に追い貸しをして延命させたり、自社の損失を子会社に付け替える等して延命を図りました。「そのうちまた景気が回復するだろう」という楽観的な見方があったのでしょう。景気が回復すれば、返済が可能になりますので、不良債権は不良債権ではなくなります。政府もそのような見方でした。だから、バブル崩壊後に公共事業を異常に増やし、景気回復を果たそうとしたのです。

しかし、景気は大して回復しませんでした。重要なのは、バブル崩壊後も、経済成長はできていたということです。本当にバブル崩壊のダメージが爆発したのは、1997年の11月からでした。同月3日に準大手証券会社の三洋証券、同月17日に北海道拓殖銀行、その1週間後に四大証券の一角だった山一証券が次々と破綻していきました。不良債権をごまかしきれなくなったのです。貸していたお金が返ってこないのですから、必ずどこかの時点で資金繰りがつかなくなります。それが1997年11月だったのです。この年、アジア通貨危機や、消費税増税があったことも響いたでしょう。しかし、それらの出来事が無くても、いつか必ず破綻《はたん》を迎える日は来たと思います。不良債権を永遠にごまかし続けることはできないからです。

そして、金融機関は、お互いにマネタリーベースの貸し借りをしていますから、1行が破綻すると、それがどんどん連鎖していきます。この混乱は1998年も続き、同年10月23日には日本長期信用銀行が、同年12月13日には日本債券信用銀行が破綻しました。いずれも名門と言われる日本を代表するような銀行でした。結局、1998年度と1999年度のたった2年間で、銀行が10行も破綻しました。不良債権の処分損は、現在までに100兆円を超えています。

日本がデフレに突入したのは1998年以降ですが、これは金融危機が発生したタイミングと同じです。国内銀行の貸出残高の推移をみると、ちょうど1997年にピークを記録してから、1998年以降減少に転じたことが分かります（図6－5）。

1998年から名目賃金も減少に転じ、物価も1999年から減少に転じました。その後、名目賃金はアベノミクス前の2012年までに約14%、物価は約5%落ちました。さらに、名目GDPも1997年がピークでしたが、1998年から2年連続で落ちました。金融危機が影響を与えたことは明白でしょう。こうやって金融機関が連鎖的に破綻していくと、信用創造機能が損なわれます。新しくお金を貸す余裕などないからです。したがって、会社も倒産していきます。生き残りを図ろうとする会社は、賃金を下げてその場をしのごうとしま

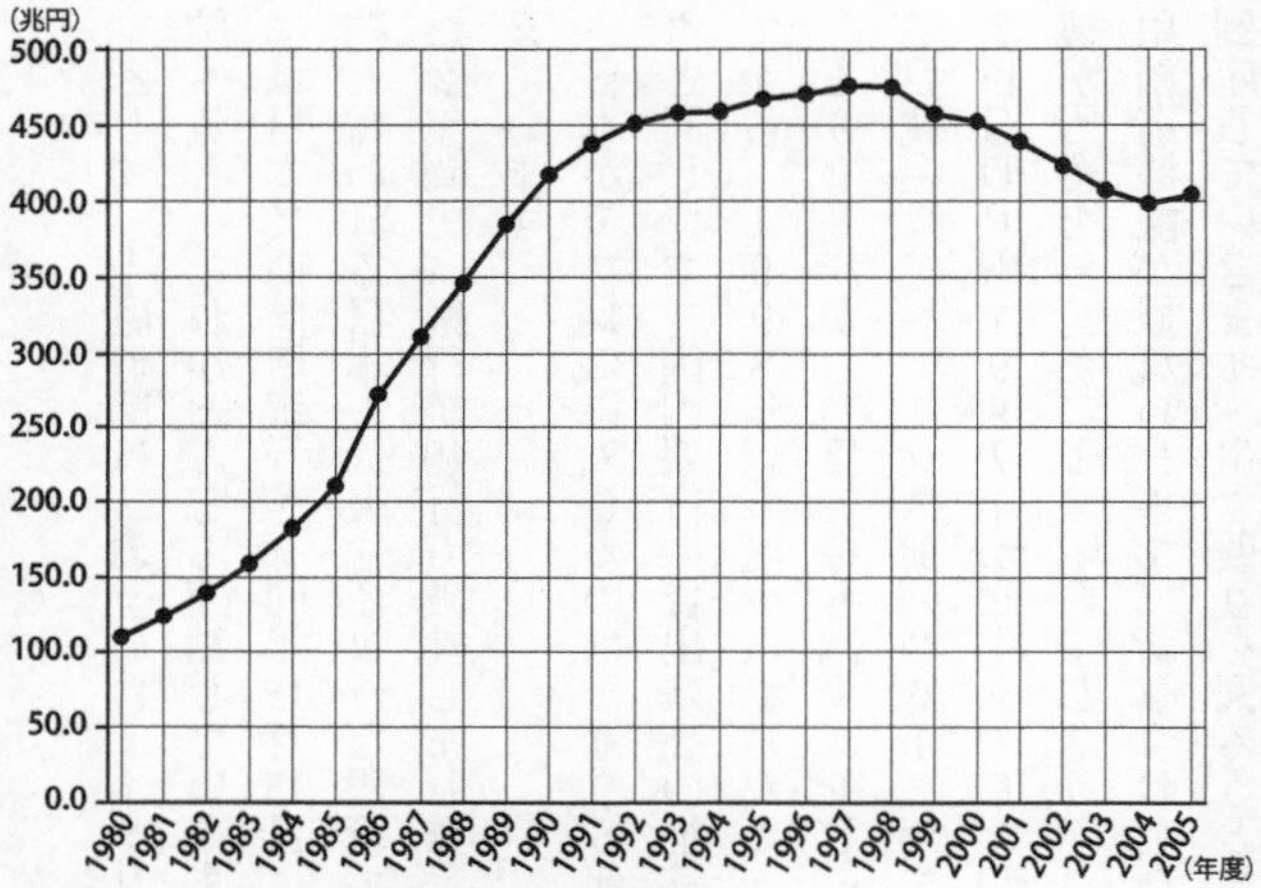

図6-5　国内銀行貸出金残高推移（兆円）
（出典　新版「日本長期統計総覧」第3巻「14-3-a　国内銀行の資産・負債等　ー　銀行勘定（昭和50年〜平成17年)」）

す。だから賃金が下がるのです。日本はそれをずーっと放置してしまったため、今に至るまで低賃金の状況が続きました。また、会社は残業代を支払わずに正社員を長時間労働させることもしました。残業代を払わなければ、長時間労働させてもコストは増えません。そして、一人の社員を長時間働かせれば、人員も抑制することができます。その上、正社員を非正規社員に置き換えてコストを抑えました。そうして「低賃金・長時間労働」が促進されてきたのです。労働者は、賃金が安い上に長時間労働を強いられ、過労死が頻発する悲劇的な事態となりました。

諸外国と日本とで一番大きな違いは、

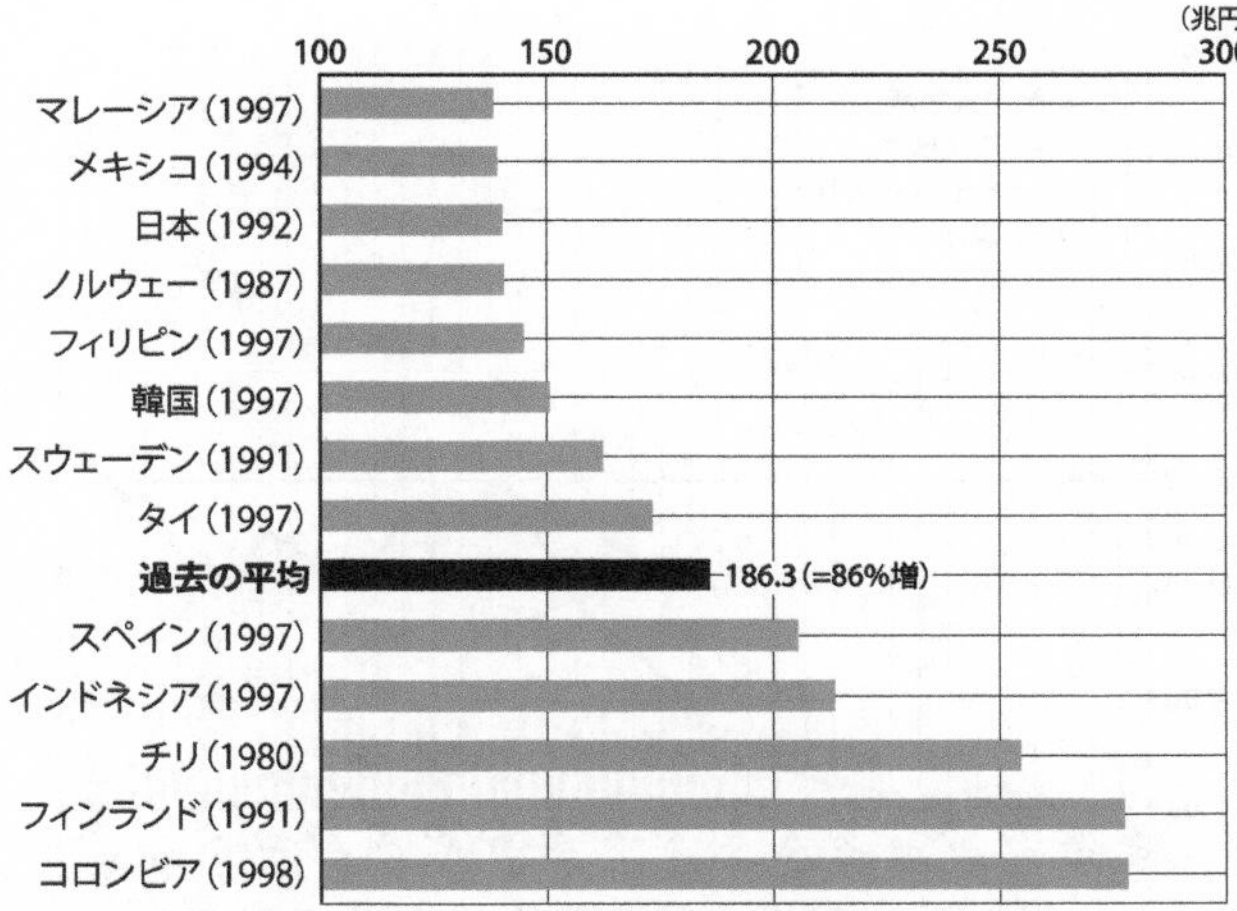

図6-6　危機後3年間における実質公的債務増加分の累計
(出典　「国家は破綻する」図14.5)

この１９９７年11月から始まった金融危機の存在です。こんな大規模で致命的な金融危機は日本にしか発生していません。だから日本だけ、賃金も物価も伸びず、名目ＧＤＰで見ると経済成長もたいしてできなかったのです。要するに、バブルの後遺症を未だに引きずっていると言ってよいでしょう。

そして、銀行危機の次に危惧《きぐ》されるのが、国家債務危機です。国債をスケジュール通りに償還できなくなる事態です。銀行危機が発生すれば大不況になり、税収が落ち込みますから、その分国債を発行してその場しのぎをしなくてはなりません。だから、財政が必ず悪化するのです。例えば、１９８０年代後半から

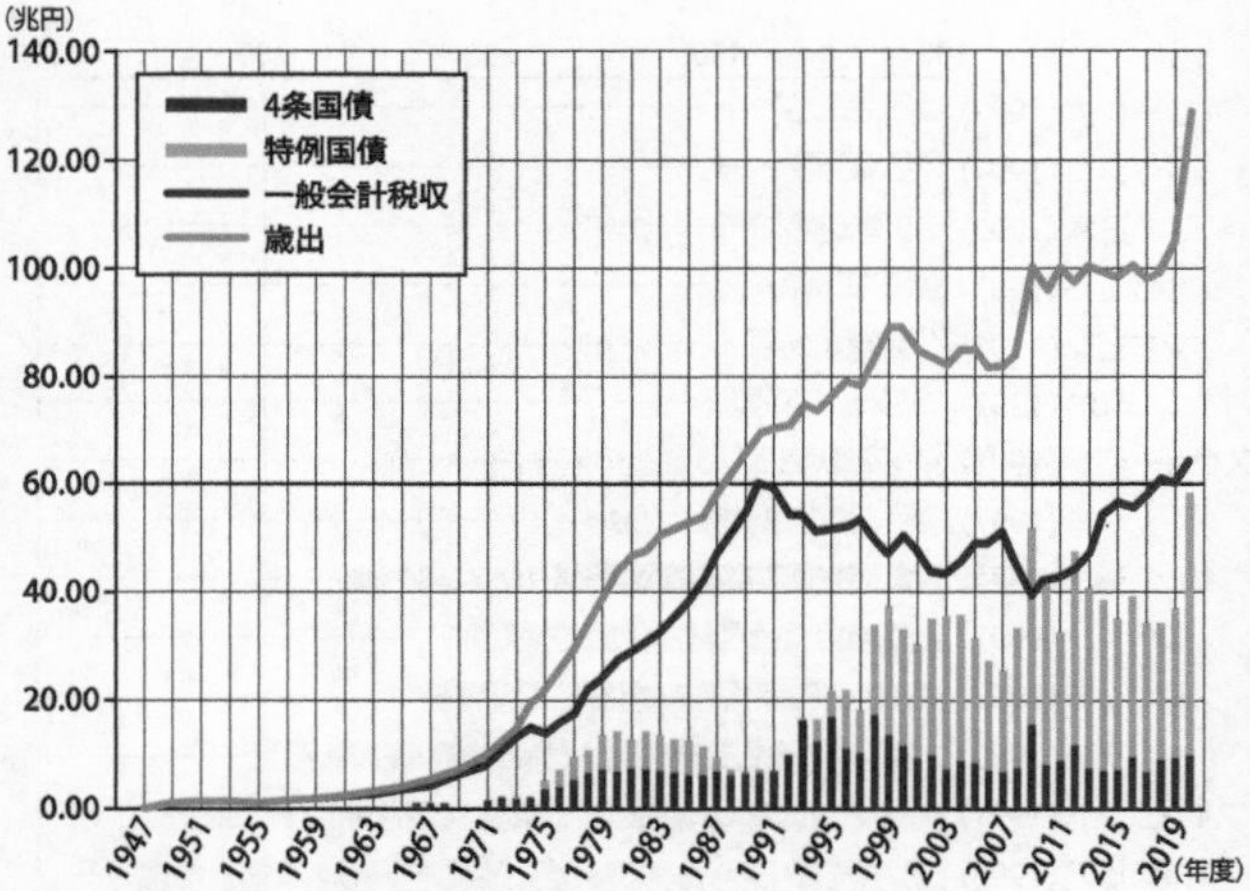

図6-7　一般会計歳出・税収・建設国債・特例国債発行額推移
（出典　歳出決算は財務省「財政統計」、税収は新版日本長期統計総覧第1巻「5-2-a　一般会計　ー　主要科目別歳入決算額（昭和21年度〜平成15年度）」、税収は財務省「一般会計税収の推移」、建設国債・特例国債は図5-8と同）

１９９０年代にかけて銀行危機に襲われた13か国の平均実質公的債務増加率を見てみると、３年間で86％も増えています（図６−６）。

そして、日本は未だにこの増加の途上にあります。日本の税収と歳出の差が大きく開き、「ワニの口」と呼ばれるようになったのはバブル崩壊の後です（図６−７）。

景気対策で減税と同時に公共事業を増やしました。しかし、思うように景気は回復せず、税収と歳出の差は開き続け、膨大な債務が積みあがりました。バブル崩壊後はずーっと借金でその場しのぎをしていたと言えるでしょう。そして、コロナの影響により、2020年度は一気に20兆円以上も歳出が増えました。ワニの口の先っぽが上に開いてしまったような状態です。2021年度は更に悪化するでしょう。

普通は財政が悪化すればその分国債に対する信用が落ち、金利が急上昇して利払費が跳ね上がります。そのまま放置すれば支払いができなくなってしまいます。だから、国民の反対を押し切ってでも増税と緊縮をせざるを得ない状況に自然と追い込まれるのです。ところが、日本の場合は「ほかにめぼしい投資先がない」という理由で国債が買われ続け、金利が抑え込まれました。だから利払費も低くて済み、極端な増税や緊縮をしなくて済んだのです。そのかわり、債務は膨らみ続けました。そして今は日銀が国債を爆買いしているので、金利が低く抑え込まれています。借換債を含む国債総発行額に対する日銀の流通市場からの総購入額は、ピーク時で7割にも達し、ペースが落ちた2019年度でも約5割です。世界一異常な国債市場が日本国債市場です。

国債は、国が国民から徴収した税金をもって返済するというのが建前です。会社は財やサービスを生み出してお金に変えなければ返済できませんが、国は強制的に税という形でたくさんのお金を徴収できます。だから、返済が最も確実と期待され、低金利で国債を買ってもらえるのです。

しかし、日本国債の場合はそういった建前より、「周りが買っているから自分も買う」という惰性で買われていただけと言ってよいでしょう。借換債だけでも一般会計の予算規模を超える100兆円以上発行しているのです。もっとも残高の大きい建設国債及び特例国債については、60年償還ルールにより、残高のたった1・6%しか毎年元本を返済していません。日本は基礎的経費すら税収で賄えない国ですから、借金は全部借金で返しているのです。

「返済」と称しているのは、借りた金をまた配り直しているだけです。これは、「ポンジ・スキーム」という古典的な詐欺手法と全く同じです。

ポンジ・スキームというのは、「何かを運用して得た利益を分配すると謳《うた》ってお金を集めるが、実際は運用などしておらず、単に出資者から集めたお金を配り直すだけ」という詐欺手法です。つい最近の日本の例で言うとジャパンライフ事件が挙げられるでしょう。その手法は簡単に言うと「磁気ネックレス等の健康器具のオーナーになって、それをジャパンライフに預ける。ジャパンライフはそれをユーザーにレンタルして、レンタル料を取り、それをオーナーに渡す」と謳うものです。要するに健康器具のレンタル料を配当するということです。オーナーになろうとする人は、代金を払って健康器具を買いますが、どうせジャパンライフに預けるので、実物のやり取りはありません。単にジャパンライフにお金を払うだけです。そして毎月配当金が口座に振り込まれます。

しかし、オーナーの数に見合う健康器具はそもそも存在していませんでした。レンタル料を稼いで配当していたのではなく、単にオーナー達から集めた金をオーナー達に配り直していただけなのです。これは新たなオーナー達を確保し続けなければどこかの時点で必ず配当金を支払えなくなり、確実に破綻する商法です。しかし、やり方が巧みであったため、極めて長期間もちました。

この手法は本当によくあるものです。投資の対象はジャパンライフの場合は健康器具でしたが、他の業者で言うと、牛、エビ、健康食品、水、ヘリコプター、仮想通貨、株主優待券などいろいろあります。なんでもよいのです。多くの出資者を集め、配当金をバランスよく配れば長持ちします。長持ちしますが、100％破綻します。

日本がやっていることは、投資家が出したお金で投資家にお金を返済しているのですから、ポンジ・スキームに他なりません。したがって、投資家達が手を引けば、あっという間に国債が暴落します。毎年発生する莫大《ばくだい》な償還金も、新しく金を借りられるから一応形の上では返済できているのです。しかし、借金の貸し手がいなくなれば、それは成り立ちません。国債が暴落すれば、通貨も運命を共にしますので、通貨も暴落し、凄《すさ》まじい通貨安インフレが発生します。これが大規模に発生したのが、1980年代〜1990年代に発生した中南米の債務危機でした。

ここで、1800〜2008年の間における、中南米諸国の最高インフレ率とその年などを表にしたものを見てみましょう（図6－8）。

年率1万％を超えているのが1985年のボリビアと1987年のニカラグア、他にもペルーは1990年に7481・7％、アルゼンチンは1989年に3079・5％、ブラジルは1990年に2947・7％。1980年代以降だけでもこんなに極端なインフレが発生しています。この原因は、端的に言えばお金を借り過ぎて返せなくなったからです。財政が悪化すると、究極的にはこのように通貨安インフレに襲われるのです。

この表では年率500％以上の極端なインフレをハイパーインフレと定義しています。100％のインフレで物価が2倍になることを意味するので、500％だと物価が6倍になるということです。100円のジュースが600円になる計算です。その発生件数を見ると、対象期間内でアルゼンチンが4件、ボリビアが2件、ブラジルが6件、ニカラグアが6件、ペルーが3件もあります。財政が安定しないとこうなるのです。

なお、ハイパーインフレというと、アメリカの経済学者フィリップ・ケーガンによる「インフレ率が毎月50％を超えること」という定義を採用する人が多いようです。これは年間インフレ率が1万3000％にも達することを意味します。この定義が広まっているせいで、この基準に達しなければ問題ないかのような誤った考え方が蔓延《まんえん》しています。しかしながら、既に指摘したとおり、物価が7％程度上がっただけで、賃金がそれに全然追い付かず、戦後

中南米	対象期間開始年	高インフレ期間の比率(%)		ハイパーインフレ発生件数	最高インフレ率(年率)	最高インフレ率を記録した年
		20%以上	40%以上			
アルゼンチン	1800	24.6	15.5	4	3,079.5	1989
ボリビア	1937	38.6	20.0	2	11,749.6	1985
ブラジル	1800	28.0	17.9	6	2,947.7	1990
チリ	1800	19.8	5.8	0	469.9	1973
コロンビア	1864	23.8	1.4	0	53.6	1882
コスタリカ	1937	12.9	1.4	0	90.1	1982
ドミニカ共和国	1943	17.2	9.4	0	51.5	2004
エクアドル	1939	36.8	14.7	0	96.1	2000
エルサルバドル	1938	8.7	0.0	0	31.9	1986
グアテマラ	1938	8.7	1.4	0	41.0	1990
ホンジュラス	1937	8.6	0.0	0	34.0	1991
メキシコ	1800	42.5	35.7	0	131.8	1987
ニカラグア	1938	30.4	17.4	6	13,109.5	1987
パナマ	1949	0.0	0.0	0	16.3	1974
パラグアイ	1949	32.8	4.5	0	139.1	1952
ペルー	1800	15.5	10.7	3	7,481.7	1990
ウルグアイ	1871	26.5	19.1	0	112.5	1990
ベネズエラ	1832	10.3	3.4	0	99.9	1996

図6-8　中南米諸国のインフレ「国家は破綻する」
（出典　キンドル版3621-3622）

最悪の消費停滞を引き起こしています。したがって、例えば1年間で物価が１００%、つまり2倍上がっただけでも、実質消費はとてつもない落ち方をするでしょう。先ほど紹介したハイパーインフレの定義には遠く及ばないインフレ率ですが、国民生活を破壊することは間違いありません。ハイパーインフレの定義を振りかざして詭弁《きべん》を弄《ろう》する人が後を絶たないので、私は「極端なインフレ」という言葉を使っています。毎年10%上がるだけでも極端なインフレと言うべきでしょう。賃金がそれに追いつかないことは明らかですから。

極端なインフレは、戦争等、供給能力が大幅に落ちた場合にしか発生しないという主張をよく耳にしますが、この表を見ればそれが誤りであることは明らかです。**最高インフレ率を記録した年は、いずれも戦争など発生していません。**

この表はやや古いので、ベネズエラのインフレが入っていません。ベネズエラのインフレ率は、ＩＭＦ（国際通貨基金）の予測では、２０１９年内に１０００万%に達するとも言われていました。もはや誰も正確な数値は分からないでしょう。ベネズエラでも戦争は発生していません。ジンバブエも極端なインフレが発生しましたが、戦争とは関係ありません。国家財政への信頼が失われた時、通貨安インフレが発生するのです。戦争はその要因の一つにはなり得ますが、それに限られるわけではありません。

この通貨安インフレを止める方法は、極めて単純です。通貨の供給を極端に絞れば良いのです。極端なインフレに襲われた国は、いずれも通貨の供給を絞ることでインフレを鎮めています。分かりやすい例でいうと、ジンバブエは自国通貨を廃止してしまいました。アメリカドルや南アフリカランドを正式に通貨として使用することにしたのです。これでピタリとインフレは止まりました。なんで値段が上がっていくのかと言えば、通貨を過剰供給するからです。通貨を過剰供給すれば、人々は過剰な通貨を持つことになります。過剰な通貨をみんな持っていたら、過剰な値段にしても物やサービスは売れるでしょう。また、為替市場における通貨の交換レートも変動し続けてしまいます。通貨の過剰供給を止めれば、そういった現象は収まります。

方法は単純ですが、実行に移すのは簡単ではありません。なぜなら、通貨の供給を急に絞ると、お金が不足し、倒産や失業が増えるからです。この、極端なインフレに襲われた後、通貨の供給を絞る際に起こる不景気を安定恐慌と呼びます。通貨の過剰供給はほんの一時ですがその場しのぎにはなるので、この安定恐慌を先送りにすることができるのです。しかし、国民生活はいつまでたっても安定しません。極端なインフレを乗り越えるには、安定恐慌に耐えるしかないのです。ベネズエラはこれが理解できず、延々と安定恐慌を先送りにしていると言えるでしょう。戦後の日本も安定恐慌に襲われましたが、たまたま同時期に発生した朝鮮戦争特需のおかげで劇的に景気回復し、高度経済成長へ進んでいきました。

極端なインフレは、極端な課税をしているのと全く同じです。例えば、あなたが１００万円の給料を受け取ったとしましょう。その後、物価が１００倍になってしまったら、あなたの給料は実質的に1万円になってしまいます。それは、99万円奪われたのと同じです。一方で、借金をしている人は大きく得をします。最も大きな借金をしているのは国ですから、国が最も大きな得をします。国にとっては、物価が１００倍になるということは、借金が１００分の１になるのと同じです。したがって、全体を見ると、極端なインフレによって、国民の貯めたお金に99%課税される一方、国の借金の負担は1%に圧縮されたのと同じになるのです。だから、インフレは「インフレ税」と呼ばれるのです。前年比２%の物価上昇を目指すアベノミクスは、あからさまな増税をすると反発を受けるので、国民に気付かれにくい「インフレ税」を課そうとしたとも言えるでしょう。

さて、かなり話が大きく広がってしまいましたが、ＭＭＴの話に戻りましょう。要するに、**ＭＭＴ論者は「返済」という要素を異常に軽視しているのです**。借金で通貨が増えていくという理解はあっていますが、返済スケジュールが守られることが最も重要な要素です。返済スケジュールが守られない状況が民間企業において大規模に発生すると、銀行危機になります。日本の金融危機がそうでしたし、リーマンショックもそうです。結局は、貸した金が返ってこないので、金融危機が発生したのです。貸した金が返ってこない状況が大規模に発生すると、銀行に対する信用が落ち、預金が次々と引き出されたり、銀行間取引において、他の銀行から借り入れをすることができなくなります。そうすると、結局、引き出しや他行への送金に応じるためのマネタリーベースが不足し、破綻してしまうのです。

そして、貸した金が返ってこない状態が国に対して起きると、国家債務危機が起きます。国債が暴落し、通貨も運命を共にします。ここで、中央銀行に直接引受をさせるとさらに通貨に対する信用が落ちますので、火に油を注ぐ結果となります。**それが問題ないなら最初からそうしています**。日本も「日銀トレード」というインチキを最大限に活用して何とか国債を市中消化していますが、「インチキをしているから危ない」と為替市場に受け取られれば、想像を絶する円安インフレに襲われることになるでしょう。そうなったらもう普通の手段では止められません。

国家が借金しないと通貨が生まれない?

MMT論者は、国家が借金をしないと通貨が生まれないのだ、だから借金はいいことなのだと主張するようです。しかし、これも言い過ぎです。

たしかに、現在日銀がマネタリーベースを増やす主要な方法は、買いオペ、つまり国債を買い取ることです。そして、国債は政府が発行しないとこの世に存在しませんから、国家が借金をしないと、お金の素であるマネタリーベースも生まれないように思えます。

しかしながら、単に日銀が銀行等にお金を貸すだけでも、マネタリーベースは増えます。または、銀行等から国債以外の何か財産を買い取っても同様に増えます。例えば日銀は簿価で30兆円を超えるETFを保有していますが、その分、日銀当座預金に代金を振り込んでいますので、マネタリーベースは増えています。したがって、国家が借金をしないと通貨が生まれないというのは言い過ぎです。

先ほども指摘したとおり、1947～1964年度の日本は国債を発行していませんでした。そして、高度経済成長期は、1954年12月～1973年11月までの19年間です。つまり、日本は、高度経済成長の約半分を、国債を発行せずに成し遂げたわけです。MMT論者の言う通りであれば、この間、マネタリーベースも増やさずに経済成長を達成したことになりかねません。そんなわけはないでしょう。単に日銀が銀行等に貸し出しをするなどして、必要なマネタリーベースを調整していたのです。そして、銀行等は積極的に貸し出しをして、マネーストックが増えていたわけです。したがって、国家が全く借金をしなかった場合でも、マネタリーベース・マネーストック共に増やすことができるということです。現に高度経済成長期の前半はそうだったわけです。MMT論者の言うことは、全て間違いというわけではなく、なるほどと思う部分もありますが、「国の借金はいいものである」という結論にしたいがために、「言い過ぎ」になる部分があります。

ここで、財政支出を全て税金で賄う場合と、全て借金で賄う場合にどういう違いが生じるのか確認しましょう。

まず、財政支出を全て税金で賄う場合について説明します。例えば、30兆円を徴税して、30兆円の財政支出をするとします。まず、国民から30兆円徴税しますので、マネーストックが30兆円減ります。そして、日銀当座預金から政府預金へ30兆円が移動します。つまり、マネタリーベースも30兆円減ります。これで政府は30兆円を徴税したことになります。次に、政府が公共事業や国家公務員の給料等の支払いをする場合、銀行等の口座を通じて行いますので、政府預金から日銀当座預金へ30兆円が移動します。つまり、30兆円がまた戻ってくるのです。そして、銀行等は国民の預金通帳の残高を増やすことによって支払いをします。つまり、30兆円マネーストックが増えます。最終的に、財政支出によって、マネタリーベース・マネーストック共に30兆円増えました。

結局、お金がぐるっと一周して戻ってきたのです。徴税と支出の前後で、マネタリーベースもマネーストックも金額は変わっていません。税金で全て歳出を賄う場合、既に存在するお金を集めて配り直しているだけなのです。だから、少なくとも財政支出の急拡大によってマネーストックが急増し、それによってお金の価値が下がってしまうという事態は起きません。

他方、全て借金で賄う場合はどうでしょう。国債が30兆円発行されたとします。これを銀行等が買うと、30兆円が日銀当座預金から政府預金に移動します。そして、政府の財政支出により、30兆円がまた日銀当座預金に返ってきます。さらに、銀行等は国民の預金通帳の残高を増やすことによって支払いをします。つまり、30兆円マネーストックが増えます。マネタリーベースの額は変わらず、マネーストックだけが30兆円増えるということになります。しかし、政府の側に負債として国債30兆円が残り、これは後で国民から税金を徴収して返済することになります。ただ、財政支出をした時点で見ると、税金で支出を賄う場合と比べ、マネーストックは減少せず、逆に増えることになります。

ＭＭＴ論者は、この点も根拠として、国家が借金しないとお金が増えないと強調するようです。しかし、返済しなければならないのですから、マネーストックの減少が先送りにされているだけです。そして、現に返済されています。一般会計の約4分の1が借金返済に回されています。さらに、借換債で調達したお金で毎年１００兆円以上返済されています。これらは実質的に見ると、新しい借金で古い借金を返済しているだけですが、「返済」には変わりありません。国債を買ってもらえなければ、返済できません。本来は税金で返さなければいけないものを、新しい借金で返済しているだけです。それは返済を延々と先送りにしているだけであり、**お金を出してくれる人がいなくなった途端に破綻するポンジ・スキームです。**

MMT論者は、「誰かの赤字は誰かの黒字」という言葉をよく使います。誰かが借金しないと他の誰かの黒字は生まれないということです。間違いではありません。しかし、ここでも、「通貨安インフレ」という要素が無視されています。返済ができなくなれば、国家の通貨は信頼を失って暴落するのです。そうすると、いくら通貨をたくさん持っていても無意味です。その価値が無くなってしまうからです。ハイパーインフレに襲われた国だって、政府は大赤字、民間は大黒字でしょう。

そして、通貨が崩壊した場合、ある意味「帳尻《ちょうじり》が合う」のです。借金は現在価値と将来価値の交換と言いました。そして、見方を変えれば、借金は将来の自分からお金を奪うものであると。**通貨崩壊すれば、お金が一気に奪われて借金返済に充てられるのと効果は同じです。**野放図な財政が行き着く先は、一生懸命貯めたお金が奪われることなのです。そして、奪ったのは、過去の国民です。その中には既に世を去った先人達もいますが、過去の自分も含まれています。

MMT支持者の心理の背後にあるもの

なぜMMTを支持する人がいるのか。それは極めて単純です。**「負担はしたくない。でも**

お金は欲しい」というわがままな欲望を叶《かな》えたいからです。それはずーっと日本人が行ってきたことの延長線にある思想です。その欲望を叶えるためひたすら借金で未来に負担を先送りにしていきました。既にとんでもない額になっていますが、それでもやっぱり負担はしたくないから、「国の借金は善」という思想につながるMMTに飛びつくのでしょう。しかし、借金は返済とワンセットです。今は返済までも新しい借金でごまかせている状況ですが、信頼を失えばあっという間に崩壊します。コロナショックで株価が暴落するのをあなたも見たでしょう。人の信頼とはそんなものです。ある日突然失われるのです。

では財政再建のために増税や緊縮をすべきでしょうか。私はそうは思いません。**もう手遅れであり、財政再建は絶対に不可能だからです**。この国は1965年に特例国債を発行してから今に至るまで、一度たりとも借金の残高を減らすことができませんでした。積みあがった借金約1100兆円は、毎年5兆円の黒字を出しても、110年間かけてやっと半分の550兆円になるという膨大な額です。明らかに無理でしょう。財政再建なんて、無意味な苦しみを与えるだけであり、やるだけ無駄なのです。

日本は資産があるから大丈夫?

これはMMTとは関係がありませんが、日本財政の話をすると、必ず「日本は資産を持っ

（兆円）

	29年度末	30年度末	増▲減
〈資産の部〉			
現金・預金	47.9	51.3	3.5
有価証券	118.5	119.6	1.1
たな卸資産	4.3	4.3	0.0
未収金等	10.9	10.8	▲0.1
前払費用	5.5	4.7	▲0.8
貸付金	112.8	108.9	▲3.9
運用寄託金	111.5	112.7	1.2
その他の債権等	3.3	3.8	0.6
貸倒引当金	▲1.6	▲1.5	0.1
有形固定資産	182.5	184.4	1.9
無形固定資産	0.3	0.3	0.0
出資金	74.8	75.4	0.6
資産合計	670.5	674.7	4.2

	29年度末	30年度末	増▲減
〈負債の部〉			
未払い金等	12.0	12.0	▲0.0
政府短期証券	77.0	76.1	▲0.9
公債	966.9	986.1	19.2
借入金	31.4	31.9	0.5
預託金	6.5	6.4	▲0.1
責任準備金	9.1	9.4	0.2
公的年金預り金	120.1	120.8	0.6
退職給付引当金	7.0	6.8	▲0.3
その他の負債	8.8	8.7	▲0.1
負債合計	1,238.9	1,258.0	19.1
〈資産・負債差額の部〉			
資産・負債差額	▲568.4	▲583.4	▲15.0
負債及び資産・負債差額合計	670.5	674.7	4.2

図6-9　国の貸借対照表（出典　財務省）

ているから大丈夫だ」と言ってくる人がいますので、それについても触れておきます。

２０１８年度末時点の国の貸借対照表が図６－９です。

これを見ると、国は約６７０兆円もの資産を持っています。これを根拠に、「国の借金を語るなら、資産を差し引け」と主張するのです。資産を差し引くということは、いざとなったら全部売るということでしょう。まず、資産を全て売り払った国家など、人類の歴史上存在しません。当たり前でしょう。国の資産を売り払ってしまえば、国の運営ができません。例えば、国の資産には自衛隊の基地や武器も当然入るわけですし、皇居も入ります。それを全部売ると言うのでしょうか。文字通り売国になりますが、不可能なのは明白です。

このように深く考えなくても異常なことを言っているのが分かりますが、個別に見ていきましょう。まず、最も金額が大きいのは有形固定資産です。これは道路や橋、堤防等です。これを売りに出してもいったい誰が買うのでしょう。そして、買った人はどうやって元を取るのでしょう。例えば道路を買った人は、当然通行料で元を取ろうとするでしょう。そうすると、日本中が料金所だらけになって、少し移動するだけでお金がかかるような状況になってしまいます。また、ここにはさっき指摘した自衛隊の基地や武器、皇居も入っていますし、国会議事堂や最高裁判所も入っています。これを全部売るなんて無理です。そもそも、ここに記載されている額はあくまで財務省の評価額であり、市場価格ではありません。仮に百歩譲って売るとなっても、非常に安く買いたたかれるでしょう。すなわち、莫大な売却損がでます。

次に有価証券。これが120兆円ほどありますが、大半を占めるのは米国債です。これは一見売れそうに見えますが、現実的には全部売るなんてできません。これを一気に売ろうとしたら、米国債が大暴落し、米国金利が急上昇して、米国の財政がとんでもないことになります。そうなったら、世界経済が大混乱となり、日本も当然ダメージを負います。また、暴落した値段で売らざるを得なくなるので、莫大な売却損が出るでしょう。つまり、仮に全部売ったとしても、１２０兆円には達しません。

次は貸付金で、これが約１１０兆円あります。これは、財投債で調達したお金を、政策金融公庫等に貸し付けているものです。これも、いきなり返済を迫って返って来るわけがありません。無理に返済させようとすれば、史上空前の貸しはがしの連鎖が起き、多くの公的機関が倒産し、民間企業も潰れるでしょう。これを債権譲渡するにしても、普通の金融機関であれば実現不可能な低金利で貸し出しているお金ですから、安く買いたたかれてしまうでしょう。つまり、膨大な債権の売却損が出ます。

次に運用寄託金です。こちらも約１１０兆円ですが、これはＧＰＩＦに預けられているお金です。ＧＰＩＦの運用金はほぼ全て株か債券に姿を変えています。したがって、急にこれを返せというと、ＧＰＩＦは保有している株・債券を売却しなければいけません。世界最大の機関投資家と言われるＧＰＩＦがいきなり全財産を売却するのですから、市場は大混乱になるでしょう。国内外の株・債券が暴落し、経済に大ダメージを与えます。

他には出資金が約75兆円ありますが、これは一体どうするのでしょう。出資金は売買の対象にできるものではありません。売れないのであれば、出資先に対し、返せというのでしょうか。そうしたら、いくつもの独立行政法人が潰れてしまい、失業者が大量に生まれ、日本経済に大ダメージを与えるでしょう。

最後に現預金が約50兆円ありますが、これは何かの支払いのためにたまたま期末の時点で保有されている額でしょう。これを借金返済に回してしまえば、公務員の給料が払えなかったり、必要な物を調達できなくなったりして、国の資金繰りがつかなくなってしまいます。

このように、詳細に見ても、およそ売れないものばかりです。一部は売れるかもしれませんが、ほんの一部です。「日本の借金は大したものではない」と思い込みたいがために、このような言説を信じてしまうのです。それは結局「負担はしたくない。でもお金は欲しい」という都合の良い願望を実現したいという考えが背景にあると言ってよいでしょう。ＭＭＴ論者と根は同じです。

このほか、「日本は経常収支黒字だから大丈夫」と主張する人がいます。経常収支というのは、非常にざっくり言えば、日本に入ってくるお金から出ていったお金を差し引いたものです。２０１９年の経常収支は約20兆円の黒字でした。しかし、この収支は民間企業も合わせた収支の話です。国の財政の話をしているのに、なぜか民間企業も合わせた収支の話にすり替えられてしまうのです。なお、経常収支黒字が、円の価値の維持につながっている側面があるのは確かです。国際的な決済通貨はドルですから、経常収支黒字というのは、入ってくるドルの方が多いことを意味しています。それを日本人がドルから円に替える際にドルが売られて円が買われますので、円高に寄与する側面があります。しかし、これも為替市場で円が大きく売られる事態になれば、円に替えずにドルのまま保持するでしょう。したがって、経常収支が黒字というのは安心材料にはなり得ません。なお、為替市場において、取引の決済等のため、現実に必要な為替の売買をしている「実需」は約1割程度しかありません。残り9割は売買差益を狙う「投機」です。投機目的で為替の売買をしている人が大半なのですが、いったん円の信用が失われれば、大規模な円売りが発生してしまうのです。

さらに、日本は対外純資産が世界一、という点もよく指摘されるところです。たしかに、日本の対外純資産は、2018年末の時点で341兆5560億円もありますが、これは民間企業も合わせた数字です。中央銀行及び一般政府の純資産で見ると、マイナス6兆9020億円です。ここでも、なぜか急に民間と混ぜた話にすり替えられてしまう不思議があります。日本が危機に陥った時に、民間企業が一斉に対外純資産を売って日本国債を買い支えてくれるのなら話は別ですが、そんなことが起きるわけがないでしょう。誰も危ない国の国債に投資しようとは思いません。

このように、たくさん借金をしているという現状を肯定し、さらに借金を積み重ねたいがために、次から次へといろいろな言説が湧き出てきます。目的は全部同じです。**「負担はしたくない。でもお金は欲しい」**という願望を叶えたいのです。そして政治家の側も、目先の選挙に勝ちたいがために、負担から逃げ、人気取りに走ってしまうのです。今も、野党の一部に消費税の減税や廃止を掲げて人気を取ろうとする者がいます（自民党の一部にもいますが）。

日本は、端的に言えば「増税」からひたすら逃げ続けてきました。その結果、信じられない額の借金を積み上げてしまいました。そして、究極の逃避手段である「アベノミクス」に賭《か》けましたが、結局出口のないところへ追い詰められたのです。日本がいかに増税から逃げてきたのか、次章で国際的な比較をして見ていきましょう。

第七章

日本は何から逃げてきたのか

諸外国より低すぎる所得税と消費税

国税収入に占める割合が高いのは、所得税、法人税、消費税の3つです。これは基幹3税などと呼ばれています。

この基幹3税について、諸外国と税収対GDP比を比べてみると、日本の税制の大きな欠点が浮かび上がります。なお、GDPとは、要するに国内で生まれた「儲《もう》け」を全て合計したものです。税はこの「儲け」から取りますから、税収の多寡を他国と比べるには、儲けの何%を税金として取っているのか、つまり**税収対GDP比**で見るのが妥当、ということになります。では、OECD（Organisation for Economic Co-operation and Development：経済協力開発機構）に加盟している国々（日本を含め、現在37か国）と比較してみましょう。データのそろっている2015年で比較します。

まず、法人税収対GDP比を見てみると、日本は3・8%で、全体の6位です。「日本は法人税が高い」と言われますが、これを見るとそれが事実であることが分かります（図7-1）。

次に、所得税収等対GDP比を見てみると、24位であり、かなり下位の方です（図7-2）。なお、デンマークが突出していますが、これは、同国が社会保障を全額税金で負担している影響と思われます。社会保険料を取らない分、所得税が高くなるのでしょう。

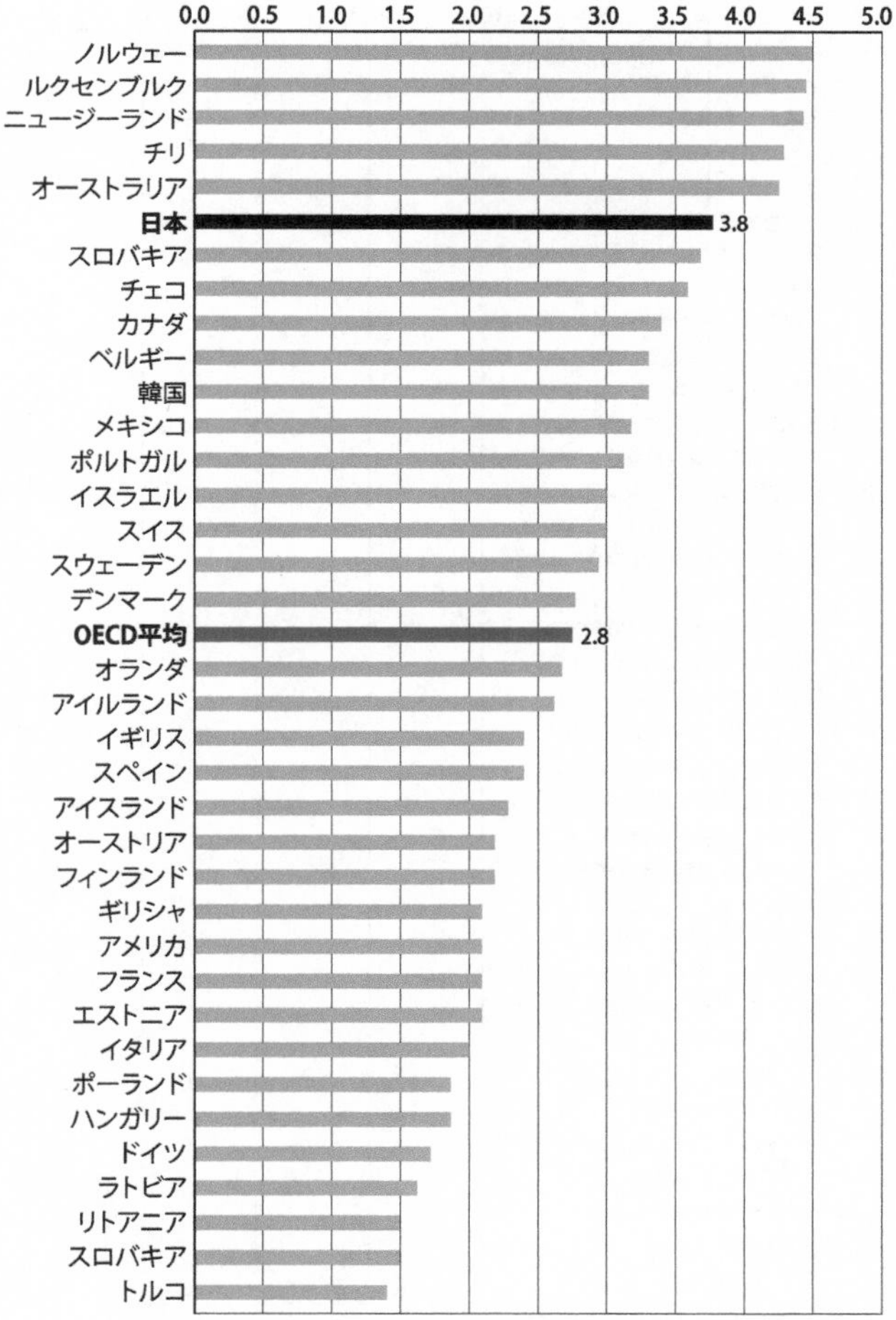

図7-1　法人税収対GDP比（出典　OECD.stat）

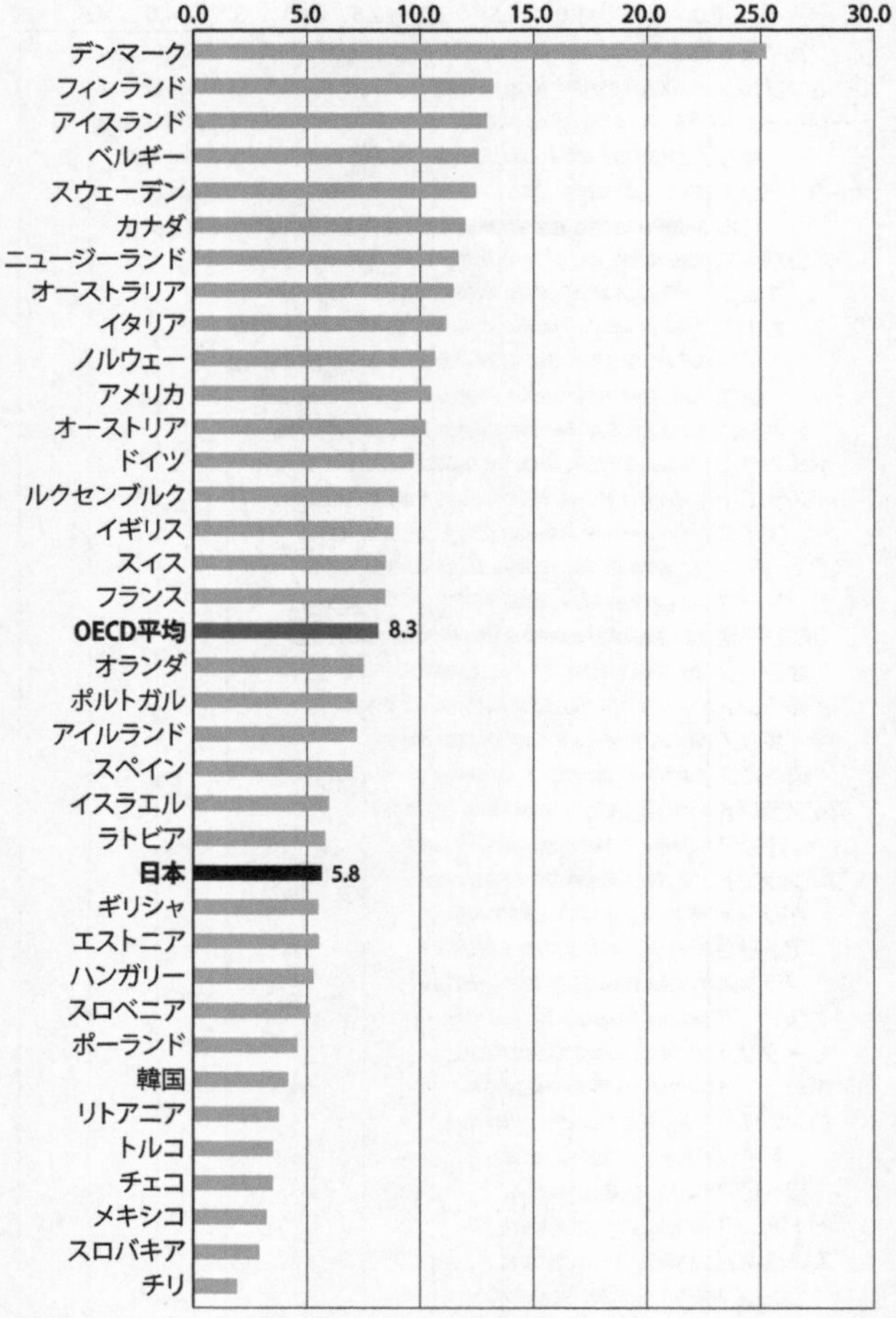

図7-2　所得税等対GDP比（出典　図7-1と同）

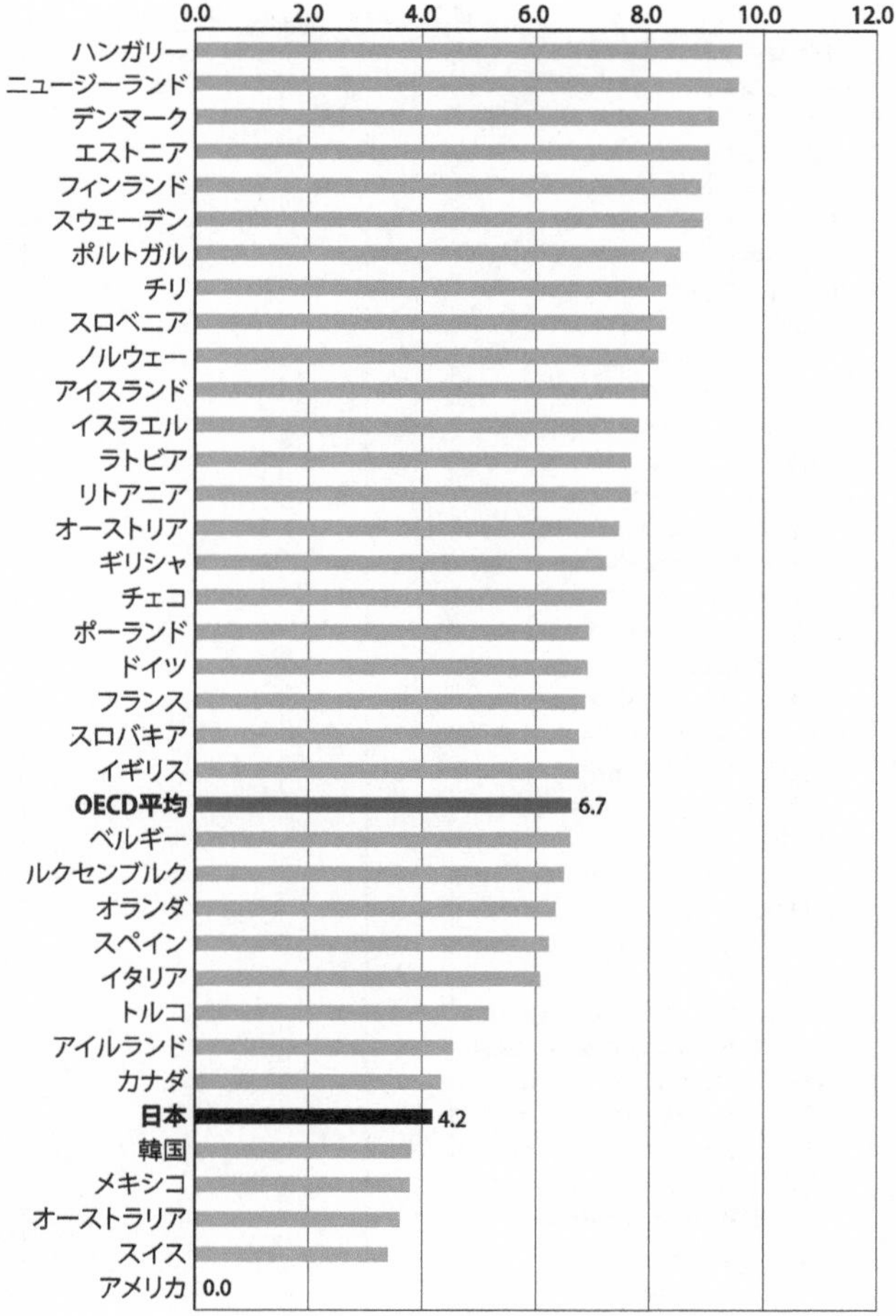

図7-3　付加価値税対GDP比（出典　図7-1と同）

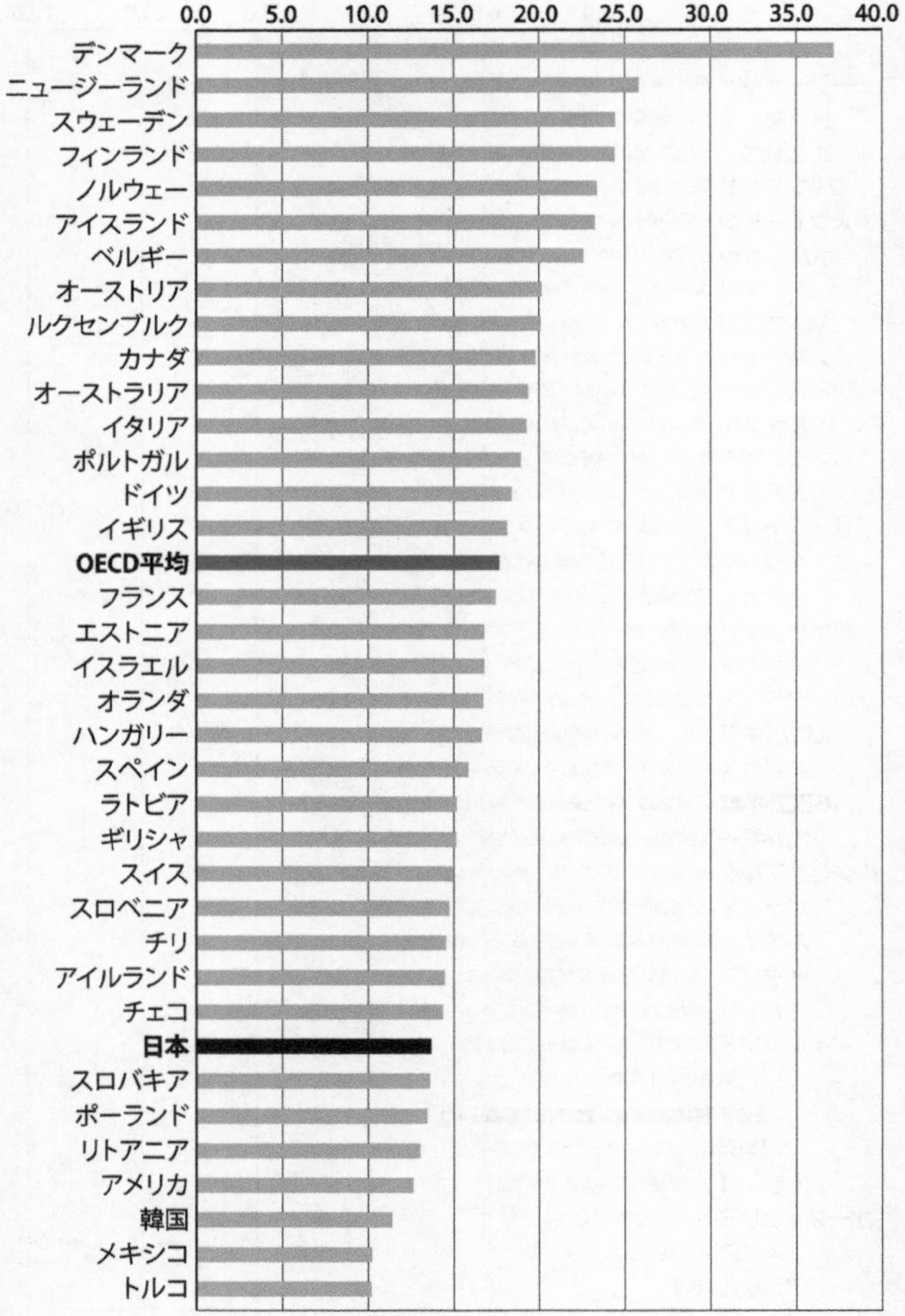

図7-4　基幹3税収対GDP比（図7-1～3を統合して作成）

最後に消費税を見てみましょう。なお、消費税は海外では付加価値税と呼ばれていますが、日本と仕組みは同じです。これを見ると、日本は31位の4・2％であり、極めて低いことが分かります（図7－3）。1位のハンガリーは9・6％ですから、日本はその2分の1も消費税を取っていないことになります。

最後に、基幹3税合計税収対GDP比を見てみましょう（図7－4）。**日本はなんと36か国中29位です**。受け入れがたいかもしれませんが、事実です。どうしてこんなに低いのかと言えば、先ほど見たとおり、所得税と消費税が低すぎるからです。

次に、基幹3税以外の税収等も含めた税収[1]対GDP比を比較してみましょう（図7－5）。ここでも日本は下の方で、26位です。1位のデンマーク（46・1％）と比べると、日本は3分の2程度（30・7％）しかありません。

ここで、財務省が作成している国民負担率の国際比較のグラフを見てみましょう（図7－6）。これには税金だけではなく社会保障の負担率も含まれています（このグラフのみ他のOECDのデータとは時点が少し異なります）。

データのある35か国中、日本は下から9番目です。1位のルクセンブルクは93・7％もあってさすがに高過ぎますが、2位のフランスは68・2、3位のデンマークは65・4です。日本は43・3ですから、これらの国とは比較になりません。

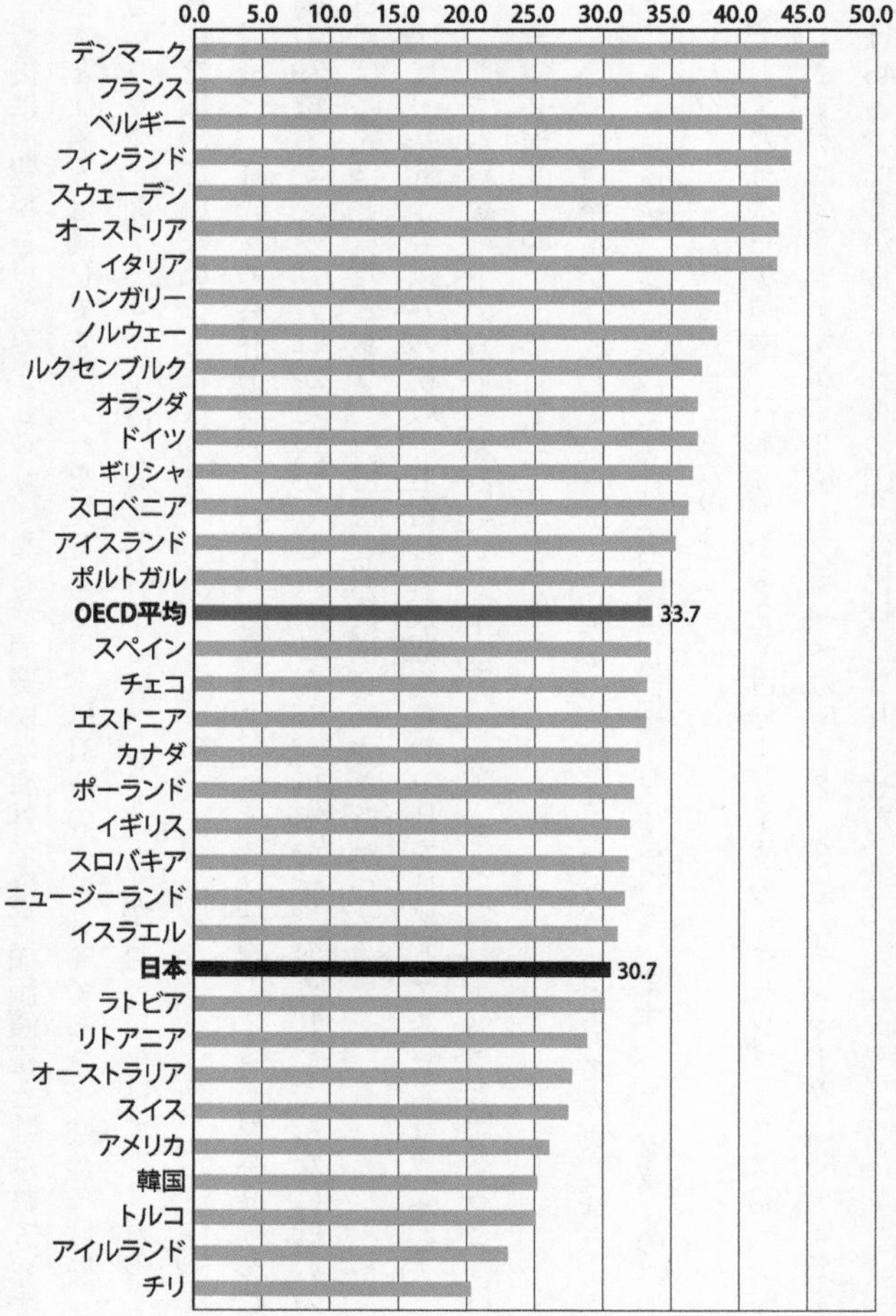

図7-5　税収対GDP比（出典　図7-1と同）

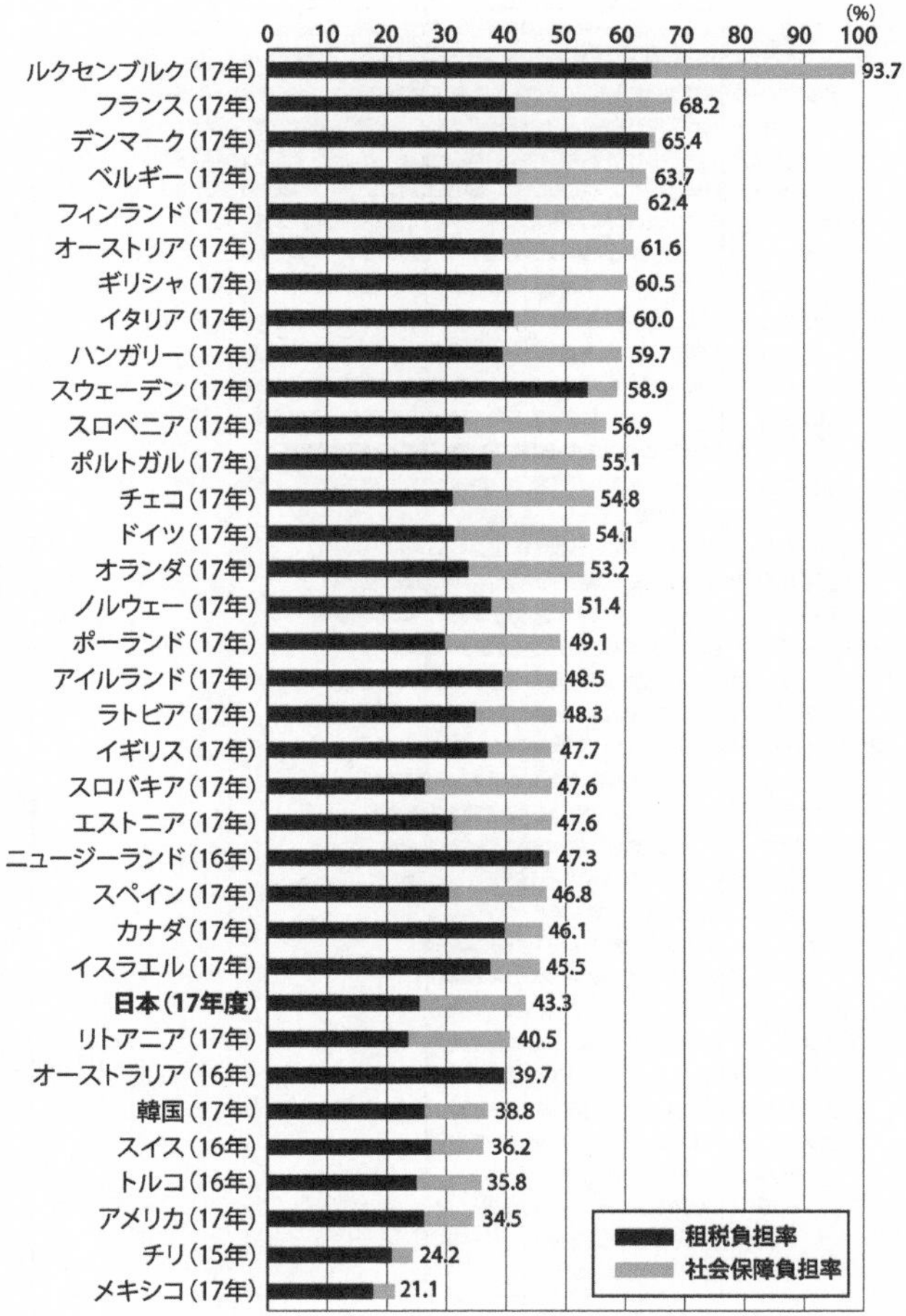

図7-6　国民負担率の国際比較（出典　財務省）

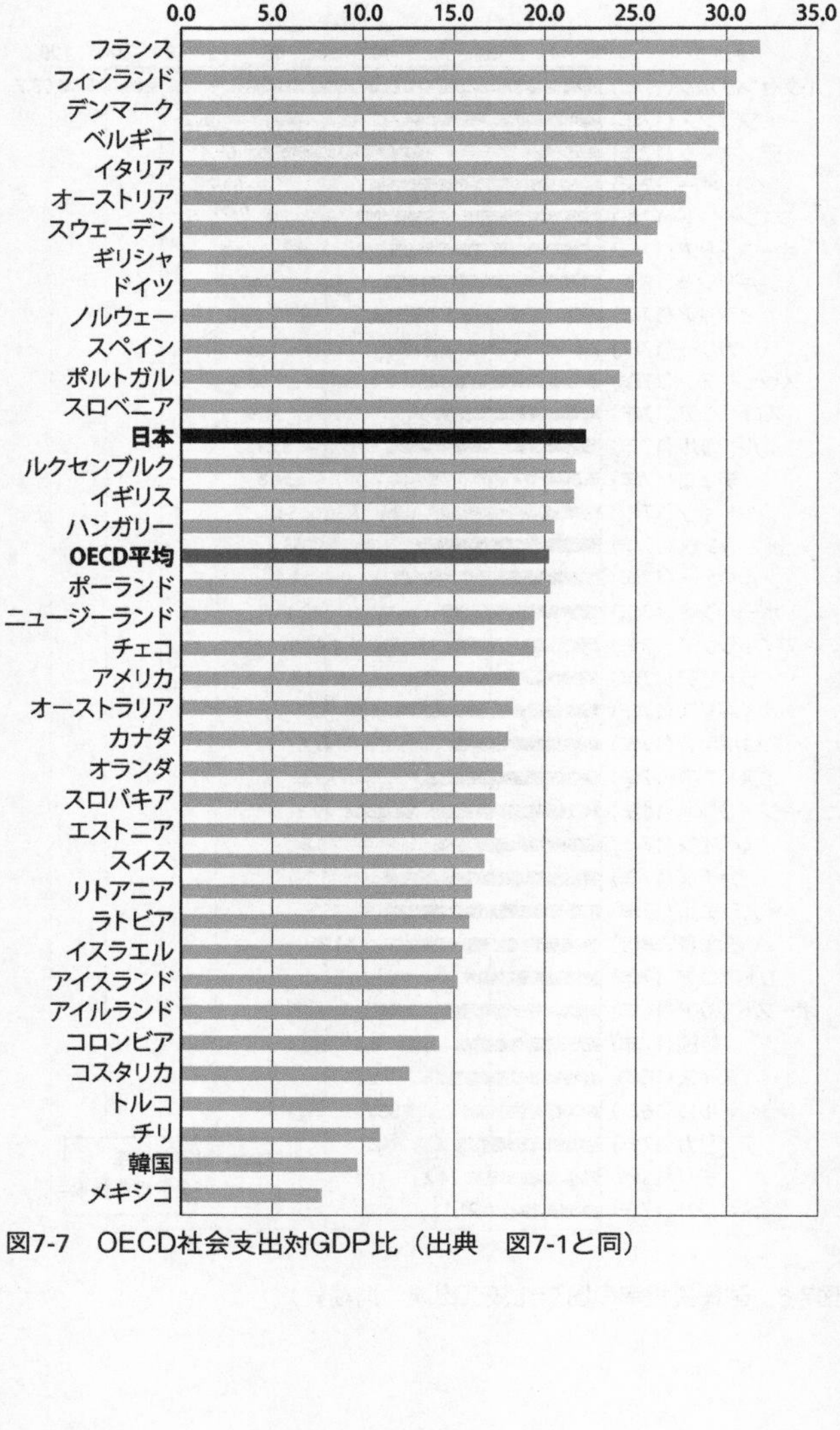

図7-7　OECD社会支出対GDP比（出典　図7-1と同）

では、支出の方はどうでしょうか。OECDのデータに戻り、社会支出対GDP比を見てみましょう。なお、社会支出というのはおおむね社会保障費のことを指しています（図7－7）。

これを見ると日本は意外と上の方にいます。14位です。収入の方を見ると、日本は法人税収対GDP比以外は、全てOECD平均を下回っており、順位も下位ですが、支出の方を見ると、OECD平均より上であり、順位も上なのです。つまり、支出と負担のレベルが全然合っていません。「低負担・中福祉」と言えるでしょう。そして、その支出と負担のギャップを借金で埋め合わせしているのです。

これは、借金をして未来へ負担を押し付けることにより、本来であれば享受できない水準の社会保障を受けていることになります。しかし、国民にその自覚はあるでしょうか。無いでしょう。それどころか、負担の割に不十分な社会保障しか受けられていないという感覚ではないでしょうか。借金が無ければ、その不十分な社会保障の水準すら保てないのですが。「負担はしたくない。でもお金は欲しい」という非常に「わがまま」な要望に政治が応え続けてきた結果がこれです。しかし、多くの国民はこの現実を知りません。

負担の大きい上位国、例えばデンマークは、負担が大きい代わりに、医療費も教育費も介護費も完全に無料です。特に医療費は億単位の治療費がかかっても国が負担します。海外で

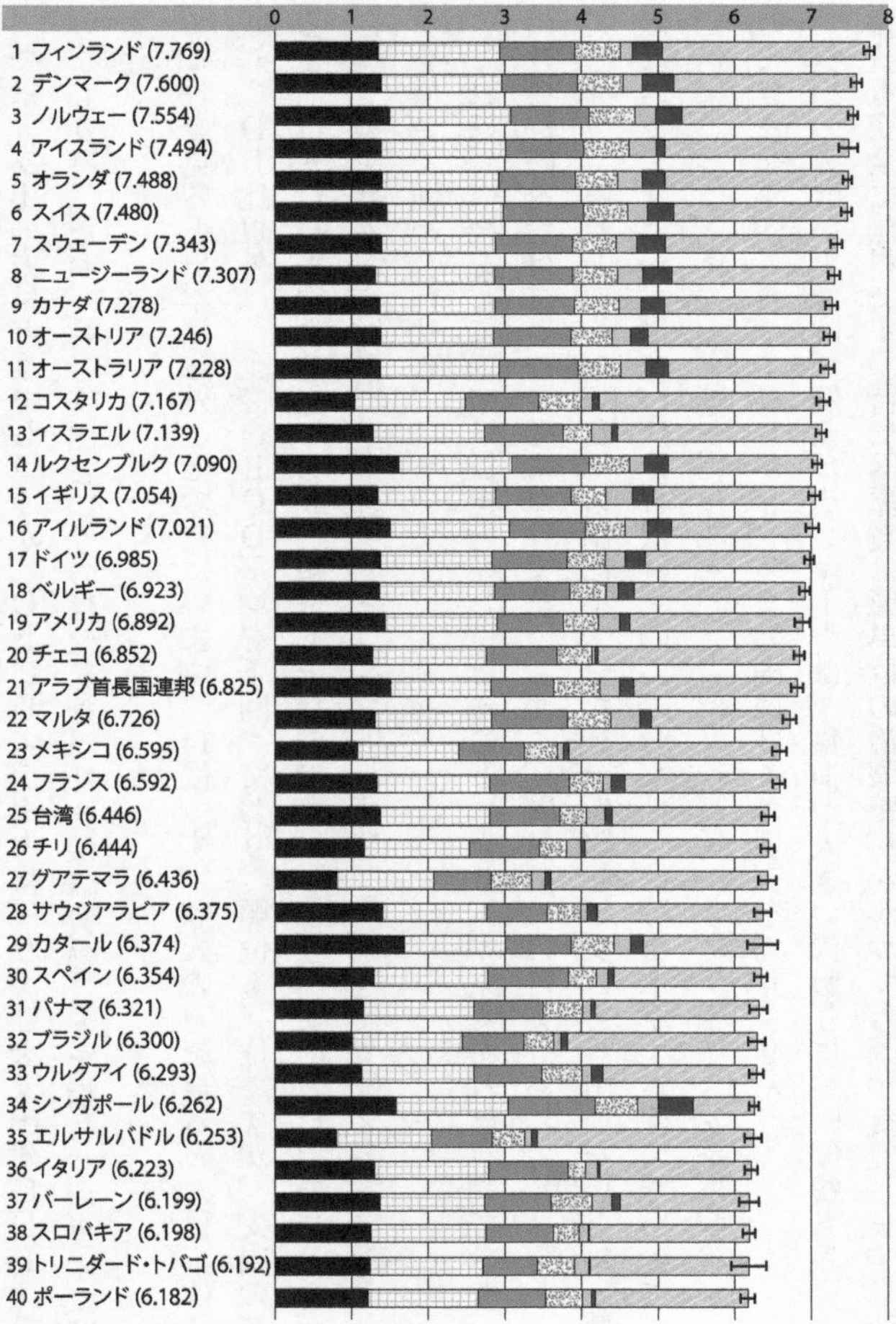

図7-8　世界幸福度ランキング（286～289ページ）
（出典　World Happiness Report）

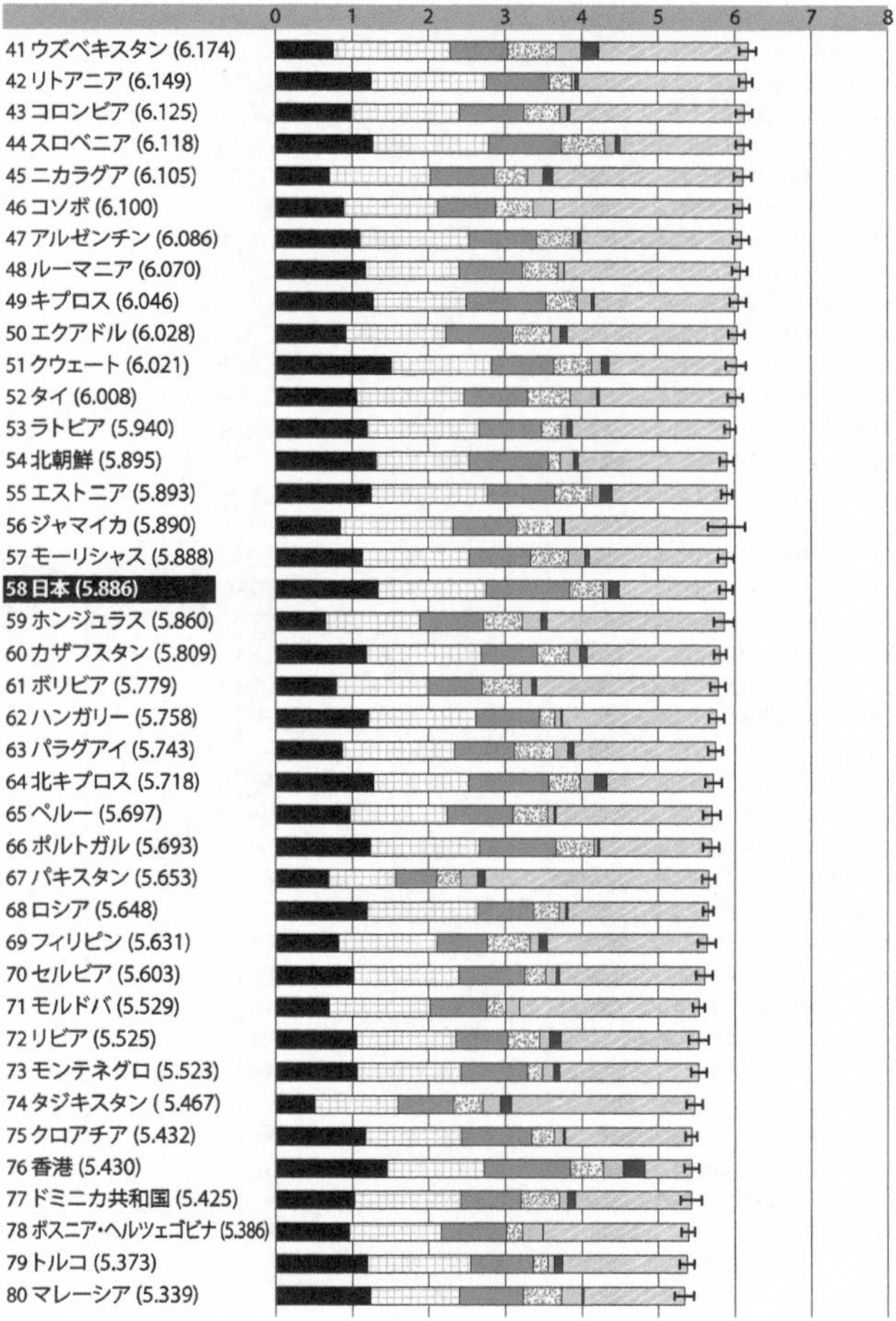
0
1
2
3
4
5
6
7
8
41 ウズベキスタン (6.174)
42 リトアニア (6.149)
43 コロンビア (6.125)
44 スロベニア (6.118)
45 ニカラグア (6.105)
46 コソボ (6.100)
47 アルゼンチン (6.086)
48 ルーマニア (6.070)
49 キプロス (6.046)
50 エクアドル (6.028)
51 クウェート (6.021)
52 タイ (6.008)
53 ラトビア (5.940)
54 北朝鮮 (5.895)
55 エストニア (5.893)
56 ジャマイカ (5.890)
57 モーリシャス (5.888)
58 日本 (5.886)
59 ホンジュラス (5.860)
60 カザフスタン (5.809)
61 ボリビア (5.779)
62 ハンガリー (5.758)
63 パラグアイ (5.743)
64 北キプロス (5.718)
65 ペルー (5.697)
66 ポルトガル (5.693)
67 パキスタン (5.653)
68 ロシア (5.648)
69 フィリピン (5.631)
70 セルビア (5.603)
71 モルドバ (5.529)
72 リビア (5.525)
73 モンテネグロ (5.523)
74 タジキスタン (5.467)
75 クロアチア (5.432)
76 香港 (5.430)
77 ドミニカ共和国 (5.425)
78 ボスニア・ヘルツェゴビナ (5.386)
79 トルコ (5.373)
80 マレーシア (5.339)

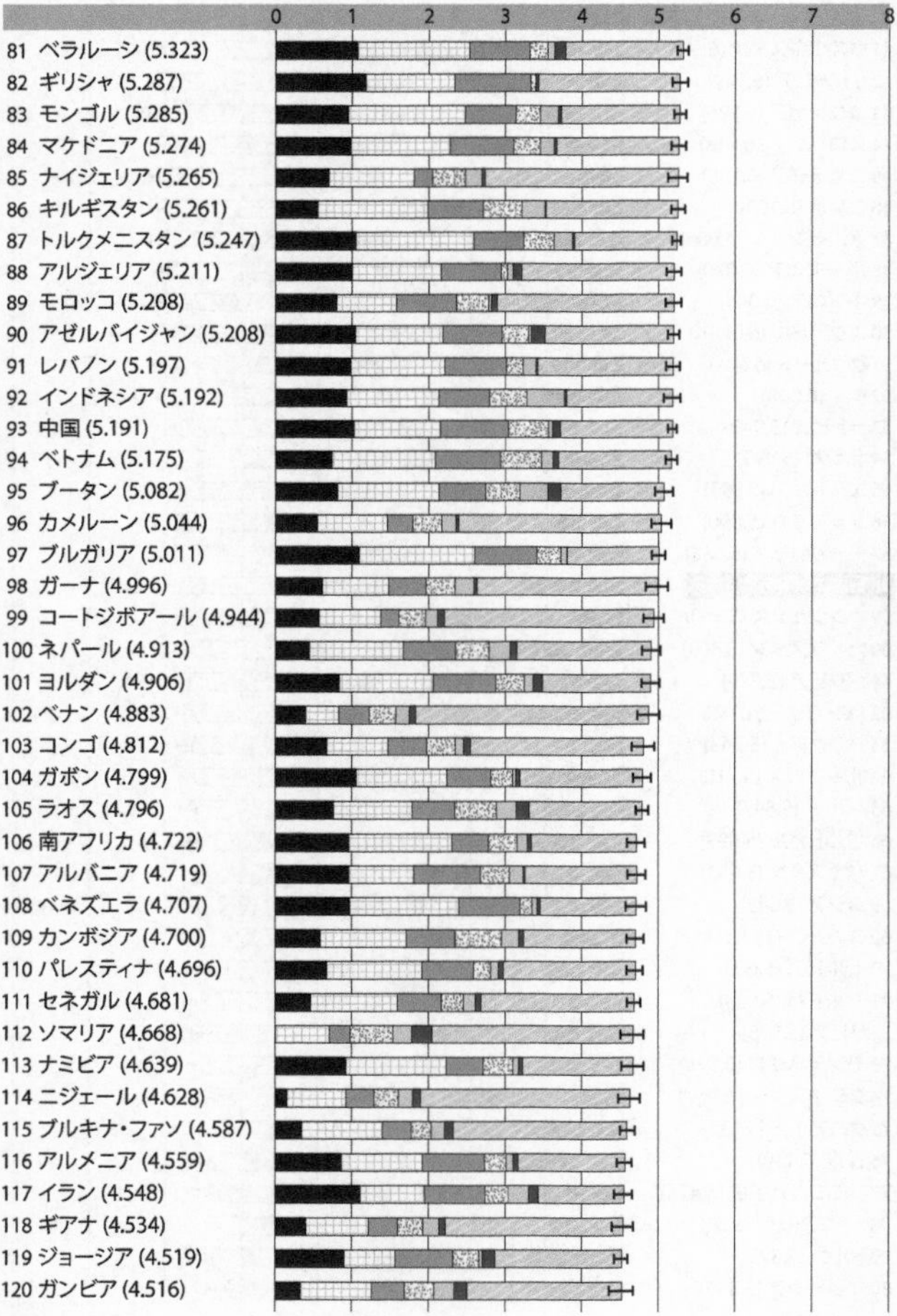
0
1
2
3
4
5
6
7
8
81 ベラルーシ (5.323)
82 ギリシャ (5.287)
83 モンゴル (5.285)
84 マケドニア (5.274)
85 ナイジェリア (5.265)
86 キルギスタン (5.261)
87 トルクメニスタン (5.247)
88 アルジェリア (5.211)
89 モロッコ (5.208)
90 アゼルバイジャン (5.208)
91 レバノン (5.197)
92 インドネシア (5.192)
93 中国 (5.191)
94 ベトナム (5.175)
95 ブータン (5.082)
96 カメルーン (5.044)
97 ブルガリア (5.011)
98 ガーナ (4.996)
99 コートジボアール (4.944)
100 ネパール (4.913)
101 ヨルダン (4.906)
102 ベナン (4.883)
103 コンゴ (4.812)
104 ガボン (4.799)
105 ラオス (4.796)
106 南アフリカ (4.722)
107 アルバニア (4.719)
108 ベネズエラ (4.707)
109 カンボジア (4.700)
110 パレスティナ (4.696)
111 セネガル (4.681)
112 ソマリア (4.668)
113 ナミビア (4.639)
114 ニジェール (4.628)
115 ブルキナ・ファソ (4.587)
116 アルメニア (4.559)
117 イラン (4.548)
118 ギアナ (4.534)
119 ジョージア (4.519)
120 ガンビア (4.516)

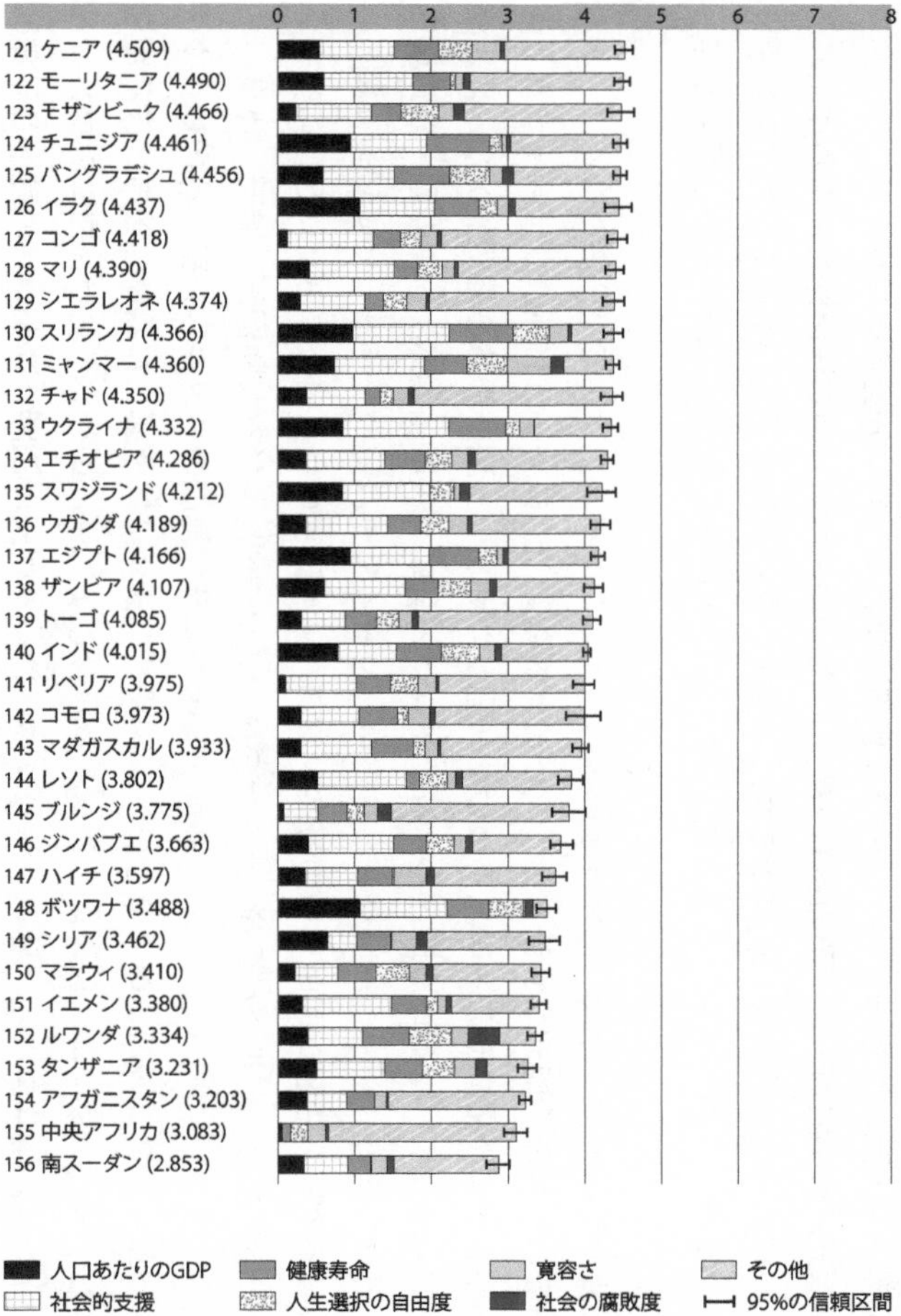
0 1 2 3 4 5 6 7 8
121 ケニア (4.509)
122 モーリタニア (4.490)
123 モザンビーク (4.466)
124 チュニジア (4.461)
125 バングラデシュ (4.456)
126 イラク (4.437)
127 コンゴ (4.418)
128 マリ (4.390)
129 シエラレオネ (4.374)
130 スリランカ (4.366)
131 ミャンマー (4.360)
132 チャド (4.350)
133 ウクライナ (4.332)
134 エチオピア (4.286)
135 スワジランド (4.212)
136 ウガンダ (4.189)
137 エジプト (4.166)
138 ザンビア (4.107)
139 トーゴ (4.085)
140 インド (4.015)
141 リベリア (3.975)
142 コモロ (3.973)
143 マダガスカル (3.933)
144 レソト (3.802)
145 ブルンジ (3.775)
146 ジンバブエ (3.663)
147 ハイチ (3.597)
148 ボツワナ (3.488)
149 シリア (3.462)
150 マラウィ (3.410)
151 イエメン (3.380)
152 ルワンダ (3.334)
153 タンザニア (3.231)
154 アフガニスタン (3.203)
155 中央アフリカ (3.083)
156 南スーダン (2.853)
人口あたりのGDP
健康寿命
寛容さ
その他
社会的支援
人生選択の自由度
社会の腐敗度
95%の信頼区間

億単位の手術をする場合も費用を出してくれるそうです。しかし、それは国民一人一人がとても大きな負担をしているからです。みんなでたくさんお金を出し合うから、誰かのリスクが顕在化して困った時に、国がお金を出して支えることができるのです。お金をたくさん出し合うことで、個人のリスクを軽減していると言えます。

ここで、世界幸福度ランキング（2016〜2018年）を見てみましょう（図7-8）。日本はこのランキングでいうと58位です。世界3位のGDPを誇る国が、幸福度では58位。1位はフィンランドです。2位にデンマーク、3位にノルウェー。1〜3位を占めているのは高負担・高福祉の北欧諸国です。日本よりはるかに多くの税金を取っています。日本では嫌われている消費税の税率も高く、いずれの国もGDP比で言えば消費税を日本の倍くらい取っています。特にデンマークは、軽減税率も無く、一律に25%の消費税を課しています。でも、たくさん税金を取る分、たくさん政府がお金を使えます。だから社会保障が充実します。

社会保障で人々が得たいものはなんでしょうか。「安心」でしょう。病気や事故等のリスクが顕在化した時でも、国が助けてくれるという安心があれば、幸福度も増すでしょう。**みんなでたくさんお金を出し合って支え合うから、「安心」を手にすることができるのです。**

他方で日本はこれらの国よりはるかに負担は低いです。それは未来に負担を押し付けてい

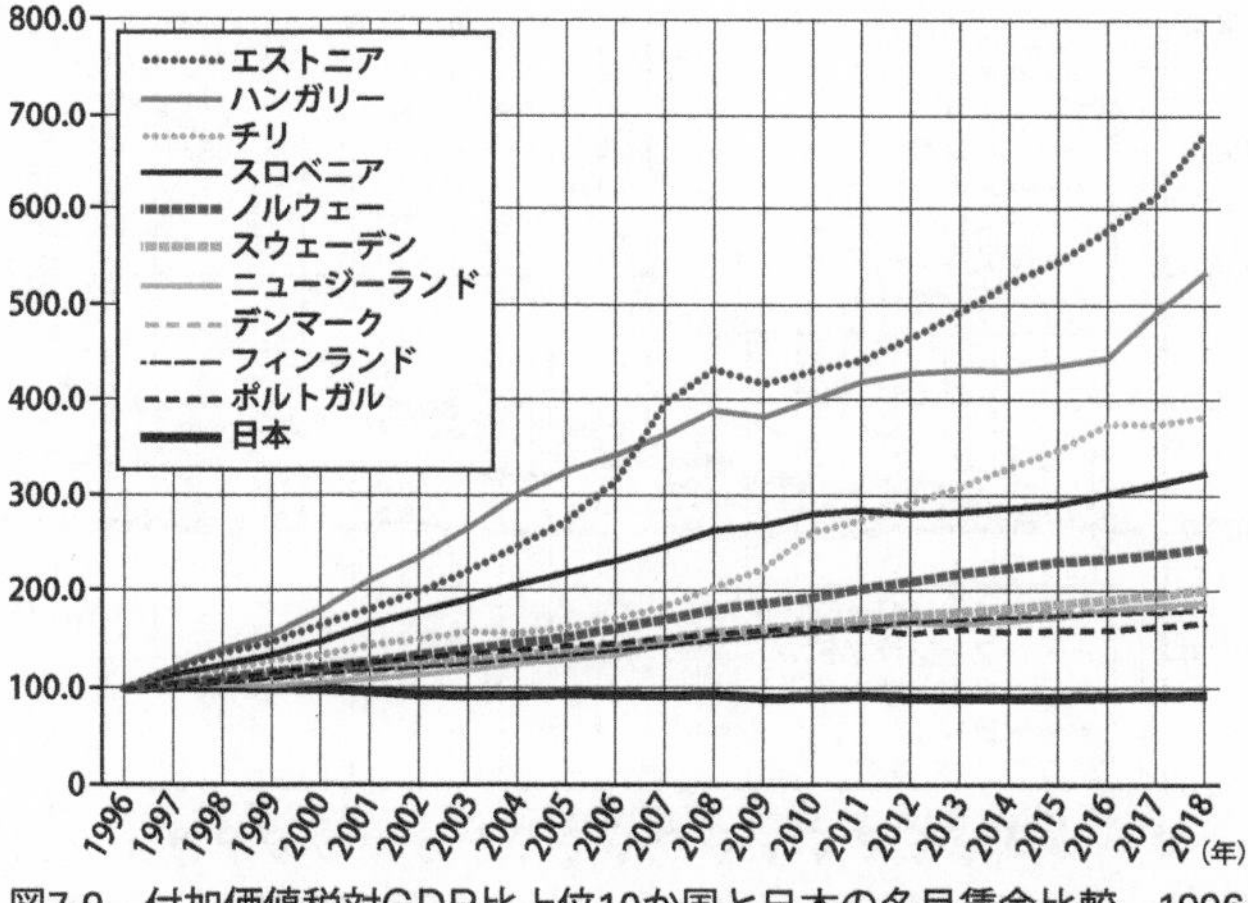

図7-9　付加価値税対GDP比上位10か国と日本の名目賃金比較。1996年＝100（出典　図7-1と同）

るからです。でも、この幸福度ランキングを見る限り、たくさん借金しても結局国民が満足できる社会保障を提供できていないのではないかと思います。

高負担国と日本で違う点

高負担国家と日本で一番違う点は賃金です。付加価値税対GDP比上位10か国と、日本の名目賃金・実質賃金について、1996年を100とする指数で比較してみましょう。まずは名目賃金から（図7―9）。

2018年を見てみると、一番伸びているエストニアは682・4です。日本を除けば一番伸びていないポルトガルですら167・2です。ところが、日本は

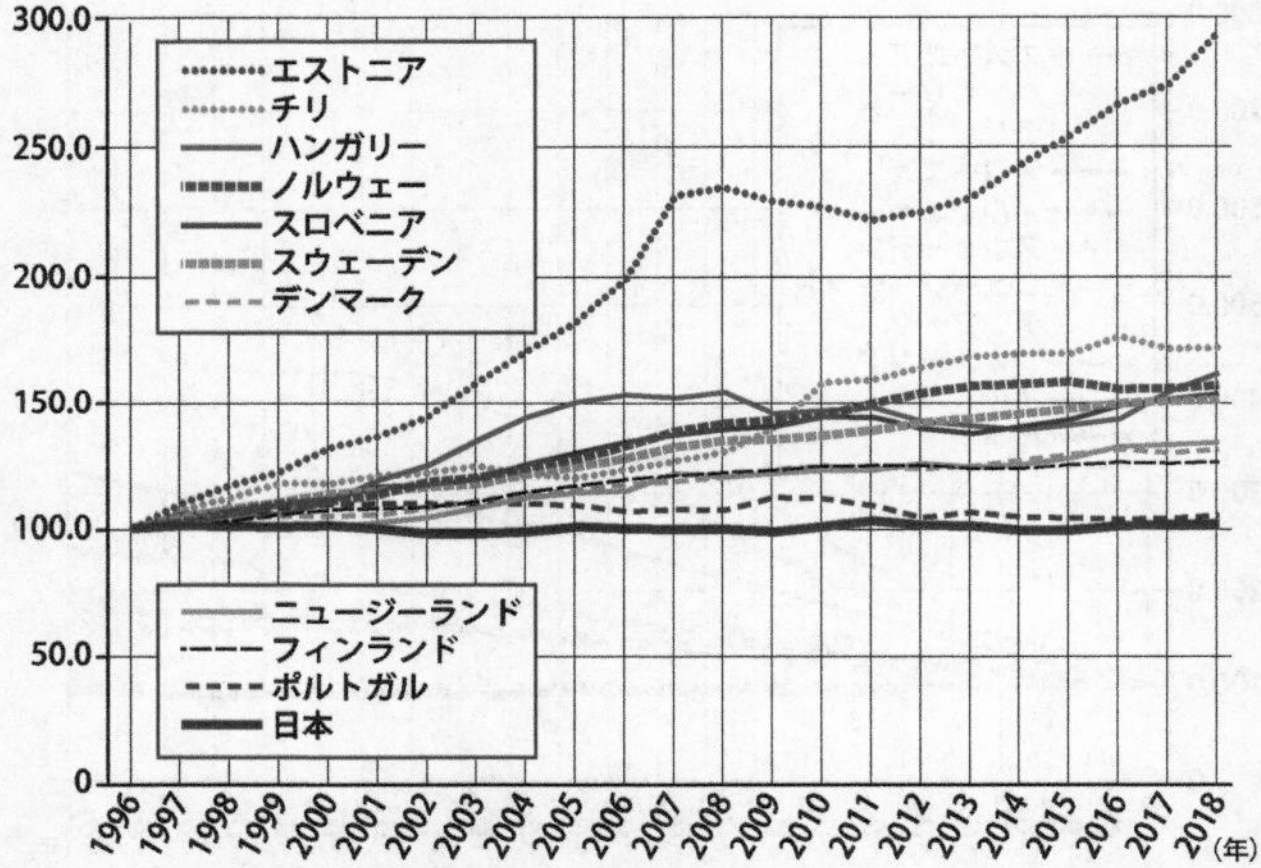

図7-10　付加価値税対GDP比上位10か国と日本の実質賃金比較。1996年＝100（出典　図7-1と同）

94・3。**唯一１９９６年より下がっており、異常です。**先進国で唯一日本だけがデフレになっているという話を聞きますが、それはこうして賃金が下がっているからでしょう。賃金が下がっているから、安い物しか売れなくなり、勝手に物価が下がるのです。次に実質賃金を見てみましょう（図7-10）。

一番伸びているのはエストニアで２９４・１。日本を除くと一番伸びていないのはポルトガルで１０４・６。日本は１０１・４で最下位。なお、第3章で説明したとおり、日本は２０１８年に賃金の計算方法を変えて思いっきり賃金をかさ上げしましたが、それでもこの状況です。

諸外国では、負担も増えると同時に、その前提となる負担能力も同時に上がっていると言えるでしょう。だから特に名目賃金において、日本よりはるかに賃金上昇率が高いのです。税金も社会保険料も、賃金はその源泉の一つですから、高齢化に伴い社会保障費が増えるのは仕方が無いにしても、**賃金を増やして負担能力も上げなければいけません。**

しかし、日本は、バブル崩壊の後遺症で1997年11月から発生した金融危機以後、非正規雇用の増大や、残業代を払わなくてよい方の抜け穴の設置、サービス残業等を野放しにし、賃金が下がっていくことを徹底的に放置しました。つまり、負担能力を上げることをしなかったのです。この状態で増税や社会保険料負担の増大をしようとすれば反発されるのは当然でしょう。

賃金の低迷は当然経済にも影響します。日本のGDPの約6割を占めるのは国内消費であり、消費の源泉が賃金だからです。賃金下降を野放しにしたことがこの国の低迷の一因でしょう。ところが、その原因を見誤り、「とにかく物価を上げれば何とかなる」という発想の元に実施されたのがアベノミクスです。結果は既に説明したとおり、「戦後最悪の消費停滞」という未曽有の失敗に終わり、それを覆い隠すために統計が大きく変えられてしまいました。そして、異次元の金融緩和の出口はありません。

日本の低迷の真の要因は賃金を下げてしまったから、というのが私の考えですが、「消費

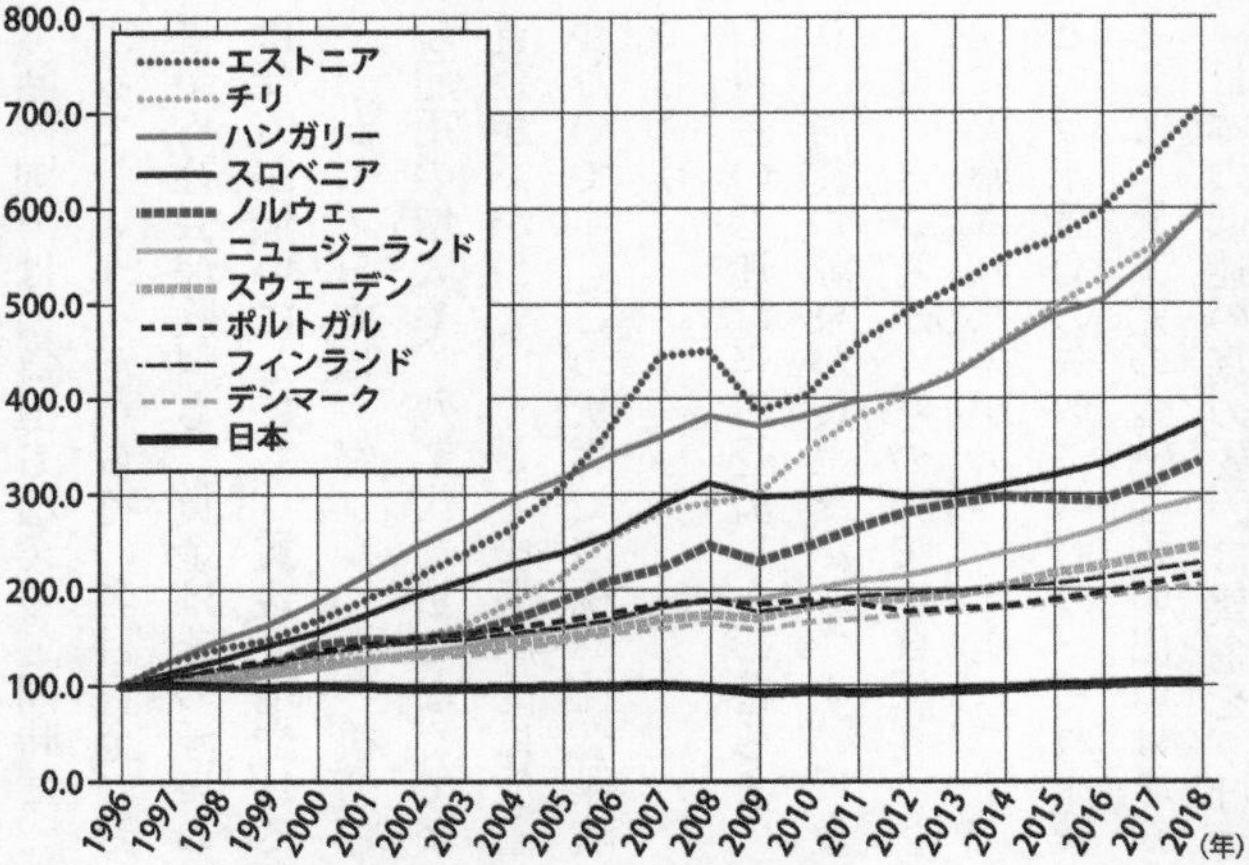

図7-11　付加価値税対GDP比上位10か国と日本の名目GDP推移。1996年＝100（出典　IMF World Economic Outlook Database, October 2019）

税のせいだ」と主張する人達がいます。それが本当であれば、先ほど見た付加価値税対ＧＤＰ比上位10か国は、日本よりも低迷していないとおかしいですね。では見てみましょう。まずは名目ＧＤＰから（図７－11）。

最も伸びているのはエストニアで、２０１８年の名目ＧＤＰは、１９９６年の約７倍になっています。日本を除けば最も伸びていないのはデンマークですが、**それでも約２倍**になっています。日本は１０４・４０。絶望的に伸びていません。これがもし仮に２倍になっていれば、債務残高対ＧＤＰ比は今の２分の１に収まっており、財政の健全性は今とは比較にならないくらい

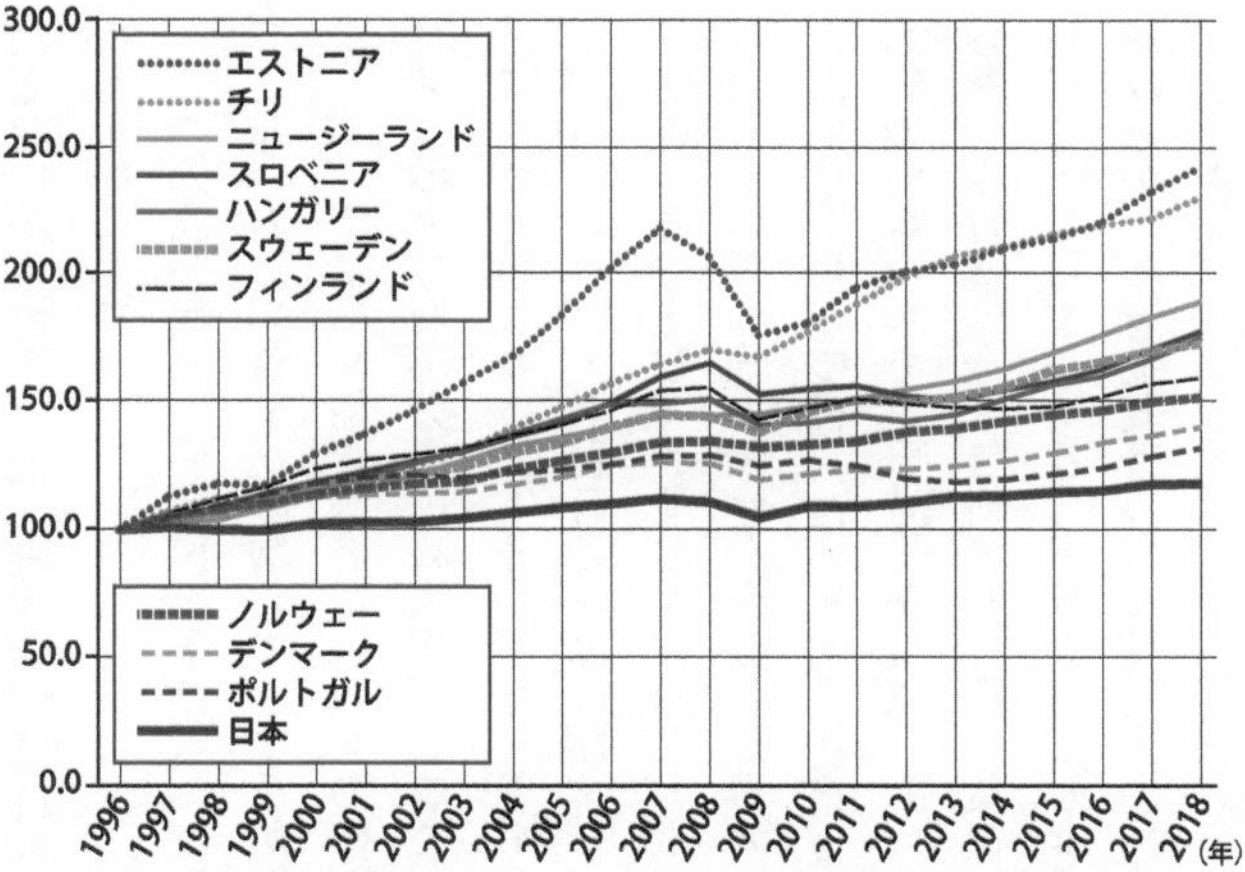

図7-12　付加価値税対GDP比上位10か国と日本の実質GDP比較。1996年＝100（出典　図7-11と同）

良好でした。

次に、実質GDPで比較してみましょう（図7－12）。同じく1996年を100とする指数です。

こちらも1位はエストニアで、2018年は1996年と比べると約2・4倍です。日本は118・1であり、最下位です。「日本の低迷は消費税が原因」というのがウソであることがこれで分かるでしょう。そうやって誤った原因を強調するから、「賃金が低すぎる」という真の原因が覆い隠されてしまうのです。

消費税を悪者にするのは、目先の人気を得る手段としては最も簡単です。消費税に限らず、そもそもみんな税金を払いたくないからです。税を嫌う感情は日本に限らず、普遍的なことであり、「本能的」と言ってもよいでしょう。

この低賃金状態で消費税を上げられたら、抵抗するのは当然でしょう。負担能力が上がっていないのに、負担だけ増えてしまうからです。そして、こうやって賃金を抑えつけてきたことが、デフレを招き、名目GDPの停滞を引き起こしました。人件費は会社運営のためのコストの大きな部分を占めますが、ここを削ることで、商品やサービスの値段を異常に下げることが可能になってしまいます。それはデフレにつながります。さらにそうやって物価が上がらなければ、名目GDPは伸びません。名目GDPが伸びなければ、債務残高対GDP比を抑えることはできません。なお、なぜ債務残高対GDP比が重視されるのかと言うと、GDPとはその国の儲けを合計したものであり、借金の返済能力を示すからです。

高い消費税が受け入れられるためには、「受益感」が必須です。例えば、デンマークでは25%の消費税率で、軽減税率も無いという「容赦の無い」課税をしていますが、医療費、介護費、教育費は全て無料です。高い負担でも見返りがあるからみな納得できるのです。では同じことを日本がやるとどうなるでしょう。受益感は絶対に増しません。なぜなら、膨大に積みあがった借金返済の方に吸い込まれてしまうからです。八方ふさがりの状態と言ってよいでしょう。

税金というのは「取られっぱなし」ではありません。**徴税された税金は、財政支出としてまた国民の元へ還ってくるのです。**経済における消費の主体は、政府と企業と家計です。政府は大きな消費主体です。高負担の国は、政府がたくさん税金や社会保険料を取る一方で、たくさんお金を使うから、公的な雇用もたくさん生み出し、それが経済にも好影響を与え、結果的に経済成長につながっているのです。そして、日本のように借金を積み上げていないので、たくさん集めたお金は、今を生きる国民のために使うことができます。日本はそうではありません。過去の債務に足を引っ張られます。だから、仮にたくさん税金を集めたとしても、過去の債務の返済に消えてしまうという羽目になります。そうすると、国民の痛税感はますます強まるという悪循環にはまっていくのです。

高負担・高福祉の国というのは、人間の体に例えると、非常に血の巡りの良い状態と言ってよいでしょう。たくさん税・社会保険料を取るので、経済の血液であるお金がため込まれず、グルグルと循環し、一か所に滞留しない状態です。他方、低負担・低福祉の国では、税・社会保険料として取られるお金が少ない分、富裕層にお金がため込まれてしまいます。一か所に血が溜《た》まってしまい、他のところへ行かないような状態です。お腹だけ脂肪が溜まって、足腰はやせ細っているようなイメージです。日本はそれに近い状態と言ってよいのではないかと思います。

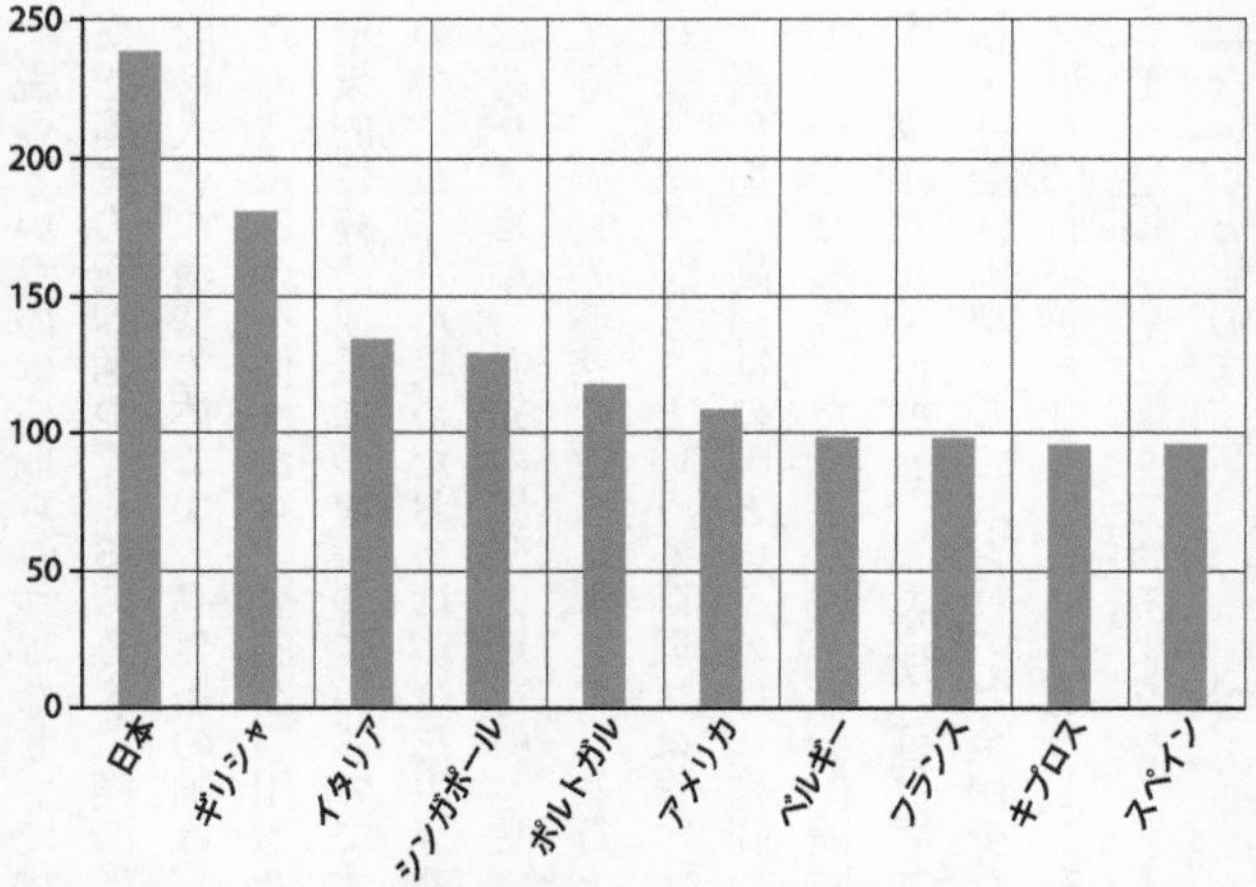

図7-13　政府総債務残高対GDP比ワースト10（出典　図7-11と同）

世界ダントツの債務残高対GDP比

増税から逃げて借金に頼った結果、地方公共団体の債務等も含めた政府総債務残高対GDP比において、日本は圧倒的な世界1位です（図7‐13）。

このグラフはIMFが「先進国」にカテゴライズしている国と比較したものですが、IMFにデータのあるそれ以外の全ての国を含めても日本が1位です。

そして、IMFが「先進国」にカテゴライズしている国々との、政府総債務残高の推移を比較してみると、日本の異常性が際立ちます（図7‐14）。

日本だけが飛びぬけて異常な増え方をしていることがよく分かるでしょう。イタリ

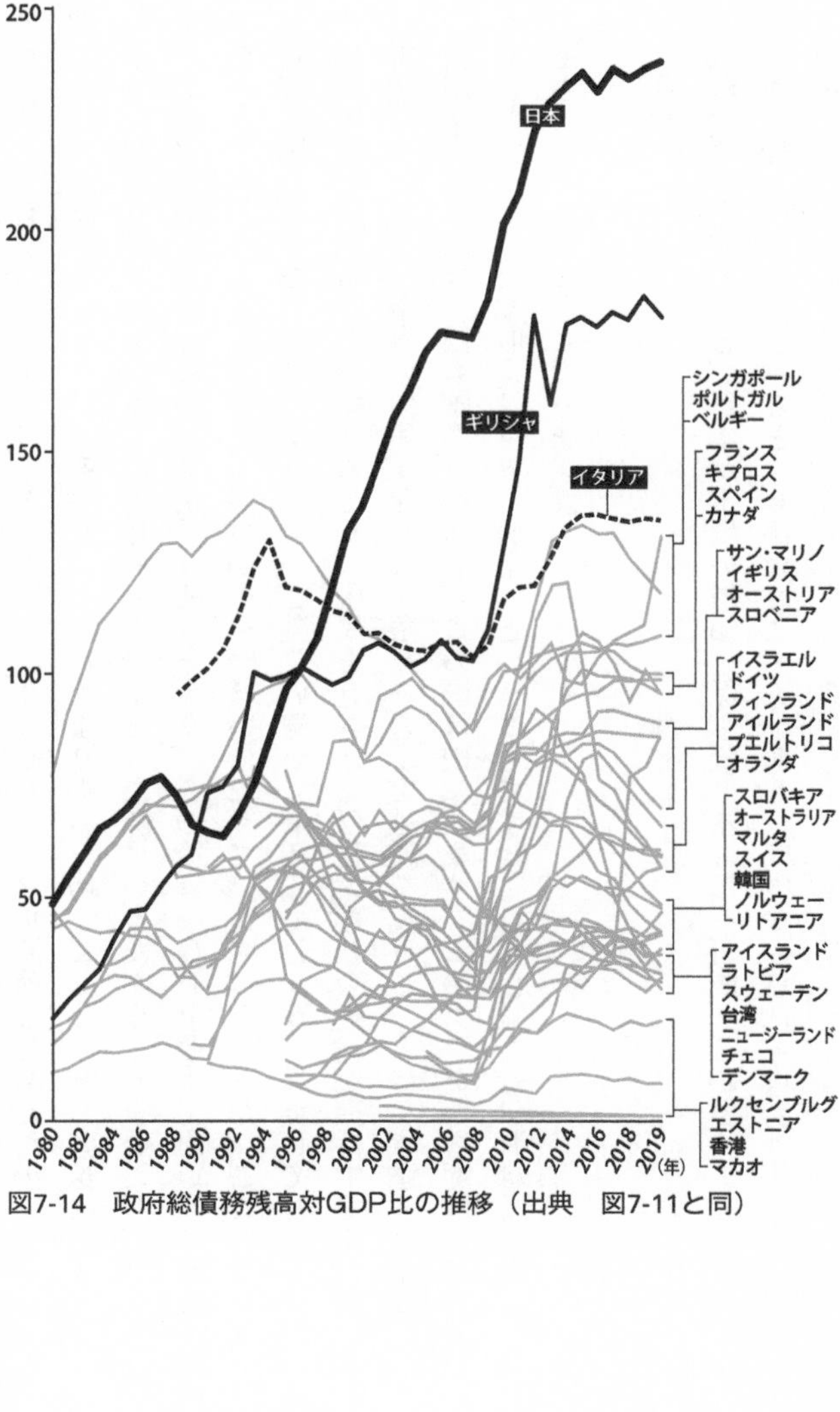

図7-14　政府総債務残高対GDP比の推移（出典　図7-11と同）

アやギリシャも酷いですが、日本とは比較になりません。バブル期前まで増えた後、バブル期でいったん減少しましたが、その後、バブル前より勢いを増してほとんど一直線に増えていきました。リーマンショック前の比較的好景気だった際にいったん止まりましたが、リーマンショック後、また元の勢いで上がり続けました。その後は、GDP改定で思いっきり数字をかさ上げしたことも影響し、伸びがやや横ばいになっています。ところが、ここへコロナ禍が直撃したので、今までよりももっと激しい勢いで増えるでしょう。果たしてどこまでこれを増やし続けることができるのか。国民を巻き込んだ壮大な社会実験が進行中です。既に説明したとおり、市場の信用が保たれる限りこの現実逃避を続けることはできます。市場の信用が失われれば、円も国債も暴落し、この国は破滅します。このグラフから理解していただきたいのは「日本財政は世界一異常」ということです。これを自覚しなければ、また同じ過ちを繰り返すことになります。

人口予測

人口予測を考慮すると、日本が市場の信頼を保ち続けるのは不可能としか思えません。

生産年齢人口の推移をみると、今後は減る一方であり、回復する見込みはありません（図7−15）。

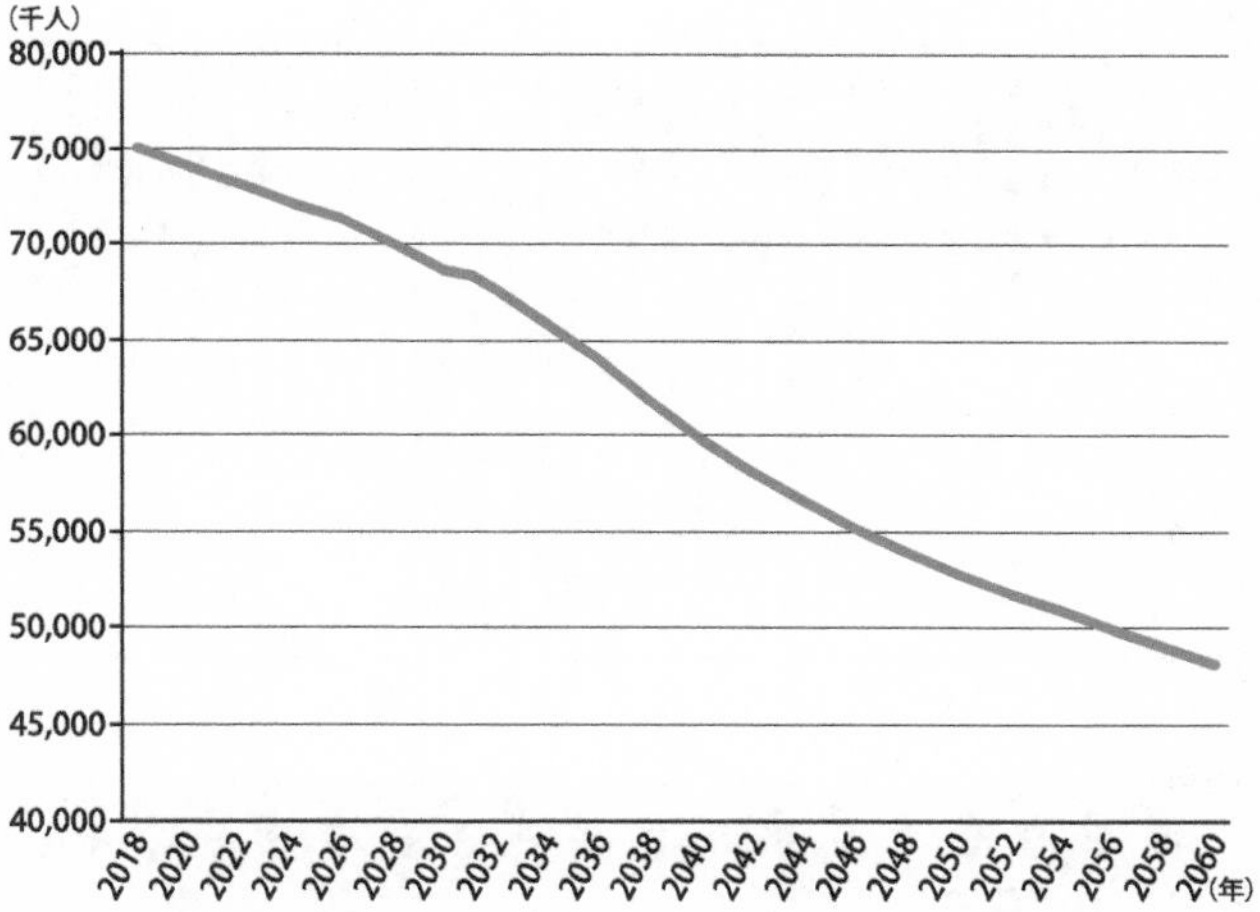

図7-15　生産年齢人口
（出典　国立社会保障人口問題研究所「日本の将来推計人口」）

２０１８年には約７５００万人いた生産年齢人口が、２０５６年には５０００万人を切ります。２５００万人以上減るということです。２５００万人というのは、今の近畿地方全部の人口をあわせた数より多いです。働き手の約3分の１がいなくなってしまうということです。「ペースが異常に速い」という点がポイントです。１年毎の減少数を見てみましょう（図７－16）。特に、２０３７〜２０３９年は3年連続で毎年１００万人以上生産年齢人口が減っていきます。

こうやって働き手が減る一方で65歳以上の高齢人口は増えていきます（図７－17）。

ピークは２０４２年の３９３５万人で

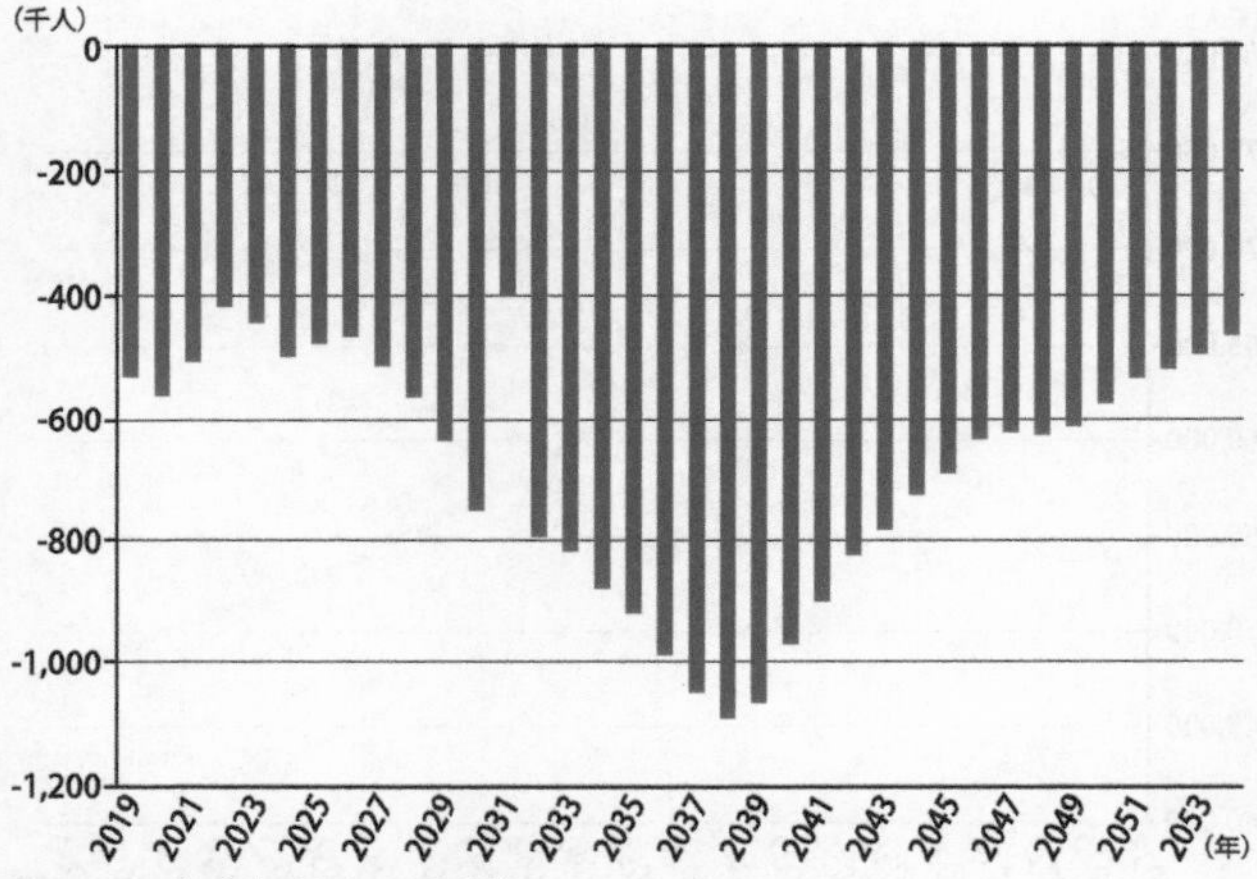

図7-16　生産年齢人口減少数
（出典　国立社会保障・人口問題研究所「日本の将来推計人口」）

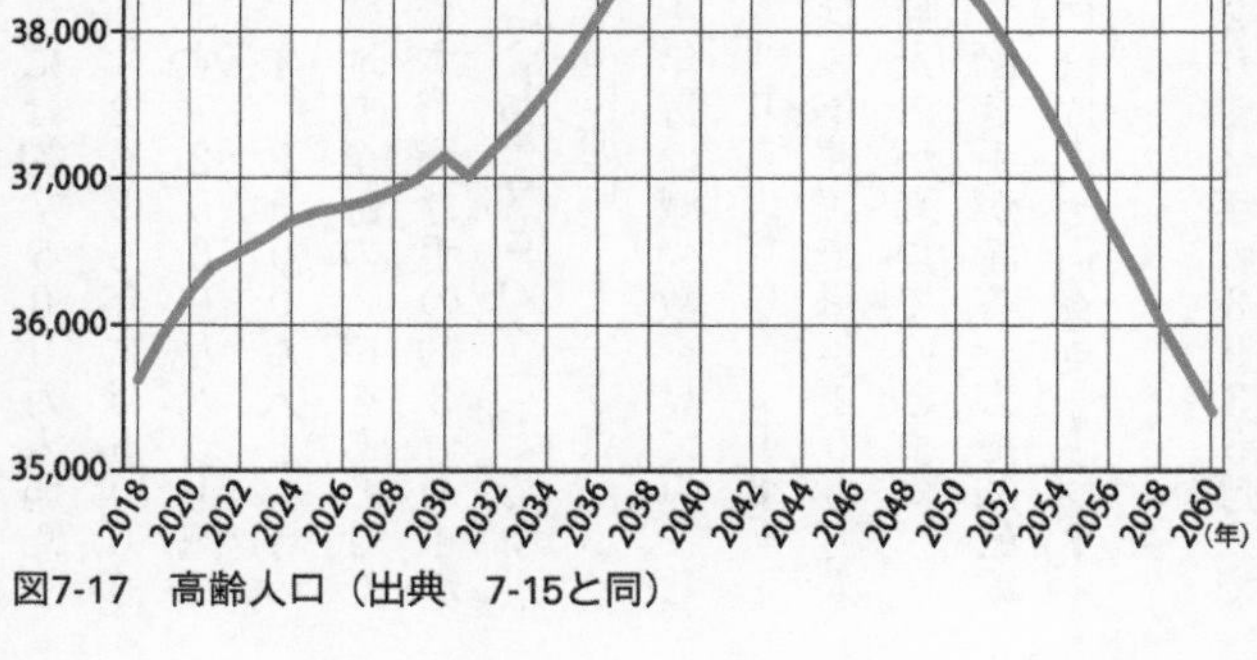

図7-17　高齢人口（出典　7-15と同）

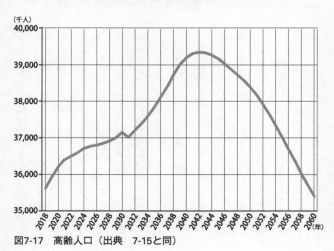

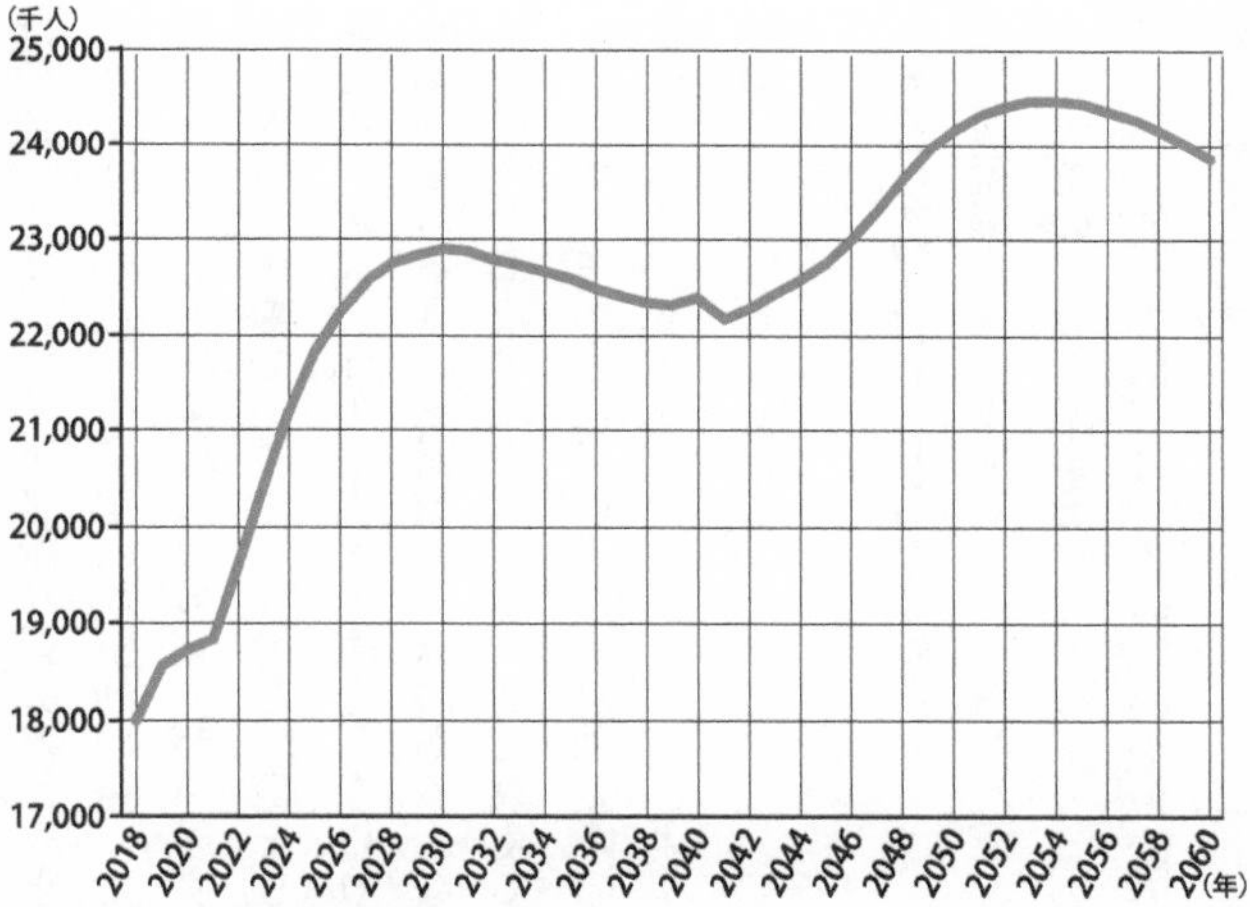

図7-18　後期高齢者人口（出典　7-15と同）

す。しかし、もっと見なければいけないのは、介護費や医療費が跳ね上がる75歳以上の後期高齢者の人口です（図7－18）。

高齢人口のピークよりもさらに後にピークが来ます。２０５４年に２４４９万人です。その時の生産年齢人口は、今の３分の２程度にまで減っています。

そして、これらの予測は「コロナ禍」の前のものです。コロナの影響で男女が出会う機会が減り、結婚する人が減るでしょうし、将来不安から子供を作る人も減ると思われます。現に、厚生労働省によると、コロナウイルスの感染が広がった２０２０年５～７月の妊娠届の件数が20万４４８２件であり、前年同期比11・４％減であって、政府の緊急事態宣言が発令されていた５月は同17・1％とマイナス幅が最大だったということです。コロナはまだ収束する気配が全然ありませんから、少子化は絶望的な勢いで加速するでしょう。つまり、ここで引用した予測よりもさらに生産年齢人口の減少が加速するということです。

こういう状態ですので、増税と緊縮をして財政再建をするなど不可能です。本気で再建するなら、超異次元の増税と緊縮をしなければなりませんが、国民が受け入れるわけがありません。そもそも国家財政に興味のある人など少数派です。これは責めても仕方がありません。学校教育で国家財政について真剣に教えてこなかったのですから。私はたまたま本を書く機会を得て、その過程でいろいろ勉強したのでこのような認識になりましたが、本を書いていなかったら、そうはなっていないでしょう。気楽に「消費税廃止！」などと言えていたかもしれません。

消費税を廃止したらどうなるのか

消費税廃止を主張する人は、右派左派を問わず、かなりたくさんいるように見えます。しかし、そのような主張をする人の中で、国債市場への影響に言及する人を見たことがありません。国債への信用は、その国の徴税能力に依存しています。国債は、「税金で返す」のが建前だからです。

そして、国税に占める消費税の割合は約30％です。これを廃止したら国債の買い手はどう思うでしょうか。これを会社に例えましょう。売り上げの3割を占める部門を閉鎖すると宣言したらその会社の株価はどうなるでしょうか。暴落しますね。国債も同じです。国税の中で最も大きな割合を占め、かつ景気に左右されず安定している消費税を廃止すると宣言することは、国債市場に対し、「デフォルトします」と言うのと同じです。国債は大暴落し、円も運命を共にするでしょう。形式的にデフォルトを避けるため日銀に国債直接引受をさせても結果は同じです。それは円が発行し放題になるということであり、円の価値がさらに下がると市場は予想しますので、円売りは止まりません。国民は地獄のような苦しみを味わうことになります。特に社会保障の支えによって生きている方々が犠牲になります。消費税廃止というのは、「弱者のため」と言いながらその弱者を死に追いやるものであると断言できます。

社会保障費を充実させている国々の中で、消費税の負担が軽い国は一つもありません。仮に、重い消費税負担抜きで社会保障を充実させている国がこの地球上に一つでも存在したならば、私は消費税廃止を主張していたかもしれません。しかし、そんな国は無いのです。例えばデンマーク、スウェーデン、フィンランドはいずれも対ＧＤＰ比で言えば日本の倍以上消費税を取っています。

消費課税		(%)
1	リトアニア	67.2
2	スロベニア	65.8
3	エストニア	65.6
4	ハンガリー	63.9
5	トルコ	61.3
6	ポーランド	59.7
7	スロバキア	59.4
8	チリ	58.8
9	チェコ	58.6
10	ラトビア	58.6
11	ギリシャ	55.8
12	ポルトガル	54.3
13	オランダ	49.2
14	フィンランド	46.5
15	スペイン	45.6
16	イスラエル	45.3
17	メキシコ	44.5
18	ドイツ	44.1
19	オーストリア	43.7
20	ノルウェー	43.2
21	イタリア	40.7
22	イギリス	40.4
23	アイルランド	69.8
24	フランス	38.9
25	ニュージーランド	38.3
26	韓国	38.1
27	ベルギー	36.8
28	スウェーデン	36.7
29	ルクセンブルク	35.3
30	日本	34.3
31	デンマーク	32.5
32	スイス	28.2
33	カナダ	27.3
34	オーストラリア	27.1
35	アイスランド	25.1
36	アメリア	22.3
	OECD諸国平均	45.4

資産課税など		(%)
1	アイスランド	38.5
2	フランス	24.2
3	韓国	19.6
4	イスラエル	16.8
5	スウェーデン	16.8
6	カナダ	16.6
7	オーストラリア	15.7
8	イギリス	15.6
9	アメリカ	14.6
10	日本	14.4
11	イタリア	13.5
12	オーストリア	13.4
13	ルクセンブルク	13.2
14	スペイン	11.6
15	ベルギー	11.6
16	ギリシャ	11.4
17	スイス	10.3
18	トルコ	9.0
19	アイルランド	8.0
20	ポーランド	8.0
21	ハンガリー	7.2
22	オランダ	6.8
23	ポルトガル	6.6
24	メキシコ	6.4
25	ニュージーランド	6.1
26	チリ	5.1
27	ラトビア	4.8
28	ドイツ	4.8
29	フィンランド	4.7
30	デンマーク	4.7
31	ノルウェー	4.5
32	スロベニア	3.1
33	チェコ	2.6
34	スロバキア	2.3
35	リトアニア	1.9
36	エストニア	1.2
	OECD諸国平均	10.4

所得課税合計		(%)
1	アメリカ	63.2
2	デンマーク	62.8
3	スイス	61.5
4	オーストラリア	57.2
5	カナダ	56.1
6	ニュージーランド	55.6
7	ノルウェー	52.3
8	アイルランド	51.8
9	ベルギー	51.6
10	ルクセンブルク	51.5
11	日本	51.3
12	ドイツ	51.1
13	メキシコ	49.1
14	フィンランド	48.8
15	スウェーデン	46.6
16	イタリア	45.8
17	オランダ	44.0
18	イギリス	44.0
19	オーストリア	42.9
20	スペイン	42.8
21	韓国	42.3
22	ポルトガル	39.2
23	チェコ	38.8
24	スロバキア	38.3
25	イスラエル	37.8
26	フランス	36.9
27	ラトビア	36.5
28	アイスランド	36.4
29	チリ	36.1
30	エストニア	33.3
31	ギリシャ	32.8
32	ポーランド	32.3
33	リトアニア	32.3
34	スロベニア	31.1
35	トルコ	29.7
36	ハンガリー	28.9
	OECD諸国平均	44.2

個人所得課税		(%)
1	デンマーク	56.6
2	アメリカ	53.1
3	スイス	45.1
4	カナダ	43.5
5	ドイツ	42.7
6	フィンランド	41.7
7	オーストラリア	40.8
8	ベルギー	40.2
9	ニュージーランド	39.1
10	スウェーデン	38.5
11	イタリア	38.3
12	ノルウェー	38.0
13	アイルランド	38.0
14	ルクセンブルク	34.5
15	オーストリア	34.0
16	イギリス	33.8
17	スペイン	32.4
18	日本	31.2
19	アイスランド	30.7
20	オランダ	29.9
21	フランス	29.8
22	スロバキア	18.6
23	ラトビア	28.8
24	ポルトガル	27.0
25	エストニア	25.8
26	イスラエル	25.2
27	韓国	23.8
28	メキシコ	24.2
29	スロベニア	23.9
30	ポーランド	23.4
31	ギリシャ	23.1
32	リトアニア	23.0
33	トルコ	20.6
34	ハンガリー	20.0
35	チェコ	19.6
36	チリ	10.7
	OECD諸国平均	31.9

法人所得課税		(%)
1	チリ	25.5
2	メキシコ	24.9
3	日本	20.1
4	スロバキア	19.7
5	チェコ	19.2
6	韓国	18.5
7	ルクセンブルク	17.0
8	ニュージーランド	16.6
9	オーストラリア	16.5
10	スイス	16.4
11	ノルウェー	14.3
12	オランダ	14.1
13	アイルランド	13.9
14	イスラエル	12.6
15	カナダ	12.6
16	ポルトガル	12.1
17	ベルギー	11.4
18	スペイン	10.3
19	イギリス	10.2
20	アメリカ	10.0
21	ギリシャ	9.8
22	リトアニア	9.3
23	トルコ	9.1
24	ハンガリー	9.0
25	ポーランド	8.9
26	オーストリア	8.8
27	ドイツ	8.4
28	スウェーデン	8.0
29	ラトビア	7.7
30	エストニア	7.6
31	イタリア	7.5
32	スロベニア	7.3
33	フィンランド	7.1
34	フランス	6.2
35	デンマーク	7.7
36	アイスランド	9.3
	OECD諸国平均	12.4

図7-19　税収構成比国際比較（出典　財務省）

この点について、「対GDP比」ではなく、「税収構成比」を示して、日本の消費税負担は高いとミスリードする主張があります。これは大間違いです。税は国民が生み出した付加価値から取るのですから、税負担の軽重は「対GDP比」で見なければなりません。「税収構成比」で見てしまえば、日本の消費税含む消費課税は、消費税率25%で**軽減税率も無い**デンマークより重いことになってしまいます。明らかにおかしいことが分かるでしょう。なお、税収構成比で見ても、日本の消費税含む消費課税は、財務省の資料を見るとOECD36か国中30位であり、OECD平均より10%以上も低いです（図7-19）。デンマークの消費課税構成比が日本のそれより低いのは、所得税を日本よりはるかに多く取っているからです。GDP比で見ればOECD加盟国の中でダントツです。所得税収の構成比が大きい分、消費税収の構成比が下がっているだけです。

他に消費税に関する誤った言説としては、「輸出戻し税で大企業が儲かっている」というものがあります。消費税を直接納めるのは事業者です。非常に簡単に言えば、事業者は、計算上、消費者から預かった消費税から、仕入れの際に事業者自身が支払った消費税を差し引いて納税することになります。例えば、100万円で商品の原材料を仕入れたら、取引先に支払う消費税は税率10%だと10万円です。この原材料を使って作った商品を200万円で売れば、消費者から預かる消費税は20万円です。そして、仕入れの際に取引先へ支払った10万円を差し引き、残った10万円を納める、という流れになります。つまり、最終的には、事業者自身ではなく、消費者に負担を転嫁することができます。

ところが、輸出の場合、最終消費者は海外にいるため、日本の消費税を課すことができません。そうすると、仕入れの際の消費税負担を消費者に転嫁できず、事業者自身が負担する羽目になります。これを避けるため、仕入れの際に支払った消費税分を国から還付しているのです。事業者としては、仕入れの際に取引先へ支払った消費税分の金額が単に戻ってくるだけですので、プラスマイナスゼロであり、儲けはありません。これは消費税を採用している全ての国にある仕組みです。

こういう指摘をすると、「大企業は増税の際にも仕入れ価格を据え置きにしているから、利益を得ているのだ」と指摘する人がいます。つまり、増税分を負担していないのに、その分の還付を受けているから儲けているのだ、というのです。

しかし、それは消費税が問題なのではなく、その「据え置き」が問題なのです。増税しても仕入れ価格を据え置きにすることを「消費税転嫁拒否」などと呼びます。これは「消費税転嫁対策特別措置法」という法律によって禁止されている行為です。この行為については、公正取引委員会がわざわざ特設サイトを設けて説明しています（https://www.jftc.go.jp/info/tenka/h29_10/index.html）。

このように、明確な法律違反行為の方を非難するのではなく、消費税の方を非難するのは筋違いというべきでしょう。

なお、最近内閣官房参与に任命された高橋洋一氏は、消費税否定論者として有名ですし、財政楽観論の根拠となる「日本は資産があるから大丈夫」説も同氏が編み出しています。その高橋氏ですら、2014年4月5日付のzakzakの記事において「筆者は、消費税増税についてさまざまな問題点を指摘しているが、輸出戻し税のような「言いがかり」を唱えたことはない。こうした馬鹿げた議論は、真面目な消費税問題の議論に対して障害ですらあるので、言うべきではない」と述べています。

また、「正社員を派遣社員に置き換えることによって消費税が節税できるから、消費税は派遣社員の促進につながる」という説を唱える人もいます。これも間違いです。例えば、月給30万円の正社員を、同額の派遣社員に置き換えたとしましょう。消費税率10%だと、派遣料30万円について消費税3万円が発生します。この3万円を派遣元へ支払うと、その分、派遣先が国に納める消費税は減ります。だから節税効果があると言うのです。しかし、よく考えましょう。確かに国へ直接納める3万円は減りましたが、その代わり、派遣元へ消費税分の3万円を支払わなければなりません。つまり、3万円の行き先が国から派遣元へ変化しただけであり、「3万円を負担する」という結果に変わりはありません。少し考えれば分かることなのですが、この説もかなり広まっているように見えます。派遣社員が増えているのは、正社員よりは給料を抑えられるし、経営難になったらすぐ切ることができるからです。消費税は関係ありません。

さらに、日本がデフレに陥ったことを消費税のせいにする人がいます。しかし、消費税が増税されると、その分が価格に転嫁されますから、消費税はデフレではなくインフレ要因です。現にアベノミクス以降の物価上昇には、円安に加え、増税の影響が含まれています。既に説明したように、日本がデフレに陥った原因は、バブルの後遺症が爆発して金融機関のお金を貸す能力が大きく落ちたからです。お金を借りにくくなった企業は、賃金を削ることでそれを乗り越えようとしました。賃金が下がれば、商品の値段を下げないと売れませんので、当然物価は下がります。だから、金融危機の発生した１９９７年度をピークとして日本の名目ＧＤＰは停滞してきたのです。「デフレは消費税のせい」と主張する人に共通するのは、この「金融危機」を無視することです。日本経済に最も大きな傷を与えたと言って良いこの未曽有の出来事をなぜか無視し、全て消費税のせいにします。

「税金を払いたくない」というのは、本能的といっていい感情ですから、消費税を悪者にするこれらの言説は非常に受けが良いです。だから少し考えれば明らかにおかしいことが分かる言説でも、簡単に信用されてしまうのです。

他方で、私のように消費税を肯定する者は思いっきり叩《たた》かれ、「緊縮脳」「ウソつき」「人殺し」などと罵倒《ばとう》されます。でも、私にとってはデータが全てです。日本よりはるかに消費税負担の高い国々が、日本よりもはるかに経済成長しており、日本より幸福度ランキングも高く、社会保障も充実しているというデータを見たら、認めるしかないでしょう。でも、消費税を否定する人に、どれだけデータを見せても無駄だなとは思います。多くの人は見たいものしか見ないし、信じたいものしか信じないからです。特に日本人はその傾向が強いでしょう。だから異常な勢いで債務が積みあがったのです。

なぜ消費税なのか

消費税は150を超える国で採用されている税金です。なぜこんなに世界中で採用されているのか。その背景には、少子高齢化があります。少子高齢化に直面しているのは日本だけではないのです。ます、合計特殊出生率（一人の女性が出産可能とされる15歳から49歳までに産む子供の数の平均）のOECD平均を見てみましょう（図7-20）。

このように、1970年は2・7でしたが、現在では1・7にまで落ち込んでいます。ちなみに、合計特殊出生率が2・07を下回ると、人口が減少していきます。次は生産年齢人口割合（15～64歳人口）を見てみましょう（図7-21）。これを見ると、2008年から減少に転

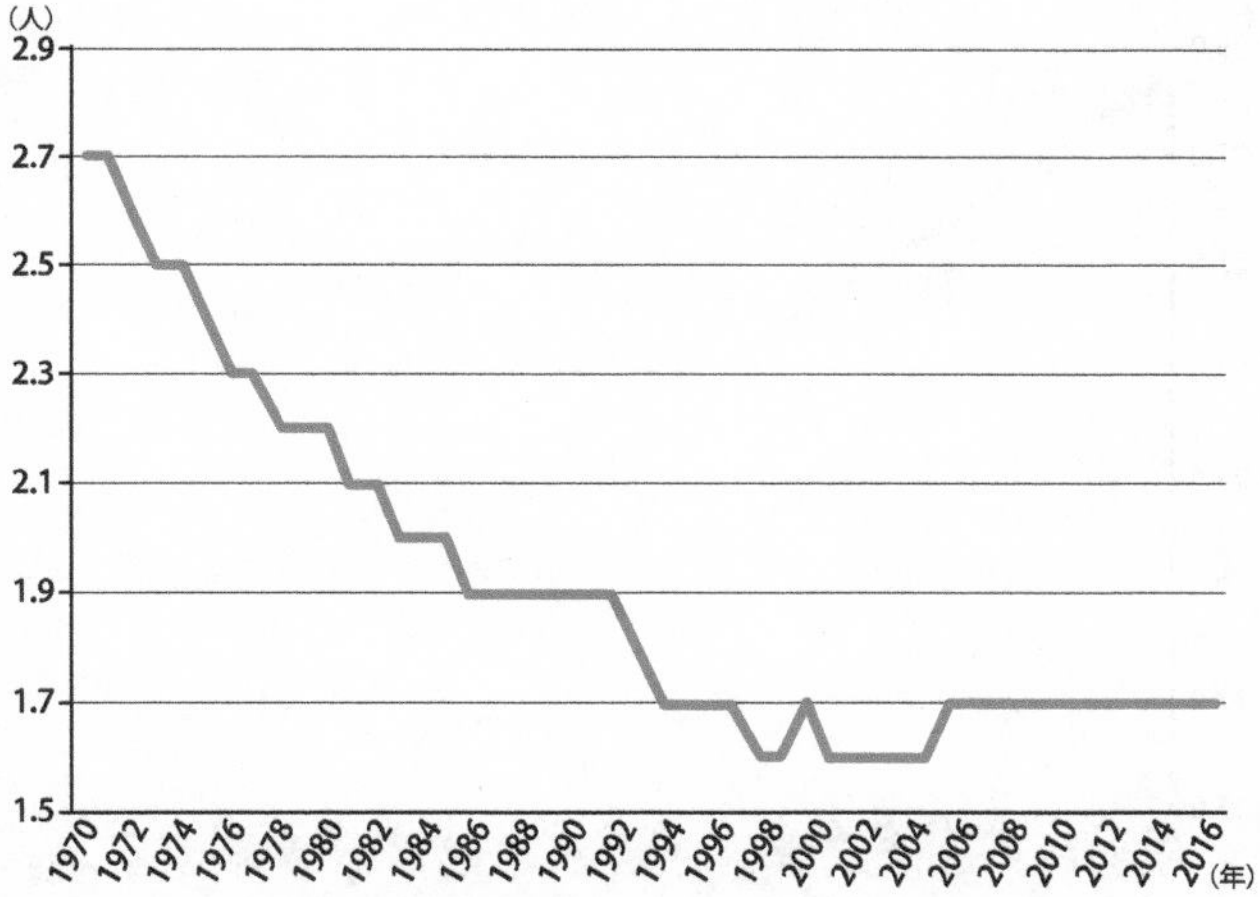

図7-20　OECD平均合計特殊出生率（出典　OECD Data）

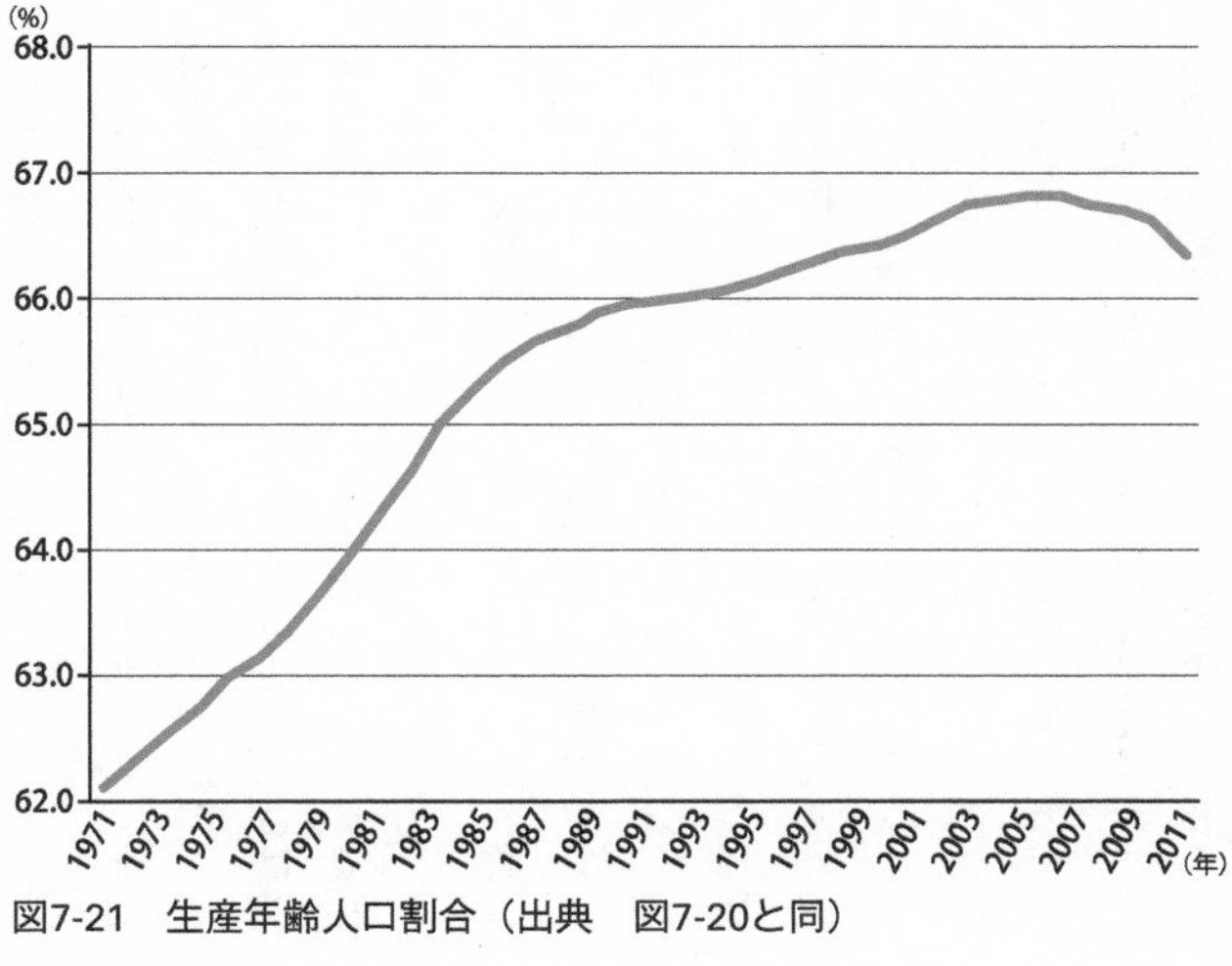

図7-21　生産年齢人口割合（出典　図7-20と同）

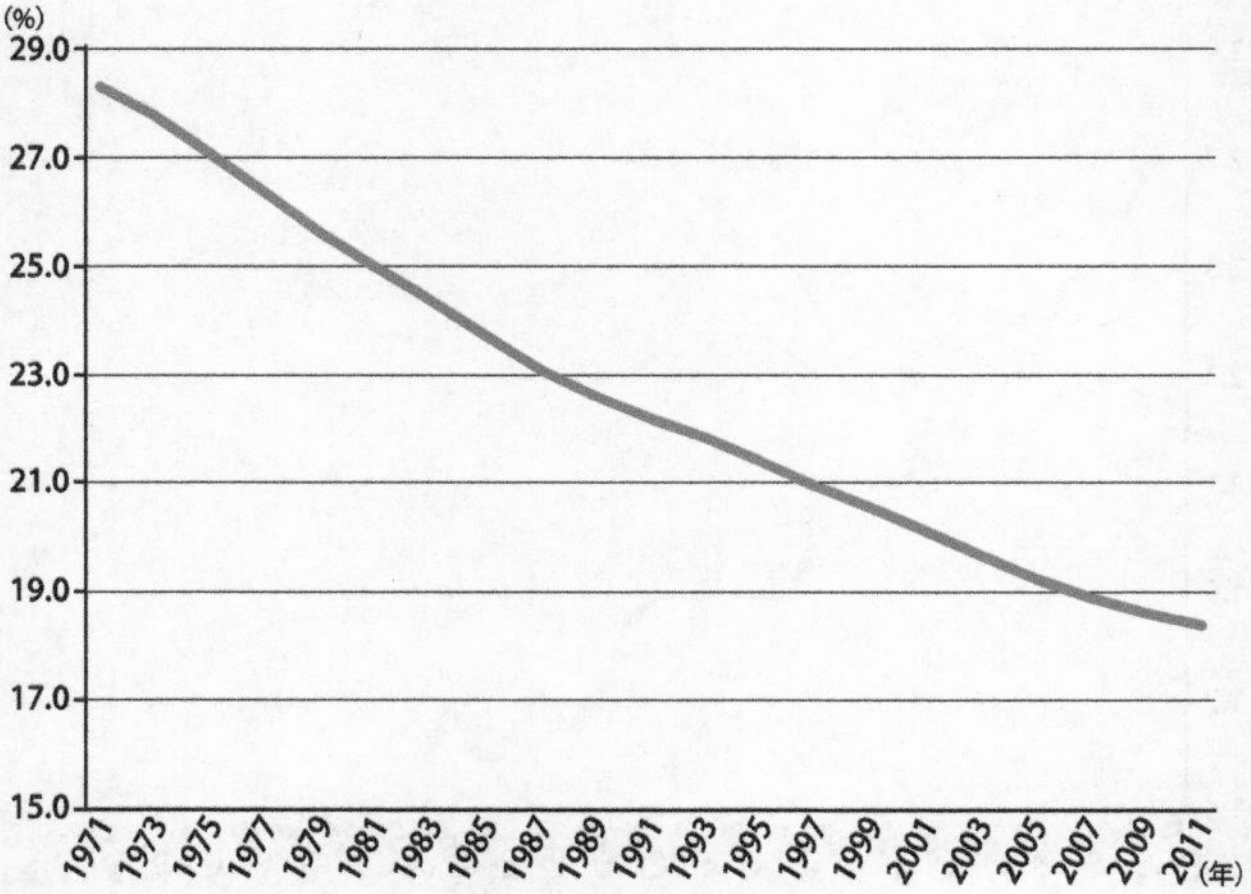

図7-22　若年人口率（出典　図7-20と同）

じているのが分かります。

さらに、若年人口（0〜14歳）のOECD平均を見てみましょう（図7－22）。一貫して減っているのが分かります。昔は28%程度だったのに、今は18%ぐらいまで低下しています。

次に高齢化率を見てましょう。この数値についてはOECD平均が無いので、2013年の高齢化率（65歳以上人口が総人口に占める割合）から1970年の高齢化率を引いた値を比較してみましょう（図7－23。加盟国のうち、1970年と2013年のいずれの数値もOECDのサイトにおいて公表されている国のみを抽出して比較）。

日本の高齢化率が圧倒的1位ですが、他の国も高齢化が進行しています。1970

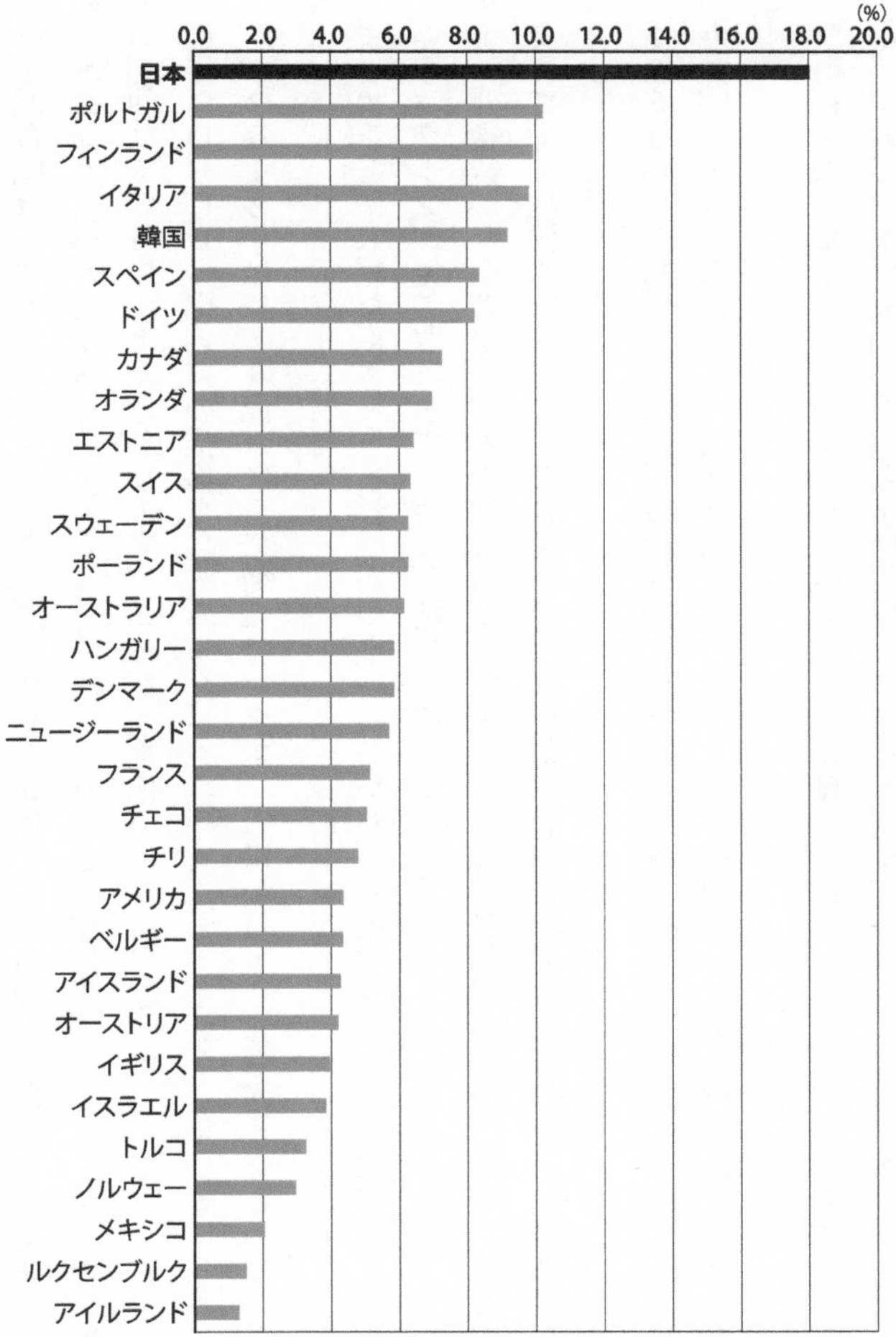

図7-23　高齢化率の増加（2013年ー1970年）（出典　図7-20と同）

年を下回る国は一つもありません。さらに、2013年の各国の平均寿命から、1970年の平均寿命を引いた数値を見てみましょう（図7－24）。この数値を見ると、どの国も平均寿命が伸びているのがよく分かります。これが高齢化率上昇に寄与しています。

最後にOECDの総人口の推移を見てみましょう（図7－25）。1970年は8・9億人ですが、2013年は12・6億人にまで増えています。人口が41・6％も増えたということです。

まとめると、人がたくさん生まれ、かつ平均寿命が伸びた後、今度は少子化が進行する、というパターンが見て取れます。寿命が延びたことで高齢者がたくさん増えるから、医療費、年金、介護費がたくさんかかるようになるのです。それを、どんどん減少していく現役世代が支えていく状況になります。ここで、社会支出対GDP比率のOECD総合の推移を見てみましょう（図7－26）。

1980年は約14％でしたが、今は約20％になっており、約6％上がっています。6％という数字は大変なものです。例えば名目GDPが500兆円なら、30兆円増えたことになります。

所得税や法人税だけでこの増大していく社会保障費を賄おうとすると、現役世代の負担額が増えすぎてしまいます。だから全世代が負担する消費税、ということになるのです。消費

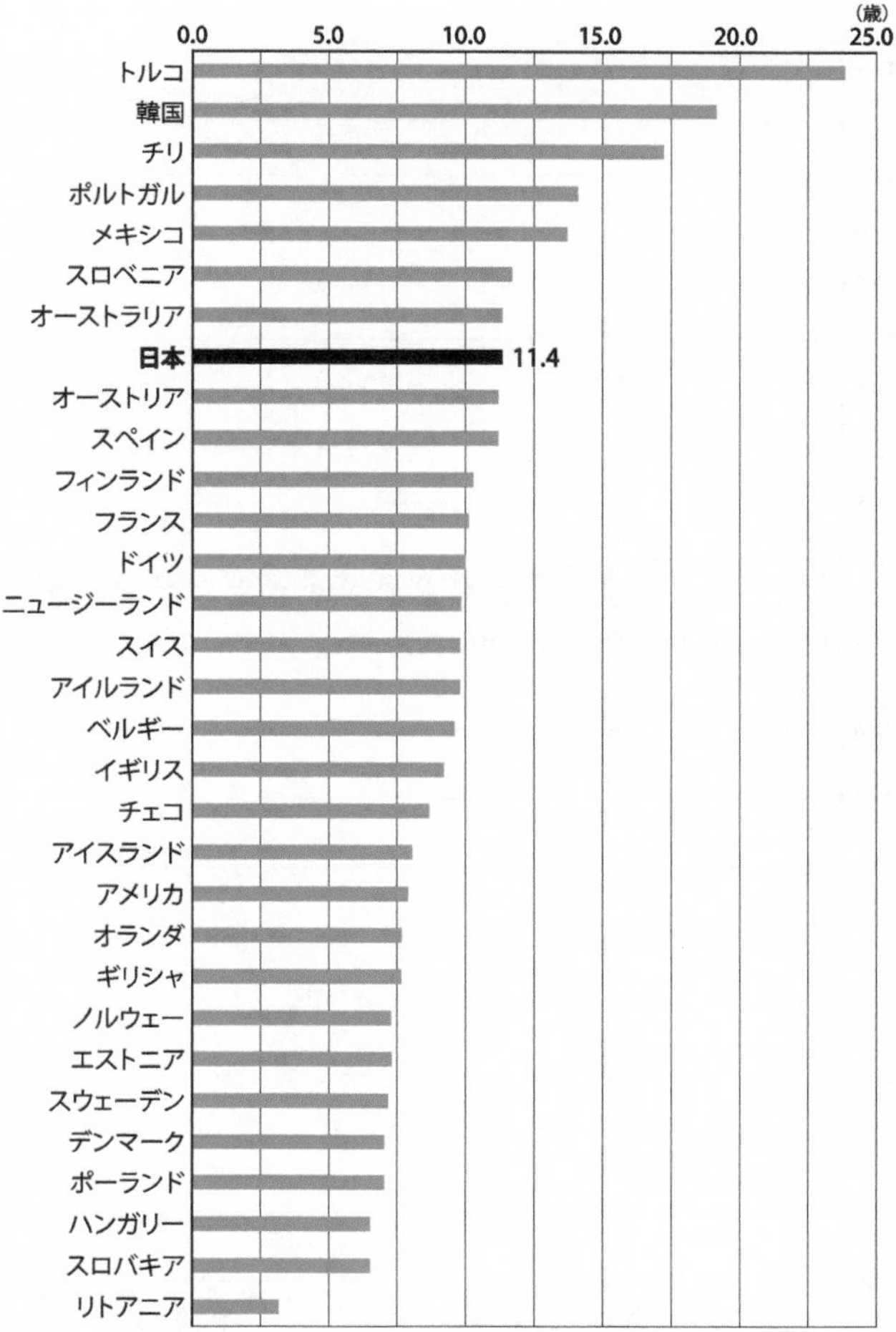

図7-24　平均寿命の増加数（2013-1970年）（出典　図7-20と同）

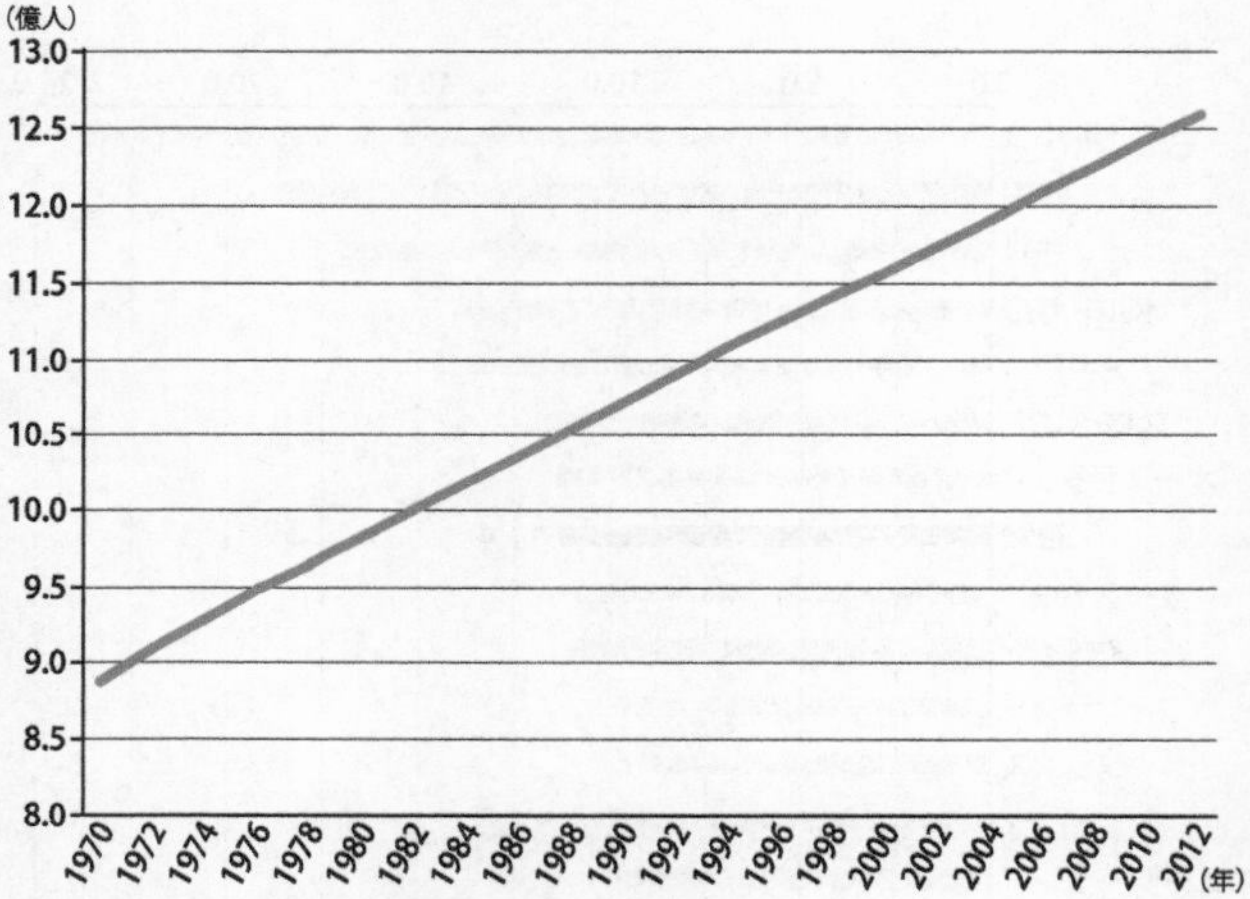

図7-25　OECD人口（出典　7-20と同）

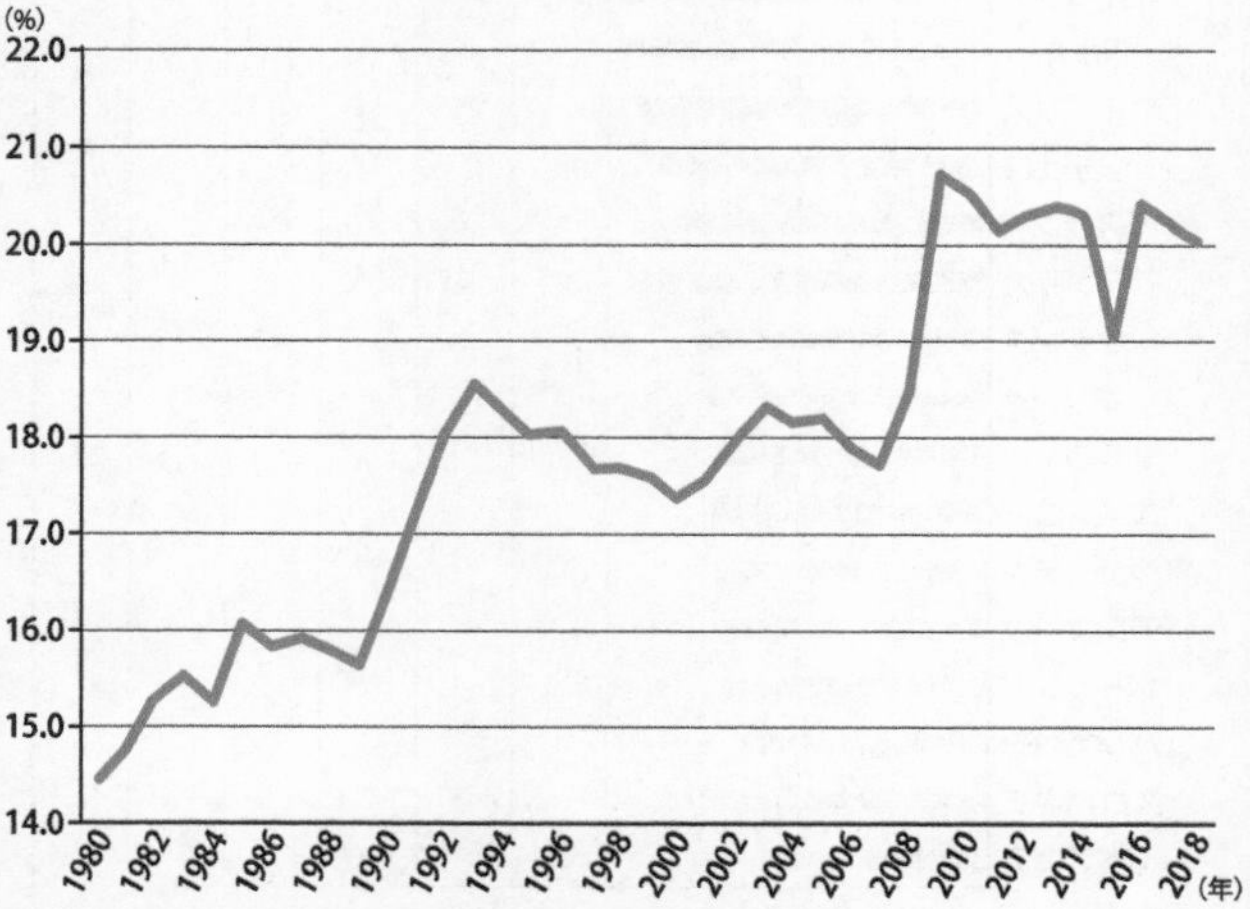

図7-26　OECD社会支出対GDP比（出典　OECD.stat）

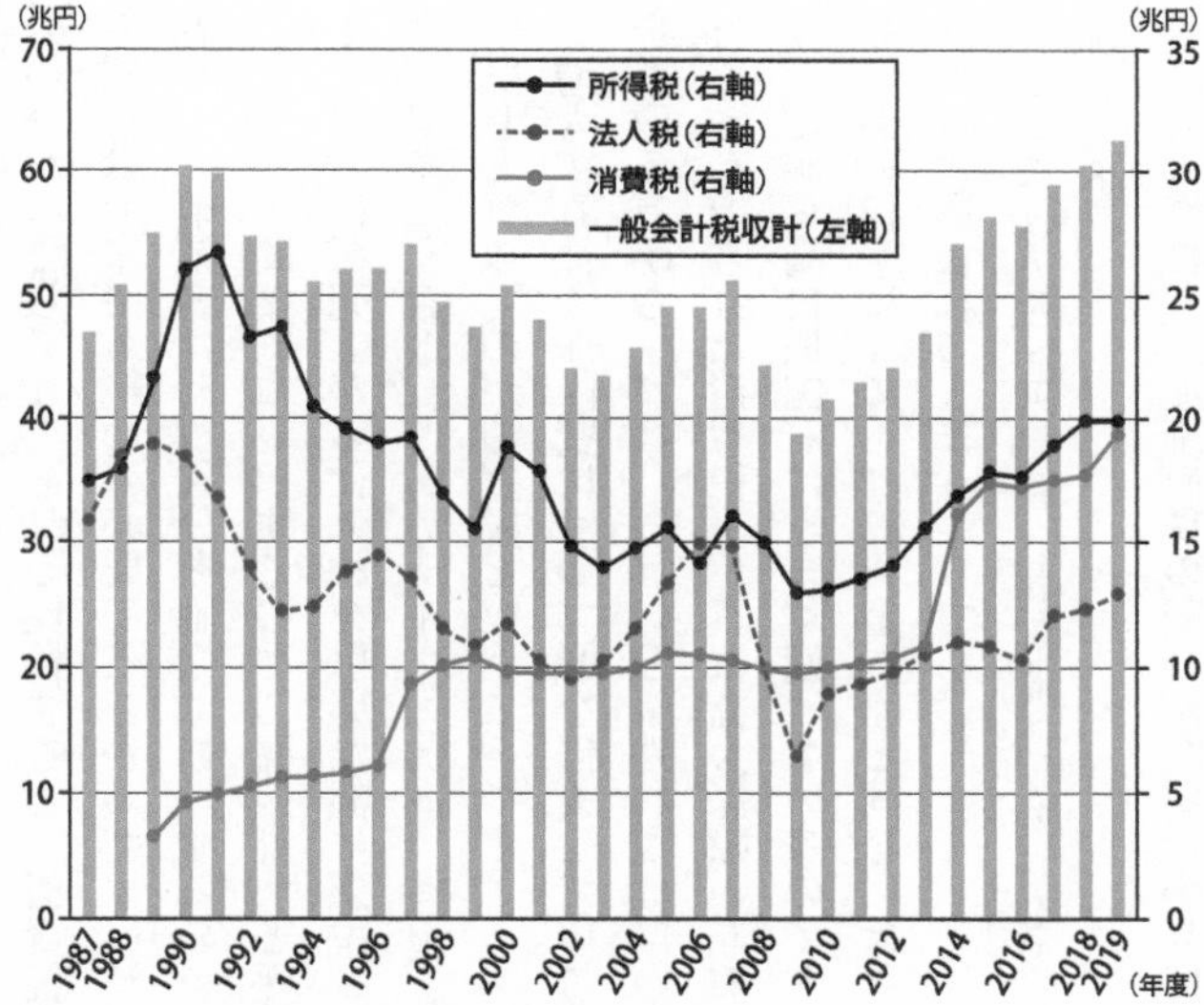

図7-27　一般会計税収推移（出典　財務省）

税の特徴は税収の推移をみるとよくわかります（図7－27）。

所得税収や法人税収は上下動が激しいですが、消費税は基本的に横一線で、税率を上げた時に綺麗《きれい》に税収が上がります。消費税収だけ階段のようです。所得税・法人税の上下が激しいのは、大きく減税をしてきたことに加え、景気の波に左右されるからです。所得税・法人税は、端的に言うと、赤字の場合は発生しません。したがって、大不況の場合は税収が大きく落ち込みます。例えばリーマンショックに襲われた2008年度と2009年度を見てください。所得税も法人税も大きく落ちているのが分かるでしょう。それと比較すると、消費税収の方はほとんど落ちていません。これは、消費税は赤字でも納める必要があるからです。消費税について直接納税義務があるのは事業者です。事業者は消費税分を価格に転嫁するので、現実に負担するのは消費者となります。こうやって間接的に負担するので「間接税」と呼ばれるわけです。そして、消費税は、ざっくり言えば、売上から仕入れを引いた額に課税されます。だから赤字でも納めなければならず、景気に左右されないのです。さらに、負担者は全世代です。つまり、「広く安定してがっぽりとれる」のが消費税ということです。

増大する社会保障費について頭を悩ませているのはどの国でも同じです。したがって、税金を取る方からすれば、これほど優秀な税は無いでしょう。そして、国民の側からしても、たくさん取られた消費税が、真に社会保障の充実に使われるのであれば、文句は無いでしょう。だから高負担国家はうまく回っているのです。しかし、繰り返しますが、日本が今さら高い消費税率にしても、高負担国家と同じにはなりません。借金を積み上げ過ぎたため、返済に吸い込まれてしまうからです。

ここで法人税・所得税・付加価値税対GDP比OECD平均値の推移を見てみましょう(図7－28)。

このように、付加価値税の割合が右肩上がりに増えているのが分かるでしょう。所得税は

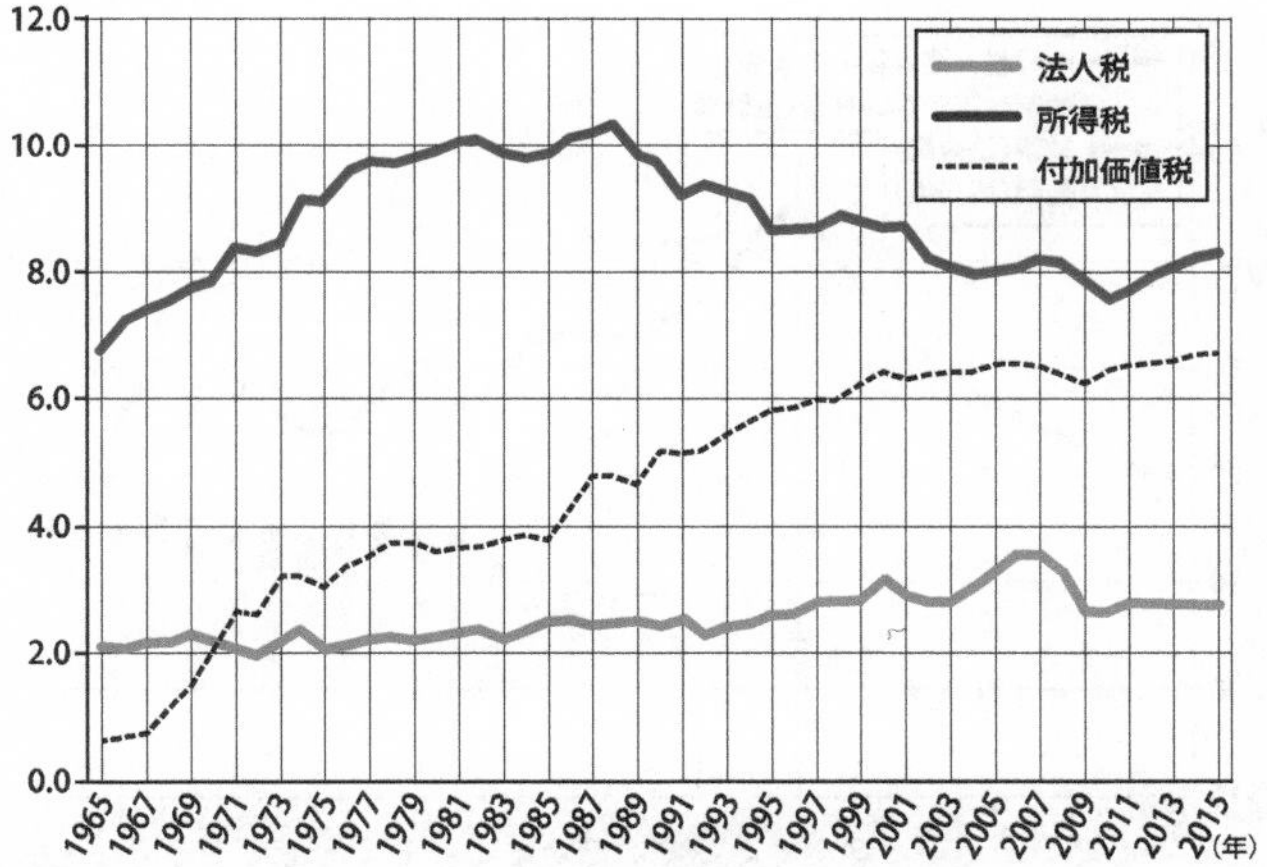

図7-28　所得税・法人税・付加価値税対GDP比OECD平均
（出典　図7-26と同）

２０１０年あたりまで減少傾向にありましたが、その後反転しています。日本よりも高く取っています。法人税は基本的に横ばいといったところです。

このような他国の情勢もみると、消費税抜きで財政を維持することなどあり得ないことが分かります。消費税抜きで少子高齢化国家を運営するのは、人類の歴史上誰も成し遂げたことがない快挙と言えるでしょう。私はこの現実を見た時に、消費税は受け入れざるを得ないという考えになりました。**なお、消費税減税や廃止を謳《うた》う人の中で、このようにＯＥＣＤのデータを丹念に分析している人を見たことはありません。**

所得税や法人税を上げれば、消費税を

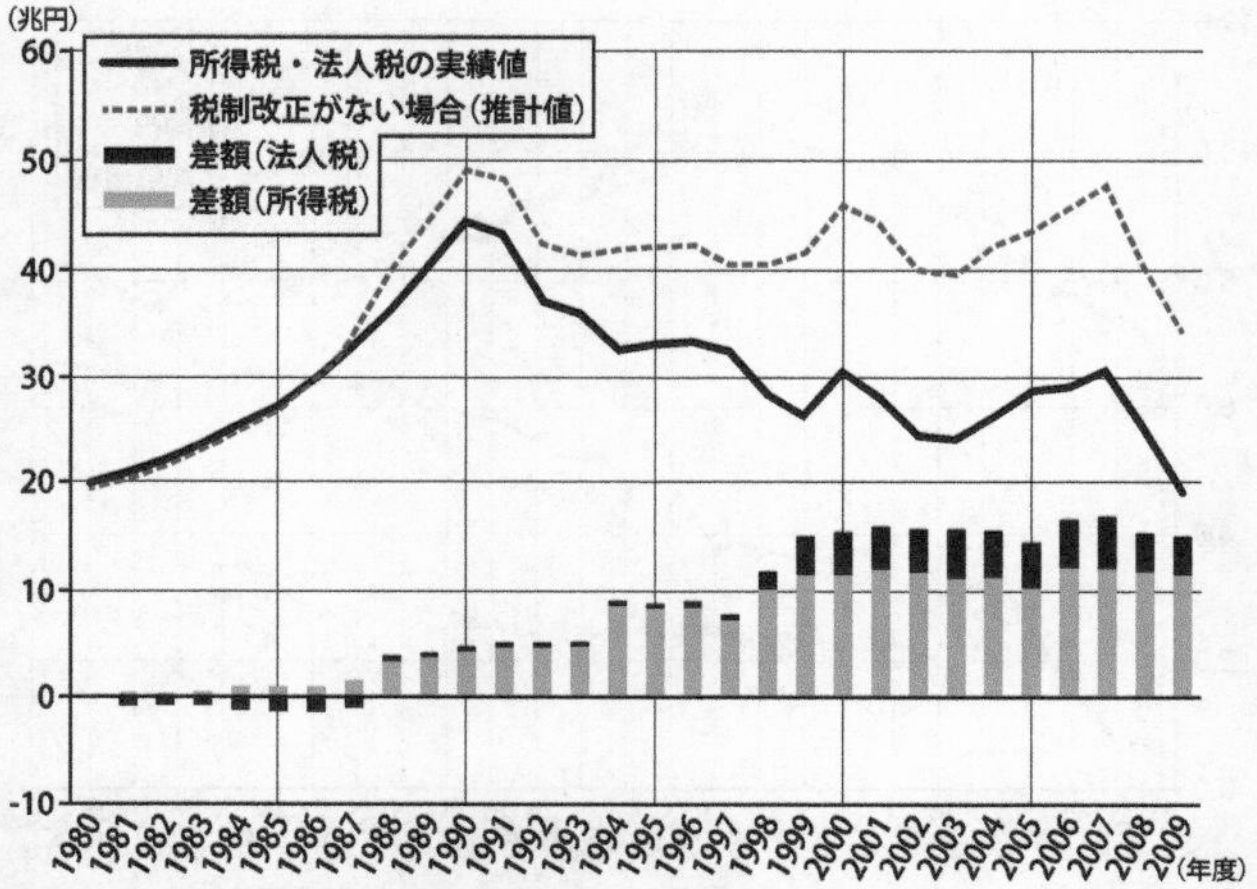

図7-29　税制改正の影響を除いた税収
(出典　内閣府「平成24〈2012〉年度年次経済財政報告」)

上げなくても社会保障費を捻出できるのだと言う人もいますが、現実にはそんな国家は地球上に存在しません。社会保障を充実させている国は、例外なく消費税負担が重いです。

ただし、私は所得税や法人税を上げることを否定するわけではありません。この国の財政失敗の要因の一つが、所得税と法人税を減税し過ぎたことにあるからです。１９９０年代以降の税制改正が無かった場合の税収について、内閣府が試算を出しているので見てみましょう(図7−29)。

改正が無ければ、税収が全く違ったことが分かります。特に所得税の減税の影響が大きく、１９９９年以降は、改正し

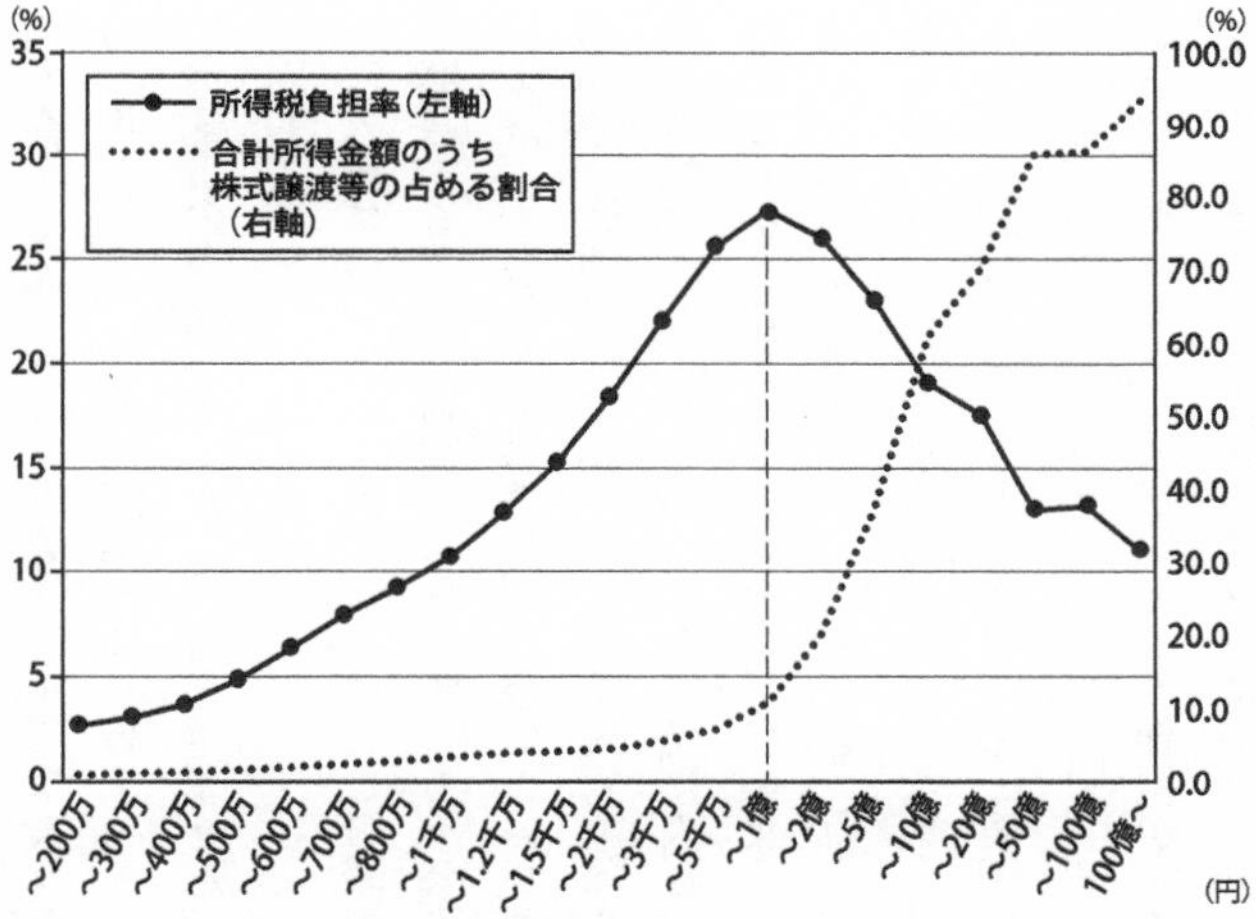

図7-30　申告納税者の所得税負担率（平成25年分）
（出典　平成27〈2015〉年10月14日付財務省作成資料）

なかった場合との差額が毎年10兆円程度になっています。法人税の減税が強調されますが、実際には所得税減税の影響の方が大きいです。

所得税収は、既に指摘したとおりOECD諸国と比べると非常に低い水準です。そして、所得税の負担率を見ると、年収1億円を超えると負担率がどんどん低くなっていくという極めて不平等な状態となっています。やや古いですが2013年の所得税負担率を見てみましょう（図7-30）。

これは分離課税が大きく影響しています。株の売買で得たお金等は、通常の所得とは別の税率が適用されます。株式譲渡益の税率は所得税だけだと15%、地方税も含めて20%です（2037年末までは復興特別所得税が上乗せされるので、細かく言うと20・315%）。この分離課税はやめるべきでしょう。ただし、所得税を増税する場合、通常の労働者の負担も重くならざるを得ません。高額所得者というのは全体のごく一部に過ぎないからです。

法人税については、たしかにOECD諸国と比べれば高い水準になっていますが、大企業を優遇する数々の制度があり、極めて不公平な状態になっていることは間違いありません。例えば、子会社からの株の配当金について課税の対象としない受取配当金益金不算入制度や、赤字分を翌期以降に繰り越して課税対象額を減らす繰越欠損金制度等があります。また、賃金が全然上がっていないことも考慮に入れる必要があります。諸外国は法人税こそ日本より低めですが、きちんと賃金を上げています。それによって社会を維持していくための費用を負担していると言えます。これに対し日本の会社の場合は賃金を全然上げていません。「税金も払いたくない。賃金も払いたくない」というのはただのわがままでしょう。そういうわがままを許してきたことがデフレの一要因になっているのです。

さらに、所得税・法人税については、タックスヘイブン等を利用した租税回避も横行しています。タックスヘイブンとは、課税がすごく低いか、または免除される国や地域のことです。例えば、タックスヘイブンに海外子会社を設立し、そこに利益をほとんど移して、本国にある本社に利益が出ないように操作すれば、本国で納める法人税を大幅に抑えることが可能になります。これらについても対処しなければいけませんが、それには国際的協調が必要ですから、すぐにできることではないことに留意すべきです。

ただ、所得税・法人税を上げても、消費税抜きでは社会保障費を賄えないことは明らかです。「消費税は法人税減税の穴埋めに使われた」とさかんに喧伝《けんでん》されていますが、正確には所得税減税の穴埋めのようにもなっています。というか、そちらの額の方が大きいです。さらに重要なのは、穴の方が年々広がってしまっているため、全然穴を埋めることができていないということです。**消費税減税を主張する人は、この歳出の拡大という事実に触れません。**所得税収がピークだった1991年度の一般会計歳出は約70兆円に過ぎませんが、今は100兆円を超えています。そして、今後はもっと恐ろしい勢いで増えていきます。所得税や法人税の税率をピーク時と同じくらいの水準に戻しても、消費税抜きではこの莫大《ばくだい》な歳出を賄えません。働き手が急減する一方で、高齢者は増えていくからです。

消費税については、逆進性が強調されます。つまり、1人が負担する消費税額の割合でいうと、低所得者の負担の方が重くなると言うのです。低所得者は所得の大部分を消費に回さないと生きていけませんが、富裕層はそうではないため、負担額の所得に対する割合を見ると、たしかに低所得者の方が上です。しかし、これもよく考えると説得力が無いのではないかと私は思っています。というのは、負担「率」ではなく、「額」で見れば、富裕層の方がはるかに大きな消費税を負担することになるからです。100万円の消費では消費税10万円の負担ですが、1億の負担なら消費税は1000万円です。そして、給付を充実させるには、「額」の方が重要です。所得再分配効果は超過累進税である所得税より弱いのは確かですが、消費税だって結局富裕層の方が大きな額を負担するわけですから、再分配効果はあります。逆進性の不公平は、給付の充実でカバーすれば良いでしょう。現に他の国はそうしているのです。

消費税減税を唱える人がいますが、減税によって最も得をするのは富裕層です。先ほどの例で言うと、仮に5%減税されれば、1億の消費をする人は500万円も負担が減ることになります。減税を主張する人はこの点に触れません。

「まずは無駄を削れ」という主張もよく耳にします。それはもうずーっとやっています。日本の公務員の数は国際的に比較するとすごく少ないです。

ここで、教育社会学者の舞田敏彦氏による2016年10月5日付ニューズウィーク日本版記事を引用します。

——社会を成り立たせる事業には、公でしか担えないものもある。どの国でもこういう線引

リビア	78.42	**アメリカ**	**27.15**
ベラルーシ	78.29	ニュージーランド	26.49
クウェート	77.99	パキスタン	23.75
カタール	76.39	メキシコ	23.63
アルメニア	63.83	インド	23.02
アゼルバイジャン	61.29	シンガポール	22.98
ウクライナ	58.27	香港	22.92
エジプト	52.18	ジンバブエ	22.78
アルジェリア	48.43	トルコ	21.25
スロベニア	47.61	**ドイツ**	**21.04**
イラク	47.45	南アフリカ	20.24
ロシア	47.09	ペルー	19.95
スウェーデン	**46.15**	キプロス	19.00
中国	44.62	アルゼンチン	18.94
ヨルダン	44.49	ブラジル	17.50
キルギスタン	43.02	ウルグアイ	17.19
バーレーン	41.61	レバノン	16.87
ルーマニア	41.10	**韓国**	**16.54**
エストニア	39.82	台湾	16.08
イエメン	39.64	マレーシア	15.79
カザフスタン	36.50	ナイジェリア	15.75
トリニダード・トバゴ	35.03	コロンビア	14.60
オランダ	33.91	ルワンダ	14.60
ポーランド	33.27	スペイン	13.08
パレスチナ	31.68	チリ	12.75
オーストラリア	30.01	ガーナ	12.68
エクアドル	27.87	フィリピン	12.01
チュニジア	27.63	**日本**	**10.73**
タイ	27.21	モロッコ	10.35

図7-31　就業者の公務員比率の国際比較
（出典　2016年10月5日付ニューズウィーク）

きがされていて、働く人たちの中には公的機関での就業者（公務員）が一定数いる。その割合は国によって大きな差があり、日本はおそらく低いが、旧共産圏の国々ではいまだに高いことが想像される。

そこで、就業者に占める公務員比率の国際比較をやってみた。2010〜14年にかけて、各国の研究者が共同で実施した『第6回世界価値観調査』のデータを用いる。就業者のうち、公的機関で働いていると答えた人の割合を国ごとに計算し、高い順に並べてみた（引用者注　図7－31）。

日本は10・7％で、調査対象の58か国の中では下から2番目だ。公務員比率が1割という日本の現状は、国際的に見ると特異だ。先進国の中でも格段に低い。

58カ国の平均値は32・6％で、就業者の3人に1人が公務員というのが国際的な標準のようだ。これより高い国は、北欧のスウェーデンが46・2％、旧共産圏の国々では60〜70％となっている。

何から何まで「私」依存、好んで使われる言葉が「自己責任」の日本だが、そんな風潮が就業者の公務員比率にも反映されている。

こうやって公務員を削ってきた影響により、少ない人数で過剰な業務をこなさなければならないので、公務員の過労死が後を絶たないのです。例えば、脳・心疾患及び精神疾患で死亡する地方公務員は毎年20人程度います。あくまで認定された公務災害だけの数字ですので、氷山の一角に過ぎません。認定されない過労死が本当はもっとあるでしょう。これも「負担はしたくない」という国民の要望に応じて、政治家が目先の人気取りのために公務員の人員削減を進めてきた結果と言うべきです。みんなが負担を嫌がるから、公共サービスがやせ細るのです。

官僚の過重労働が問題になっていますが、問題の根にあるのは「みんなが負担から逃げる」ことです。「無駄な支出が無いか」という視点を持ち続けることは必要ですが、今の状況だと、本当は必要な部分まで削る羽目になっています。「無駄を削れば増税は必要ないのだ」と言えば人気は取れるでしょうが、それは人口予測を無視した主張です。無駄な支出をしないように努力をしつつ、同時に税や社会保険料負担を増やしていかなければ、社会保障費を確保できません。

マレーシアは消費税を廃止できた？

消費税の話となると、必ず消費税を廃止したマレーシアを引き合いに出す人がいます。マレーシアにできたのだから日本にもできるだろうと。しかし、マレーシアと日本では全く状

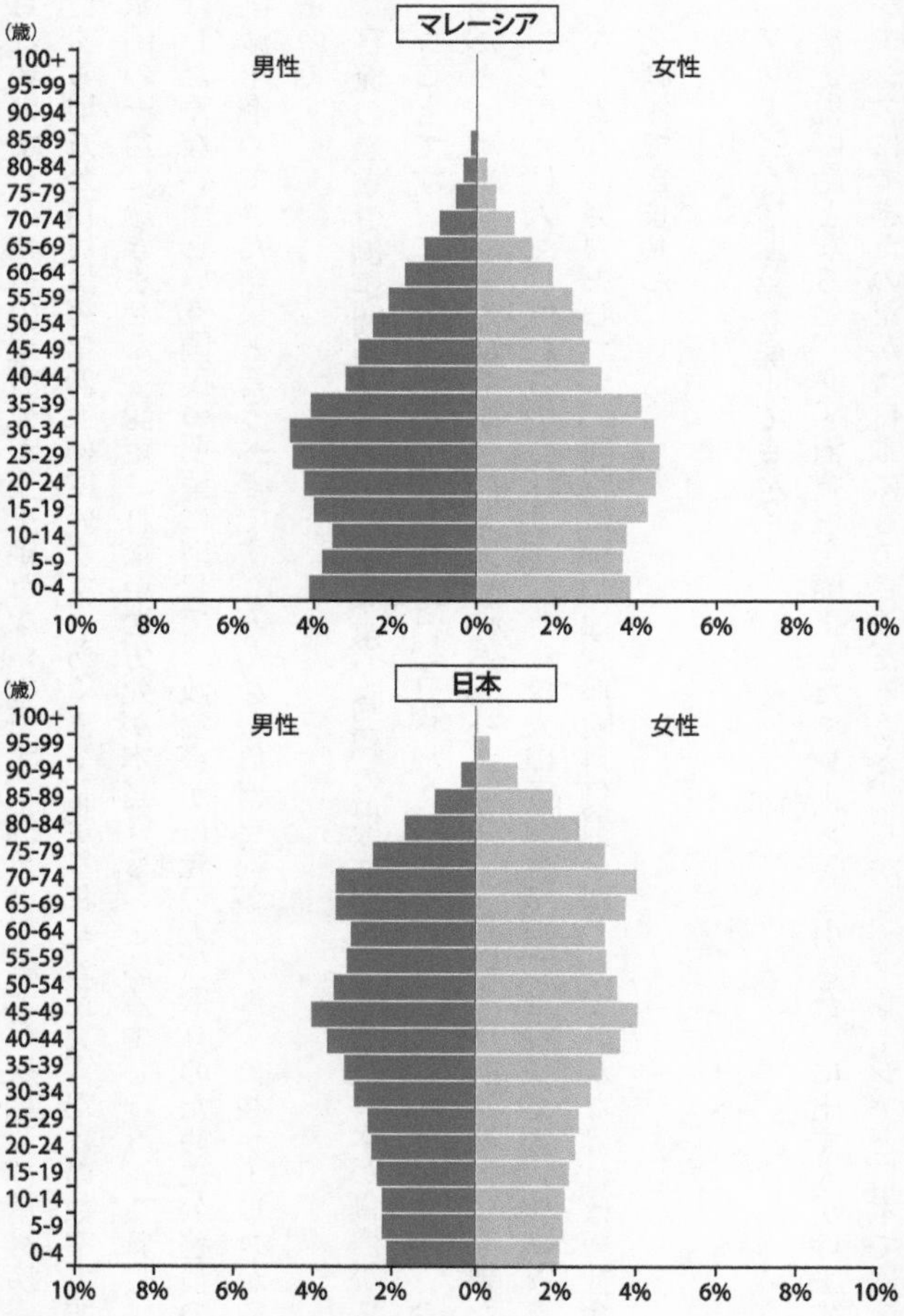

図7-32　マレーシアと日本の人口ピラミッド
（出典　PopulationPyramid.net）

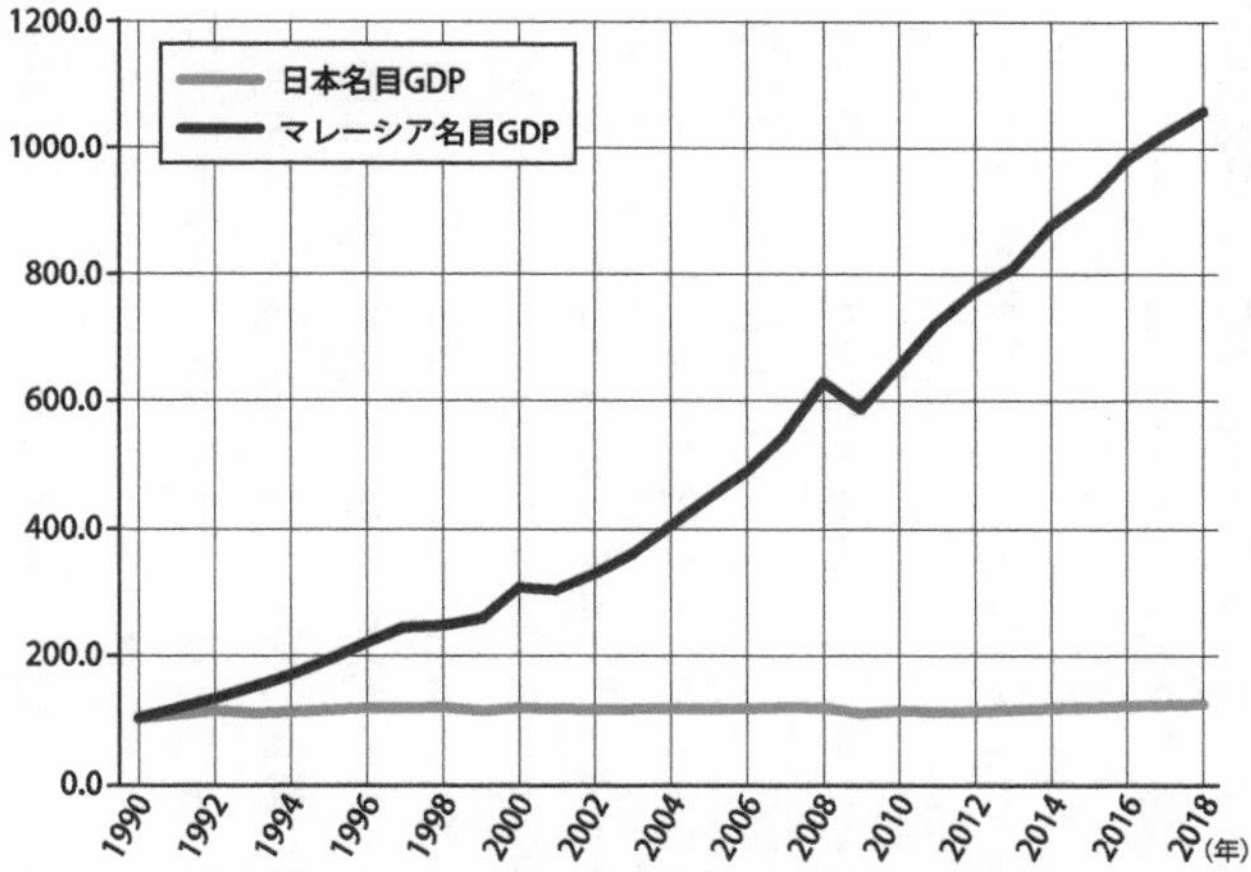

図7-33　日本とマレーシアの名目GDP。1990年＝100（出典　IMF World Economic Outlook Database, October 2019）

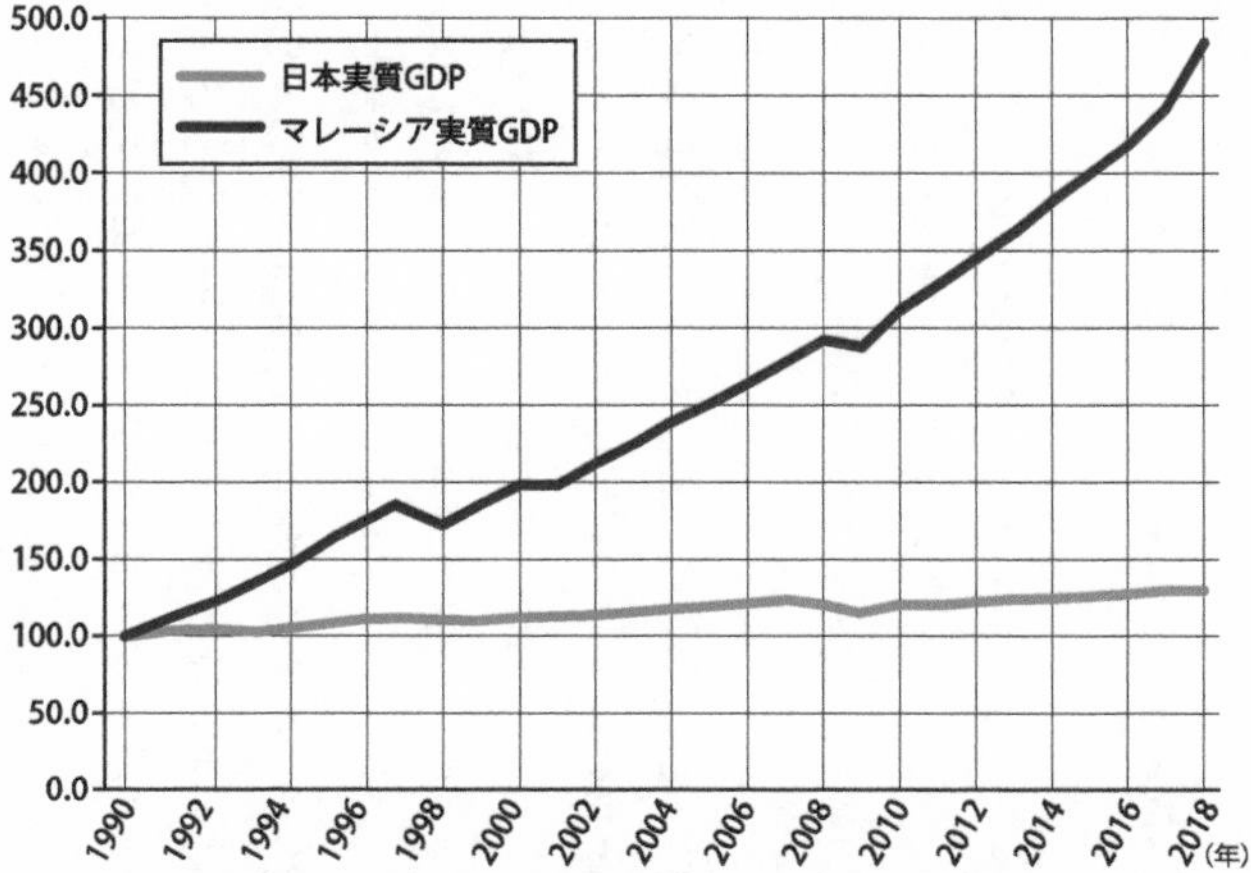

図7-34　日本とマレーシアの実質GDP。1990年＝100(出典　図7-33と同)

況が違います。まず、人口ピラミッドを比べてみましょう（図7－32）。

全然違うことが分かりますね。マレーシアは下の方が大きく、まさにピラミッドですが、日本は下へ行くほど細くなっています。マレーシアの65歳以上人口比率はたったの6・92％。対する日本は28％。**マレーシアの高齢化率は日本の4分の1程度でしかありません**。当然、社会保障費の負担も日本より比較にならないぐらい軽い。

違うのはこれだけではありません。経済成長で大きく違います。1990年を100とし、日本とマレーシアの名目・実質GDPを比較してみましょう（図7－33、7－34）。

マレーシアの名目GDP指数は2018年の時点で1132・9。つまり1990年と比較して名目GDPが11倍以上になっています。対する日本は125。28年もかけて25％しか伸びていません。

実質GDP指数をみると、マレーシアは465・3。実質でみても約4・7倍という急成長です。対する日本は131・1。28年かけて31・1％しか伸びていません。

次に人口指数についても見てみましょう。こちらも1990年を100とします（図7－35）。

マレーシアは177・3ですが日本は102・5。ほとんど増えていません。最後に政府総債務残高GDP比を見てみましょう（図7－36）。

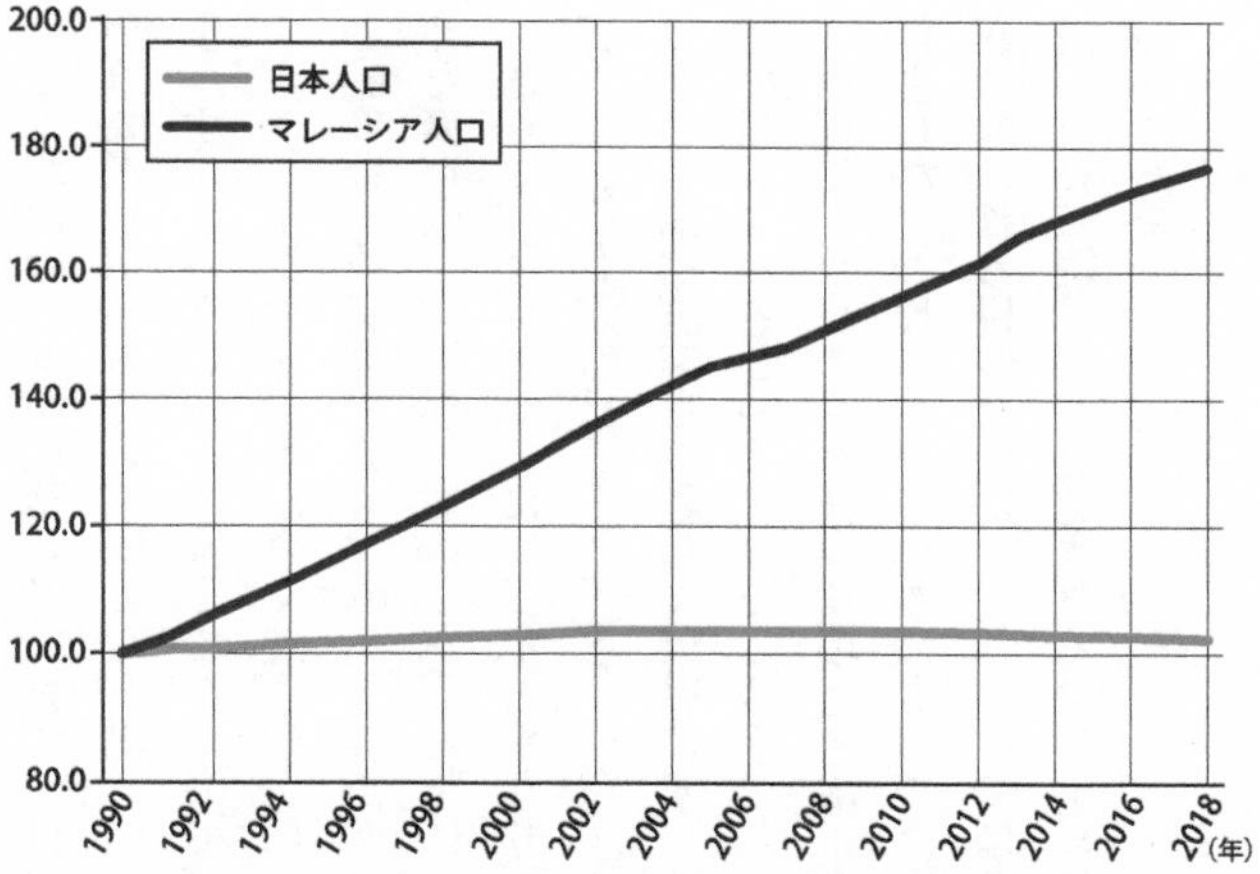

図7-35　日本とマレーシア人口比較。1990年＝100（出典　図7-33と同）

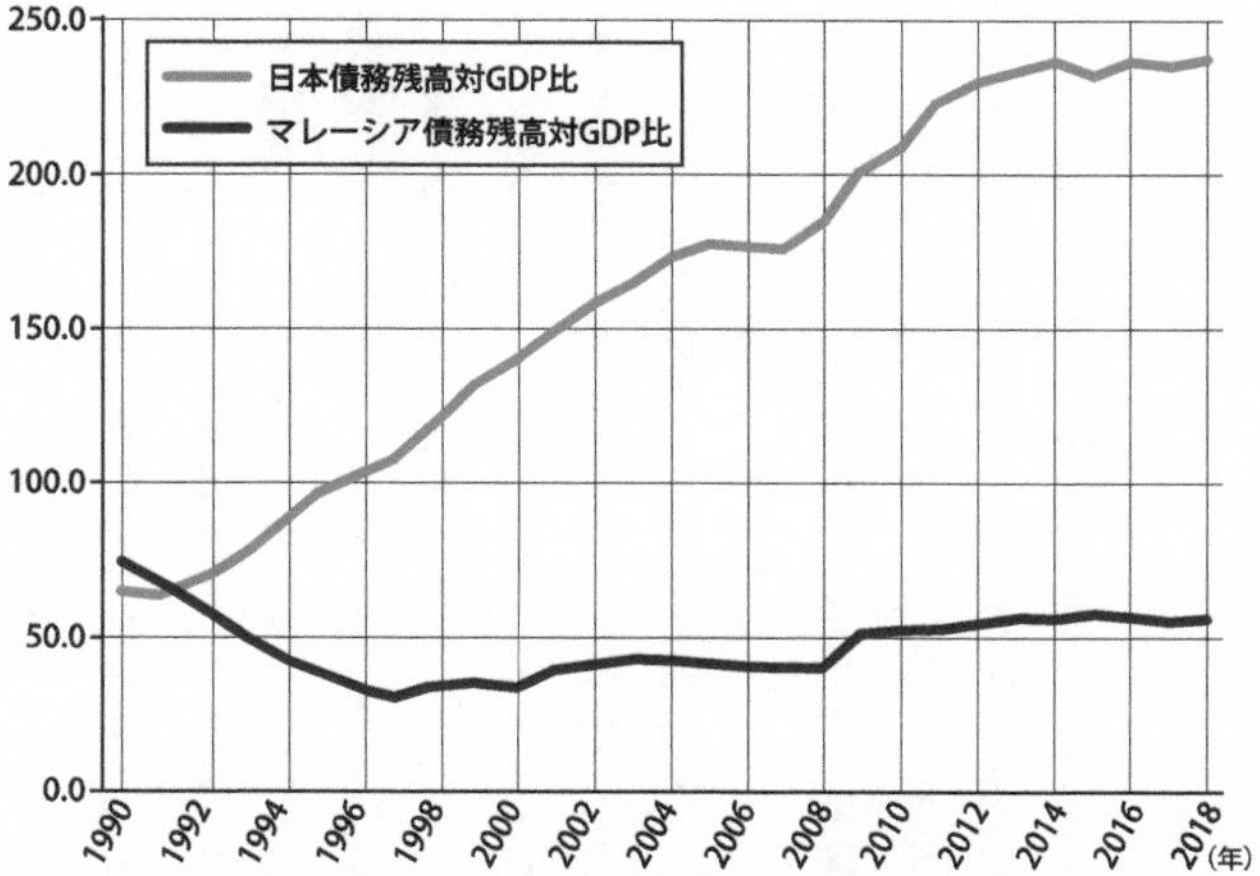

図7-36　日本とマレーシア政府総債務残高対GDP比較
（出典　図7-33と同）

ここだけは日本が圧勝しています。日本は236・6ですが、マレーシアは55・5。経済が急成長しているため、ほとんど横ばいになっています。日本は成長できない分を借金でごまかす、ということを継続してきたので、マレーシアの4倍を超える債務残高になっています。マレーシアと日本が全く違う状況にあることが分かったでしょうか。マレーシアは日本の高度経済成長期のように人口と経済が共に急成長している国です。かたや日本は成長を終えた衰退国で、世界一進行した高齢化により莫大な社会保障費の負担を抱える国です。

さらに、マレーシアには日本と異なり石油収入もあります。こういった違いを無視して、「マレーシアが消費税を廃止できたのだから日本もできる」と主張することは明らかな誤りですし、**知的誠実さに著しく欠けます**。これを強調して消費税廃止を訴える政治家は、有権者を騙《だま》しているというべきでしょう。

加えて、マレーシアは消費税こそ廃止しましたが、売上サービス税（SST）が再導入されました。これはかつて日本にもあった物品税のようなものです。つまり、何か消費するときに課される税がゼロになったわけではありません。高齢化も進行しておらず、まだまだ経済が成長し続けると見込まれるマレーシアですら、消費に対する課税をゼロにはできないということです。

恨むなら、先人達を恨んでください

こういう暗い話をすると叩かれます。見たくもない現実を突きつけられるのがみんな嫌なのでしょう。しかし、**恨むなら、先人達を恨んでください。我々に負担を押し付けて天寿を全うした先人達が一番得をしています。**今を生きる我々は、いつ通貨崩壊に遭ってもおかしくない状況ですから、たとえ団塊の世代であっても、「逃げ切り」は保証されていません。というより、コロナショックでまた財政が悪化しますから、団塊世代の逃げ切りはさらに危うくなったと言うべきです。

コロナショックに際して、他国は思い切った財政出動をしているのに、なぜ日本はお金を出し渋るのか、多くの人が不満に思っているようです。確かに、持続化給付金200万円も、特別定額給付金10万円も、自粛に対する補償としては極めて不十分です。しかし、他国と日本では財政状況が全然違うのです。日本財政は膨らみ過ぎていつ破裂するか分からない特大の風船のような状態です。一方、諸外国は少なくとも日本より財政規律に気を遣い、赤字が膨らみ過ぎないようにしてきたので、こういう緊急事態に思い切った財政出動ができるのです。「今だけ」を考えてずっと現実逃避をしてきた日本と諸外国は根本的に違うのです。

日本が極端な財政支出をした場合、「さすがにもう危ない」と思われて大規模な円売りが発生するかもしれません。そうなったらもう終わりです。円安インフレを止める手段を日銀は持っていないのですから。それを恐れて、日本政府は思い切った財政出動（他国と比較してではありますが）を渋っているのでしょう。ただ、現在は各国がコロナショックに対して大きな財政支出をしているため、日本が大きな財政支出をしても、相対的に見て通貨の価値が落ちづらい状況にあるとはいえます。どこか1国だけが極端な財政支出で通貨を増やすのではなく、ほとんどの国がいっせいに通貨を増やせば、結局通貨の交換比率は変わらないからです。**全ては為替相場次第です。どんなに滅茶苦茶な財政出動をしても一切為替相場が崩れないのなら、いつまでもどこまでも財政出動できます。そうなれば日本人は世界一の大金持ちになれるでしょう。**しかし、そんなおいしい話は無いと私は思います。

いずれにせよ、財政再建は絶対に不可能であり、円の暴落は避けられませんから、私はもう好きにすれば良いと思っています。崩壊が早いか遅いかの違いです。

先ほども指摘したとおり、2020年度の国債総発行予定額は250兆円を超えていますが、極端な円安になることなくこれを乗り切れた場合、「円の暴落なんておきなかったじゃないか、もっと財政出動しろ」という声はより一層強まることでしょう。政府もその声に応じてきっと財政出動をさらに拡大することでしょう。円の暴落で思いっきり痛い目に遭うまで、この流れは誰にも止められません。いや、痛い目に遭ってもなおしばらくは止まらないでしょう。暴落を止めるには通貨の供給を絞るしかなく、それは「安定恐慌」をもたらすからです。いままで「その場しのぎ」を最優先してきた日本ですから、痛い目にあってもなお「その場しのぎ」を優先させるでしょう。

野党も財政悪化の共犯

いわゆる55年体制が成立して以降、1993年に細川政権による非自民政権が成立するまで、実に40年近くもの間、ずっと自民党が与党の座にありました。その影響により、野党側は「現実的な財政観」を持つことができませんでした。

税金はみんな払いたくないものです。だから、増税を争点にすれば簡単に票が取れてしまいます。消費税が正に好例でしょう。消費税が初めて導入されようとしたのは1979年ですが、その頃から野党は一貫して消費税に反対し続けてきました。

財政支出を税に頼るか、借金（国債）に頼るかは、「今負担するか、後で負担するか」の違いに過ぎません。借金でごまかしても、結局未来の自分達が負担する羽目になるのですから、増税から逃げ続けることは不可能です。繰り返し説明しているとおり、逃げ続けると最終的には通貨の信用が失われて破滅します。与党であれば、そうなることを避けるため、現実に責任をもった財政運営をしていかなければなりません。だから、国民から嫌われることを覚悟で、増税を訴えていかざるを得なくなります。

しかし、野党はそうではありません。特に、与党と大きな力の差があり、およそ与党に勝てる見込みの無い野党の場合、非現実的なことを言って票を稼ぐことができてしまいます。自分達が政権の座に就けば、言ってきたことを実行に移さなければなりませんから、あまりに非現実的なことを言えません。ウソをついて票を稼いだことがばれてしまうからです。しかし、およそ与党になる可能性が無ければ、ウソがばれることは無いため、延々とウソをついて票を稼ぐことが可能になるのです。目先の選挙の勝利を考えれば、非常に合理的と言えるでしょう。

40年近くもの間、与党になることが無かった野党は、目先の票を優先し、現実的な財政観を持つことがありませんでした。選挙に勝つためには、そんな財政観は不要だったからです。「負担を無視し、給付の充実を訴え続ける」という非現実的な方針で自分達の議席をそれなりに維持することができました。

ところが、そんな野党が与党になった時、今まで自分達が無責任に言ってきたことが、自らの首を絞めました。

消費税が導入されたのは1989年、自民党政権の時代です。そして増税されたのは1997年、2014年、2019年の3回。増税時の与党はいずれも自民党です。しかし、増税の根拠となる法律を成立させたのは誰でしょう。1997年増税の根拠法を成立させたのは、１９９４年の村山富市《むらやまとみいち》内閣です。そして、２０１４年、２０１９年の増税の根拠法を成立させたのは、２０１２年の野田佳彦《のだよしひこ》内閣です。すなわち、**消費税増税法案が成立したのは、全て野党が与党になった時です。**ひたすら消費税に反対し続けてきたにもかかわらず、**結局自分達が与党になった時は、消費税増税法案を成立させているのです。**

手のひら返しをして消費税増税法案を通した野党の末路はどうなったでしょうか。社会党はその後社会民主党に名前を変え、今も存続していますが、風前の灯状態です。そして、民主党は国民に思いっきり嫌われた後、民進党に名前を変え、その後消滅しました。このような末路になった要因の一つに、消費税に対する手のひら返しがあると言うべきでしょう。国民の信頼を失うのは当然です。

消費税抜きで財政を安定させ、社会保障を充実させている国家はこの地球上に存在しません。そして、先ほども見た通り、消費税負担が日本よるはるかに重い国はいずれも日本より経済成長しています。「負担」と「給付」はセットで考えなければなりません。「高負担無くして高福祉無し」なのです。たくさん税金を取るからたくさん社会保障にお金を使えるのです。消費税無しで少子高齢化していくこの国を支えることはおよそ不可能でした。しかし、野党はあたかも低負担で高福祉が実現できるかのように喧伝し、目先の票を取ることを優先しました。それが一番簡単だったからです。

私は、消費税を争点にして票を稼ごうとする野党政治家の行為を「野党詐欺」と呼び、魂の奥底から軽蔑《けいべつ》しています。

過去を振り返り、真摯《しんし》に反省するつもりがあれば、消費税を争点にするなどという愚行は繰り返さないでしょう。**もしも与党になった場合、必ず自分達の首を絞めることになるからです。**それは歴史が証明しています。しかし、野党の政治家達を見ていると、再び「野党詐欺」を行おうとする者が少なくありません。私はこういった人達をとても冷ややかな目で見ています。**「この人達は与党になる気が無いのだな。過去に学ぶつもりが無いのだな。この国の未来ではなく、自分達の目先の議席を優先させているのだな」**と。

有権者をバカにしているとも思います。国民民主党と立憲民主党が解党して合流し、新しい「立憲民主党」が成立しましたが、多くの有権者は「元民主党」としか見ていないでしょう。そして、かつて民主党は「消費税を増税しない」とマニフェストに掲げて選挙に大勝し、その後手のひらを返して増税しました。「野党詐欺」を繰り返そうとする政治家は、こうやって騙《だま》されたことを、有権者が忘れているとでも思っているのでしょうか。したがって、選挙戦略としても愚策です。

高福祉・高負担国家のデータを分析して、私は自分の租税観が変わりました。それまでは、税金は「取られるもの」というイメージでした。しかし、本来はそうではないのです。「出し合って、支え合うもの」と言うべきです。だから高福祉国家は、高負担でも幸福なのです。その前提として、「信頼」が無ければなりません。信頼を得るためには、国家が徹底的に情報公開し、国民の監視が行き届くようにしなければなりません。それには大変な努力が必要です。ところが、日本は「経済成長すれば何とかなる」という発想で、国民に負担を求めることから逃げてきました。そして、結局未来に負担を押し付けました。**それが一番楽な道だったからです**。一番責任が重いのはもちろんほぼ全期間与党だった自民党ですが、野党も共犯者です。

菅総理が「自助、共助、公助」という言葉を使ったことに対して、それは事実上自助と共助を強調して公助をないがしろにするものだとして、野党側から批判がありました。しかし、公助を充実させるのであれば、増税は避けて通れません。今は借金でごまかせていますが、異常な生産年齢人口減少により、それができなくなる時代が必ず訪れるからです。国家が支出するお金について、国民以外に負担する者はいません。

そして、税金は今負担するが、借金は後で負担する羽目になる、それだけの違いしかありません。公助を充実させる、つまり、国の支出を増やすのであれば、国民の負担を増やす以外の方法は無いのです。公助の重要性を訴えるのであれば、負担を語ることから逃げてはいけません。**私は公助を充実させるべきと考えているからこそ、正面から負担の話をし続けて**

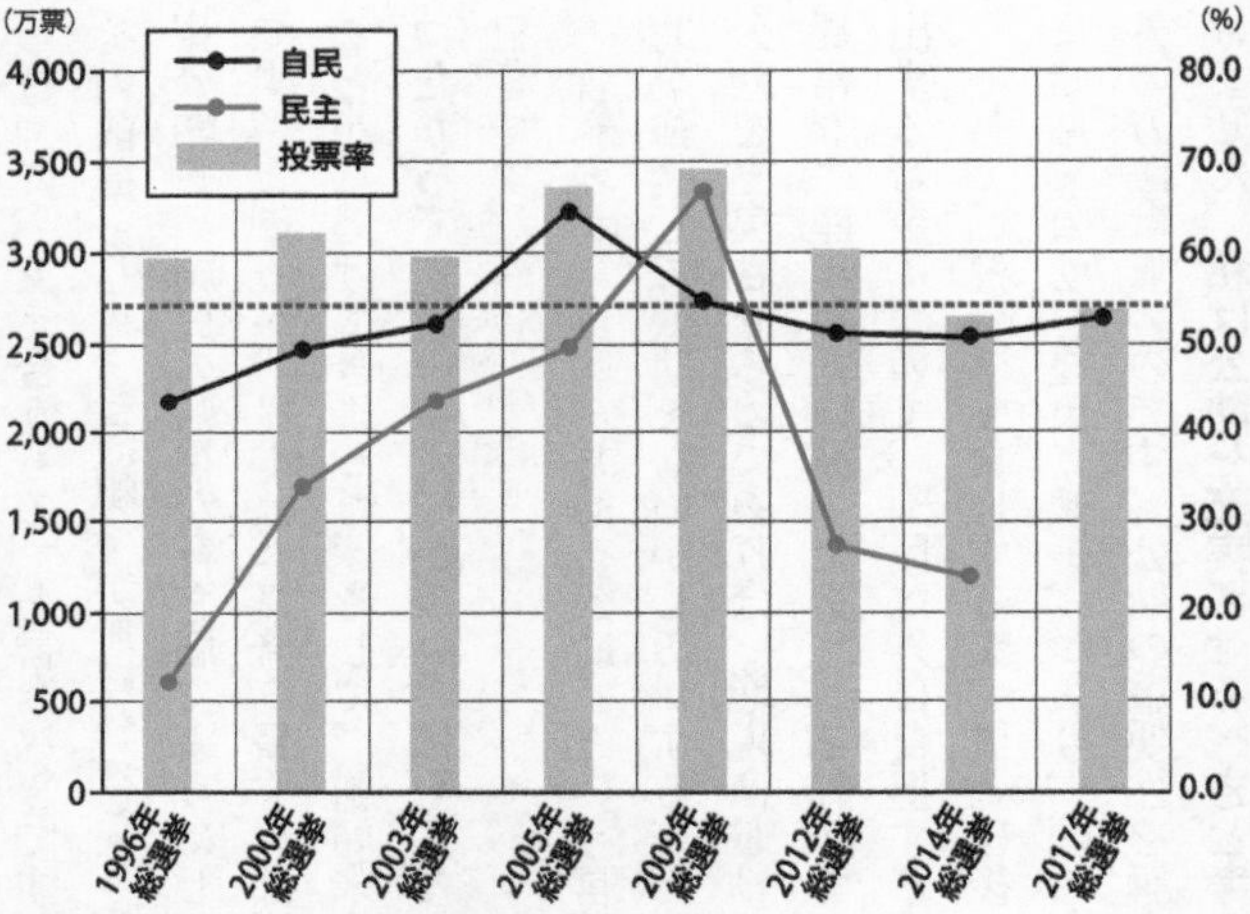

図7-37　小選挙区の得票数と得票率
（出典　総務省「衆議院議員総選挙・最高裁判所裁判官国民審査結果」）

います。負担の話をすると右派左派問わず全方位から叩かれますが、かまいません。それが私の役割です。

やがて確実に訪れる大崩壊の際、与党だけではなく、野党も真摯に反省して非現実的な財政観を改めなければ、崩壊を繰り返すだけでしょう。

野党が弱いと与党はやりたい放題になる

安倍元総理もやりたい放題に見えましたが、後継の菅総理もやりたい放題に見えます。なぜこうなるのかと言えば、「実力の拮抗《きっこう》した二大政党が無いのに小選挙区制が採用されている」からです。

1996～2017年の小選挙区の得票数（自民党と民主党）と投票率の推移を

見てみましょう（図7－37）。

２００９年総選挙は自民党が民主党に大敗した選挙でしたが、その際の自民党得票数は２７３０万１９８２です。それ以降の3回はすべて安倍元総理が自民党総裁になってから迎えた選挙ですが、得票数で見ると、**すべて民主党に大敗した２００９年総選挙を下回っているのです**。

「自民一強」と言われると、以前よりもはるかに自民党が強くなったかのように錯覚してしまいそうですが、そうではありません。得票数で見れば、自民党の強さはたいして変わっておらず、むしろ少し落ちています。

他方、民主党を見てみましょう。大勝した２００９年総選挙では３３４７万５３３５票も獲得していますが、２０１２年総選挙では崖《がけ》から落ちたような急降下を見せ、２０１４年総選挙ではそこからさらに下がっています。そして、２０１７年総選挙では分裂して消滅しました。自民党が強くなったのではなく、民主党が勝手に弱くなっていったということです。

これを見ると、自民党は「固定客」が多く、強さがあまり変わらないことが分かります。なお、２００５年総選挙の時の自民党の得票数が上がっていますが、これは小泉純一郎の郵政選挙の時であり、無党派層の票も呼び込めたからでしょう。

他方、民主党は２００９年総選挙までずっと右肩上がりでしたが、国民の期待を盛大に裏切ったため、2012年総選挙では墜落してしまいました。投票率の下降と共に民主党の得票数も落ちています。無党派層が離れた影響でしょう。民主党は固定客が自民党ほど多くないので、無党派層を取り込まないと勝てません。

小選挙区制というのは、二大政党が存在して政権交代を繰り返す状況になることを前提にしています。当然の前提として、その二大政党は、力が拮抗していなければなりません。そうでないと政権交代が起きないからです。そして力が拮抗するには、それぞれの政党に同じくらいの「固定客」がいることが前提となると言うべきでしょう。二大政党制であるイギリスもアメリカも、昔から二大政党が政権交代を繰り返し、切磋《せっさ》琢磨《たくま》してきました。昔から二大政党制なので、それぞれに一定の「固定客」がいます。

しかし、日本は違いました。力が拮抗していたのは一時的なものに過ぎませんでした。さらに、自民党は歴史が古く、ずっと権力の座にいて利権団体との関係も深いので多くの「固定客」がいますが、民主党はそれが自民党ほど多くはありません。無党派層の支持を得なければ自民党には勝てません。結果として「風頼み」の選挙になります。

そして政権を担当した経験が無いので、いざ政権運営させてみたら全然ダメでした。一方に政権を担当した経験が無いという点も、他の二大政党制を取る国との大きな違いです。かつて民主党に投票した人は失望し、その多くは次の選挙で投票することすらしませんでした。

2012年の総選挙を見ると、投票率は前回の69・3％から実に10％も落ちています。民主党の力は自民党に遠く及ばない状態になり、自民党には対外的な敵がいなくなりました。

そして、中選挙区制の時は、一つの選挙区から候補者が複数当選するため、党内抗争が存在し、それが自民党内部での疑似政権交代をもたらしてきました。つまり党内の敵と戦っており、それが政治に緊張感をもたらしていました。真の野党は党内にいたわけです。

しかし、小選挙区制になり、公認権を持つ党執行部が絶大な力を握るようになると、党内抗争も静かになってしまいました。党執行部にとっては、対内的にも対外的にも敵がいない状況ができました。

こうなると、好き放題やっても選挙で勝てることになります。現に勝っています。自民党の強固な組織票に対抗し得るのは無党派層ですが、無党派層は支持したい政党が無いので、多くは選挙に行きません。

したがって、今のやりたい放題をもたらしている最大の要因、それは「実力が拮抗している二大政党がある」という前提が欠けているのに小選挙区制が採用されている、という点だと言えるのです。この前提が無ければ一党独裁状態になってしまうのは当然です。昔から一定の「固定客」に支えられ、政権担当経験があり、力が拮抗した二大政党が存在するイギリスやアメリカとはその点が大きく違います。結果から見れば、中選挙区制の方がまだましだったかもしれません。自民党内での抗争があり、疑似政権交代が起きるので、今のような好き放題はできなかったはずだからです。

今の状態はパン屋に例えるとわかりやすいでしょう。野党パン屋は「自民党パン屋のパンはまずいぞ！」とアピールしますが、客からすれば**「お前のパンの方がまずかったよ！」**ということになります。

そして、多くの人が「どっちのパンもまずいからいらない」となり、パンを買わないという決定をします。つまり、選挙に行きません。元々固定客の多い自民党パン屋は余裕でそれでもやっていけます。パンがまずくても固定客は買ってくれます。

逆に言うと、自民党パン屋にとっては、野党パン屋の悪口を言いまくることが有効な戦略になるのです。無党派層に「パンを買わない」という決定をさせれば選挙には勝てるからです。安倍元総理が民主党の悪口を言いまくっていたのも、選挙戦略としては侮れません。あやって何度も何度も「民主党よりは今の方がマシ」と刷り込んでおけば「自民党には投票したくないけど、かと言って野党側にも投票したくないから選挙に行かない」という選択をさせることができます。先ほどみたグラフの投票率にそれが如実に表れています。

こういう戦い方をされると、自民党パン屋ほど固定客が多くない野党パン屋は苦しくなります。野党パン屋としては「自民党パン屋はまずいぞ！」というだけではなく「野党パン屋のパンはうまいぞ！」とアピールして新しい客を集める必要があります。いくら相手の評判を落としても客が増えるわけではないのです。客には**「パンを食べない」という選択肢があるのですから**。しかし、「あそこのパンはまずい」という評判が定着してしまっているため、苦境に立たされています。そもそも、つい最近まで立憲民主党と国民民主党に分裂し、一つにまとまることすらできませんでした。頭数が足りないのは明白ですから、両党のいずれかに入れても政権交代は１００％起きないことになってしまいます。有権者が興味を失うのは当然でしょう。

そして、ようやく一つにまとまり、さらに、「新自由主義に対抗する」という自民党との違いを鮮明にしたため、以前よりは前に進んだかなとは思います。ただ、繰り返しますが、消費税を争点にしているようでは、政権与党になる本気度は感じませんし、仮に与党になったとしても１００％自分達の首を絞めるだけです。労働者の側に立ち、「低賃金・長時間労働の撲滅」を掲げ、新自由主義を標榜《ひょうぼう》する自民党に対抗していくことが最善であると私は考えます。それが最も対立軸が鮮明で分かりやすいです。また、もともと労働組合が野党の大きな支持母体の一つですし、低賃金・長時間労働で苦しんでいる無党派層の方々はたくさんいますから、有権者に対しても響くと思います。

なお、特に野党支持者の方々は、「有権者が無関心だからダメなんだ」と、有権者を責めるような言動をする人が多い気がします。しかし、私は日本人がもともと政治に無関心であるとは思いません。およそ政権交代の可能性が無い状態にされたら、関心を失うのは当たり前でしょう。民主党が大勝した2009年の総選挙は投票率が70%近くもあったことを忘れてはいけません。政権交代の可能性が出てくれば、言い換えれば、「与党になってほしい」と思えるような野党になれば、投票率は上がるのです。**敗北を有権者の無関心のせいにしていたら、永遠に負け続けるでしょう。**

負担から逃げるな

日本財政の歳入面での失敗を端的にまとめると次の3点に要約できます。

1. 所得税と法人税を減税し過ぎた。
2. 消費税が低すぎた。
3. 賃金下落を放置した。

3の賃金下落について、賃金は税金の源泉ですから、これが落ちれば当然税収も落ちてきます。だから絶対下がってはいけません。世界と比較しても、下がっているのは日本だけです。企業にとって賃金は「負担」です。企業が残業代不払いや正規雇用の非正規雇用への置き換えを繰り返して負担から逃げた結果、国民の税負担能力が落ちてしまったのです。これでは増税できないのは当たり前です。それが財政悪化に拍車をかけます。

税金も負担。賃金も企業にとっては負担。つまり、もっと単純化すると、日本の失敗の原因は、**負担から逃げて逃げて逃げて逃げて逃げて逃げて逃げて逃げて逃げて逃げて逃げまくった**ことにあります。これを理解しないと、結局は同じことを繰り返すでしょう。そしてその可能性が高いです。「反省しない」点は日本人の大きな特徴と言えるからです。

異次元の金融緩和にしても、下げようとする金利に名目と実質の違いがあるだけで、バブル時代の金融緩和と全く発想は同じです。金利を下げて貸し出しを増やし、景気を良くしようとしたわけです。それでバブルが生まれて弾け、今にまで尾を引く壊滅的なダメージを負ったのに、また同じことを繰り返したのです。しかも、今度は日銀やＧＰＩＦ等の公的資金を投入して株価をかさ上げしており、バブルの時よりもたちが悪いと言えるでしょう。そして、国債市場という、もっともバブルを引き起こしてはいけない市場に、バブルを起こしてしまいました（もともとバブル状態ではありましたが）。そもそも、国債を爆買いすること自体、規模は違いますが、以前に実行して明らかに失敗しました。それなのに、その失敗を認めませんでした。その背後には「増税しないでいい思いをしたい」という願望があったと言うべきでしょう。

さらに、バブルが弾けた後は、建設国債を大量発行して財政出動し、バブル崩壊の損失をカバーしようとしました。それはしばらくの間ある程度うまくいったかのように見えました。しかし、1997年11月からバブルの後遺症が大爆発して金融危機が発生し、大きく経済が落ち込んだため、結局借金を増やしただけに終わりました。そして今、MMT論者達が主張しているのは「大規模な財政出動」です。「金融緩和がダメなら財政出動」という発想がまた復活しているのです。

「反省しない」のは右派も左派も変わりません。見たいものしか見ない。信じたいものしか信じない。だから失敗を繰り返すのです。そうすると、やがてくる通貨崩壊も、一度ではなく、何度も繰り返す可能性の方が高いと言うべきでしょう。しかし、失敗の原因を真に理解し、反省することができれば、繰り返さないかもしれません。私はその一縷《いちる》の望みにかけて、嫌われ者に徹して、悲惨な現実を指摘し、「負担から逃げるな」と言い続けるのです。

ただ、私が言っていることも「非現実的だ」と言われればそのとおりだと思います。大崩壊が起きれば、国民は困窮し、増税など受け入れるはずが無いからです。きっと「増税は後回し。まずは景気回復」となるでしょう。

その方針を続けてきた結果が今の日本なのですが。

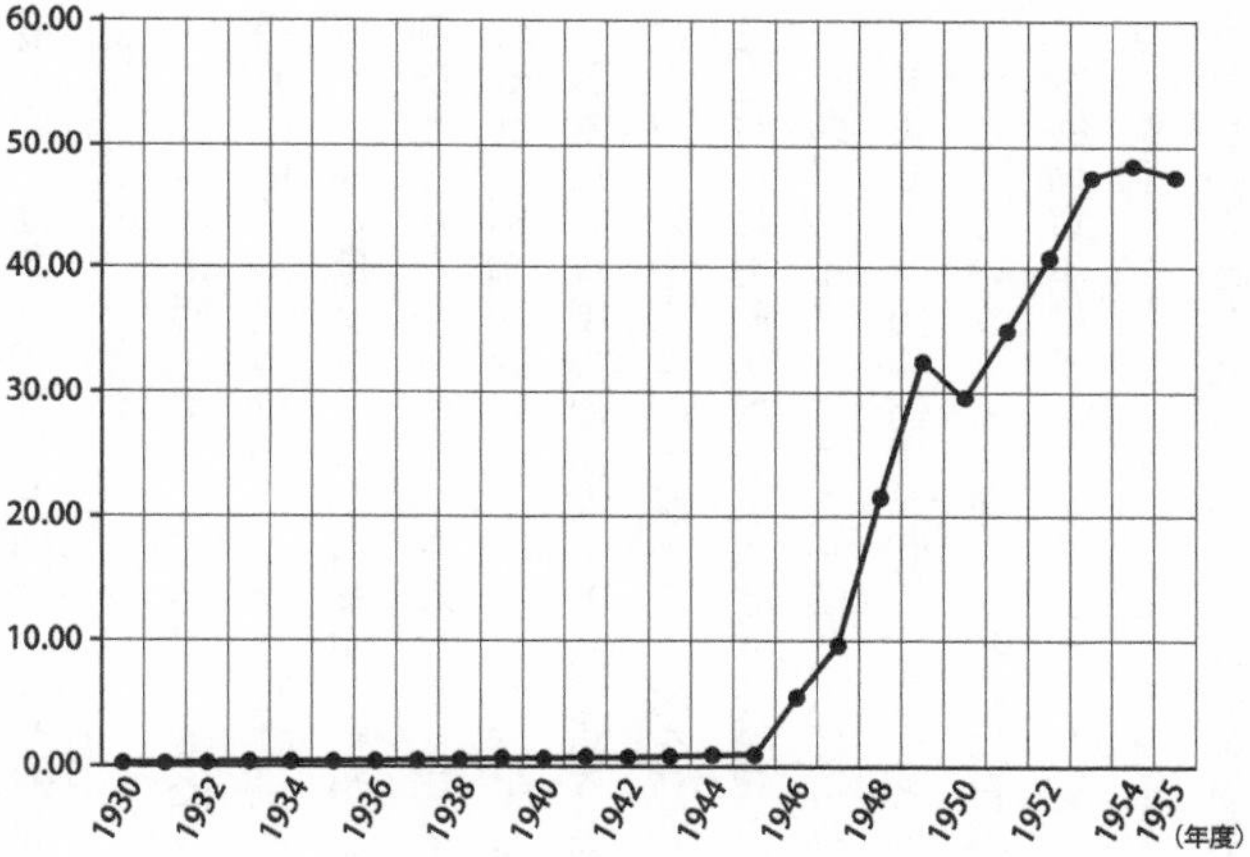

図7-38　一般会計決算指数。1945年度＝1（出典　財務省「財政統計」第1表　明治初年度以降一般会計歳入歳出予算決算）

財政爆発

最後に、なぜこの本のタイトルが「財政爆発」なのか説明します。図7－38は、1945年度を1とした、日本の一般会計決算の推移を示すものです。

戦後、1946年度には決算が一気に前年度の5・36倍になっています。その後も異常な勢いで伸びていき、敗戦からわずか4年後の1949年度には、1945年度の32・54倍の規模に膨れ上がりました。なぜこうなるのかと言えば、円の価値が急激に落ちて激しく円安インフレが進行したため、それにあわせて財政規模を爆発的に拡大せざるを得なかったからです。将来円が暴落した場合、程度の違いはあれ、これと同じような現象が起きるでしょう。だから私はこの本のタイトルを「財政爆発」としました。

こういう指摘をすると、必ず「戦後の日本のインフレは、戦争によって供給能力が奪われ、需要に供給が追い付かなくなった結果だ。戦争でもないのに極端なインフレが生じることは無い」等と指摘する人がいます。しかし、戦争が起きていないのに極端なインフレが起きた例はたくさんあります。それは既に第6章で指摘したとおりです。通貨に対する信用が失われれば、極端な通貨安インフレが発生します。

急激な財政規模の拡大を借金で賄う場合、マネーストックの増加要因となります。マネーストックの増大は円の価値の下落を意味しますから、円安インフレは止まりません。そうするとさらに財政規模を拡大せざるを得なくなり、それがさらなる円安インフレを招く……という地獄のイタチごっこが繰り広げられるでしょう。円の信用が回復しない限り、これは止まりません。円の信用が回復する、というのは、要するに円と他の通貨との為替レートが安定する、ということであり、それは日本財政への信頼が回復することが必要不可欠です。

戦後の日本はインフレをどう乗り切ったかというと、アメリカからジョセフ・ドッジという人を招き、ドッジプランという施策を実行しました。超均衡予算を組んで借金を止め、インフレの大きな要因であった復興金融債権の日銀引き受けも止めさせました。復興金融債権とは、戦後復興のために設立された復興金融公庫が発行していた債権です。これを日銀が直接引き受け、その対価として円を大量発行していました。戦前からの国債直接引受に加え、戦後始まったこの日銀による復興金融債権の直接引受がインフレに大きく影響していたのです。

そして、変動の激しかった円ドル相場について、1ドル＝360円の固定為替相場としました。これで円の価値が国際的に固定されるので、円安インフレの進行を食い止めることができます。固定為替相場制を維持しようとする場合、円を自由に大量発行することができなくなります。なぜなら、円を発行し過ぎると、円売り圧力が強まり、円安ドル高方向に為替相場が動いてしまうからです。つまり、固定為替相場制は、円が野放図に発行されることを防ぐ効果があります。

簡単に言えば、ドッジが行ったのは、通貨の発行量を抑え込む、ということです。通貨は量が増えれば増えるほど価値が下がっていきますが、それを食い止めることで通貨の価値を安定させたのです。その代わり、通貨不足によって安定恐慌が生じましたが、日本はこれを朝鮮戦争勃発による特需で乗り切り、その後高度経済成長期を迎えました。

しかし、今後の日本には、朝鮮特需のような突発的な需要は発生しないでしょう。そして、急激な生産年齢人口減少と高齢人口増大が進行することを考えると、高度経済成長のようなことは二度と起きないでしょう。人類が経験したことの無い苦難の道が待ち受けています。

（1）ここでいう「税収」とは、データ引用元であるOECDの定義によると「収入と利益に対する税、社会保障拠出金、商品とサービスに課される税、給与税、所有権と財産の譲渡にかかる税、およびその他の税から徴収される収入」のことを指す。

あとがき

第7章で見たとおり、OECDの平均合計特殊出生率は、人口置換水準である2・07を大きく下回り、1・7にまで落ち込んでいます。他方で、各国の平均寿命は伸び続けています。少子化と高齢化の同時進行は、程度の違いがあるだけで、経済成長した国には必ず現れる普遍的現象です。この原因には諸説ありますが、重要なのは「経済成長すると必ず少子高齢化が進む」ということです。まだ発展途上国はこの地球上にたくさんありますが、それらの国々もやがて経済成長して少子高齢化問題に直面することでしょう。長期的に見れば、世界人口もやがて減少に転ずる時がくると思います。

そして、高齢化が進行すれば、医療費、年金、介護費が凄《すさ》まじい勢いで増えていきます。すなわち、どの国も巨額の社会保障費をどうやって捻出するか、頭を悩ませることになります。もうすでに先進国はその問題に直面しています。そして、程度の差はあれ、どこの国でも租税抵抗はあり、簡単に増税はできないので、その場しのぎの借金が膨らむことになります。

そこへ直撃したのがコロナでした。これによって各国は巨大な財政支出を余儀なくされました。ＩＭＦは２０２０年10月14日付財政報告において、２０２０年の世界全体の政府債務残高が国内総生産（ＧＤＰ）合計額に対し98・7％とほぼ同規模となり、過去最大に膨れると予測しています。「大借金時代」の到来と言って良いでしょう。社会保障費の増大でただでさえ苦しいところへ、コロナ由来の特大の借金がかぶさってくるわけです。

コロナの収束後、世界は大増税時代に突入するのではないかと思います。増税しないと、返済スケジュールを守ることができず、国債が市場の信頼を失い、最終的には通貨の暴落へつながるからです。ただ、コロナによって経済は甚大なダメージを負っていますから、租税抵抗は極めて強いことになるでしょう。そして、コロナの影響を受けて人口減少にも拍車がかかるでしょうから、経済成長も今までのようにはいきません。とても困難な時代が待ち受けています。

日本はその中でも最悪の状況にあると言うべきでしょう。いつ通貨が崩壊してもおかしくありません。市場の信頼が続く限りは現実逃避を続けることができますが、信頼を失えば終わりです。それがいつになるのかは分かりません。地震と同じです。地震はいつか必ず起きるものですが、いつ発生するのかは誰も正確に予測することはできません。

「アベノミクス」という経済政策は、ある意味、日本にふさわしい経済政策だったのかもしれません。現実逃避の果てに辿《たど》り着いた、究極の現実逃避。それは紛れもなく、今までこの国がやってきたことの延長線上にありました。みんな、現実を見たくなかったのです。そして、アベノミクスの副作用大爆発の時期は誰も正確に予測できませんが、コロナがその爆発時機を早めたとは言えるでしょう。債務が膨らめば膨らむほど、爆発可能性は高まっていくからです。

通貨崩壊後、いったいこの国はどうなっていくのか、私には想像がつきません。これほど少子高齢化が進行した状態で通貨が崩壊するという事態を、人類は経験したことが無いからです。ただ、一つ言えるのは、みんなが負担から逃げれば、国家財政は縮小し、「自己責任国家」になっていく、ということだけです。負担なくして支出はできないのですから。「自己責任国家」とは、もっと分かりやすく言えば「働けなくなったら死ね」という国家です。もう既に日本はそのような国家になりかかっています。いや、もうなっていると言っていいかもしれません。

今「強者」の立場にある人は、いつ「弱者」の立場になってもおかしくありません。突発的な病気やケガ、勤め先からの解雇、あるいは自分の経営する会社の倒産……生きていく上のリスクは無数にあり、誰でも「弱者」になる可能性はあります。そんな時に手を差し伸べるのが社会保障です。そして、社会保障は国民みんなの負担なくして充実しません。富裕層からお金をたくさん取ることに全く反対しませんが、富裕層は人口がとても少ないということも考慮しなければなりません。富裕層から取るだけでは、巨大な社会保障を賄うことはできないのです。国民全員で負担を分かち合う必要があります。

したがって、負担の話をしないで給付の充実ばかり語る政治家は絶対に信用してはいけません。それは確実にウソだからです。また、減税をエサにして票を稼ごうとする政治家も信用してはいけません。減税は国家財政を縮小させるだけであり、確実に「自己責任国家」へ通じる道だからです。そんな国でもいいというのなら話は別ですが。

再分配、つまり、国家が税金や社会保険料という形で富裕層からお金を取り、それを配ることが語られることはよくあります。それに加え、「賃金」という形での分配ももっと重要視されるべきだと思います。再分配の前にまずきちんと賃金が分配されなければ、生活していけませんし、税金も社会保険料も捻出できません。だから低賃金が問題なのです。そして、日本の場合は、それに加えて長時間労働が大きな問題です。労災として認定されたものだけでも1年間に約200人が過労死・過労自死するという、地獄のような国が日本です。長時間労働によって家族を作る時間、消費をする時間、あるいは政治について考える時間、全てが奪われ、この国はどんどんやせ細っていきました。「低賃金・長時間労働の撲滅」これこそが、最も根本的な問題です。公助を、社会保障を充実させるのであれば、負担増を求めると共に、この低賃金・長時間労働の撲滅も同時並行で進めなければなりません。そのための具体的な方策は拙著「人間使い捨て国家」に書いてあるので興味のある方は読んでください。なお、「同時並行」というのが重要です。「まずは○○してから増税」という言い回しをよく聞きますが、日本はそれで失敗してきたのです。「まずは○○してから」という発想は、結局後回しに過ぎません。同時並行でやらない限り、再び失敗するでしょう。

税は取られるものではなく、出し合って、みんなで支え合うためにあるものです。そして、みんなの納得を得るためには、徹底的に情報公開して、使い道に納得してもらうしかありません。大変な努力が必要ですが、それができている国は、幸福度ランキングを見ても日本よりはるかに上にいます。「互いに信じて支え合う」から幸せなのでしょう。これと対極にあるのが新自由主義であり、それは、「互いに出し抜き潰《つぶ》し合う」と表現するのが適切かもしれません。私はそんな国は嫌です。

だから私は、蟷螂《とうろう》の斧《おの》をこれからも振り続けます。

明石順平（あかし・じゅんぺい）
1984年、和歌山県生まれ、栃木県育ち。弁護士。東京都立大学法学部、法政大学法科大学院を卒業。主に労働事件、消費者被害事件を担当。ブラック企業被害対策弁護団事務局長。著書に、『人間使い捨て国家』（角川新書）、『ツーカとゼーキン　知りたくなかった日本の未来』『アベノミクスによろしく』（集英社インターナショナル新書）、『キリギリスの年金　統計が示す私たちの現実』（朝日新書）など多数。

財《ざい》政《せい》爆《ばく》発《はつ》

アベノミクスバブルの破《は》局《きょく》

明《あか》石《し》順《じゅん》平《ぺい》

2021年 4月 10日　初版発行
2024年 6月 5日　再版発行

発行者　山下直久
発　行　株式会社KADOKAWA
〒102-8177　東京都千代田区富士見 2-13-3
電話　0570-002-301（ナビダイヤル）

装 丁 者　緒方修一（ラーフイン・ワークショップ）
ロゴデザイン　good design company
オビデザイン　Zapp!　白金正之
印 刷 所　株式会社KADOKAWA
製 本 所　株式会社KADOKAWA

角川新書
　ISBN978-4-04-082401-7 C0233